国家出版基金项目
NATIONAL PUBLICATION FOUNDATION
"十三五"国家重点
图书出版规划项目

# 晚清思想史资料选编
## 1840—1911

### 第十一卷

主编　郑大华　俞祖华

选编　刘　平　俞祖华　贾小叶

　　　任　青　刘　纯　周　游

　　　马守丽　朱映红　郑大华

岳麓书社·长沙

# 第十一卷目录

# 十七、革命派内部相关派别的思想

## 导　论

国粹主义和无政府主义是兴起和形成于 20 世纪初的两大思潮。早在 1902 年，受日本明治维新后由三宅雪岭、贺志重昂提出的"保存国粹，可以强国"思想的影响，邓实、黄节等人在上海创办了一份从事国粹宣传的革命报刊《政艺通报》，先后发表了一些宣传国粹、激发民族主义和爱国思想的文章。1905 年，为推动国学研究，进一步宣传国粹主义，邓实、黄节和刘师培等人，又在上海发起成立了以"研求国学，保存国粹"为宗旨的"国学保存会"，并发行《国粹学报》。《国粹学报》自 1905 年初创刊到 1911 年初停刊，6 年间从未间断，共出 82 期，在当时的思想界和学术界产生了较大的影响。1906 年章太炎来到日本，在东京留学生举行的大会上号召人们"用国粹激动种性，增进爱国的热肠"。经过他的活动，"国学讲习会"和"国学振起社"在东京相继开办成立，刘师培任国学讲习会正讲习，章太炎任国学振起社社长，积极从事国粹主义的宣传。东京也因此成了继上海之后国粹主义思潮较为活跃的又一中心。而无政府主义（又译作安那其主义）来源于古希腊文 anarchia，原意是"无权力、无秩序的状态"。作为一种社会思潮，无政府主义形成于 19 世纪 40 年代的欧洲，与马克思主义的诞生大致同时，其代表人物主要有法国人普鲁东、俄国人巴枯宁和克鲁泡特金等。如果说马克思主义是代表无产阶级向资本主义制度的宣战，那么，无政府主义则反映出资本主义制度倾轧下小资产阶级对现实社会的愤懑。中国人最早接触到近代西方无政府主义是在 20 世纪初。1907 年 6 月创刊于日本东京的《天义》半月刊和法国巴黎的《新世纪》周刊是介绍和宣传无政府主义的主要刊物。这里需要指出的是，人们在介绍和宣传无政府主义的同时，也涉及社会主义和马克思主义。当然，这种介绍还是初步的，还附属于无政府主义，社会主义和马克思主义的系统介绍或广泛传播是在五四新文化运动时期。本章分为两部分，第一，国粹主义；第二，无政府主义。社会主义和马克思主义的介绍附于无政府主义之内。

# 1. 国粹派的国粹主义思想

## 引　言

　　1902 年，邓实、黄节等人在上海创办了一份从事国粹宣传的革命报刊《政艺通报》，先后发表了一些宣传国粹、激发民族主义和爱国思想的文章，认为"国必有学而始立，学必以粹为有用，国不学则不国，学非粹则非学，非学不国，其将何以自存矣！"（《国粹学》，《政艺通报》1904 年第 13 号）为了避免亡国灭种的危险，只有振兴国学，发扬国粹。到 1905 年初，为推动国学研究，进一步宣传国粹主义，邓实、黄节和刘师培等人，又在上海发起成立以"研求国学，保存国粹"为宗旨的"国学保存会"，并发行《国粹学报》，由邓实任总纂，作者主要有邓实、黄节、陈去病、章太炎、刘师培、黄侃、马叙伦、王国维、罗振玉、王闿运、廖平、柳亚子、郑孝胥等50 多人，多数是国学保存会成员，1909 年南社成立后，又多数是南社成员。作为国学保存会的机关刊物，《国粹学报》自 1905 年初创刊到 1911 年初停刊，6 年间从未间断，共出 82 期，内分政、史、学、文等栏目，除刊载有60 份《国学保存会报告》外，还先后发表了诸如《国学微论》《国学通论》《国学今论》《读〈国粹学报〉感言》《论国粹无阻于欧化》《古学复兴论》《国学真论》《国学无用辨》《某君与人论国粹书》《论中土文字有益于世界》等研究国学、宣传国粹的文章，以及上千篇的国学权威著作和明末清初诸儒遗文，在当时的思想界和学术界产生了较大的影响。在编辑《国粹学报》的同时，邓实、黄节等人还大规模地从事古籍的校勘整理工作，先后编辑出版有《国粹丛书》《国粹丛编》《神州国光集》《国学教科书》等著作，又在上海设藏书楼一所，印刷所一处，并曾计划开设国粹学堂。1906 年章太炎来到日本，东京也成了继上海之后国粹主义思潮较为活跃的又一中心。除《政艺通报》和《国粹学报》外，当时主要从事国粹主义宣传的刊物还有出版于日本东京的《学林》和出版于广州的《保国粹旬报》。这两份刊物虽然创刊较晚（《学林》创刊于 1909 年，《保国粹旬报》创刊于 1910 年），存在的时间也不长（《学林》只出两期，《保国粹旬报》只存在3个月，即1910年2月—4月），但还是产生了一定的影响。《民报》作为同盟会的机关刊物，在章太炎主编期间，也发表过不少宣传国粹主义的文章。据统计，章太炎前后共编发14期，发文总数160篇，其中属于国粹研究的文章57篇，占总数的36%。章本人在第7—24期上共发表文章64篇，其中有关国粹研究的文章34篇，占总数的53%。在刘师培总共发表的7篇文章之中，有5篇是研究国粹的文章，占总数的71%。尤其是第14期共刊文4篇，章太炎、刘师培各2篇，内容全然为国粹研究，不啻成了国粹研究的专集。在《民报》的影响下，《醒狮》《河南》《复报》《汉帜》《江苏》《云南》《粤西》等革命刊物也都从事过国粹主义的宣传。

## 《国粹学报》发刊辞

学术所以观会通也。前哲有言：执古之道，以御今之有。睹往轨，知来辙。史公之言曰：知天人之故，通古今之变。又曰：好学深思，心知其意。班孟坚曰：函雅故，通古今。盖化裁为变，推行为通，观会通以御世变，是为通儒之才。但所谓观其会通者，非断断于训故词章之末，姝姝守一先生之说也。乃综贯百家，博通今古，洞流索源，明体达用。昔庄生作《天下》篇，荀卿作《非十二子》篇，皆明学术之源流，历叙诸家之得失。炎汉代兴，通儒辈出，马谈《论六家要旨》，刘、班志《七略》《艺文》，于学派源流，反覆论说，尤能洞见元本。至谓修六艺之文，采诸家之言，舍短取长，可通万方之略。观古人会通之学，何其盛哉！自汉氏后，二千余年，《儒林》《文苑》相望而起，纵其间递兴递衰，莫不有一时好尚，以成其所学之盛。然学术流别，茫乎未闻。惟近儒章氏、龚氏，崛起浙西，由汉志之微言，上窥官守师儒之成法，较之郑、焦，盖有进矣。无如近世以来，学鲜实用，自考据之风炽，学者祖述许郑，以汉学相高。就其善者，确能推阐遗经，抉发闳奥。及陋者为之，则攗摭细微，剿袭成说，丛脞无用。而一二为宋儒学者，又复空言心性，禅寂清谭，固陋寡闻，闭聪塞明。学术湮没，谁之咎欤？海通以来，泰西学术，输入中邦，震旦文明，不绝一线。无识陋儒，或扬西抑中，视旧籍如苴土。夫天下之理，穷则必通。士生今日，不能借西学证明中学，而徒炫皙种之长，是犹有良田而不知辟，徒咎年凶；有甘泉而不知疏，徒虞水竭。有是理哉？嗟乎，旧籍未沦，风徽未沫，旧国旧都，望之畅然。虽百世之下，犹将感发兴起，况生于其邦，可不知尚论其人乎？夫前贤学派，各有师承。懿行嘉言，在在可法。至若阳明授徒，独称心得；习斋讲学，趋重实行；东原治经，力崇新理。椎轮筚路，用能别辟途径，启发后人。承学之士，正可师三贤之意，综百家之长，以观学术之会通，岂不懿欤？惟流俗昏迷，冥行索途，莫为之导，虽美弗彰。不揣固陋，拟刊发报章，用存国学，月出一编，颜曰国粹。虽夏声不振，师法式微，操钟鼓于击壤之乡，习俎豆于被发之俗，易招覆瓿之讥，安望移风之效？然钩元提要，括垢磨光，以求学术会通之旨，使东土光明，广照大千，神州旧学，不远而复，是则下士区区保种爱国存学之志也。知言君子，或亦有取于斯。

圣为天口，心存牖蒙。论说之名，实始雕龙。宣口为说，析理成论。披条索贯，推见至隐。弥纶群言，权衡万事。振瞆发蒙，曰惟予志。撰社说第一。

人亦有言，儒效迂阔。空言无补，曷以宰物。吾思湖州，治事名斋。亦有颜门，为世储才。仕学互训，因时制宜。如有用我，举而措之。撰政篇第二。

春秋经世，体备法严。迁直而核，固详而赡。公论如火，直道如川。清议寝微，秽史流传。用理秘文，发扬幽潜。志古匡今，俾作箴砭。撰史篇第三。

诸子百家，殊途同归。汉尊儒术，九流式微。治学之要，实事求是。门户不立，争端奚起。循序致精，大道非歧。实斋瑶人，是曰导师。撰学篇第四。

一为文人，固无足观。立言不朽，舍文曷传？古曰文言，出语有章。《昭明文选》，巨编煌煌。大雅不作，旁杂侏俪。堕地斯文，孰振厥衰。撰文篇第五。

吕览鸿烈，古称杂家。《稗海》《说郛》，其书五车。说经之家，学必崇汉。琐碎支离，于道益畔。顾曰日知，钱曰养新。仰彼前徽，用扩异闻。撰丛谈第六。

秦廷遗烬，孔壁残书。觥觥巨制，册府莫储。阐发幽光，德以不孤。亦有时流，才超杨马。《白雪》《阳春》，曲高和寡。启发篇章，择言尤雅。撰撰录第七。（《国粹学报》第一期，1905 年 2 月）

## 黄　节

### 国粹保存主义

析六洲黄色、白色、黑色、铜色、棕色人种而成一社会，一社会之独立而成一国家。一国家有一国家之土地、之人民、之宗教政治，于是其风俗、气质、习惯遂各有特别之精神焉。夫有特别之精神，则此国家与彼国家，其土地、人民、宗教、政治与其风俗、气质、习惯相交通、相调和，则必有宜于此而不宜于彼，宜于彼而不宜于此者。知其宜而交通调和之，知其不宜则守其所自有之宜，以求其所未有之宜而保存之。如是，乃可以成一特别精神之国家。

夫国粹者，国家之特别精神也。昔者日本维新，欧化主义浩浩滔天，乃于万流澎湃之中，忽焉而生一大反动力焉，则国粹保存主义是也。当是时，入日本国民思想界而主之者，纯乎泰西思想也。如同议一事焉，主行者以泰西学理主行之，反对者亦以泰西学理反对之，未有酌本邦之国体民情为根据而立论者也。文部大臣井上馨特倡此义，大呼国民，三宅雄次郎、志贺重昂等和之。其说以为宜取彼之长补我之短，不宜醉心外国之文物，并其所短而亦取之，并我所长而亦弃之，其说颇允。虽然，以论理上观之，不能无缺点焉。

夫执一名一论一事一物一法一令，而界别之曰我国之粹，曰我国之粹，非国粹也。发现于国体，输入于国界，蕴藏于国民之原质，具一种独立之思想者，国粹也。有优美而无粗粗，有壮旺而无稚弱，有开通而无锢蔽，为人群进化之脑髓者，国粹也。天演家之择种留良，国粹保存之义也。譬如有地焉，蓬蒿棘榛郁勃蹊径，甚矣其荒也。有人焉，为之芟夷而蕴崇之，缭以周垣，树以嘉木，不数年葱笼蔚森矣。夫地之宜于植也，其生是嘉木犹其生是棘榛也。是宜于植者，地之粹也。因其宜于植而移嘉木以植之，或滋兰焉，或树橘焉，则焕然秀发者，虽非前日之所有，而要之有是地然后有是华，不得谓非是地之华也。是故本我国之所有而适宜焉者，国粹也。取外国之宜于我国而吾足以行焉者，亦国粹也。井上之言，是知我国之所有者为国粹，而不知外国之宜于我国而吾足以行焉者，亦为国粹也。

马路曰，政治之良否，关于人民之德智。以空理组织之政体，虽如何巧妙，亦不适于实用，而无永续之力。永续之力为何？曰宗旨也，地位财产也，善良政治之习惯思想也，尊崇历史、怀远追旧之情也。加藤弘之曰，欧洲各国宪法之精神，大抵无异。至政府之权力、议会之权限，则宽严大小皆有所宜。所以然者，各国之风俗、历史不可苟同也。夫研究我国与外国之异同，取其适用而能永续者，如马氏所举数端，皆国粹也。如加藤氏所谓各有所宜而不可苟同，皆保存也。夫粹者，人人之所欲也。我不保存之，则人将攘夺之，还以我之粹而攻我之不粹，则国不成其为国矣。险哉！美人灵绶之言也，曰："欧人欲在中国扶植其势力，当无伤其风俗习惯之感情。"险哉！美人灵绶之言也。（《政议通报》壬寅年第二十二期，1902年12月）

## 《国粹学报》叙

吾国得谓之国矣乎？曰不国也。社会莫不始于图腾，继以宗法，而成于国家者也。吾学得谓之学矣乎？曰不学也。万汇莫不统于逻辑，阐为心理，而致诸物质者也。呜呼悲夫！四彝交侵，异族入主，然则吾国犹图腾也。科学不明，域于元知，然则吾学犹未至于逻辑也。奚以国奚以学为？呜呼悲夫！溯吾称国之始，则肇自唐虞。蚩尤作甲兵，始伐黄帝，至于夏殷周，而苗祸亘千百年。然则唐虞之称国也，吾以见民族之梦焉。呜呼悲夫！溯吾学派之衰，则源于嬴〔嬴〕秦。始皇烧诗书百家语，藏书博士，窒塞民智。至于汉武立博士于学官，罢黜百家。以迄刘歆，则假借君权，窜乱经籍，贼天下后世。然则秦皇汉武之立学也，吾以见专制之剧焉。民族之界夷，专制之统一，而不国，而不学，殆数千年。呜呼！奚至于今而始悲也！春秋楚人执宋公以伐宋，宋公谓公子目夷曰：子归守国矣，国子之国也。公子目夷复曰：君虽不言国，国固臣之国也。是故对于外族则言国，对于君主则言国，此国之界也。国界不明，诸夏乃衰。简书不恤，京师吴楚，以至会申楚伯，淮夷不殊，则吾国对外族之界亡矣。汉兴，黄生与辕固生论汤武受命，而曰：冠虽敝，必加于首；履虽新，必贯于足。申桀纣而屈汤武，孝景知其非，然犹曰言学者毋言汤武受命不为愚，则吾国对君主之界亦亡矣。呜呼！国界亡则无学，无学则何以有国也。吾登高西望，帕米尔高原而东，喜马拉山脉而北，滔滔黄河，悠悠大江，熙熙乎田畴都市，宅于是间者，乃不国乎？而吾巴克之族，犹足以自立；黄帝尧舜、禹汤文武、周公孔子之学，犹足以长存；则奈何其不国也？奈何其不学也？

悲夫痛哉！风景依然，举目有江河之异，吾中国之亡也，殆久矣乎！栖栖千年间，五胡之乱，十六州之割，两河三镇之亡，国于吾中国者，外族专制之国，而非吾民族之国也。学于吾中国者，外族专制之学，而非吾民族之学也。而吾之国之学之亡也，殆久矣乎！是故以张宾为长史，而执大法于石胡之朝；以许衡为祭酒，而定朝仪于蒙古之族。识者痛焉，以其以中国民族而为外族专制之奴，而又出所学以媚之也。国界亡而学界即亡也。持是以往，萃汉宋儒者之家法，而蝇蝇于十三经二十四史诸子百家之文，罔亦该博焉，而国日蹙，而民日艰，而种族日殽，而伦理日丧乱。一睨乎泰西诸国之政之法之艺之学，则以为非先生之道，而辞而辟之。辟之而不足以胜之也，一耆乎泰西诸国之政之法之艺之学，则以为非中国所有，而貌而袭之。袭之而仍不足以敌之也，则还而质诸吾国，何以无学？吾学何以不国？而吾之国之学，何以逊于泰西之国之学？则懵然而皆莫能言。呜呼！微论泰西之国之学，果足以裨吾与否，而此懵然莫能言之故，则足以自亡其国而有余，是亦一国之人之心死也。

立乎地圜而名一国，则必有其立国之精神焉，虽震撼挦杂，而不可以灭之也。灭之则必灭其种族而后可；灭其种族，则必灭其国学而后可。昔者英之墟印度也，俄之裂波兰也，皆先变乱其言语文学，而后其种族乃凌迟衰微焉。迄今过灵水之滨，瓦尔省府之郭，婆罗门之贵种，斯拉窝尼之旧族，无复有文明片影，留曜于其间，则国学之亡也。学亡则亡国，国亡则亡族。吾国之国体，则外族专制之国体也；吾国之学说，则外族专制之学说也。以外族专制，自宋季以来，频繁复杂，绵三四纪，学者忘祖宗杀戮之惨，狃君臣上下之分，习而安之，为之润饰乎经术，黼黻乎史裁，数百年于兹矣。一旦海通，泰西民族麇至，以吾外族专制之黑暗，而当共和立宪之文明，相形之下，优劣之胜败立见也，则其始慕泰西。甲午创后，駴于日本，复以其同文地迩，情洽而收效为速也，日本遂夺泰西之席，而为吾之师，则其继尤慕日本。呜呼！亡吾国学者，不在泰西而在日本乎！何也？日本与吾同文而易殽也。譬之生物焉，异种者，虽有复杂，无害竞争；惟同种而异类者，则虽有竞争，而往往为其所同化。泰西与吾异种者也，日本与吾同种而异类者也。是故不别日本，则不足以别泰西；然不别吾累朝外族专制之朝廷，则又何以别日本。夫吾累朝外族专制之朝廷，固皆与吾同种而异类者也，亡吾国吾学者也。《易》曰："其亡其亡，系于苞桑。"又曰："樽酒簋贰用缶，纳约自牖。"呜呼！今日黄冠草履，空山歌哭，语吾国语，文吾国文，哀声悲吟，冀感发吾同族者，盖仅仅见也。过此以往，声消响绝，虽复布福音，兴豪摩尼司脱，习希塞洛瓦其儿之文字而已，非吾巴克之族，黄帝尧舜、禹汤文武、周公孔子之学矣。悲夫！

虽然，巴克之族，黄帝尧舜、禹汤文武、周公孔子之学，其为布帛菽粟，而无待于他求者夥矣。其为夏鼎商彝，而无资于利用者，庸讵乏焉，则是吾学界不能无取诸日本泰西亦势也。有地焉，蓬蒿棘榛，郁勃蹊径，甚矣其荒也，而吾为之芟夷而蕴崇之，缭以周垣，树以嘉木，不数年葱茏蔚森矣。夫地之宜于植也，其生是嘉木，犹其生是棘榛也。盖宜于植者是地也，因其宜于植而移嘉木以植之，或滋兰焉，或树橘焉，则焕然秀发者，虽非前日之所有，而要之有是地然后有是华，不得谓非是地之华也。何也？国固吾国也，学即吾学也。海波沸腾，宇内士夫，痛时事之日亟，以为中国之变，古未有其变，中国之学，诚不足以救中国。于是醉心欧化，举一事革一弊，至于风俗习惯之各不相侔者，靡不惟东西之学说是依。慨谓吾国固奴隶之国，而学固奴录之学也。呜呼！不自主其国，而奴隶于人之国，谓之国奴；不自主其学，而奴隶于人之学，谓之学奴。奴于外族之专制固奴，奴于东西之学说，亦何得而非奴也。

同人痛国之不立，而学之日亡也，于是瞻天与火，类族辨物，创为《国粹学报》一编，以告海内曰：昔者欧洲十字军东征，弛贵族之权，削封建之制，载吾东方之文物以归，于时意大利文学复兴，达泰氏以国文著述，而欧洲教育遂进文明。昔者日本维新，归藩覆幕，举国风靡，于时欧化主义，浩浩滔天，三宅雄次郎、志贺重昂等，撰杂志，倡国粹保全，而日本主义，卒以成立。呜呼！学界之关系于国界也如是哉！宋之季也，其民不务国学，而好为蒙古文字语言，至名其侈辞以为美，于是而宋亡。普之败于法也，割雅丽司、来罗因以和，而其遗民，眷眷故国，发为诗歌，不忘普音，于是而普兴。国界之兴亡于学界也，又如是哉！夫国学者，明吾国界以定吾学界者也。痛吾国之不国，痛吾学之不学，凡欲举东西诸国之学，以为客观，而吾为主观，以研究之，期光复乎吾巴克之族，黄帝尧舜、禹汤文武、周公孔子之学而已。然又慕乎科学之用宏，意将以研究为实施之因，而以保存为将来之果。悬界说以定公例，而又悲乎言之无文，行而不远。意将矫象胥之失，而不苟同伊缓大卤之名，期光复乎吾巴克之族，黄帝尧舜、禹汤文武、周公孔子之学而已。呜呼！雄鸡鸣而天地白，晓钟动而魂梦苏。天下志士，其有哀国学之流亡者乎？庶几披涕以读而为之舞。（《国粹学报》第一期，1905年2月）

## 邓　实

### 古学复兴论

昔希腊七贤，创兴学派，各自为宗，讲学授徒，流风广被，为中欧一时学术之盛。自东罗马灭亡之后，其图书典籍，焚佚散乱，而宗教之束缚，封建之压制，皆足使古学之萌芽，尽归零落，而一时希腊文物之光明，黯然无色矣。十字军东征，入亚剌伯，获其图书而还（当欧洲文学坠地之时，亚剌伯人以国语译亚理士多德之科学，加灵之医书，及希腊学者之天文学等书，以行于国中。故希腊学术之不至中绝者，实赖亚剌伯一线之延），于是欧人始知为考古之学。其时意大利都市繁盛，与海外通，自希腊招致学者，教希腊语，讲退勒密、黑朴科迭司、幼克厉德之书，又学拉丁语，习希塞洛、瓦其儿之文字，而汤德（意大利人）用意语，著《神圣喜剧》之大作，究古代诗文。其后迫拉耳喀及博喀箫（均意大利人）出，大修古文，不独考究古人思想而已，且务搜罗马希腊遗亡之古书，求之海外，不避艰险，设藏书楼，聚古籍至数十万册，一时学风所扇，人皆慕古。凡研究古代文学者，称曰"豪摩尼司脱"，当世以为美称焉。自希腊蚕食于突厥，学士大夫，出亡避乱，咸以意大利为渊薮，如云而聚。于是意国之高等学校，尽以希腊学者为其教师，而古学之智识思想，如风发泉涌，苏柏之遗风，照苏复活矣。况雕刻绘画印刷之美术，同时并兴，其活泼优美之风，皆足以助文学之光彩。而诸学士亦渐次就他国大学之聘，分授以希腊文学、哲学，由是豪摩尼司脱之学风，遍于全欧。至十六世纪，而尽输于北方。英法德之学校，莫不以希腊拉丁之学为普通之学科，遂以鼓吹欧洲中世之文明。德则以神学史学著，法则以诗文音乐之学著，英则以实验哲学及戏曲著。又其时国语渐定，学者皆以国文著述。西班牙诗人哲多，法国诗人多路巴，意大利之汤德，英之佐沙，皆国文学之泰斗。而文学之兴，日益光大。吁，盛矣哉！此欧洲古学之复兴也！邓子曰：十五世纪，为欧洲古学复兴之世，而二十世纪，则为亚洲古学复兴之世。夫周秦诸子，则犹之希腊七贤也；土耳其毁灭罗马图籍，犹之嬴秦氏之焚书也；旧宗教之束缚，贵族封建之压制，犹之汉武之罢黜百家也。呜呼！西学入华，宿儒瞠目，而考其实际，多与诸子相符。于是而周秦学派遂兴，吹秦灰之已死，扬祖国之耿光，亚洲古学复兴，非其时邪？考吾国当周秦之际，实为学术极盛之时代，百家诸子，争以其术自鸣。如墨荀之名学，管商之法学，老庄之神学，计然白圭之计学，扁鹊之医学，孙吴之兵学，皆卓然自成一家言，可与西土哲儒并驾齐驱者也。夫周秦诸子之出世，适当希腊学派兴盛之时（希腊学者如苏格拉底、柏拉图、芝诺、亚里士多德，皆生周末元考安显之间）。绳绳星球，一东一西，后先相映，如铜山崩而洛钟应，斯亦奇矣。然吾即《荀子》之《非十二子》篇观之，则周末诸子之学，其与希腊诸贤，且若合符节。是故它嚣、魏牟之纵情性、安恣睢，即希腊伊壁鸠鲁之乐生学派也。陈仲、史鳅之忍情性、綦溪利跂，即希腊安得臣之倡什匿克学派也（什匿克派以绝欲遗世、克己励行为归）。墨翟、宋钘之上功用、大险约而慢差等，即希腊芝诺之倡斯多噶学派也（斯多噶学派学尚任果重犯难而设然诺）。惠施、邓析之好治怪说、玩琦辞，即希腊古初之有诡辩学派，其后亚理士多德以成其名学也（其详见第二期丛谈门）。我周末诸子，本其所得，各自为学，波谲而云诡，不可谓非吾国学术史一代之光矣。学之衰也，其自汉武之罢黜百家乎？夫汉武用董仲舒之言，尊儒术而表章六经，则亦已矣。诸子之学，其为神州之所旧有者，听其自存自灭可也，奈何而竟用专制之术，尽绝其道乎？此君子所以不恨于秦火之焚烧，不恨于咸阳之一炬，而独痛恨于天人三策之所陈为无道也。自是以后，诸子之学，遂绝于中国。义疏于隋唐，性理于宋元，帖括于明代，学术之途，愈趋愈狭，学说之传，日远日微。试一按其当时图籍，考之传记，欲求古先哲贤之片影，而亡有一存者，盖古学之亡久矣。虽然，学以立国，无学则何以一日国于天地？于是本国无学，则势不能不求诸外国。而外学之来，有其渐矣。考西学之入中国，自明季始。（按摩西古教之来华在前汉时，景教之入中国在唐时，为时甚远，然所传者宗教之经文，不足以言学术。）利玛窦诸人，接踵东来，著书译经，布教之外，旁及历数象器之学。而爱约瑟即以其法理医文四科之学说，传之中土，而士大夫多习其学（如徐光启、张尔歧、黄宗羲皆深信西学）。至于国初，且用汤若望、南怀仁辈，为之定历明时，而宣城梅文鼎之算学，大兴刘献廷之字学、地文学，江都孙兰之地理学，皆于西士之学有渊源。至若江永、戴震之徒，则非但涉猎其历数之学，且研究其心性，而于彼教中之大义真理，默契冥会，时窃取之，以张汉学之帜，而与宋儒敌，今其所著之书可按也（如《孟子字义疏证》中，时有天主教之言）。至海宁李善兰出，始集西学之大成，然其面目一变。何者？李氏之前，所习皆偏于历数心性，而李氏则专注重于工艺历史。观制造局之译书，可以见李氏宗主之所在矣。李氏而后，译学日新，时局大变，于是言西学者，又舍工艺而言政法。而西方之学术，于是大输于中华。虽然，外学日进，而本国旧有之古学亦渐兴。乾嘉以还，学者稍稍治诸子之书，如镇洋毕氏之校《墨子》《吕氏春秋》，阳湖孙氏之校《孙子》《吴子》《司马法》《尸子》，江都汪氏之序《墨子》、序贾谊《新书》、撰荀卿子《通论》《年表》。虽仅掇拾丛残，雠正讹伪，然先秦之书，赖此可读。道咸至今，学者之爱读诸子，尊崇诸子，不谋而合，学风所转，各改其旧日歧视之观。其解释诸子之书，亦日多一日，或甄明诂故，或论断得失，或发挥新理，如孙氏之《墨子闲诂》，俞氏之《诸子平议》，刘氏之《周末学术史》其著也。夫以诸子之学，而与西来之学，其相因缘而并兴者，是盖有故焉。一则诸子之书，其所含之义理，于西人心理、伦理、名学、社会、历史、政法、一切声光化电之学，无所不包，任举其一端，而皆有冥合之处，互观参考，而所得良多。故治西学者，无不兼治诸子之学。一则我国自汉以来，以儒教定一尊，传之千余年，一旦而一新种族挟一新宗教以入吾国，其始未尝不大怪之，及久而察其所奉之教，行之其国，未尝不治，且其治或大过于吾国，于是而恍然于儒教之外复有他教，六经之外复有诸子，而一尊之说破矣。此孔老墨优劣之比较，孟荀优劣之比较，及其他九流优劣之比较，纷然并起，而近人且有订孔之篇、排孔之论也。呜呼！学术至大，岂出一途，古学虽微，实吾国粹。孔子之学，其为吾旧社会所信仰者，固当发挥而光大之；诸子之学，湮殁既千余年，其有新理实用者，亦当勤求而搜讨之。夫自国之人，无不爱其自国之学。孔子之学固国学，而诸子之学亦国学也。同一神州之旧学，乃保其一而遗其一，可乎？吾闻地球文明之祖国有三，而吾国居其一（其二曰印度、曰希腊）。近日欧洲学者，谓二十世纪所当求之古学有二：一印度学，而一支那学。以谓此东洋之二古学，其于近世纪，必有大发明，以影响于全球学界者。故法属之阿尔日至有东方博学会之设，以讲求东方古今政教、俗尚、语言、文字。（附海外通函述东方博学会近情：法国属地阿尔日，设东方博学会，为欧洲各国讲求东方古今政教、俗尚、语言、文字而设，于千八百七十三年，巴黎第一会为发轫之始，嗣后间三四年择各国都会大埠陆续再举，由是而法而德而英而和而义、瑞等国，轮流举办，已开会十三次。末二次一于千八百九十八年集于法之巴黎，一于千九百零二年集于德之汉堡。汉堡散会之日，议定于千九百零五年举行第十四会，以法之阿尔日为聚集地，从阿尔日总督之请也。日本政府曾请以第十四会归东京帝国大学校举办，各国以道远辞之。其会无论何国之人均得入会，每人须交入会费二十佛朗，赴会者多半学界中人，由政府派员代表，各携著作呈会品评。中国政府向不留心此事，从前曾未闻有派人前往之事。惟千九百零二年，汉堡之会由驻德使署派那晋、李德顺、恩讵三人赴会，并未携有著作，不过逐队观光，借资游览而已。今年阿尔日之会，则由驻法孙慕、韩星使派同文馆学生唐在复赴会，闻亦未必携有著作。查第十三会日本所派赴会之员，系东京帝国大学校教习、亚洲文学会领袖某君，通晓东方各国文字，所携著作极富，大为欧美各国宿儒所赞赏。盖此会以考求东方各国古今文字异同为最重之点，而古今政教、俗尚异同之得失变迁次之。中国将来派员赴会，当先知该会着重之点，而遣派通儒名宿，则中国虽弱而往古教化文学之盛，庶不至亦因之而澌灭也。会中文字分七股：一、梵文及阿里亚文，二、犹太文，三、回文（大食、突厥、波斯），四、埃及文、非洲土文、马达加斯文，五、远东各文（中国、日本、高丽、暹罗），六、希腊及欧东各文，七、非洲金石，回族美术。查各国所派之人多半学部人员，翰林院藏书楼总理，以及东方学校教习，或哲学名家，或著作雄富之宿儒，为本国学界之代表。此会于中国文学极有关系，而政府使臣向不留意，重可慨矣。）则外人之所以勤求吾学者，何其至也？夫经欧美之藏书楼，无不广贮汉文之典册；入东瀛之书肆，则研究周秦诸子之书，触目而有。乃他人之宝贵吾学如是，而吾乃等之瓦鼎康瓠，任其沉埋于尘埃粪土之中，视若无睹。家有至宝，而遗于路人，岂不惜哉！故吾人今日对于祖国之责任，惟当研求古学，刷垢磨光，钩玄提要，以发见种种之新事理，而大增吾神州古代文学之声价。是则吾学者之光也。学者乎！梦梦我思之，泰山之麓，河洛之滨，大江以南，五岭以北，如有一二书生，好学信古，抱残守缺，伤小雅之尽废，哀风雨于鸡鸣，以保我祖宗旧有之声明文物，而复我三千年史氏之光荣者乎，则安见欧洲古学复兴于十五世纪，而亚洲古学不复兴于二十世纪也。呜呼！是则所谓古学之复兴者矣。（《国粹学报》第九期，1905 年 10 月）

## 拟设国粹学堂启

中国自古以来，亡国之祸叠见，均国亡而学存。至于今日，则国未亡而学先亡。故近日国学之亡，较嬴秦蒙古之祸为尤酷。何则？以嬴秦之焚书，犹有伏生孔鲋之伦，抱遗经而弗堕；以蒙古之贱儒，犹有东发深宁数辈，维古学而弗亡。乃维今之人，不尚有旧，自外域之学输入，举世风靡，既见彼学足以致富强，遂诮国学而无用。而不知国之不强，在于无学，而不在有学；学之有用无用，在乎通大义、知今古，而不在乎新与旧之分。今后生小子，入学肄业，辄束书不观，日惟骛于功令利禄之途，卤莽灭裂，浅尝辄止，致士风日趋浅陋，毋有好古博学，通今知时，而务为特立有用之学者。由今而降，更三数十年，其孤陋寡闻，视今更何如哉！嗟乎！户肄大秦之书，家习劫卢之字，宿儒抱经以行，博士倚席不讲，举凡三仓之雅诂，六艺之精言，九流之坠绪，彼嬴秦蒙古所不能亡者，竟亡于教育普兴之世，不亦大可哀邪！故国学之陁，末有甚于今日者也。夫国于天地，必有与立。学也者，政教礼俗之所出也。学亡则一国之政教礼俗均亡；政教礼俗均亡，则邦国不能独峙。试观波尔尼国文湮灭，而洼肖为墟；婆罗门旧典式微，而恒都他属。是则学亡之国，其国必亡，欲谋保国，必先保学。昔西欧肇迹，兆于古学复兴之年；日本振兴，基于国粹保存之论。前辙非遥，彰彰可睹。且非惟强国惟然也。当春秋之时，齐强鲁弱，而仲孙谓鲁未可取，犹秉周礼。是学存之国，强者可以益兴，弱者亦可以自保。今也弃国学若弁髦，非所谓自颠其本乎！况青年之辈，侈言爱国。夫所谓爱国者，以己国有可爱之实也，故怀旧之念既抒，保土之情斯切。若士不悦学，则是并已〔己〕国可爱者而自弃之矣，虽托爱国空名，亦何益哉！夫中土之学，兴于三代之前，秦汉以还，大师魁儒，纂述尤盛，代有传人，人有传书，篇目并较然可按，今竟湮没不彰，销蚀湮轶。彼东西重译之国，其学士大夫，转以阐明中学为专门。因玄奘《西域记》，以考佛教之起源；因赵氏《诸蕃志》，以证中外之交通。而各国图书楼，竞贮汉文典籍。即日本新出各书报，于支那古学，亦递有发明。乃华夏之民，则数典忘祖，语及雅记故书，至并绝域之民而不若，夫亦可耻之甚矣。同人有鉴于此，故创立国学保存会于沪渎，并刊行学报丛书，建设藏书楼，以延国学一线之传。然君子之学，非仅自为而已也，学术之兴，有倡导之者，必有左右翼赞之者，乃能师师相续，赓续于无穷，而不为异说謷言所夺。昔颜习斋先生，施化漳南，以礼乐射御书数，分授弟子，旁及水火工虞之学。黄梨洲先生，主讲证人书院，首倡戢山之学，并推论读经考史之方，承其学者，咸择其性之所近，以一艺自鸣，风声所树，挨芳承轨，矢音不衰。则化民成俗之功，必基于讲学。今拟师颜王启迪后生之法，增益学科，设立国粹学堂，以教授国学。夫颜黄诸儒，生于俗学滋行之日，犹能奋发兴起，修述大业，以昌其学术。今距乾嘉道咸之儒，渊源濡染，近不越数十年，况思想日新，民智日瀹，凡国学微言奥义，均可借哲种之学，参互考验，以观其会通，则施教易而收效远。从学之士，三载业成，各出其校中所肄习者，发挥光大，以化于其乡，学风所被，凡薄海之民，均从事于实学，使学术文章，浸复乎古，则二十世纪，为中国古学复兴时代，盖无难矣，岂不盛乎！（《国粹学报》第二十六期，1907 年 3 月）

## 国学真论

邓子曰：痛夫悲哉！吾中国之无国学也。夫国学者，别乎君学而言之。吾神州之学术，自秦汉以来，一君学之天下而已，无所谓国，无所谓一国之学。何也？知有君不知有国也。近人于政治之界说，既知国家与朝廷之分矣，而言学术，则不知有国学、君学之辨，以故混国学于君学之内，以事君即为爱国，以功令利禄之学，即为国学，其乌知乎国学之自有其真哉？是故有真儒之学焉，有伪儒之学焉。真儒之学，只知有国，伪儒之学，只知有君。知有国则其所学者，上上千载，洞流索源，考郡国之利病，哀民生之憔悴，发愤著书，以救万世。其言不为一时，其学不为一人，是谓真儒之学。若夫伪儒者，所读不过功令之书，所业不过利禄之术，苟以颂德歌功，缘饰经术以取媚时君，固宠图富贵而已。邓子曰：悲夫！吾中国国学之真之失，殆久矣乎。

自《周礼》一书，有师儒之名。师以传经，是曰经师，儒以传道，是曰儒家。东周之季，《周礼》在鲁，孔子删定《六经》，彰明四教，兼备师儒，其后弟子一传其六艺之学，流为经师，一传其用世之学，流为儒家。周秦之间，经儒分途，经师抱残守缺，不求利禄，儒家学古入官，志在用世。班固述《艺文志》，以周秦汉初诸经师，录入《儒林传》，而以《论语》《孝经》，录入《六艺略》中，由是经儒始不别，而通经致用之说乃兴。故有谓经义苟明，取青紫如拾芥，有以明经为三公，自矜稽古之荣者。经儒之派既分，于是而国学君学遂一混而不可分。吾观周秦间大师，类能以所学匡正时君之失，裁抑君权，申明大义，无所于畏。漆雕子无严于诸侯，段干木、田子方不屈于势利，鲁仲连布衣之士，义不帝秦。此秦以前之学，无愧其为国学之真也。自秦政焚书，以吏为师，骊山种瓜，惨然一压，诸生拜为郎者七百人，终乃无声，而君学之统以成，国学之统以绝。故太史公曰："六艺从此缺焉。"伤经师一派之学微也。汉尊儒术，叔孙通制朝仪，假儒术以尊天子。汉武表章六艺，公孙宏以春秋白衣为天子三公。申公以学显，其弟子行虽不备，而至于大夫郎中掌故以百数，太史公曰："自此以来，公卿大夫士吏斌斌多文学之士矣。"盖自汉武罢黜百家，惟儒家一派，独为时君所尊崇，然而儒家之宗旨，则以求仕待用为其职志者也。《荀子·王伯》篇曰："论德使能而官施之者，圣王之道也，儒者之所谨守也。"《儒效》篇曰："大儒者，天子三公也。"（杨注其才堪王者之佐也。）是儒者之所志，不过入官为三公耳。郑君《三礼目录》曰："儒之言优也，柔也。其与人交接，常能优游。"《艺文志》说儒家曰："辟者随时俯仰，违离道本，苟以哗众取宠。"是故优游俯仰，而为进身之阶，正辟儒善行之术。叔孙通责弟子，谓若真鄙儒，不知时变。而荀子则曰："时绌而绌，时伸而伸。"足以知儒之为儒，惟在湛心荣利，苟以趋时而已。时之所尚，利禄之所在，则不惜迁就其生平之所学，以腴媚时君。如以董仲舒之贤，而《春秋》灾异之说，为天子所忌，则不敢复言。儿宽贫时，以治《尚书》，为张汤援古法，决大狱，比为三公，则承意从容，无取匡救。下至公孙宏、孔光之徒，无不曲学阿世，以保富贵。则其时君学之盛行可知矣。班固曰："武帝立五经博士，开弟子员，设科射策，劝以官禄，传业者浸盛，一经说至百余万言，大师众至千余人。"盖利禄之路然也，岂不然哉？降及王莽，引经文以文奸言，而颂莽功德者，至十余万人，剧秦美新，乃出于拟圣之杨雄，甘受莽大夫之恶名而不恤。及光武以符箓受命，崇尚谶纬，颁为功令，一二陋儒，援饰经文，杂糅谶讳，以工谀献媚。贾逵以左氏有刘为尧后之文，遂请立学；何休以公羊获麟，为汉受命之符。而六艺遗文，一若专为颂扬君主之具，又何怪其后之私行金货，改定兰台漆书，以合私文者之纷纷乎！呜呼！盖自秦至汉，神州几尽为君学之天下，然而国学尚有一线之延者，则赖鲁两生征议朝仪而不为屈，郑君比牒并名，早为宰相，毋失其素风。一二在野经生，独抱遗经，甄明古学，故至汉之末造，而党锢独行之徒，乃能维持清议，裁量执政，义形于色，舍命不渝，松柏后凋于岁寒，鸡鸣不已于风雨。别国学于君学之内，而独树一帜。岂非神州之光哉？

顾亭林曰：东京之末，节义衰而文章盛。自蔡邕始，其仕董卓无守，卓死惊叹无识，观其生平滥作碑颂，则平日为人可知。降及三国，王符、崔寔、阮武、姚信之徒，咸以法家辅儒学，崇尚法术，以尊君而抑民，而法家之惨缴寡恩，已开放弃礼法之先路。流至魏晋，士皆慕通达而尚清谭，惟求仕进，不顾廉耻，稽〔嵇〕绍被杀父之仇，而山涛荐之入仕，大义不明，以至相率臣于刘聪、石勒。观其故主青衣行酒，而无所动，则人心风俗之坏至正始而极矣！盖自永嘉之乱，旧经家法尽亡，人师难求，诸儒乃尽弃其经典，而遁于老庄之学。虽其清净寂灭，遗弃事功，殊非热中君学之比，而实则篡〔篡〕弑频仍，争夺无厌，羌戎互僭，君臣屡易，神州陆沉，而国学之销亡亦尽矣。北魏君臣，伪崇儒学，建学宫，用经生，无非为笼络士民之计。隋文统一，因九品中正之弊，官人之法，悉重明经、进士诸科，复建立黉序，征辟儒生，一时承其风者，无不薰心于时王之功令，舍诗赋词章，无所谓学。虽有文中子讲明圣学于野，而其徒则且纡青拖紫，自诩为佐命元勋矣。唐撰《正义》，而中邦学术统一之局成。孔冲远奉一王之令，守一家之说，弃河朔之朴学，尚江左之浮谈。《书》《易》则屏郑家，《春秋》则废服义，举一废百，颁之天下，以为程式。凡试明经，悉衷《正义》，是驱天下士民，群趋于功令之一途。使天下学术非定于一尊不止，岂非学术之专制欤？宋承唐弊，以科举取士，故《朱子语录》谓朝廷欲克复两京，非停三十年科举不可，可知其时士人沉溺科举之深。故以朱子之隐居读书，闭门讲学，而人主且悬为道学之禁。元儒鬻学，吴、许之徒，靦然享大牢之奉，而受青史之称，则不特曲学以媚时君，而且曲学以媚外族矣。明祖以八比取士，复辑五经四书大全，颁之学宫，悬为功令，以守宋儒之学为宗，士之空疏极矣。黄梨洲曰："明人讲学，袭《语录》之糟粕，不以六经为根柢。"钱大昕曰："自宋以经义取士，守一先生之说，而空疏不学者，皆得名为经师。"至明季而极，故《明史·儒林传》谓二百七十余年间，未闻以专门经训名家者，经学非汉唐之专精，性理袭宋元之糟粕。

论者谓科举盛而儒术微，殆其然乎！嗟乎！此科举之学所以至明而极弊也。夫自汉立五经博士，而君学之统开，隋唐以制科取士，而君学之统固，及至宋明，士之所读者，功令之书，所学者，功令之学。遥遥二千年，神州之天下，一君学之天下而已，安见有所谓国学者哉？虽然国无学则国不存，吾国绵绵延延以至于今者，实赖在周有伯夷，在秦有仲连，在汉有两生，在东汉有郑康成，而在晚明有黄梨洲、顾亭林、王船山、颜习斋、孙夏峰、李二曲诸先生之学为一线之系也。今数先生之风日微矣，而天下尚趋于设科射策，营营荣利而未有已。是故汉之博士，一科举也，唐之诗赋，一科举也，明之八比，一科举也，今之学堂考试，亦一科举也。不尽去其富贵利禄、急功近名之见，而为独立远大之学，徒斥斥于朝廷之趋向以为转移，而曰我学也，乌得而冒国学之名而为国士哉？（《国粹学报》第二十七期，1907 年 4 月）

## 国学无用辨

学以为国用者也。有一国之学，即以自治其一国，而为一国之用。无学者非国，无用者亦非学也。今之忧世君子，睹神州之不振，悲中夏之沦亡，则疾首痛心于数千年之古学，以为学之无用而致于此也。邓子曰：悲夫！其亦知吾国之古学，固未尝用，而历代所用者，仅君学乎？夫用之而无效，则谓其学为无用固宜。若夫其学犹未用也，而即嚣然以无用名之，而乌知乎其学之果无用也。是故无用者君学也，而非国学。君学者，经历代帝王之尊崇，本其学说，颁为功令，而奉为治国之大经，经世之良谟者也。其学之行于天下，固已久矣。若夫国学者，不过一二在野君子，闭户著书，忧时讲学，本其爱国之忧，而为是经生之业，抱残守缺，以俟后世而已。其学为帝王所不喜，而亦为举世所不知。学者不察，漫与君学同类而非之，曰无用无用。呜呼！其果真无用欤？抑其不知用也。

自周之季，学失其官，诸子蜂起，各本其术以自鸣。老子之道术，庄子之齐物，墨子之兼爱，申韩之法制，孙吴之兵谋，荀子之名学，管子之经济，用其一皆可以有裨于当世。夫诸子之多为其术，以救人国之急，可谓勤矣。然而当代之君民能用其说者几何也！毋亦信仰其学而从之游者，皆其一派之弟子乎，其于全社会无与也。秦政焚书，骊山一压，不特儒术六艺，从此缺略，而百家之学，亦荡然无存。国且无学，何有于用。汉兴，诸儒收拾灰烬，抱其遗经，亦惟相与伏处于荒墟蔓草之间，私相授受，讲诵不辍耳。其时为之议朝仪、定礼乐者，叔孙通诸生之伦，假儒术以媚人主，所用者君学而非国学也。汉武号尊儒术，然申公以力行对而疾免以归，辕固生年九十矣，以诸谀儒疾毁而亦罢归，则其所用者，公孙弘曲学阿世者耳，亦君学而非国学也。汉之末造，朝政昏浊，而党锢独行之士，风潇雨晦，不已鸡鸣，及其卒也，小人得以合围而猎，君子反以前禽而伤，则其时之君学盛行而国学之罢斥不用可知矣。

夫国学之与君学不两立者也，此盛则彼衰，此兴则彼仆。群阴昼闭，而微阳不现，黄金毁弃，而瓦釜雷鸣。自唐代义疏之作，宋世科举之兴，明以八比取士，近世承之，其时君所乐用者，皆为君学之一面。故自宋至今，五六百年，国破家亡，外祸迭起，君臣屡易，坐令中区瓦解鱼烂而不可救者，皆君学之无用有以致之，而国学不任咎也。

夫既知君学之无用矣，然而历代帝王，宁使亡国败家相随属，而卒不肯以国学易君学者，其故何哉？夫君学者，以人君之是非为是非者也，其言顺而易入；国学者不以人君之是非为是非者也，其言逆而难从。古今好谀之君多，而从逆之君少，此君学所由盛而国学所由衰欤。邓子曰：夫使君学之盛行，而国学之不振者，吾民亦与有过焉矣。吾闻泰西学者，创一学说，则全社会为之震动，而其终卒能倡造社会，左右政界。故孟德斯鸠、卢梭之学说出，遂成法国大革命，而全欧响应；斯密亚丹之学说出，而自由放任贸易主义以兴；达尔文、斯宾塞之学说出，而天演之公例大明。此其学不必赖时君之表扬也，而固已飙动云兴，足以转移一世之人心风俗而有余矣。

返而观我国，则历代虽有一二巨儒，精研覃思，自成宗派，其学术非无统系之可言，而空山讲学，所与倡和者，惟其门徒及二三知己耳，而全社会不知尊仰，后人不闻表彰。故其学派遂日远而日微，即其遗书亦湮轶而不可见，不亦悲乎！明之季，国既亡矣，而北有夏峰、习斋，西有二曲，东南有亭林、梨洲、船山，皆思本所学以救故国，著书立说，哭告天下，而天下之人不应，漠然若毋动其中，其言不用，而神州遂至陆沉。夫使数君子之学，得以见施于时，则亭林乡治之说行，而神州早成地方自治之制；梨洲原君原臣之说昌，则专制之局早破；船山爱类辨族之说著，则民族独立之国久已建于东方矣。是故数君子之学说而用，则其中国非如今日之中国可知也。推而老、庄、申、韩、荀、墨之学用于战国，则战国非昔日之战国；伏生、申公、辕固生之学用于汉，则汉非昔日之汉又可知也。惜其学不用，乃以成此晚近衰亡之局，而反以无用诬古人，古之人不更悲乎！

虽然，古人之学，有用之一时者焉，有用之万世者焉，有用之一人者焉，有用之一国者焉。用之一时一人者其效小，用之万世一国者其效大。呜呼！数十百年之后，万有一收其效者，则予言雪矣。然非有命世独立不

惧之君子，其亦安能与于斯哉！（《国粹学报》第三十期，1907 年 6 月）

## 许之衡

### 读《国粹学报》感言

痛乎哉！居今日而言国粹，其真为举世所不为，而特立独行之士乎！世之图新者，必以出世太早、不合时代二语相訾议。余亦初意谓然，反复思之，而知当识别也。夫在上而言国粹，则挟其左右学界之力，欲阻吾民图新之先机，以是为束缚豪杰之具，辞而辟之可也。若在野而倡国粹，则一二抱残守缺之士，为鸡鸣风雨之思，其志哀，其旨洁，是犹仁者见仁，智者见智，欧化者自欧化，国粹者自国粹而已。与执政之主持，殆不可同日而语。故有攻错无诋诼也。虽然，余之欲提议于倡国粹者有两事，亦攻错之林也，布之如下：

#### 一　孔子与宗教

孔子非宗教家一语，倡自□氏"保教非所以尊孔论"，其论学术变迁，亦多崇诸子而抑孔子。余杭章氏《訄书》，至以孔子下比刘歆，而孔子遂大失其价值，一时群言，多攻孔子矣。孔子果为宗教家与否，鄙见详后篇。请先论宗教与人类之关系。夫人类之生存，不至为猩猩狒狒者，以有爱力合群故，爱力合群之至，孰有如宗教者乎？社会自图腾以至今日，群治虽万变不同，然莫不与宗教有重要之关系。盖宗教者，自科学一面观之，诚为魔魇之怪物；而自群学一面观之，则宗教者群治之母，而人类不可一日无者也。□氏见歌白尼、达尔文辈疑宗教，而科学踵兴，遂谓欧洲今日，宗教已属末法之期，且深以神洲兴宗教为虑。余期期以为不然。夫泰西今日，伦理一科，为普通之最要学科，然观其伦理教科书，殆无一不带耶教语。历史书亦然。是西人固以宗教为体，科学为用，有宏大而无胭缩也。纵少数科学家不信宗教，奚损其毫末哉？西国之大政治家，大军人，大冒险家，多皆出于宗教。以有宗教斯有信仰，有信仰斯有能力，有能力斯能举涍然各别之社会，统于一尊，而建种种大事业，此耶教之经验然也。耶教如是，孔教亦何必不然？

孔子之为中国教，几于亘二千年，支配四百兆之人心久矣。而忽然夺其席，与老墨等视。夫老墨诚圣人，然能支配四百兆之人心否耶？夫以孔子为非宗教家，徒以其乏形式耳。孔子之不立形式，正其高出于各教，使人破迷信而生智信也。除形式外，殆无不备教主之资格者。□氏"保教非尊孔论"，一谓束缚国民思想，再谓有妨外交，又谓今后宗教必衰颓，其辟宗教也至矣。而其《宗教家与哲学之长短得失》一篇，又谓无宗教思想，则无统一，无希望，无解脱，无忌惮，无魄力。其《佛学与群治之关系》一篇，则谓今日之世界，其去完全文明，尚下数十级，于是乎宗教遂为天地不可少之一物。其言前后歧舛若是，则孔子非宗教家一语，又可信乎？（章氏《訄书》虽抑孔子，然甚重宗教，其《原教》诸篇甚知宗教要义。）

信教自由，公理也。以信教自由故，遂谓不必规规以孔子为宗教，亦未达之论也。何以故？以吾国不言信教则已，苟言信教，则莫如信孔教故。何以言之？吾尝谓中国之教界有三恨：一恨孔子之教不立形式；二恨基督之新旧约，不译自徐光启、李之藻之手，而译自不学者之手；三恨空鸾娶妻茹荤之佛教，不出自我国。余固服膺信教自由者，请先言佛教。小乘既行于我国，而又无空鸾其人，及今倡之，已无效力。夫不娶妻，则关系于人种问题甚巨，人种既无，何有宗教？是信佛教虽不能夺人自由，然人亦断不乐信之，此有销灭而无复兴者也。（□氏《佛教与群治之关系》一篇，推论将来宜行佛教，其说甚辩，如其说则必为空鸾然后可，否则必无效验。）若耶教则诚世界伟大之教矣，然与我国民族，尚未能忻合无间。况今之挟教而来者，实为彼国伸其权力，与天父博爱之旨，沿流忘源。我国之信徒，亦多不明国界与教界之判。若是我何忍又以耶教倡耶？故上下求索，仍不能出于孔教之一途。非谓信孔教，遂束缚一切之信仰，惟信仰愈多，以参合孔教，而孔教愈光大云尔。我不能夺人信他教之自由，人亦不能夺我信孔教之自由，何所靳而不信之耶？盖揆之历史，揆之心理，揆之民习，诚未有易焉者也。

若谓定一尊则无怀疑，无怀疑则无进步，因以希腊诸学派，律周秦诸子，而谓自汉武罢黜百家之后，学遂不竞。此本日人远藤隆吉《支那哲学史》，而□氏益扬其波者也。夫以今日群治之不竞，而追咎古初，亦知今日犹未为生番樱夷者，即此定一尊之效乎？亦安知今后之必无进步乎？且彼言希腊，夫希腊学风之盛，流衍遍于欧西，而今日无一存者，徒供历史研究之资料。欧洲自信从基督，而十字军几度战争，排去外教之侵凌，兼以输入文明，遂成今日兴盛之效果。如是则定一尊与不定一尊之效何若耶？（欧西兴盛不能不归功宗教，累言之，又将谓我为信徒也。）夫孔子与诸子当时诚如苏格拉底之与七贤，同处学派并立之地位，其后何以定于一尊，成优胜劣败之象者，必有至理存焉。求其故而不得，则冤孔子主张专制，合时君之利用（此日人白河次郎说，□氏演之）。何其慎乎！孔子之遗经，无一为主张专制者，虽不主共和之制，然其所言君权，大抵主限制君权之说居多（如以天临君，即限制君权说之一证，特时代幼稚，不能如今日学说之缜密耳）。以愚意度之，其殆主张君民共主之制者乎？夫孔子之揞击专制，皆属于微言，其最多在《易》（余拟著《易学微》一书即阐发此旨。其证据颇多，如"履虎尾，咥人凶"，"武人为于大君"，即揞击专制之最显者也。余不具引），其次在《春秋》。以揞击专制之孔子，而固谓主张专制者乎，亦多见其不知量而已。吾固甚尊诸子，然诸子于今日，确无足为宗教之价值，吾志在宗教，遂不得不标孔子。盖孔子固久处国教之地位，吾因其尊而尊之，以定民志而已，岂薄诸子哉？

若夫无宗教之害，□氏既谓无宗教则无统一，无希望，无解脱，无忌惮，无魄力。不宁惟是，无宗教则殆无伦理，无宗教则殆无道德，无宗教则殆无教育。此皆无中无外，放之四海而准者也。（近世伦理学、教育学日进步，虽非宗教所能范围，然其源实由宗教始。）夫至无伦理，无道德，无教育，而犹谓吾国胜各国在此者，不其慎耶！歌白尼、达尔文辈能创新科学，不能创新道德。彼西人不诚以宗教为体，科学为用耶？以用抹体，何其悖耶！夫孔教之不能盛行者，以无马丁·路德其人耳。苟吾教有马丁·路德，则教必盛行，或形式而兼备，安见孔子之必非宗教耶？特孔子之教，多属于宗教哲学，而非宗教迷信，是固孔教之大，亦孔教不昌之原因也。余诚信人道之主宰者，莫宗教若。虽有种种之魔魔，亦有种种之解脱，为人类断不可无者。如人群俱为科学家，不信宗教，则人道绝矣。吾甚愿治国学者，当求为孔教之马丁·路德，而毋为破坏宗教者扬其波也。

## 二　国魂与国学

国魂者，立国之本也。彼英人以活泼进取为国魂，美人以门罗主义为国魂，日人以武士道为国魂，各国自有其国魂。吾国之国魂，必不能与人苟同，亦必不能外吾国历史。若是则可为国魂者，其黄帝乎？近日尊崇黄帝之声，达于极盛。以是为民族之初祖，揭民族主义而倡导之，以唤醒同胞之迷梦，论诚莫与易矣。然黄帝之政治，犹有可寻，黄帝之道德，则书阙有间矣。今之标民族主义者，于道德多置末议，识者方为前途惧。抑知民族主义，有重要于道德者乎？愚谓黄帝而外，宜并揭孔子，而国魂始全。盖黄帝为政治之纪元，孔子则为宗教之纪元。种族不始于黄帝，而黄帝实可为种族代表；宗教不始于孔子，而孔子实可为宗教之代表。彼二圣者皆处吾国自古迄今至尊无上之位，为吾全历史之关键，又人人心中所同有者。以之为国魂，不亦宜乎！

今之所歉于孔子者，以其无尚武主义也，无国家主义也。夫尚武主义，著于儒行；国家主义，著于春秋。穷而绎之，皆有理论可寻，安在其不足为国魂乎？匪直此也，国魂者，原于国学者也。国学苟灭，国魂奚存？而国学又出于孔子者也。孔子以前，虽有国学，孔子以后，国学尤繁。然皆汇源于孔子，沿流于孔子，孔子诚国学之大成也。倡国魂而保国学者，又曷能忘孔子哉！

夫国学即国魂所存，保全国学，诚为最重之事矣。然尤当亟思改良，不为守旧，俾合于今日情势，而使必不可磨灭。斯真善言国学者矣。国学当首经史。请先言经。六经在当日，诚为孔子之教科书，而今则全解此教科书者绝鲜。无他，昔之教科书，与今之教科书，体例不同故耳。使易以今日教科书之体例，则六经可读，而国学永不废。（教科之说本之《国粹学报》。愚谓以《诗经》为国文学教科书较胜于唱歌教科书也，余从《学报》。）然今有一最难问题于此，则以训诂章句释经，而愈解愈窒，万无普及义理之效。今者西学潮涌，学者群趋，仍用郑孔程朱之旧法，则必唾弃之。固由世变之大，亦由新旧必不相容之的理也。如是则存经学极难。愚谓欲存经学，惟有节经与编经之二法。一变自来笺疏之面目，以精锐之别择力，排比而演绎之，采其有实用者，去其无用而有弊者，著为成书，勒为教科，除去家法之见，一洗沉闷之旧，如是则经乃可读。吾所见惟近人孙诒让氏，能知此义。后有作者，斯轨可循。至于史，则愚谓后有著者，其体当必祖机仲、君卿一派，宜为别纪。若史公当行其意不当行其法，后之二十三史，皆学史公而误者也。若列传宜别有著录，皇甫《高士》，刘向《列女》，是其前例。夫机仲之识至薄弱，而体最精美；史公之识最卓越，而体至重坠。世愈降则文字愈不及古，而便于浏览则胜于古，此亦文字一定之阶级也。愚谓表志列传、纪事本末，无一不当别为书，沟而合之，则必无良史。而断代一例，尤为史家之大惑。断代者，徒为君主易姓之符号，是朝史而非国史也。谓为二十四朝之家谱，又岂过欤？故今后之作史，必不当断代，而不嫌断世（如上古、中古、近古之类），借以考民族变迁之迹焉。史公固知其意者，故《史记》不断代，然袭用其体，则大不便。《史记》自五帝至汉武，卷帙已多，况至今日乎？此所以必不能不用机仲之体，而辅以君卿者也。（余杭章氏拟著之《中国通史》，体亦仿史公，改列传为别录，所搜颇挂一漏万。书固未成，体例亦殊未精也。）鄙意之断断于是者，不出一言曰：列传万不能合于历史之内。近人横阳翼天氏之《中国历史》，深明此义，续而赓之，后必有放大光明于我国史界者，余为之祷祀以求焉。此愚改良经史之管见也。若文学一途，愚谓宜适晚近，不宜返之皇古。虽不必效东瀛之文体，然亦当为智识普及起见，宁失之平易，无失之艰深。盖我国识字者太少，识古字者尤少，必字字返之古义，无亦与文字进化之公例不符，且窒碍滋多耶？若释词之学，用王氏引之，不若用马氏建中为尤允。马氏兼通中西，王氏则但通古训，两者相较，不若后者居胜也。凡此皆愚对于国学保存之意见也。此外诸国学，较为余事，可任人专门，不必强人普通，自由研究可矣。

呜呼！外人之灭我国也，必并灭其宗教，灭其语言，灭其文字。知文字语言之要，而不知宗教之要，非得也。保全国粹诸子，首以国学为倡，其识诚伟大。读其书，标民族之宏义，发神州之鸿秘。其志可哀，其旨可敬，其文辞尤可感而舞也。然而独不及宗教，无亦滞于远藤隆吉、白河次郎二氏之学说乎？近一二年来，有□氏之"论保教"，章氏之论"订孔"，而后生小子，翕然和之，孔子遂几失其故步。彼二子者，其学皆与东洋有渊源。东洋之排斥孔子，则由彼爱国者，恐国人逐于汉化，又恐逐于欧化，故于孔子有微辞，于耶苏亦多论议，以成彼一种东洋之国学，即国粹主义所由来也。论者不省，而据为典要，扬其流而逐其波，不亦误乎！

以愚之不学无术，何敢言国学。虽然，盍言尔志，亦达者之所许也。自愚读《国粹学报》，即有无限感情，激刺吾脑，而吾感言于以发，不知其言之当与否也。惟若鲠在喉，必尽吐而后快。乃就吾所见读《国粹学报》者之感情，则有谓其程度太高者，有谓其崇古之念大过者，有谓其文字太深者。此等评判，于《国粹学报》固无丝毫之增损，然亦可见今日趋向之涂矣。吾甚愿吾所见之谬误，与所言之荒唐。如其然也，则真可为痛哭者也。达识君子，以为何如?（《国粹学报》第六期，1905 年 7 月）

## 许守微

### 论国粹无阻于欧化

或曰：今之见晓识时之士，谋所以救中夏之道，莫不同声而出于一途，曰欧化也；欧化也，兹而倡国粹，毋乃与天择之理相违，而陷于不适之境乎？毋乃袭崇古抑今之故习，阻国民之进步乎？应之曰：否否！不然！夫欧化者，固吾人所祷祠以求者也。然返观吾国，则西法之入中国，将三十年，而卒莫收其效，且更敝焉。毋亦其层累曲折之故，有所未莹者乎？语有之：橘逾淮则为枳。今日之欧化，枳之类也。彼之良法善制，一施诸我国而弊愈滋。无他，虽有嘉种，田野弗治弗长也；虽有佳实，场圃弗修弗植也；虽有良法，民德弗进弗行也。夫群学公例，文明之法制，恒视一群进化之度以为差。（斯宾塞《群学肄言·宪生》篇曰：群制之于民品，有交相进之功，群制待民品之美而后隆，民品亦待群制之隆而后美，《成章》篇曰：故无论其群之民品为何如，其中制度必其所利，亦无论其群之刑政为何等，其民之情性智识必与相需，夫而后力平而势静也。余多畅发此旨。）我不进吾民德，修吾民习，而兢兢于则效，是犹蒙马之技，而画虎之讥也。所以进吾民德修吾民习者，其为术不一途，而总不离乎爱国心者近是，此国粹之所以为尚也。

国粹者，一国精神之所寄也。其为学，本之历史，因乎政俗，齐乎人心之所同，而实为立国之根本源泉也。是故国粹存则其国存，国粹亡则其国亡。此非余一人之私言也。昔辛有见披发于伊川，而知其不百年为戎；原伯鲁之不悦学，而仲尼断其亡国（并见《左传》）。颜之推谓晋代儿郎，幼效胡语，学为奴隶，而中原沦亡（见《颜氏家训》）。此皆觇之前史而信者也。试觇之外史。意大利之建国也，古罗马之庄严伟烈，日印于国民心脑中，是以一举而大业成。日本之初倡尊王攘夷，取大和魂之武风，聚国人而申警之，而今日遂卒食其报。此又言欧化之士所乐道也。若夫崇古抑今之见，昔之交化未通，隔于时势，故生谬误；若今则车轴大同，地绝天通，波谲云诡，咸驰域内，方如丸之走阪，水之就下，而奚患乎其自封也？

恫夫哉！宇内古国之文明，其存于今者不一二觏也。试征之埃及。埃及为文明之初祖，天文、建筑、美术，照烁寰宇。而为问今日，有复见琐罗门美内士之遗烈者乎？故国粹隳而埃及微矣。征之希腊。希腊诸贤，学派朋兴，沿流溯始，灌溉全欧。而为问今日，犹有梭格拉底、柏拉图、亚里士多德之流风乎？是国粹绝而希腊衰矣。又征之印度。印度以佛为国粹者也，自佛教歧出，蒙古一再侵入，天方之教踵兴，而印度遂为英藩矣。由是观之，四千余年之古国，以声明文物著者，若埃及，若希腊，若印度，皆以失其国粹，或亡或灭，或弱或微。而我中国犹岿然独著于天下，不可谓非天择之独厚也。毋亦我古先哲贤，抱守维持，而得系千钧一发以至于斯乎？以群古国之文明，而独竞胜于我国，其必适于天演之例可知也。其优胜适存如是，其光明俊伟如是，此正爱国保群之士，所宜自雄而壮往者也。

西哲之言曰：今日欧洲文明，由中世纪倡古学之复兴，亚别拉脱洛查诸子之力居多焉。谅哉言乎！夫彼之尊崇古学，固汲汲矣。博士必习腊丁文字而后进。通邑大都设藏书楼，聚古籍恒数十万册。治地文学者，必考上古地层之土石。治史学者，必崇海洛特司之记载。治哲学者，必读德黎七贤之学说。治政治学者，必溯多头寡人之政体。治人种学者，必研挪亚亚当之遗迹。治法律学者，必讲梭伦来格之型典。治兵学者，必读尼巴恺撒之战史。凡是之伦，更仆难数。（斯宾塞《群学肄言·砭愚》篇云：虽文章若狭斯比亚，使无数千年闻见之积累，以富其思，又无数百世修明之文辞，以达其意，吾不知其所为词曲乌从来也。虽有创物之智如瓦德，使生于不知用铁之世，抑冶炼之事至微浅而不足道，力学之不讲，旋床之未兴，吾不知所谓汽机者何从制也。虽有外籀之精如赖不拉斯，使未有埃及大食以来所积进之算术，则其力理天学之作果遂成乎？可与此参看。）彼族强盛，实循斯轨。此尤其大彰明著者也。视我神州，则蒙昧久矣，昏瞀久矣。横序之子，不知四礼；衿缨之士，不读群经。盖括帖之学，毒我神州者六百有余年。而今乃一旦廓清，复见天日，古学复兴，此其时矣，此其时矣！欧洲以复古学而科学遂兴，吾国至斯，言复古已晚，而犹不急起直追，力自振拔，将任其沦坟典于草莽，坐冠带于涂炭，侪于巫来由红楼夷之列而后快乎？必不然矣。

且吾国之先哲，固恒好翕受外学者也。孔子作《春秋》，集百十二国之宝书，问礼老聃，问官郯子，是固然矣。佛学之来也，宋儒得之，得其意而辟其辞者为程朱（程子之论性，朱子之论理，皆参入佛氏说。语录体亦是佛氏文字），用其意而闲涉其辞者为陆王（陆子静之良知，王阳明之心学，皆有得于佛学，详见《宋明儒学案》中）。是佛学入中国，翕受之而成一精妙之哲学也。算学之来也，清儒得之，于前有梅（文鼎）、戴（震），于后有李（善兰）、华（蘅芳）。西人谓《几何原本》，独传精蕴，驾乎西本之上。是算学入中国，翕受之而成一精妙之科学也。今译学又然矣。其国学无本，满纸新名者，曾不值通人之一盼，而能治国学者，新译脱稿，争走传诵，奉为瑰宝。若是者，以国学翕受外学之效，其萌芽乎？其萌芽乎？揆之于古既如此，衡之于今又如彼，如是犹谓国粹之说，有阻进化者，不亦卑当世之伦，而羞神州之士也耶？（间有乡曲之士，姝姝于守故而拒外自大者，不一二年将风靡云从矣，不足以为难也。）

或者又曰：子言国学，则汉宋其一矣，然汉有许郑贾服，而莫救黄巾之厄，宋有周程朱张，而莫纾南渡之祸，国学之无益于中国，诚非訾言矣，而子顾倡之乎？应之曰：此所谓知其一而不知其二者也。汉儒虽不能救黄巾，然其学弥漫宇内，至于五胡之乱，文献沦亡，衣冠涂炭，而南北诸儒徐遵明、崔灵恩辈，犹守其学而不为膻风貉俗所易，则汉儒之泽远也。宋儒虽不能救南渡，然其学风靡一世，于夷夏之界，辨之甚严，元窃祚未几，即复反正，而宋濂、薛瑄辈，复昌其说，人咸知伦纪彝叙，而不至终沦左衽，则宋儒之泽远也。是故国有学则虽亡而复兴，国无学则一亡而永亡。

何者？盖国有学则国亡而学不亡，学不亡则国犹可再造。国无学则国亡而学亡，学亡而国之亡遂终古矣。此吾国所以屡亡于外族，而数次光复，印度、埃及一亡于英，而永以不振者，一则仅亡其国，一则并其学而亡之也。呜呼！正学之儒，以学救国救天下，名岂必在一时，功岂必在一世哉！且彼汉宋儒者，亦非孔学之至，尤非吾国学之纯然至粹者也。汉儒之学，传于子夏（子夏遍授六经，传六经于荀卿，荀卿数传而至孔安国，为古文家之源流；又传《春秋》于公羊高，公羊高再传而至胡母生，为今文家之源流。是今古文两汉之学皆传于子夏也。详见《史记》、前后汉书、《儒林传》）；宋儒之学，私淑曾子（宋儒得力全在《大学》《中庸》二书，子思亦曾子门人，故可以曾子括之，曾子所谓日三省，所谓慎独，及《大戴记》"曾子""劝学"诸篇，皆宋儒学问所从出也。若孔孟二子，宋儒非真能体察者），是孔学之支流余裔而已。犹未至于孔学，犹未至于孔学之至粹（韩非子谓孔门之后儒分为八，若汉宋儒者，其殆各得其一者欤），而其效已若是。况彼附于二派者，其后皆破粹〔碎〕支离，门户水火，或以学市而干利禄之途，或以学隐而避文字之祸，非果有悲天悯人救世易俗之宏愿，而仅缘饰文字，以为名高，其去先哲守道卫学之意，固已远乎。夫今日之言国粹，非谓姝姝守一汉宋之家法以自小也。固将集各学之大成，补儒术之偏蔽，蔚然成一完粹之国学，而与向之呫哔其言，呫唔其艺者，固大异其趣，而谓可尽废乎？

要而言之，国粹者，精神之学也；欧化者，形质之学也（欧化亦有精神之学，此就其大端言耳）。无形质则精神何以存？无精神则形质何以立？世有被绨绣于刍灵者，似人而不得谓之人也，无精神故也。弃国粹而用欧化者，奚以异是？庄子曰："古之人，外化而内不化；今之人，内化而外不化。"（《知北游》篇）今之所谓欧化者，毋亦类于庄子所讥者乎？如其言化也，曷以数十年以来，无一创获之器，无一独造之能，奈端、倍根何不诞中土也？观于市，而工之绳墨如故；观于郊，而农之耒耜如故；观于庠序，而士夫之学问如故；观于朝廷，而政府之政策如故。及一衡夫社会之情状，则自达尔文著出，而竞争之说，不以对外而以对内矣；伊耶陵著出，而权利之说，不以为公而以为私矣；弥勒之著出，而自繇之说，不以律人而以律己矣。行欧化之道而乃若是，此正所谓内化而外不化者也。呜呼！糟粕六经，刍狗群籍，放弃道德，掊击仁义，其始不过见快一时，谓功业什伯于言行，不必鳃鳃过计，而其极遂终为天下裂而不可救。此策时之君子，所宜三致意者也。剂其所疵，仍在国粹而已。国粹者，道德之源泉，功业之归墟，文章之灵奥也。一言以蔽之，国粹也者，助欧化而愈彰，非敌欧化以自防，实为爱国者须臾不可离也云尔。

是故国粹以精神而存，服左衽之服，无害其国粹也；欧化以物质而昌，行曾史之行，无害其欧化也。如理弓然，弛而不张则躄，张而不弛则折；如鼓琴然，独弦不能操缦，一音不能合乐。王仲任曰："知今而不知古，谓之盲瞽；知古而不知今，谓之陆沉。"（见《论衡》）其今日学者之铭箴乎？《语》曰："温故而知新。"《易》曰："君子多识前言往行，以畜其德。"诚爱之也，诚重之也。昔钟仪居楚，犹歌南音；士会在秦，不忘故国。彼非儒者，而犹若是，而况沐黄帝尧舜、禹汤文武、周公孔子之遗泽以至于今者乎！顾瞻祖国，可以兴矣。（《国粹学报》第七期，1905 年 8 月）

## 国学讲习会发起人

### 国学讲习会序

今之世多能言昌明国学之必要者。顾国学何以须昌明？抑由何道而始获昌明？且昌明之者当属之何人？则人亦罕能详言其故也。今幸有会，吾人获以解决此问题焉。

道敝文丧，由来已久，而今世尤为岌岌。何也？前日正学之所以不能光大者，以科举为之障害也。科举者，只以肤浅无可道之词章帖括为饵，无取乎窥名山而议先王。隋唐至今，天下之士，殆无不出于此者，即当其时有硕师大儒者崛起，亦无以遏其流而救其蔽。虽然，士之所以趋于科举者，班固所谓利禄之道使然也。其业是者，固只借以为利禄之阶梯，虽至愚极悍之人，从未敢妄断科举即为博学之宗。得科举者，即知致用之道，而遇有提倡绝学者，己虽不能划除利禄之念以从之，而未敢辄以为非。且知言者或心仪之，好名者或乐为标榜也，是若而人者，不过认此为应世之不必要而已，非有他也。而硕师大儒者，乃得利用此种种之心理，为之说以主之，毅然深斥应世俗学之无与于明德新民之业，使闻风者恍然于彼此出入之是非正伪（虽或有言科举无妨于正学者，然以其时科举之潮流太盛，欲引人入道，不得不责之也廉。至能入道者，未有不弃绝举子业者也），其结果亦得于狂流东下之余，收集数四根器较深者，而传之以所业。虽不获主持全国一致之风会，而绝学则获赖以不坠。其所以然者，则纯以科举与绝学，立于正反对之地位，无郑声雅乐几微混合之患，故摧陷彼而保存此者，得以单纯之手段出之，而天下之人不待寻求而即得其端绪之所在故也。今也不然，科举废矣，代科举而兴者新学也。新学者，亦利禄之途也，而其名为高。业新学者，以科举之道业之，其蔽害自与科举等。而新学则固与国学有比例为损益之用，非词章帖括之全属废料者比。前之言国学者，可绝对弃置科举；而今之言国学者，不可不兼求新识。前之业科举者，不敢排斥国学；而今之业新学者，竟敢诋国学为当废绝。时固不乏明达之士，欲拯斯败，而以其无左右褊袒之道，即无舍一取一之方，二者之迷离错杂，不知所划，几别无瓯脱地，以容吾帜。则有主张体用主辅之说者，而彼或未能深抉中西学术之藩，其所言适足供世人非驴非马之观，而毫无足以餍两方之意。以此之故，老生以有所激而顽执益坚，新进以视为迂而僻驰益甚。是二者虽皆无所增损于日月之明，而其浮障之所至，竟可使国学之昏暗较之科举时代而尤倍蓰。呜乎，是谁之责欤？夫国学之所以不振，既非有纯一相对之障碍物，而所障碍之者，或即出于同一之本原，拘墟者辄用以自戕，本可资为消长，而剽妄者乃浅尝以忘其本。以此诸种复杂之原因，则谋所以整齐收拾之道，非有人焉精通国学能合各种之关键而钩联之，直抉其受蔽之隐害，层层剔抉，而易之以昌明博大之学说使之有所据，而进之以绵密精微之理想，使之有所用，无冀幸焉。呜乎，此岂非吾人之日夕梦想者乎？夫国学者，国家所以成立之源泉也。吾闻处竞争之世，徒恃国学固不足以立国矣，而吾未闻国学不兴而国能自立者也。吾闻有国亡而国学不亡矣，而吾未闻国学先亡而国仍立者也。故今日国学之无人兴起，即将影响于国家之存灭，是不亦视前世为尤岌岌乎？

　　笃旧者无论矣。吾今语夫业新学者。略识西字，奴于西人，鄙夷国学为无可道者，此 Comprador 之言也，亦无论矣。吾语夫志在中国者，夫一国之所以存立者，必其国有独优之治法，施之于其国为最宜；有独至之文辞，为其国秀美之士所爱赏。立国之要素既如此，故凡有志于其一国者，不可不通其治法，不习其文辞，苟不尔，则不能立于最高等之位置，而有以转移其国化，此定理也。（其或治法不仅于其国为优，文辞不仅于其国为独至，则他国之人有欲考求其所以为用而相仿效者，亦必习其文辞，通其治术，此又别论。）中国立国已二千年，可得谓无独优之治法乎？言治法犹晦，中国之文字，于地球为特殊，可得谓无独至之文辞乎？必曰无之，非欺人之言，则固未之学耳。然则欲求有为于中国，其先所从事之方可知矣。而顾吾见夫今之号称志士者，陈义惟恐其不高，立言惟恐其不激，其所以自信者，吾必有以主于中国也；而是人者，乃或口不能举经史之名，手不能行通常之简，语以儒言国故，则漫然嗤之曰，是何足取。嘻，亦已过矣。虽然为是者有本有原。夫今之求新学者，此苏子瞻所谓智勇辩力四者，皆天民之秀杰者也。此四者不失职则民靖，故世主恒因俗设法以养之。三代以上出于学；战国至秦出于客；汉以后，出于郡县吏；魏晋以来，出于九品中正；隋唐以后，出于科举；而今之世则出于新学。故新学者，若仅为世主之所利用，即所以聚集智勇辩力四者之天民而驯致之之道也。苟学者仅如其所驯致者而学之，此正苏氏之所以论六国，谓以凡民之秀杰者，多以客养之不失职，其力耕以奉上者，皆椎鲁无能为者，虽欲怨叛，而莫为之先，此六国之所以少安而不即亡者也。吾决其与所言爱国者，辕南而辙适北矣（以上多杂钞苏氏之言）。此义也，在明者宁不知之？而中国圣人之训曰："民可使由，不知〔可〕使知。"在民贼固利为己用，而望庙堂之高远者，亦恒借以自慰，即明哲之士以懒习掌故，亦以自欺，而贤者又或混同于习俗矣。中国流行之文章，凤无过于应试之词章帖括，苟非关于此者，非卓绝之流，或荒怪之士，即有高文典策，且束置不读，以此数千年如一日之习惯，迤演递嬗，以至于今。虽今摧破旧俗若无所存，而名异而痕尚可寻，毒深而根骡不可爬梳，则今日之浮慕新学，与谈国闻而恝置者，亦何足怪其然乎？闻者其毋以吾言为过当也。顾氏《日知录》者，固国闻中之良书也，数年前石印书贾发行之数，不下十万，其所以然者，乃以其言蕴藉，而且殚洽便于试场之吞剥，与国中治国闻者之级数，毫无此较之关系。而章氏之《訄书》其价值与顾氏之书，可俟定论，而徒以其文艰深，骤难通晓，且大远于应世俗学，故庚子此书出世以后，即海内通识之士，又或表同情于章氏者，且艰于一读。而汤蛰仙之《三通考辑要》，当经济特科之顷，则不胫而走天下也。呜呼！此即可见治学者之劣根性也矣。夫此种劣根性，无智愚贤不肖皆含有之。愚不肖者，自不待论。其智者贤者以国学无所于用，故不治之，非我不知所以治也，则自以为高出于寻常之不治国学者。不知彼之所谓无所于用者，推其意必谓国学即前日所治科举之学也，吾即未尝治，当即吾祖若父所治之学也，或非尔，则必其尤不切于用者也。夫至科举之外，不知所谓学或知之而以为不切用，此即吾之所言劣根性，有以封其蔀屋也矣。本原也者，此之谓也。今苟以此劣根性移以治新学，是如前言。新学一科举也，虽爱国者之所业或自信其业之不同于科举，而人且信之，而根抵〔柢〕如此之浅薄，无以持其志而帅其气，其将来之所成必亦一科举也。世有智者，当无以易吾言。夫科举时代，昌明绝学犹较易，新学溃裂时代，而含种种混杂之原因，而国学必至于不兴，则亡中国者必新学也。夫新学果何罪？而学者不知所以为学，至以亡人国，是则埋苌弘之血，而碧不可没者矣。何也？真新学者，未有不能与国学相挈合者也。国学之不知，未有可与言爱国者也；知国学者，未有能诋为无用者也。作《訄书》之章氏者，即余杭太炎先生也，先生为国学界之泰斗，凡能读先生书者，无不知之。今先生避地日本，以七次逋逃，三年禁狱之后，道心发越，体益加丰，是天特留此一席以待先生，而吾人之欲治国闻者，乃幸得与此百年不逢之会。同人拟创设一国学讲习会，请先生临席宣讲，取为师资，别为规则，附录于后。先生之已允为宣讲者：一、中国语言文字制作之原；一、典章制度所以设施之旨趣；一、古来人物事迹之可为法式者。苏明允曰：事以实之，词以章之，道以通之，法以检之。先生之道将于是乎备。且先生治佛学尤精，谓将由佛学易天下，临讲之目，此亦要点。要之先生之所欲授之吾人者多端，皆非吾人所能预揣，且将编为讲义，月出一册，故不赘。至国学所以须昌明之道，与由何道以昌明之，吾人皆将获确证之于先生。夫讲学者，必精博绝伦，且不可杂以丝毫利禄之念者也。而先生之学如彼，其为人昭然如日月如此，则吾所谓昌明之当属之何人者，则先生亦实未见其有偶。此则吾人亟欲语诸吾同志者也。世有同志，盍兴乎来！（《民报》第七号，1907 年 9 月 5 日）

## 刘师培

### 国学发微

序曰：诠明旧籍，甄别九流，庄、荀二家尚矣。自此厥后，惟班《志》集其大成。孟坚不作，文献谁征？惟彦和《雕龙》，论文章之流别；子元《史通》，溯史册之渊源。前贤杰作，此其选矣。近儒会稽章氏作《文史通义》内、外篇，集二刘之长，以萃汇诸家之学术，郑焦以还，一人而已。予少读章氏书，思有赓续。惟斯事体大，著述未遑。近撰一书，颜曰《国学发微》，意有所触，援笔立书。然陈言务去，力守韩氏之言，此则区区之一得也。

（一）近世巨儒，推六艺之起原，以为皆周公旧典（章氏实斋之说）。吾谓六艺之学，实始于唐虞。卜筮之法，出于《周易》，而《虞书》有言："枚卜功臣。"又曰："卜不袭吉。"则《易》学行于唐虞矣。夫子删《诗》，始于唐虞，即《尧典》以下诸篇是也，则《尚书》作于唐虞矣。《息壤》之歌，作于尧世；《南风》之曲，歌于舜廷，则《风诗》赓于唐虞矣。虞舜修五礼，即后世吉、凶、军、宾、嘉之礼也；伯夷典三礼，即后世天、地、人之礼也，则古礼造于唐虞。后夔典乐教胄，特设乐正专官，而《韶乐》流传，至周未坠，则乐舞备于唐虞。《周礼·外史》："掌三皇五帝之书。"五帝之书，即唐虞之史也，则《春秋》亦昉于唐虞。盖孔子者，集六艺之大成者也；而六艺者，又皆古圣王之旧典也，岂仅创始于周公哉？

（二）《史记》言，孔门弟子，通六艺者七十二人。又曰："世之言六艺者，折衷于夫子，可谓至圣矣。"夫"六艺"者，孔子以之垂教者也。然例之泰西教法，虚实迥别，学者疑焉。予谓六艺之学，即孔门所编订教科书也。孔子之前，已有《六经》，然皆未修之本也。自孔子删《诗》《书》，定《礼》《乐》，赞《周易》，修《春秋》，而未修之《六经》易为孔门编订之《六经》。且《六经》之中，一为讲义，一为课本。《易经》者，哲理之讲义也；《诗经》者，唱歌之课本也；《书经》者，国文之课本也（兼政治学）；《春秋》者，本国近事史之课本也（近日泰西各学校，历史一科，先授本国，后授外史，而近代之事较详，古代之事较略。孔子为鲁国人，故编鲁史，且以

隐公为始也 );《礼经》者，伦理、心理之讲义及课本也 (《仪礼》为古礼经，大抵为孔门修身读本，而《礼记》《礼运》《孔子闲居》《坊记》《表记》诸篇，则皆孔门伦理学、心理学之讲义也 );《乐经》者，唱歌之课本 ( 此乐之属于音者 )，及体操之模范也 ( 此乐之属于舞者 )。是为孔门编订之《六经》。然《六经》之书，舍孔门编订诸本外，另有传本，如墨子等所见之《六经》是也 ( 见《墨子》书中 )。至于秦、汉所传《六经》，悉以孔门删订本为主，故史公言 "六艺折衷于夫子" 也 ( "折衷" 者，即用孔子删定本之谓也。自孔子删订之本行，而《六经》之真籍亡矣 )。

（三）孔子学术，古称儒家。然九流、术数诸学，孔子亦兼通之。观《汉书·艺文志》之叙名家也，引孔子 "必也正名" 之语；叙纵横家也，引孔子 "诵《诗》三百，使于四方，不能专对" 之言；叙农家也，引孔子 "所重民食" 之词；叙小说家也，引孔子 "虽小道，必有可观" 之文；叙兵家也，引孔子 "足食足兵" 之说，以证诸家之学，不悖于孔门。然即班《志》所引观之，可以知孔子不废九流矣。且孔子问《礼》于老聃，则孔子兼明道家之学；作《易》以明阴阳，则孔子不废阴阳家之学；言 "殊涂同归"，则孔子兼明杂家之学；言 "审法度"，则孔子兼明法家之学；韩昌黎言 "孔、墨兼用"，则孔子兼明墨家之学。故孔学末流，亦多与九流相合。田子方受业于子夏，子方之后，流为庄周，而孔学杂于道家；禽滑釐为子夏弟子，治墨家言，而孔学杂于墨家；告子尝学于孟子 ( 见赵岐《孟子注》)，兼治名家之言，而孔学杂于名家；荀卿之徒，流为韩非、李斯，而孔学杂于法家；陈良悦孔子之道，其徒陈相，有为神农之言，而孔学杂于农家；曾子之徒，流为吴起，而孔学杂于兵家。由是言之，孔门学术，大而能博，岂儒术一家所能尽哉？昔南郭惠子告子贡曰："夫子之门，何其杂也！" 呜呼！此其所以为孔子欤？

（四）古代学术，操于师、儒之手。《周礼·太宰职》云："师以贤得名，儒以道得名。" 是为师、儒分歧之始。仪征阮先生云台曰："孔子以王法作述，道与艺合，兼备师、儒。"(《国史儒林传序》) 吾谓阮说甚确。孔子征三代之礼，订《六经》之书，征文考献，多识前言往行。凡《诗》《书》六艺之文，皆儒之业也。孔子衍心性之传，明道艺之蕴，成一家之言，集中国理学之大成。凡《论语》《孝经》诸书 (《论语》《孝经》，皆孔子伦理学、政治学之讲义也），皆师之业也。盖"述而不作"者，为儒之业；自成一书者，为师之业。曾子、子思、孟子，皆自成一家言者也，是为宋学之祖（立身、行道，曾子之学也。君子不可以不修身，思修身，不可以不事亲，传为子思之学。事孰为大？事亲为大；守孰为大？守身为大，传为孟子之学。《曾子》十篇，存于《大戴礼》；《中庸》《坊记》《缁衣》存于《小戴礼》，取之以合《孟子》，而孔、曾、思、孟之传定矣。此宋儒学术之祖也，然皆曾子之传）；子夏、荀卿，皆传六艺之学者也，是为汉学之祖。故孔学者，乃兼具师、儒之长者也。（孟子言"孔子集大成"，殆以此与？）

（五）班氏之言曰："时君世主，好恶无方。是以九家之说，蜂起并出。"由班《志》所言观之，则诸家学术，悉随时势为转移。昔春秋时，世卿擅权，诸侯力征，故孔子讥世卿（见《公羊》），恶征伐（如《春秋》于诸侯征伐，必加讥贬是也）。墨子明《尚贤》，著《非攻》，皆救时之要术，而济世之良漠也。虽然，孔、墨者，悲天悯人之学也，殆其说不行，有心人目击世风日下，由是"闵世"之义，易为"乐天"，如庄烈、扬朱之学是也。及举世浑浊，世变愈危，忧时之士，知治世之不可期，由是"乐天"之义，易为"厌世"，如屈、宋之流是也。而要之，皆周末时势激之使然。虽然，此皆学术之凭虚者也。有凭虚之学，即有征实之学。战国之时，诸侯以并吞为务，非兵不能守国，由是有兵家之学；非得邻国之援助，则国势日孤，由是有纵横家之学；非务农积粟，不能进攻，由是有农家之学。是则战国诸子，皆随时俗之好尚，以择术立言。儒学不能行于战国，时为之也；法家、兵家、纵横家行于战国，亦时为之也。（《墨子》言："国家昏乱，则语之尚贤、尚同；国家贫，则语之节葬；国家喜音沉酒，则语之非乐、非命；国家淫僻，则语之尊天事鬼；国家务夺侵陵，则语之兼爱、非攻。"此战国学术之最趋时者也。然学术之趋时者，亦不仅墨学一家也。）古人谓学术可以观时变，岂不然哉？

（六）宋儒陆子静有言："独立自重，不可随人脚根，学人言语。"而周末学术，则悉失独立之风。古《礼》有言："必则古昔，称先王。"儒家者流，力崇此说。（如孔子曰："述而不作，信而好古，非先王之法言不敢道。"《中庸》曰："仲尼祖述尧、舜，宪章文、武。"《孟子》曰："遵先王之法而过者，未之有也。"）即诸子百家亦然。如《墨子》托言大禹（《庄子》称，墨子之言曰："不以自苦为极者，非禹之道。"孙渊如作《墨子序》，亦言墨学出禹)，《老子》托言黄帝（故世并称"黄老"），许行托言神农，以及兵家溯源于黄帝，医家托始于神农，与儒家托言尧、舜者，正相符合。盖讳其学术所自出，而托之上古神圣，以为名高。此虽重视古人之念使然，亦由中国人民喜言皇古，非是，则其说不行。自是以还，是古非今，遂成习尚矣。

（七）《韩非子·显学》篇有言："孟、墨之后，儒分为八，墨分为三。"而《荀子·非十二子》所言，有子游氏之贱儒，有子夏氏、子张氏之贱儒。《庄子·天下篇》亦云："相里勒之子弟、五侯之徒，南方之儒者苦获、已齿、邓陵子之属，俱诵《墨经》，而倍谲不同，相为别墨。"（又言："以坚白同异之辨相加，以觭偶不经之辞相应。"）观于诸子之言，则儒、墨之道，源远益分，失孔、墨立言之旨。即有传之勿失者，亦鲜发挥光大之功。此学术之所以益衰也。

（八）《荀子·非十二子》篇，论诸子学派颇详。即《荀子》所言观之，知周末诸子之学派，多与西儒学术相符。比较而观，可以知矣。《荀子》之言曰："纵情性，安恣睢，禽兽行，不足以合文通治，然而其持之有故，其言之成理，足以欺惑愚众，是它嚣、魏牟也。"案，它嚣、魏牟，盖道家之派也，而尤近于庄、列。《荀子》称其"纵情性，安恣睢"，其语虽为过实，然足证此派学术，以趣乐去苦、逍遥自适为宗，故流为放浪。吾观希腊人伊壁鸠鲁创立学派，专主乐生，以遂生行乐、安遇乐天为主，而清净节适，近于无为。近世英人边沁继之，遂成乐利学派，殆它嚣、魏牟之流亚也。《荀子》又曰："忍情性，綦溪利跂，苟以分异人为高，不足以合大众，明大分，然而其持之有故，其言之成理，足以欺惑愚众，是陈仲、史鰌也。"按，陈仲、史鰌，盖墨家、道家二派相兼之学也。"忍情性，綦溪利跂"，近于墨子之自苦；"以分异人为高"，则又与《墨子》兼爱相违，而近于杨朱"为我"、庄列"遁世"之说矣。至若以溪刻自处，尤与关学一派相同。吾观希腊人安得臣，倡什匿克学派，以绝欲遗世、克己励行为归，贫贱骄人，极于任达；而印度婆罗门教，亦以刻厉为真修，殆陈仲、史鰌之流亚也。《荀子》又曰："不知壹天下、建国家之权称，上功用、大俭约而慢差等，曾不足以容辨异、县君臣，然而其持之有故，其言之成理，足以欺惑愚众，是墨翟、宋钘也。"按，墨翟、宋钘，皆墨家之派也。"上功用、大俭约而僈差等"，即尚贤、节用、尚同、兼爱之说。吾观西人当希腊、罗马时，有斯多噶学派，以格致为修身之本，以"尚任果、重犯难、设然诺"教人，与《墨子》首列《修身》诸篇，而复列《经》上、下各篇者，同一精义，而墨子弟子亦流为任侠，尤与斯多噶同。至佛教众生平等之说，耶教爱人如己之言，亦墨翟、宋钘之流亚也。《荀子》又曰："尚法而无法，下修而好作，上则取听于上，下则取从于俗，终日言成文典，反纟川察之，则倜然无所归宿，不可以经国定分，然而其持之有故，其言之成理，足以欺惑愚众，是慎到、田骈也。"按，慎到、田骈，皆由道家入法家，所谓"老庄之后为申韩"也。其曰"尚法而无法，倜然无所归宿"者，指法家未成学派时言也。然观"终日言成言［文］典"一言，则已近于申韩任法为治者矣。吾观西人之学，以法律学为专门。奥斯丁之言曰："法律者，主权命令之最有势力者也。"而德国政治家，亦多倡以法制国之说。殆慎到、田骈之流亚也。《荀子》又曰："不法先王，不是礼义，而好治怪说，玩琦辞，甚察而不惠，辨而无用，多事而寡功，不可以为治纲纪。然而其持之有故，其言之成理，足以欺惑愚众，是惠施、邓析也。"案，惠施、邓析，皆名家之派也。"治怪说，玩琦辞"，即公孙龙"藏三耳"诸说；"辨而无用，多事而寡功"，即"山渊平、齐秦袭"之说。吾观希腊古初，有诡辩学派。厥复雅里斯德勒首创论理之学，德朴吉利图创见尘非真之学，皆与中国名家言相类。若近世培根起于英，笛卡耳起于法，创为实测内籀之说；穆勒本其意，复成《名学》一书，则皆循名责实之学，较之惠施、邓析，盖不同矣。又，《荀子》于十子之外，复举子思、孟子，以为失孔子之正传。夫子思、孟子一派，为中国儒教之宗，与希腊苏格拉第之学相近，亦诸子学术之合于西儒者也。

（九）周末诸子之书，有学有术。"学"也者，指事物之原理言也；"术"也者，指事物之作用言也。学为术之体，术为学之用（今西人之书，皆分学与术为二种）。如阴阳家流，列于九流之一，此指阴阳学之原理言也。阴阳若五行、卜筮、杂占，列于术数类中，则指其作用之方法言矣。又如《管子》《墨子》各书，卷首数篇，大抵皆言学理，而言用世之法者，则大抵列于卷末，亦此义也。若《商君书》诸书，则又舍学而言术者矣（《韩非子》

则言法律之理），故与《管子》不同。此亦治诸子学不可不知者也。

（十）张南轩之言曰："上达不言加功，圣人告人以下学之事。下学功夫浸密，则所为上达者愈深。非下学而外，又别有上达也。"其说甚精。盖"下学"者，人伦日用之学也，亦即威仪文辞之学也；"上达"者，则穷理尽性之学也。子贡曰："夫子之文章，可得而闻也；夫子之言性与天道，不可得而闻也。"盖可得闻者，为下学之事；不可得闻者，为上达之事。下学，即西人之实科，所谓形下为实也；上达，即西儒之哲学，所谓形上为道也。《大学》言"格物致知"，亦即此意。其曰"致知在格物"者，即上达基于下学之意也。宋儒高谈性命，盖徒知上达而不知下学者也，此其所以流为空谈与？

（十一）自秦焚书，《五经》灰烬。汉除挟书之禁，老师宿儒，始知服习经训，以应世主之求，然传经之家，互有不同。近代学者，知汉代经学有今文家、古文家之分（如惠氏学派大抵治古文家言，常州学派则治今文家言）。吾谓西汉学派，只有两端：一曰齐学，一曰鲁学。治齐学者，多今文家言；治鲁学者，多古文家言。如《易经》一书，有田氏学，为田何所传，乃齐人之治《易》者也（见《汉书·儒林传》中；有孟氏学，为孟喜所传，乃鲁人之治《易》者也。（大约京房为齐学一派，喜言灾异；而东汉所传，则大抵为鲁学一派，亦有卦气、爻辰之说。）是《易》学有齐、鲁之分。济南伏生，传《尚书》二十八篇于晁错，乃齐人之治《尚书》者也（是为今文《尚书》）；鲁恭王坏孔子宅，得《尚书》十六篇，孔安国以今文《尚书》校之，乃鲁人之治《尚书》者也（是为古文《尚书》。史公从安国问故，故《史记》多引古文《尚书》）。是《书》学有齐、鲁之分。《齐诗》为辕固所传，匡衡诸人传之（《汉书·匡衡传》所释《诗经》，皆《齐诗》也），乃齐人之治《诗》者也；《鲁诗》为申公所传，楚元王等受之，刘向诸人述之（《列女传》所引之《诗》，皆《鲁诗》之义也），乃鲁人之治《诗》者也。是《诗》学亦有齐、鲁之分。《公羊》为齐学，董仲舒传之，著有《春秋繁露》诸书（《繁露》一书，纯公羊家之言。西汉以《公羊》立于学官，故儒者多治之）；《穀梁》为鲁学，刘向传之，时与子歆相辩难（见《汉书·刘向传》。故《新序》《说范》诸书，亦多穀梁家言，而《汉·五行志》所言刘向述《春秋》，皆《穀梁》义也）。是《春秋》学亦有齐、鲁之分。西汉之时，传《礼》学者，以孟卿为最著，此齐学也；而鲁恭王坏孔子宅壁，兼得《逸礼》（见《儒林传》及刘歆《让太常博士书》），而古《礼》复得之淹中（亦鲁地），则鲁学也。是《礼》学亦有齐、鲁之分。《齐论》多《问王》《知道》二篇，而音读亦与《鲁论》大异（如"瓜祭"作"必祭"之类是）。若萧望之诸人，则皆传《鲁论》（见《汉书》本传），至张禹删《问王》《知道》二篇，合《鲁论》与《齐论》为一，而《齐论》以亡。（近儒戴子高《论语注》，则参用齐学。）是《论语》学亦有齐、鲁之分。（《孝经》亦然。所谓今、古文《孝经》，古文即鲁学，今文即齐学也。）要而论之，子夏传经，兼传齐学、鲁学者也；荀卿传经，则大抵多传鲁学。而齐学昌明，则由秦末儒生，抱残守阙；鲁学昌明，则由河间献王（河间献王为鲁学之专家，观戴东原《河间献王传经考》可见）、刘歆（见《让太常博士书》）之提倡。齐学尚新奇（故多灾异、五行之学，《齐诗》五际等说，皆齐学之敌〔嫡〕派也），鲁学多迂曲（如《穀梁》诸经是也）。近世齐学大昌，治经之儒，遂欲尊今文而废古文（如魏默深、龚定庵、刘申受、宋于庭是也）。然鲁学之中，亦多前圣微言大义，而发明古训，亦胜于齐学，岂可废哉？然齐、鲁二派，则固判然殊途者矣。

（十二）西汉之初，儒学虽萌芽于世，然九流之说，犹未尽沦。贾生传《春秋》《三礼》之学，然《过秦论》上篇以仲尼与墨翟并言（其言曰："陈涉才能不及中庸，非有仲尼、墨翟之贤。"），而史书复称其明申韩之术（如言"削诸侯，抑商贾"，皆近于法家言。姚姬传有《贾生明申韩论》），则贾生非仅治儒术矣。司马迁受《易》于唐何，问《尚书》于孔安国，复仿《春秋》之义，以作《史记》（皆见《太史公自序》中）。然幼时曾习黄老家言（亦见《太〔史〕公自序》），故班氏称其"先黄老而后《六经》"，则史迁亦非仅治儒术矣。盖西汉之时，治诸子之学者，虽不若东周之盛，然《淮南子》一书，道家之嫡派也（亦间有儒家之言及阴阳家之言），而刘向、杨雄，亦崇黄老。（刘向少信丹鼎之学，故进淮南王《鸿宝》《秘方》于汉帝。杨雄喜言清净寂寞，殆深有得于老学者，故《太元》多参用《老子》；又喜从严君平游，严亦治《老子》之学者也。）此汉代道家之学也。邹阳之说梁王（见《邹阳传》），枚乘之说吴王（见《枚乘传》），以及贾山之《至言》（见《贾山传》），东方朔之滑稽（见《东方朔传》），司马相如之讽谏（词赋之体，多出于纵横家），此汉代纵横家之学也。公孙臣之杂占，公孙卿之望气（皆见《史记·封禅书》中），以及京房、刘向、眭〔睢〕孟之说经（汉人治经，多喜言灾异，且多引谶纬，近于阴阳家言。京房传《易》学于焦延寿，焦著有《焦氏易林》，而京亦作有《易注》。此阴阳家言之参入《周易》者也。刘向之说《尚书》也，作《洪范五行传》，《汉书·五行志》多引之。此阴阳家言之参入《尚书》者也。翟奉治《齐诗》，发明五际六情之说，见《汉书·列传》。此阴阳家言之参入《诗经》者也。董仲舒作《春秋繁露》，喜言灾异；厥后眭〔睢〕孟之徒踵之，悉以天变验人事。此阴阳家言之参入《春秋》者也。公玉带之言明堂，儿宽之言封禅，此阴阳家言之参入《礼经》者也。足证《六经》之中，咸有阴阳家言），此汉代阴阳家之学也。推之，鼂错、张汤之明律，法家之遗意也（出于申韩）；杨王孙之裸葬，墨家之遗意也（亦兼师黄老玩世之意，而参用墨家之节葬）；氾胜之明农（见《汉书·艺文志》"农家类"。今安邑宋氏辑其遗文，名《氾胜之遗书》），农家之遗意也。盖西汉之初兴，黄老之学最盛。曹参师盖公，陈平治《老子》，以及田叔、郑庄之流，莫不好黄老之学（皆见《汉书》本传）。甚至帝王、皇后（如文帝及窦太后之好黄老是也），亦尊崇黄老之言。至武昭以后，黄老渐衰。一由辕固与黄生之争论。黄生明黄老之术，辕固明儒家之术，而其论汤武受命也，说各不同。景帝迫于太后之命，虽暂抑辕固，然已深明儒家之有益于专制政体矣（见《史记·儒林传·辕固生传》）。其故一。一由武帝与汲黯之争论。汲黯之言曰："陛下内多欲而外施仁义，奈何欲效唐、虞之治乎？"盖黯治黄老家言，故不喜儒术。武帝知道家崇尚无为，与好大喜功者迥异，故抑黄老而崇《六经》。其故二。有此二故，此儒术所由日昌，而道家所由日衰也。至于东汉，诸子之说，治者愈稀。然崔寔《政论》，法家之言也（为曹魏治制所本）；王充《论衡》，名家之言也（喜言诡辩）；王符《潜夫论》，仲长统《乐志论》，则又以儒家而兼道家者也。魏、晋之降（"之降"，据文意疑当作"以降"），学术日衰，而诸子之学真亡矣。惜哉！

（十三）西汉之时，治经者共分五派。诵读经文，互相授受，不事作述，始也凭口耳之传（如伏生受《书》于鼂错是也。而《公羊》自公羊高以后，不著竹帛，凭口耳之授受者，共传五世，然后笔之于书），继也则著之竹帛。此一派也。（此派最多。《汉书·儒林传》所刊之经师，半属此派。）

以经解经，不立异说，使经义自明，如费氏之注《周易》是（见《汉书·艺文志》及《儒林传》）。此一派也（此派在汉时，舍费氏外，甚为希见）。援引故训，证明经义，语简而不烦，意奥而不曲（如毛公之《诗传》，孔安国、夏侯氏、欧阳氏之《书法〔注〕》，孔安国之《论语注》，健为舍人之《尔雅注》是也）。此又一派也（此派之书，必附丽经文，不能单行）。发挥经义，成一家言。其体出于韩非《解老》《喻老》，尤与《韩诗外传》相符（如董仲舒《春秋繁露》、伏生《尚书大传》是也。而京房之释《易》，亦可自成一书者也）。合之则与经相辅，离经亦别自成书。此又一派也。去圣久远，大道日漓，有志之士，拟经为书，如《焦氏易林》之拟《易》（杨雄《太元经》亦然）杨雄《法言》之拟《论语》，此又一派也。（此派颇为当时学者所非，故《汉书·杨雄传》赞曰："雄非圣人而拟经，盖诛绝之罪也。"）西汉之世，五派并行，故说经之儒，无复迁墟之见。东汉以降，说经之书，不外证明经训（即援引故训，证明经义之一派也），而说经之途日狭矣，此微言大义所由日晦也。可不悲哉！

（十四）西汉经生，有仅通一经者，有兼通数经者。通一经者，大抵为利禄计耳，而当世之通儒，莫不兼涉数经。如贾生传《春秋左氏传》，然《新书》之中，多洞明礼制之言（如论冠礼、论学制是也）；董仲舒治《春秋公羊传》，然《天人三策》，兼引《诗》《书》（如引《太誓》及《诗》"贻我来牟"是）；刘向治《春秋穀梁传》，然兼治《鲁诗》，且兼通《左氏》（章太炎书中已言之）、《公羊》（如《说苑》中论郑弃其师及春王之义，皆本《公羊》之说。予尝著《说苑中有公羊义》一篇）二传，孰非通儒兼治群经之证乎？又考之《汉书·儒林传》，则匡衡兼治《论语》《齐诗》，韩婴兼明《韩诗》《周易》，后苍兼治《齐诗》《古礼》，张禹兼治《论语》《孝经》（皆见《儒林传》中），足证西汉耆儒，治经之长，非一端所能尽。古人有言："非兼通群经，不能专治一经。"其说信哉！

（十五）两汉经师，说经之书以百数，而立名各不同。一曰故。"故"者，通其指义也。《书》有《夏侯解故》，《诗》有《鲁故》《后氏故》《韩故》《毛诗故训传》（见《汉·艺文志》）。"故"与"诂"通（见邵景涵《尔雅义疏·释诂》）。西汉作"故"，东汉作"诂"，如何休《公羊解诂》（见《后汉书·何休传》）、卢植《三礼解诂》（见《后汉书·卢植传》）、翟酺《援神》

《钩命解诂》（见《后汉书·翟酺传》）是也。（颜师古注《艺文志》"鲁故"云："今流俗《毛诗》，改'故训传'为'诂'字，失真耳。"则以"诂"与"故"为二。不知古代"诂""故"二字通用也。）一曰章句。《尚书》有欧阳、大小夏侯《章句》，《春秋》有《公羊》《穀梁章句》（见《汉书·艺文志》）。至于东汉，则章句之学愈昌。如卢植《尚书章句》（见《卢植传》）、赵岐《孟子章句》（程曾亦有《孟子章句》）、郑兴《左氏章句》、刘表《五经章句》、钟兴《春秋章句》（皆见本传），以及牟马《尚书章句》，景鸾《月令章句》，句桓郁大、小《太常章句》（见《后汉书·儒林传》）是也。一曰传。当西汉时，《易》有周氏、服氏、杨氏、蔡公《传》，《诗》有《后氏传》《孙氏传》。见《汉书·艺文志》。至于东汉，如服虔《左氏传解》，荀爽《礼传》《易传》《诗传》（皆见本传）是也。一曰说。《书》有《欧阳说义》，《诗》有《鲁说》《韩说》，《礼》有《中庸说》，《论语》有《齐说》《鲁夏侯说》，《孝经》有《长孙氏说》《江氏说》《翼氏说》《后氏说》（皆见《汉书·艺文志》）。而东汉之时，亦有马融《三传异同说》（见《后汉书·马融传》）。一曰微，如《春秋》有《左氏微》《铎氏微》《张氏微》、《虞卿微传》是也。一曰通，如洼丹《易通论》（《后汉书·洼丹传》云："名曰洼君通"）、杜抚《诗题约义通》（见《杜抚传》）是也。一曰条例，如郑兴、颖容《左氏条例》，荀爽《春秋条例》（见本传）是也。而说经之书，又有郑康成《毛诗笺》、谢该《左氏释》，溯其体例，与"传""诂"同。又如荀爽作《尚书正经》、赵晔作《诗细》、何休作《公羊墨守》《左氏膏肓》《穀梁废疾》，立名虽殊，同为说经之作。要而论之，"故""传"二体，乃疏通经文之字句者也；"章句"之体，乃分析经文之章节者也（见赵氏《孟子章句》，于每章之后，必条举其大义，此其证也。又如，夏侯治《尚书》，既有《章句》二十九卷，复有《解故》二十九篇，亦"章句"与"解故"不同之证）；"说""微""通"三体（"条例"亦然），乃诠明全经之大义者也（《白虎通德论》亦"通"类也）。近世以来，陈氏《毛诗疏》、孙氏《尚书疏》，沿古代故传之体；王氏《尚书后案》，沿古代章句之体；魏氏《诗古微》《书古微》，沿古代"说""微""通"之体。此两汉经师说经之大凡，而为后儒所取法者也，故特论之。

（十六）西汉之时，经学始萌芽于世。武帝虽表章经术（如延文学儒者以百数，公孙弘以治《春秋》为丞相，置博士官），然宣帝即位，重法轻儒。

（如宣帝谓："俗儒不达时宜，好是古非今，使人眩于名实，不知所守，何足委任！"又，匡衡为平原文学，人多荐衡。萧望之、梁邱贺亦以衡经术精习，而宣帝不甚用儒，遣衡归故官，见《匡衡传》，皆宣帝不重儒术之确证也。）说经之儒，犹抱遗经，拳拳勿失，故今文、古文之争未起。（自河间献王、孔安国明古文学，为古文学与今文并行之始。）自刘歆移书太常，为古文竞胜今文之始。新莽篡汉，崇尚古文（以用刘歆之故）。东汉嗣兴，废黜莽制。五经博士，仍沿西汉之规。（《后汉书·儒林传》言："光武中兴，立五经博士，各以家法教授。《易》有施、孟、梁邱、京氏，《尚书》欧阳、大小夏侯，《诗》齐、鲁、韩、毛，《礼》大、小戴，《春秋》严、颜，凡十四博士，皆今文之学也。惟《毛诗》为古学，与西汉时差异耳。"）而在野巨儒，多明古学，故今文、古文之争，亦以东汉为最著。韩歆请立《左氏》博士，而范升力争。及陈元上书讼《左氏》，始以李封为博士官，卒以群儒廷争，未久即罢（见《范升传》）。其证一。李育以《左氏》不得圣人深义，作《难左氏议》四十一事。及诸儒讲论白虎观，育以《公羊》义难贾逵（见《儒林传·李育传》）。其证二。许慎作《五经异义》，右古文而抑今文。郑康成驳之，以今文之义难古文。其证三。何休作《公羊解诂》，又以《春秋》驳汉事六百余条，妙得《公羊》本义（见《何休传》）。服虔作《左氏传解》，又以《左传》驳何休所驳汉事六十条（见《服虔传》）。其证四。此皆今、古文相争之证也。盖东汉之初，今文之学盛行；中叶以后，则今文屈于古文。西汉末年，《易》有施、孟、梁邱、京氏学，皆属今文。惟费直传《易》于王横，号"古文《易》"。东汉之初，若刘昆治《施氏易》，洼丹、任安治《孟氏易》，范升、杨正、张兴习《梁邱易》，戴凭、魏满、孙期习《京氏易》，为《周易》今文学盛行之世。自陈元、郑众传《费氏易》，马融、荀爽作《传》，郑康成作《注》，而费氏古文《易》以兴。是古文《易》学兴于汉末也。（郑康成《易注》虽用古文，然爻辰、纳甲之说，亦多今文家言。）西汉末年，《书》有欧阳、大小夏侯之学，皆属今文，而古文《尚书》学，未立学官。东汉之初，若丁鸣、桓荣、欧阳翕、年长、宋登习《欧阳尚书》，张驯、牟融治《大夏侯尚书》，王良治《小夏侯尚书》，咸教授数千人，为《尚书》今文学盛行之世。自孔僖、周防、杨伦习古文《尚书》，而扶风、杜林复得古文《尚书》于《漆书》中，贾逵作《训》，马融作《传》，郑康成作《注解》，而古文《尚书》大明。（此非伪古文也。伪古文兴于魏、晋，与此不同。魏默深《书古微》疑《漆书》古文为伪，非也。）是古文《尚书》兴于汉末也。西汉末年，《诗》有鲁、齐、韩三家，而《毛诗》未大显。东汉之初，若高栩、包咸、魏应治《鲁诗》，伏恭、任末、景鸾治《齐诗》，薛汉、杜抚、召驯、杨仁、赵晔治《韩诗》，为《诗经》今文学盛行之世。自郑弘作《毛诗序》，而郑众、贾逵咸传《毛诗》，马融作《传》，郑康成作《笺》，咸引《毛诗》之义。是古文《诗》学兴于汉末也。西汉末年，《礼》有大戴、小戴、庆氏三家，而孔安国所献《礼古经》五十六篇（即今《仪礼》）及《周官经》六篇，咸未立博士，故古文学未昌。东汉之初，曹充、董钧习《庆氏礼》，而大、小戴博士亦相传不绝，为《礼经》今文学盛行之世。及郑众传《周官经》，马融作《传》，以授郑康成。康成作《周官经注》，又以《古礼经》校《小戴礼》，作《仪礼》（即《古礼经》。《汉·艺文志》"《古礼经》七十篇"，乃"十七篇"之误）、《礼记》（即《小戴礼》。）注，而《三礼》之学大明。是古文《礼》学兴于汉末也。西汉末年，《春秋》有严氏、颜氏学，皆属《公羊》家言；《穀梁》仅立博士，《左传》未立学宫。东汉之初，丁恭、周泽、钟兴、楼望、程曾咸习《严氏春秋》，张玄、徐业咸习《颜氏春秋》，而范升、李育之徒，时以《公羊》屈《左氏》，为《春秋》今文学盛行之世。自贾逵著《左传章句》，而服虔、颖容、谢该咸治《左传》，郑（康成，初为《左传》作注，后授服虔）、许（见《说文》《五经异义》）大儒，亦喜《春秋》古文学。是古文《春秋》兴于汉末也。盖东汉初年，古文学派皆沿刘歆之传（如杜子春、郑众，皆受业于刘歆），虽为今文学所阨，未克大昌，然片语单词，已为学士大夫所崇尚。后经马、卢、郑、许诸儒之注释，流传至今，而今文家言之传于世者，仅何休《公羊解诂》而已，余尽失传。此今文学所由日衰，而古文学所由日盛也。是则经学显晦之大略也。

（十七）东汉之时，经生虽守家法，然杂治今、古文者，亦占多数。如孙期治《京氏易》，兼治古文《尚书》；张驯治《左氏传》，兼治《大夏侯尚书》。一为今文，一为古文。郑兴治古文学，而早年亦治《公羊》；尹敏治《欧阳尚书》，复治古文《尚书》，兼通《毛诗》《穀梁》《左氏》之学；而郑康成治经，亦兼通《京氏易》《韩诗》《公羊春秋》。此汉儒所由称通儒也。

（若郑众、贾逵，则专治古文；何休、李育，则专治今文，皆守家法者也。）
盖东汉经师，大抵实事求是，不立门户。许叔重治古文学，而《说文》之释
姓氏也，则言"圣人无父而生"（若古文家，则言圣人有父而生），用今文家
说；《毛诗》为古文学，而郑康成作《诗笺》，则多采三家之说。无识陋儒，
斥为背弃家法，岂知说经贵当，乃古人立言之大公哉？且当此之时，经师
之同治一学者，立说亦多不同。〔如郑、荀同学《费易》，立说不同；郑从
马学，而与马不同；焦、京同源，而《卦林》《灾异》又不同。马、郑同治
《古文尚书》，而注各不同；郑《笺》伸毛，而与毛《传》不同；贾、服同
治《左氏》，而所注各殊；郑康成注《周官经》，多改前郑之说，皆其证也。
即郑康成注经，亦彼此互易（"互易"，据文意，疑当作"互异"）。盖康成
杂治今、古文，故《驳五经异义》以斥古文学，复攻《墨守》、起《废疾》、
发《膏肓》，以斥今文学也。〕及东汉季世，师法愈严。范《书》谓"分争
王庭，树朋私里，繁其章条，穿求崖穴，以合一家之说"，又谓"书理无二，
义归有宗，而硕学之徒，或莫之或从，故通人鄙其固"（见《儒林传赞》）。
此皆斥汉儒之固守家法也，其旨深哉！

　　（十八）自汉武表章《六经》，罢黜百家，托通经致用之名，在下者视为
利禄之途，在上者视为挟持之具（如尊君抑臣等说，必托之于经谊）。降及
王莽，饰奸文过，引经文以济己私。（王莽居摄时，使群臣奏曰："周成王幼
小，不能修文、武之烈。周公摄政则周道成，不摄则恐失坠。故《君奭》篇
曰：'后嗣子孙，大不克共上下，遏佚前人光，在家不知天命不易。天难谌，
乃其坠命。'此言周公服天子衮冕，南面朝群臣，发号施令，常称王命也。"
又，"《康诰》曰：'王若曰：孟侯，朕其弟，小子封。'此周公居摄称王之文
也。"又以汉高祖为文祖庙，取《虞书》"受终文祖"之义。此皆援《尚书》
以行事也。又引《礼记·明堂位》，谓此乃周公践位，朝诸侯、制礼作乐也；
又考《孝经》"况于公侯伯子男"之文，定侯伯、子男为两等。此引《礼记》
《孝经》以文其奸也。又引孔子作《春秋》，至于哀公十四年而一代毕，协
之于今，亦哀之十四年也。此引《春秋》以文其奸也。余证甚多。）由是崇
古文而抑今文，以古文世无传书，附会穿凿，得随己意所欲为。昔周末之
时，诸侯恶周制之害己，至并其籍而去之（见《孟子》）；西汉之时，天子喜
经文之利己，遂并其籍而崇之，而六艺遗文，遂为君主藏身之窟矣。降及

东汉，谶纬勃兴。考《后汉·张衡传》，谓谶纬始于哀、平。(《张衡传》云：汉以来，并无纬书。刘向父子领校秘书，尚无纬录，则知起于哀、平之际也。)然考《隋书·经籍志》，则西汉之世，纬学盛昌，非始于哀、平之际。(《经籍志》云："汉世，讳书大行。言《五经》者，皆为其学。惟孔安国、毛公、王璜之徒独非之，相承以为怪妄，故因鲁恭王、河间献王所得古文，参而考之，以成其义。"是谶纬流传，远出诸儒笺故学之前矣。)盖铜符、金匮，萌于周、秦。秦俗信巫，杂糅神鬼。公孙枝之受册书〔见《史记·秦本纪》("秦本纪"，疑当作"赵世家")〕，陈宝之祀野鸡（见《史记·封禅书》），胡亥之亡秦祚（见《史记·秦始皇本纪》），孰非图箓之微言乎？（若夫董安于之册，"三户亡秦"之兆，苌弘狸首之射，则图箓之学，渐由秦国播他国矣。）周、秦以还，图箓遗文，渐与儒、道二家相杂。入道家者为符箓，入儒家者为谶纬（见第三册《术数学史序》）。董、刘大儒，竞言灾异，实为谶讳之滥觞。（董仲舒为弟子吕温舒告发，洼〔眭〕孟以泰山石立，请昭帝让位贤人；又，《路温舒传》云："温舒从祖父受历数、天文，以为汉厄三七之期，乃上封事以预戒。"皆其证也。）哀、平之间，谶学日炽。(《汉书·李寻传》云：成帝时，有甘忠可者，造《天官历包元太平经》十二卷，言汉家再受命，以其学授夏贺良等。刘向奏其妖妄，甘忠可下狱死，贺良等又私相传授。哀帝建平中，贺良上言赤精子之谶，汉家历运中衰，当再授命，故改号曰太初元将元年，称陈圣刘太平皇帝。是为朝廷信谶之始。）而王莽、公孙述之徒，亦称引符命，惑世诬民。(《汉书·王莽传》云：莽以哀章献《金匮图》，有"王寻"姓名，使寻将兵。又以刘伯升起兵，乃引《易》"伏戎于莽，升其高陵，三岁不兴"，谓莽为己名，升为伯升，高陵为高陵侯翟义，言伯升、翟义皆不能兴。又按《金匮图》，拜王兴、王盛数十人为官，以示神。此王莽信纬之证。《后汉书·公孙述传》云：述引谶记，谓"孔子作《春秋》，为赤制以断十二公，明汉当十二世而绝"，又引《箓运法》曰："废昌帝，立公孙。"故光武与述书曰："图谶言'公孙'，即宣帝也。代汉者当涂高，君岂高之身耶？"此公孙述信纬之证也。）及光武以符箓受命(《后汉书·邓晨传》云："光武微时，宛有蔡少公者学纬，云：'刘秀当为天子。'或曰：'是国师公刘秀耶？'光武曰：'安知非仆？'"《李通传》云："通父说谶，谓'刘氏复兴，李氏为辅'，故通与光武深相结。"《光武本纪》云："强华自长安奉《赤伏图》来，曰：'刘秀发兵捕不道，四夷云集龙在野，四七之际火为主。'群臣以为受命之符，乃即位于鄗南。"）而用人、行政，悉惟谶讳之是从。（如光武据《赤伏符》"王梁主卫"之文，拜王梁为大司空；据谶文"孙咸征狄"之文，拜孙咸为大司马。此据谶书用人者也。因《河图》有"赤九会昌"之文，而立庙止于元帝，复以谶文决灵台处所。此据谶书行政者也。明帝以下，莫不皆然。）由是以谶讳为秘经（《杨厚传》云："杨春卿善图谶，曰：'吾绨衣中有祖传秘记，为汉家用。'"苏竟与刘龚书曰："孔子秘经，为汉赤制。"郑康成亦曰："吾睹秘书纬术之奥。"），颁为功令。《樊英传》"河洛七纬"，章怀《注》以《易纬》《书纬》《诗纬》《礼纬》《乐纬》《孝经纬》《春秋纬》释之。是每经各有纬书。）稍加贬斥，即伏非圣无法之诛。（桓谭论谶书之非，帝以为非圣无法，欲斩之；帝令尹敏校图谶，敏言"纬非圣人所作"，帝不听；郑兴对帝曰："臣不学谶。"帝终不任用，皆其证也。）故一二陋儒，援饰经文，杂糅谶讳，献媚工谀。（朱浮云："臣幸，得与讲图谶。"贾逵欲尊《左传》，乃奏曰："《五经》无证图谶以刘氏为尧后者，惟《左传》有明文。"遂得选高才习之；而何休注《公羊》，亦以获麟为汉受命符。）虽何、郑之伦，且沉溺其中而莫反（康成于纬，或称为"传"，或称为"说"，且为之作注）。是则东汉之学术，乃纬学盛昌之时代也（观《东平王传》，谓"正《五经》章句，皆命从纬"，可以知矣）。夫谶讳之书，虽间有资于经术（如律历之积分，典礼之遗文，六书之旧训，秦火之后，或赖纬书而传），然支离怪诞，虽愚者亦察其非（如张满之反乱，王刘之惑众，袁术之称帝，皆据谶文。是谶书所以召乱也）。而汉廷深信不疑者，不过援纬书之说，以验帝王受命之真，而使之服从命令耳（所谓"称天以制民"也）。上以伪学诬其民，民以伪学诬其上，又何怪贿改漆书者接踵而起乎？（《儒林传》云："党人既诛，其高名善士，多坐流废，后遂至忿争。亦有私行金货，定兰台漆书，以合其私文者。"）此伪学所由日昌也。悲夫！

（十九）东汉帝王，表章经术，厥意甚深。光武以儒生跻帝位（光武少时，往长安受《尚书》，通经义。及为帝，数讲诸经义），而佐命功臣，亦咸通经谊（如邓禹受业长安，能诵《诗》；寇恂性好学，受《左氏春秋》。冯异通《左氏春秋》，贾复习《尚书》，祭遵少好经书，李忠少好《礼》，郑梁好经书，而朱祐、王霸、耿纯，咸游学长安）。故天下既定，托掩武修文之说，慕投戈讲艺之风，以削武臣之兵柄。（《贾复传》云："知帝不欲武臣典兵柄，乃与邓禹去甲兵，敦儒术。"此语最明。邓禹有子十三人，使各习一艺；窦融疏言："臣子年十五，教以经艺。"皆以避祸也。）而羽林之士，亦习《孝经》（见《儒林传》）。盖光武御才，以《诗》《书》《礼》《乐》之文，代其悖乱嚣陵之习；以名分尊卑之说，鼓其尊君亲上之心。是犹朝仪既定，高祖知皇帝之尊也。及太学既设，诱以利禄之途，萃集儒生，辨难经谊，使雄才伟略，汩没于章句、训故之中，而思乱之心以弭（可参观龚氏《京师乐籍说》）。是犹学士登瀛，太宗喜英雄之入彀也。及党人论政，清议日昌，然大抵尊君抑臣，斥权奸以扶王室，而典兵之将，息其问鼎之谋。（范《书·儒林传论》谓"人识君臣父子之纲，家知违邪归正之路"，又谓"权强之臣，息其窥盗之谋；豪杰之夫，屈于鄙生之议"。）盖汉主表章经谊之心，至是而其效悉著矣（经术所以愚民），其深术哉！

（二十）两汉之时，经学之授受各殊。一曰官学，一曰师学，一曰家学。西汉之初，经师辈出，如田和之《易》，渊源于商瞿；毛公之《诗》，权舆于子夏；申公之《鲁诗》，贾生之《左传》，并溯沿于荀卿。推之，伏生传今文，先秦之博士也；高堂传《士礼》，鲁国之老生也。以七十二子之微言，历四百余年而不绝，此当时之师学也。寿敢口授《公羊》（公羊氏五世皆口传《公羊》），安国世传《尚书》，此当时之家学也。由是言之，西汉初年，说经之儒，皆私学而非官学。及文帝设立诸经博士（如《尔雅》《孟子》，皆立博士），而汉武之时，仿秦人以吏为师之例，颁《五经》于学宫，而今文家言，咸立博士。宣、成之际，博士益增（见《前汉书·儒林传》）。光武中兴，好爱经术，于是立五经博士，各以家法相教授。《续汉书·百官志》云："博士十四人：《易》四，施、孟、梁邱、京氏是也；《尚书》三，欧阳、大、小夏侯氏是也；《诗》三，鲁、齐、韩氏是也。《礼》二，大、小戴氏是也。《春秋》二，严氏、颜氏是也。"博士既立，而经学之家法益严。"家法"者，从一家之言，以自鸣其学之谓也。（《后汉书·左雄传》注云："儒有一家之学，故称家法。"）吾观西汉之时，凡儒生之肆经者，大抵游学京师，受经博士（如翟方进之类是也。余见《汉书·儒林传》中），而私学易为官学。东汉之时，益崇官学。凡举明经、察孝廉，咸以合家法者为中选。（《质帝纪》："本初元年四月，令郡国举明经，年五十以上、七十以下，诣太学。自大将军至六百石，皆遣子受业。四姓小侯先能通经者，各令随家法。"是汉举明经，亦严家法也。《左雄传》云："雄上言：郡国所举孝廉，请皆诣官府，诸生试家法。"是汉举孝廉，亦试家法也。）是东汉之家法，犹之后世之功令也。特西汉之时，多言师法；东汉之时，多言家法。师法者，溯其源；家法者，衍其流（有所师，乃能成一家之言），自人主崇尚家法，而学术定于一尊。（观《前汉书·外戚传》："定陶丁姬，《易》祖师丁将军之元孙。"师古注云："祖，始也。"《儒林传》云："丁宽，《易》家之始师。"盖有始师，而后有师法也。《张禹传》云："萧望之、张禹说经，精习有师法。"是守师法，方可得显官也。《翼奉传》云："奉对，引师法。"《五行志》："李寻引师法以对。"是守师法者，兼可议政事也。此皆西汉崇师法之证。至于东汉，则家法益严，不复有淆杂之说矣。）复以博士为民师，而家法之明，明于博士。（故刘歆之责太常博士也，言"是末师而非往古"；徐防之责博士弟子也，以为"不修家法"。诚以修明家法，本博士责也。）兴周代官师合一之法，大约相符。官学既崇，由是学术之行于民间者，亦谨守师法，解释经文，以求合一王之功令。吾考两汉之时，累氏传经者，孔氏而外（至孔鲋为陈王博士，鲋弟子襄，汉惠帝时为博士。襄孙安国，安国兄子延年，武帝之时，咸以治《尚书》为博士。延年生霸，亦治《尚书》，昭帝时为博士；宣帝时，授皇太子经。霸生光，尤明经学，时会门下诸生，讲问疑难。至东汉时，孔僖世传《尚书》《毛诗》，其子长彦、季彦，皆守家学。霸七世孙昱，少习家学，征拜议郎。此孔氏家学之源流也），厥惟伏、桓二家。（伏氏自伏胜以《尚书》教授，其裔孙理，为当世名儒。子湛，少传家法，教授数百人。湛弟黯，明《齐诗》，改定《章句》。湛玄孙无忌，当顺帝时，奉诏与议郎黄景，校定中书《五经》、诸子百家；又采集古今，删著事要，号曰《伏侯注》。此伏氏家学之源流也。桓荣以明《尚书》，授明帝经。其子郁，又为章帝师。和帝即位，郁复侍讲禁中，共治《尚书》，有《桓君》，大、小太常《章句》。郁中子焉，亦为安帝、顺帝师。此桓氏家学之源流也。）然孔氏世为博士，桓氏世为帝师，而伏氏亦屡典秘籍（皆见前），则传家学者，固未尝背官学也。东汉之世，经学盛昌，一经教授恒千百人。如曹曾受欧阳《尚书》，门徒三千（见《曾传》）；魏应经明行修，弟子自远方至者，著录数千人（见《应传》）；张兴弟子，著录万人（见《兴传》中）；蔡元弟子，著录者万六千人（见《元传》）。学术广被，远迈西京。（余见《后汉书·儒林传》及汉碑者，不具引。）然弟子受经卒业者，咸任博士、议郎之职，则传师学者，固未尝背官学也。由是言之，两汉儒生之传经，固不啻受教法于博士矣。（周代乡大夫，受教法于司徒；两汉经生，亦受教法于博士。是当时所谓私学者，非民间私授之学也，所以辅博士教授所不及耳。）故学业既成，即可取金紫如拾芥。其有不守师法者，则咸见屏于朝廷。观赵宾变"箕子"之训，而《易》家证其非；焦赣本隐士之传，而光禄明其异，则屏斥私学，夫固始于西汉中叶矣。自家法既严，由是说经之士，或引师说以说经，如毛公引仲梁子、高子、孟仲子之说以说《诗》，康成引杜子春、郑司农之说以说《周官》是也（《公羊传》引子程子诸人之言，亦引师说说经者）；或立条例以释经，如贾徽《左氏条例》，颖容《左氏条例》，何休《公羊条例》，刘陶、荀爽《春秋条例》是也（若三国之时，虞翻、王弼之说《易》，晋杜预之注《春秋》，皆另有条例）；或执己说以斥他说，如服虔之驳何休言汉事（虔以《左传》驳何休之驳汉事，凡六十余条云），康成之《发墨守》《箴膏肓》《启废疾》是也。（他如西汉王式、江翁之辨论，而东汉之时，复有陈元、范升、李育、贾逵之徒，辨论古文、今文。推之，马融答北地太守刘环，康成驳叔重《五经异义》，皆固执己说者也。）及东汉末叶，异家别说，亦自谓源出先师（荀悦《申鉴·时事》篇最详），而家法以淆（观永元十四年徐防所上疏可见。盖当时之博士，亦渐失家法矣）。惟康成说经，集今、古文说之大成，不守一先生之言，以实事求是为指归，与汉儒之抱残守缺者迥然不同，故康成之书，皆以师学代官学者也。自是以降，郑学益昌，而东京博士之家法废矣，惜范《书》语焉不详耳。（两汉经学之家法，具见于《前汉书》《后汉书·儒林传》，《隋书·经籍志》，陆德明《经典释文》以及近人《传经表》中，故不具引。）

（二十一）西汉之时，诸子之说未沦。降及东京，九流之书日出。如徐干《中论》，儒家之流也；荀悦《申鉴》、王符《潜夫论》、崔寔《政论》、仲长统《昌言》，法家之流也；王充《论衡》、应劭《风俗通》，名家之流也；张衡《灵宪》、刘陶《七曜论》，阴阳家之流也；牟融《牟子》、杨成子长《乐经》，道家之流也；崔寔《四民月令》，农家之流也。惟九流之说日昌，故说经之儒亦间援九流释六艺。试详考之。卦气创于孟喜，纳甲始于京房（京房以《易》六十四卦直日用事，风雨、寒湿，各有占候），爻辰阐于康成，消息明于虞翻。溯厥源流，咸为《易》学之支派。推之，刘向说《书》，则以"五行"说《洪范》（刘向治《穀梁》，数其祸福，传以《洪范》）；翼奉上疏，则以"五际"阐《齐诗》。董生治《春秋》，则详言灾异；康成注《三礼》，则兼引纬书，经之以八卦，纬之以九畴，测之以九宫，验之以九数，上探象纬，下明人事。此以阴阳家之言说经者也。董生以《公羊》决狱，傅饰经义，得数百条；张汤为廷尉，傅古义以决大狱（以治《尚书》《春秋》者补延尉史，奏疑谳），而隽不疑、龚胜、毋将隆之流，亦援引《春秋》《论语》，以证臣罪之当诛（石显罪贾捐之、杨兴，亦引《王制》）。东京中叶，若马融、郑康成之俦，咸洞明律法，决事比例，必以经义为折衷；而应邵所著书，复有《尚书旧事》《春秋断狱》，莫不舍理论势，尊君抑臣。此以法家之言说经者也。汉儒释经，或衷《雅》诂，或辨形声（研《六经》从文字入，研文字从形声入），或改正音读（如某字读若某字、某字当作某字是也），或援据古文，莫不分析条理，辨物正名。而许慎《说文》、张揖《广雅》、刘熙《释名》，虽为小学之专书，实则群经之津筏。此以名家之言说经者也。董生解《公羊》而兼言仁义，赵岐解《孟子》而兼论性才（余如荀氏《易注》、伏生《尚书大传》《毛传》《韩诗外传》以及何氏《公羊解诂》，包氏、周氏《论语章句》，咸有粹言，大抵与儒家之言相近。番禺陈兰甫先生《汉儒通义》引之最详，今不具引）；而许、郑之书，诠明义理，醇实精深。孔门微言，赖以不堕。（近世常熟有潘任者，编《郑君粹言》《说文粹言》二书，皆取许、郑之言近于儒家者。）此以儒家之言说经者也。杨雄作《太玄经》，魏伯阳作《周易参同契》，咸溯源老氏，成一家言。降及汉末，而王弼、何晏之流，注释《易经》《论语》，咸杂糅庄、老，大畅玄风。（王弼注《周易》，舍象论理，自得之语甚多，不可因范宁之言而斥之。）此以道家之言说经者也。若夫服氏之难何休、郑君之穷许慎，辨难经义，驳诘不穷，此纵横家之遗风也；曹褒《五经通义》、刘辅沛《王道论》，旁征博采，不主一家，此杂家之余习也。而康成博学多闻，迥出诸儒之表。释《尚书》，则兼注《中候》，此术数家之言也；注《天官》，则诠明医理，此方技家之言也。推之，注《夏官》，则旁及兵法；注《地官》，则博引农书，此兵家、农家之言也。足证两汉诸儒，于九流诸子之言，咸洞悉其微，与后儒专尚儒术者不同。三国以降，九流式微，而说经之范围愈趋愈狭矣。

（二十二）东汉末年，诸子之术朋兴。治儒家者有徐干，治阴阳家者有管辂，治医家者有华佗，治兵家者有魏武（注《孙子》《吴子》）、诸葛亮（作《八阵图》）、王昶（注《兵书》），然以法家学术为最昌。自王符、崔寔、阮武、姚信之徒，以法家辅儒学，而魏武治邦，喜览申韩法术，以陈群、钟繇为辅弼。诸葛亮治蜀，亦尚刑名。盖汉末之时，纲纪废弛，浸成积弱之俗。欲矫其弊，不得不尚严明。又以处士议政，国柄下移，民气渐伸，为人君所不利，非修申韩之术，不足尊君而抑臣。有此二因，遂宗法学。观杜恕上疏，谓："今之学者，师商、韩而上法术，竞以儒家为迂阔，不周世用。"魏代学术，观此可知。是犹东周衰弱，而管、商以法律矫之也。至于正始，而老庄之术复昌。盖两汉之时，竞崇黄老；至于东汉，桓帝尊崇黄老，而张角亦以黄老惑民。惟马融不应邓隲之命，自悔非老庄之道（《后汉书》），是为"庄老"并称之始。及王弼、何晏，祖述老庄。晏言"圣人无喜怒哀乐"（王弼不以为然。此即李习之《复性书》所本），弼言"天地万物，以无为本"（见《钟会传》《注》及《世说》），而王弼复注释《周易》，间以庄老之说释经，并作《老子注》诸书。而阮籍之徒，口谈浮虚，排斥礼法；嵇康亦喜读《庄》《老》，与刘伶、向秀、阮咸、王戎、山涛，并称"竹林七贤"，遂开晋人放旷之风。自是以后，裴遐善言天理，卫玠雅善元言，王衍为当世谈宗，乐广亦宅心事外，而阮瞻、刘恢、王濛、潘京之流，莫不崇尚清谈，而胡母辅之、谢鲲、光逸、张翰、毕卓之徒，又竞为任达；崔撰、向秀、司马彪、郭象之辈，又咸注《老》《庄》。若孙登、葛洪之俦，则又侈言仙术，以隐佚自高。虽刘颂（屡言治道）、裴頠（作《崇有论》）、江惇（作《通道崇检论》）、卞壶（以王澄、谢鲲悖礼教）、干宝（作《晋纪》。其《序论》一篇，力斥清谈放达者之误国）、陈頵（斥庄老之俗，又以败国由于此）、陶侃（以老庄无益实用）诸人，危言正论，力挽颓波，而习尚已成，莫之能革。后之论者，莫不祖述范宁之论，以王、何为罪人。然一代学术，必有起原。三国之时，柄国钧者，大抵苛察缴绕。王嫉其苛，非崇尚无为清净不足以安民，故杜预（言"拟议于心，不泥于法"）、荀旭（言"省官不如省事，省事不如省心"）之徒，皆以无为辅治术（刘伶亦陈"无为"之论。盖当世学术思想，大抵如此），与王、何之论暗符。且法家严贼寡恩，漓于天性，已开放弃礼法之先（故阮籍之徒，不重丧礼也）。又，魏、晋之际，战争频烦，民罹屠毒，无乐生之心（如羊祜言"不如意事，十常八九"，阮籍亦悲途穷是），故或托任达以全生，或托隐沦以避世。有此三因，此老庄之说所由盛于魏、晋也。夫宅心高远，遗弃事功，置治乱兴亡于度外，诚为覆都亡国之基。然两汉诸儒，溺于笺、注，惑于灾异、五行之说。其能自成一家言者，亦立言迂阔，不切于施行。王、何说经，始舍数言理，不以阴阳断人事；即郭象、司马彪之书，亦时有善言，侈言名理，以自得为归。析理精微，或间出汉儒之上。李翱、程颐，隐窃其说，即能以学术自鸣。此魏、晋学术之得也。且三代之时，文与语分（见弟〔第〕一册《文章原始》），故孔门四科，言语与文学并崇。汉人崇尚朴讷，而言论之途塞，文章之技兴。魏、晋以降，文章益事浮夸，故工于言论者，别标"清谈"之目。由是言语与文学，复分为二途。宣于口者为言语，笔之书者为文章。（如《乐广传》言，广善清言而不长于笔，将让尹，请潘岳为表。岳曰："当得君意。"乃作二百句语，述己之意。岳因取次比，便成名笔。其确证也。）而其流风所扇，遂开南朝讲学之先，孰谓清谈者罪浮桀、纣哉？范宁之论，无乃过与？（钱竹汀亦斥范说）

（二十三）汉末之时，治经学者，悉奉郑君为大师，而众家之说以沦。盖郑君博稽六艺，粗览传记，所治各经，不名一师，参酌今、古文，与博士所传之经不尽合（魏默深已有此说），然尊崇纬书，不背功令。又以著述浩富（于《易》《书》有《注》，《毛诗》有《笺》，《左传》《三礼》《论语》皆有《注》。余所著之书，尚十余种），弟子众多（据黄氏所辑《高密遗书》所载，则弟子最著名者，已有数十人。又，刘熙、孙炎，亦师康成），故汉、魏之间，盛行郑氏一家之学。袁翻（称郑玄"不堕周公旧法"）、徐爰（称"圣人复起，不易斯言"），至颂郑君为周、孔，而辩论时事，无不撮引其遗书（见《孝经正义序》）。及王粲斥郑君《尚书注》（见《新唐书·元行冲传》《释疑》），而王肃遍注群经，又伪作《圣证论》《孔子家语》，以己说易郑说，使经义、朝章，皆从己说，而郑说骤衰。魏有蒋济（驳郑君禘说），吴有虞翻（奏郑玄解《尚书》遗失者四事），蜀有李撰（著古文《易》《尚书》《毛诗》《三礼》《左氏传》，皆与郑氏立异），晋有束皙（斥郑君注纬），皆排斥郑学，此魏、晋经学之一大派也。吴韦昭注《国语》，魏何晏作《论语集解》，杂引古说，以己意为折衷，不复守前儒家法，此别一派也。晋杜预注《左氏》，干没贾、服之书；郭璞注《尔雅》，隐袭李、孙之说，攘窃之罪，与郭象同，此别一派也。（若皇甫谧等作伪《尚书》，尤不足道。）举此数端，足证魏、晋经学，已非汉儒之旧。此西汉、永嘉之乱，汉学所由沦亡也（如《易经》梁邱学、京氏学，《尚书》欧阳学、夏侯学，以及《齐诗》《逸礼》，皆亡于永嘉时），谓非传经者之罪与？（惟范宁注《穀梁》，稍为有条理）

（二十四）魏、晋之间，汉儒家法尚未尽沦。蜀杜琼治《韩诗》，许慈治《毛诗》《三礼》，胡潜治《丧服》，孟光通《公羊春秋》，来敏、尹敏〔默〕通《左传》（以上皆见《蜀志》），咸守汉人经训。降及晋代，汉学犹存。文立治《毛诗》《三礼》（司马胜之亦通《毛诗》《三礼》），常勖治《毛诗》《尚书》，何随治《韩诗》《欧阳尚书》，研精文纬、星历；王化治《三礼》《公羊》，陈寿治《毛诗》《三传》；李密治《春秋左氏》，博览《五经》；任熙治《毛诗》《京易》，寿良治《春秋三传》，李毅通《诗》《礼》训诂，常宽治《三礼》《春秋》（以上皆见《华阳国志·后贤志》）。推之，陈邵撰《周礼评》，崔游撰《丧服图》，董景道治《京易》《马氏尚书》《韩诗》《郑氏礼》，虞喜治《毛诗》《孝经》（以上见《晋书》），足证典午之际，两汉师说，传之者不乏其人。然两汉师法之亡，亦亡于魏、晋。王肃之徒，既与郑氏立异；王弼注《易》，虽舍数言理，然间杂老庄之旨，而施、孟、梁邱、京氏之家法亡矣。皇甫谧之徒，伪造古文《尚书》廿五篇，梅赜奏之，以伪乱真，而欧阳、夏侯之家法亡矣。杜预作《左氏传》，干没贾、服之说，复作《左氏释例》，亦轩误叠呈，而贾、服、郑、颍之家法亡矣。何晏诸人，采摭《论语》经师之说，成《论语集解》，去取多乖，间杂己说，而孔、包、马、郑之旨微矣。郭璞作《尔雅注》，亦干没汉儒之说；《音义》《图赞》，亦逊汉人，而李巡、樊、刘之注沦矣。况西晋之时，经生尤多异说。如三传各有师法，而刘兆作《春秋调人》七万言，以沟通三传之说（又为《左氏传》解，名曰《全综》；作《公羊》《穀梁解诂》，皆纳《经》《传》中，朱书以别之。）；《左传》为《春秋》古文学，而王接谓《左氏》自是一家言，不主说经（皆见《晋书》）。异说横生，已开唐、宋诸儒之说。如赵匡、啖助、刘原父之类。新说日昌，则旧说日废，此施氏、梁邱之《易》（孟、京之《易》尚存），欧阳、夏侯之《尚书》，以及《齐诗》《逸礼》所由亡于永嘉之乱也。大约魏、晋经学与两汉殊，尚排击而鲜引伸（如王排郑，而孙炎、马昭复排王申郑。厥后《诗经》之争，郑、王《左传》之争，服、杜皆互相排击），演空理而遗实诂（如王弼之《易》，杜预之《左传》是也），尚摭拾而寡折衷（如何晏、江熙《论语集解》，皆多采古人之说，范宁《穀梁集解》亦然。即杜预注《左氏传》，亦名《左传集解》，惟干没古说耳），遂开南朝经学之先。此经学之一大变也。

（二十五）当南北朝时，南、北经学不同。《魏书·儒林传》云："汉世郑玄并为众经注解，服虔、何休，各有所述。玄《易》《书》《诗》《礼》《论语》《孝经》，虔《左氏春秋》，休《公羊传》，盛行于河北，王弼《易》亦间行焉。晋世杜预注《左氏》，预玄孙坦、坦弟骥，于刘义隆世，并为青州刺史，传其家业，故齐地多习之。"是北朝所行者，皆东汉经师之说，而魏、晋经师之说，传者甚稀。《隋书·儒林传》云："南北所治章句，好尚互有不同。江左《周易》则王辅嗣，《尚书》则孔安国（即《伪古文尚书》），《左传》则杜元凯；河洛《左传》则服子慎，《尚书》《周易》则郑康成。《诗》则并主于毛公，《礼》则同遵于郑氏。"（惟未言及何休《公羊》）据此数语观之，则两汉经学，行于北朝；魏、晋经学，行于南朝，夫固彰彰可考矣。盖北朝经学，咸有师承。自徐遵明用《周易》教授，以传卢景裕、崔瑾，景裕传权会，权会传郭茂，而言《易》者咸出郭茂之门。此北朝《易》学之师承也。自徐遵明治《尚书》郑《注》，以郑学授李周仁，而言《尚书》咸宗郑氏。此北朝《尚书》学之师承也。自刘献之通《毛诗》，作《毛诗序义》，以授李周仁、程归则；归则传刘轨思，周仁传李炫，炫作《毛诗义疏》；刘焯、刘炫咸从轨思授《诗》，炫作《毛诗述议》。而河北治《毛诗》者，复有沈重（《毛诗义》《毛诗音》）、乐逊（《毛诗序论》）。鲁世达（《毛诗章句义疏》），大抵兼崇毛、郑。此北朝《毛诗》学之师承也。自徐遵明传《郑氏礼》，同时治《礼》者，有刘献之（《三礼大义》）、沈重（《三礼义》《三礼音》）。从遵明受业者，有李炫、祖隽、熊安生。李炫又从刘子猛受《礼记》，从房虬（虬作《礼义疏》）受《周礼》《仪礼》，作《三礼义疏》）安生作《周礼》《仪礼义疏》，尤为北朝所崇。杨汪问《礼》于沈重，刘炫、刘焯并受《礼》熊安生，咸治郑氏。此北朝《三礼》学之师承也。自徐遵明传服《注》，作《春秋章义传》，传其业者，有张买奴、马敬德、邢峙、张思伯、张雕、刘昼、鲍长暄，并得服氏之精微。而李炫受《左传》于鲜于灵馥（作《三传异同》），刘焯亦受《左传》于郭茂，咸宗服《注》。卫翼隆、李献之、乐逊（作《左氏序义》）亦申服难杜。刘炫（作《春秋述异》《春秋攻昧》《春秋规过》诸书）、张仲（作《春秋义例略》）诸儒，亦与杜《注》立异。此北朝《左传》学之师承也。（徐遵明兼通《公羊》学，王西庄以《公羊疏》即遵明所作，非徐彦之书也。）推之，治《孝经》者有李炫（作《孝经义》诸书）、乐逊（作《孝经叙论》）、樊深（作《孝经》《丧服集解》）；治《论语》者，有张仲（作《论语义》）。乐逊（作《论语序论》）、李炫（作《论语义》）。咸以郑《注》为宗（以上皆见《北史》各本传）。足证北朝之儒，咸守师法，有汉儒之遗风，故不为异说奇言所惑，而恪守其师承。若南朝经学则不然。自晋立王弼《易》于学宫，虽南齐从陆澄之言，郑、王并置博士，然历时未久，黜郑崇王（梁、陈二朝间，王、郑并崇）。说《易》之儒，有伏曼容（作《周易义》）、朱异（作《周易集注》）、孔子祛（作《续周易集注》）、何充（作《周易义》）、张讥（作《周易义》）、周弘正，然咸以王《注》为宗，复杂以玄学，与北朝排斥玄学者不同（《魏书·李业兴传》萧衍问曰："儒玄之中，何所通达？"业兴曰："少为书生，止习五典。至于深义，不辨通释。"盖"五典"即《五经》，"深义"即玄学也。衍又问太极有无，业兴言："素不玄学，何敢辄酬？"此北朝斥玄学之证。）此南朝《易》学不用汉《注》之证也。自梅赜奏伪古文《尚书》，治《尚书》者，咸以伪孔《传》为主。惟梁、陈二朝，兼崇郑、孔。说《书》之儒，有孔子祛（作《尚书义》《尚书集注》）、张讥（作《尚书义》），而费甝复为伪古文作《疏》，姚方兴并伪造《舜典孔传》一篇（自云得之航头）。此南朝《尚书》学不用汉《注》之证也。江左虽崇《毛诗》，然孙毓作《诗评》，评毛、郑、王三家得失，多屈郑祖王。而伏曼客〔容〕（作《毛诗义》）、崔灵恩（作《毛诗集注》）、何充（作《毛诗总义》《毛诗隐义》）、张讥（作《毛诗义》）、顾越（作《义疏》），亦治《毛诗》，于郑、王二家，亦间有出入。此南朝《毛诗》学不纯用汉《注》之证也。江左于《左传》之学，偏崇杜《注》（间用服《注》），故虞僧诞申杜难服，以答崔灵恩。此南朝《左氏》学不用汉《注》之证也。（江左《公》《穀》未立学宫，惟沈文阿治之。）江左虽崇《礼》学，然何佟之（作《礼义》）、王俭（作《礼论抄》诸书）、何承天（作《集礼论》）、何允（作《礼问答》）、沈不害（作《五礼仪》）、崔灵恩（作《三礼义》）之书，咸杂采郑、王之说，而国家典礼，亦采王肃之言。（《魏书·李业兴传》朱异问："洛中委粟山是南郊邪？"业兴曰："委粟是圜丘，非南郊。"异曰："比闻郊、邱异所，是用郑义。我此中用王义。"是江左典礼用王义也。）此南朝《三礼》学不用汉《注》之证也。推之，说《论语》者咸宗平叔，说《尔雅》者悉主景纯，足证南朝之儒，咸守魏、晋经师之说，故侈言新理，而师法悉改汉儒。然南方巨儒，亦有研治北学者。严植之治《周易》，力崇郑《注》，其证一也。范宁笃志今文《尚书》，其证二也。王基治《诗》，驳王申郑，陈统亦申郑难孙（孙毓）。周续之作《诗序义》，最得毛、郑之旨，其证三也。严植之治《三礼》，笃好郑学；戚衮从北人刘怀方受《仪礼》《礼记疏》，作《三礼义记》，其证四也。崔灵恩作《左氏条义》，申服难杜，其证五也。荀泉作《孝经集解》，以郑《注》为优，范蔚宗、王俭亦信之，其证六也。观此六证，可以知北学之输南方矣（以上皆采《南史》各传）。虽然，南方之儒，既研北学，则北方之儒，亦研南学。河南、青、齐之间，儒生多讲王辅嗣《易》（《齐书·儒林传》），此北方《易》学化于南方之始也。刘炫得费甝伪古文《书疏》，并崇信姚方兴之书（复增《舜典》十六字），北方之士始治古文。此北方《书》学化于南方之始也。姚文安治《左氏传》，排斥服《注》。此北方《左传》学化于南方之始也。（又如，王逸托言得《孝经》孔《传》，刘炫信为真本，复率意删改，定为二十二章，亦北儒不守家法之一端。）北人之学既同化于南人，则南学日昌，北学日绌。南学日昌，则魏、晋经师之说炽；北学日绌，则两汉经师之说沦。此唐修《义疏》所由《易》崇王弼，《书》用伪孔，而《左传》并崇杜《注》也。其所由来，岂一朝一夕之故哉？此经学之又一变也。

（二十六）东周之时，九流之说并兴，然各尊所闻，各欲措之当代之君民，皆学术而非宗教。儒家祖述孔子，然孔门所言之"教"，皆指教育而言。（如《中庸》："修道之谓教。"又云："自明诚谓之教。"郑《注》皆以"礼义"释之。《说文》云："教，上所施、下所效也。"则古代所谓"教"者，皆指教育、教化而言。故《王制》言"七教"，《荀子》言"十教"也。孔子"诲人不倦"，即"教"字之确诂。"教"非"宗教"之"教"也。）即有"改制"

之文（见《春秋繁露》），亦革政而非革教。是则儒家之所宣究者，仅教育学及政治学而已。道家明于祸福，熟于成败，秉要执本，以反玄虚，多与社会之学相符。惟墨家侈言鬼神，阴阳家侈言术数，则仍沿古代相传之旧教也。特上古之时，社会蒙昧，崇信神仙。然神仙之术，各自不同。以天、地、神、祇，咸有主持人世之权，是为神术；以人可长生不死，变形登天（《说文》"真"字下云："仙人变形而登天也。"），是为仙术。神仙家言，后世咸托之黄帝。（如黄帝接万灵，合符釜山，此黄帝之神术也。《史记·封禅书》言黄帝乘龙上天，而《黄帝本行记》《轩辕黄帝传》所言黄帝询于容成、询于广成子，皆黄帝之仙术也。）然一切术数之学，如占验、蓍龟各派，皆由神术而生者也；一切方技之学，如医药、房中各派，皆由仙术而生者也。何则？迷信神术，斯自诩通灵（"通灵"者，自诩仰承神意者也）。自诩通灵，斯有占验、蓍龟之学。迷信仙术，斯希冀长生。希冀长生，斯有医药、房中之学。（希冀长生，不能不筹保身之法，而一切房中、医药之学兴。）是中国古代之书，咸与神仙家言相表里，然固与儒、道二家无涉也。然儒家侈言古礼，而礼有五经，莫重于祭。（《礼记·祭统》篇。又，《说文》言"礼"字从"示"、从"豊"。"示"者，上帝及日、月、星也。"豊"者，祭器也。是中国古代之时，舍祭礼而外，固无所谓"礼"也。）因尊崇祭礼，不得不言及祀神。（孔子以敬天、畏天为最要，故言"祭神如神在"，又言"获罪于天，无所祷也"。而《礼记》四十九篇中，载孔子所论祭礼甚多，则孔子之信鬼神，咸由于尊崇祭礼之故矣。）此儒家之书所由杂糅神术也。道家特重养身，以本为精，以物为粗，澹然独与神明俱（《庄子·天下篇》论老聃、关尹语）。自外其形骸，不得不独崇其真宰。（如《老子》言"元牝之门，是为天地根"是。）自《老子》言"谷神不死"，而庄、列之流，皆以身处浊世，咸有厌弃尘世之怀，往往托言仙术，以自寄其思。（如《庄子》言黄帝问道，《列子》言黄帝游华胥国及西极化人是也。）此道家之书所由托言仙术也。（又，道家言仙术，又有一因。昔老子为隐君子，莫知所终。后人遂创为升仙、化胡之说，刘向《神仙传》遂列之于神仙中矣。）然儒家不言仙术，道家不信鬼神，则神、仙之说，固未尝合之为一也。且春秋以降，神仙之说盛行。苌弘射狸首以致诸侯，秦伯祠陈仓而获石，赵襄祠常山而获符，皆属神术，即古人神道设教之遗意也。后世符箓派本之。萧史、弄玉之上升（见《列仙传》），齐侯言"古者不死，其乐若何"（《左传·昭公二十年》），皆属仙术，即秦、汉君主求仙之权舆也。后世丹鼎派本之。（屈原《离骚》言"西征"，言"登阆风、遵赤水"；《远游》篇言"承风"，言"贵真人"，言"登仙"，言"赤松""韩众"，则与庄、列之托言仙术同旨。）自邹衍论始终五德之运，为秦皇所采用，而宋毋忌、正伯侨、充尚、羡门高及燕人为方、言仙者，咸依于鬼神之事，是为神、仙合一之始（以上见《史记·封禅书》）。始皇使卢生入海求仙，归奏亡秦之兆（《史记·秦本纪》）。夫五德之运、亡秦之兆，咸近符箓之言。此神术杂入仙术之证，亦谶纬出于仙术之证也。又，汉人公孙卿言黄帝游山，与神会，且战且学仙，百余年后，乃与神通（《史记·封禅书》）。而始皇禅梁父，封太山，亦采太祝祀雍之礼（《史记·秦本纪》），则以求仙必本于祀神，而祀神即所以求仙。既重祀神，不得不崇祀神之礼，而古代祀神之典，咸见于儒书。欲考祭礼，不得不用儒生，而一二为儒生者，咸因求仙而致用，亦不得不窜仙术于儒书。始皇因卢生亡去而阬诸生（则卢生亦诸生之一矣。又，扶苏言"诸生皆诵法孔子"，则诸生皆奉儒家之说矣），又使博士为《仙真人诗》（《史记》）。张苍为秦柱下史，传《左氏春秋》，而其书列于阴阳家（《汉书·艺文志》）。张良从仓海公学《礼》，或以仓海公为神仙，则秦儒之诵法儒家者，咸杂神仙之说矣。盖儒家不言求仙，惟言祀神之礼。秦人以祀神为求仙之基，由是儒生之明祀礼者，咸得因求仙而进用。汉代亦然。观公玉带献《明堂图》，倪宽草封禅礼仪（《史记》），司马相如作《封禅文》（《史记》），咸因汉武求仙之故。虽然，秦皇求仙，仅重礼仪；汉武求仙，兼言符瑞，而儒书多言受命之符（如孔子言"有大德者必受命"。推之，《书·太誓》言赤乌之瑞，《诗》言文王受命之符及稷、契感生之说，《春秋》家言孔子受命及赤血之书，皆其证也），其说与邹衍之书相近（为符箓派）。故儒生之言礼仪者，一变而为言符瑞。言礼仪，出于祀神；言符瑞，亦出于祀神。而汉儒言符瑞，则由逢迎人主之求仙。（观倪宽言黄龙之瑞，非因人主之封禅而何？）厥后，求仙之说衰，而言符瑞者，乃一变而侈言谶纬，故谶纬起于哀、平之间。谶纬之书，言神术而不言仙术，言符箓而鲜言丹鼎，由是神、仙二派，由合而分。若道家之说，虽甚行于西汉之初，然黄老清净无为，仅以推行于治术，未尝据此以求仙。惟刘安治道家言，慕游仙之术（刘向《列仙传》），作《淮南子》一书，多祖述庄老，而枕中《鸿宝》《秘书》，则言重道延年之术，刘向以为奇（刘向本传）。盖刘安求仙，为丹鼎派，故近于道家；汉武求仙，为符箓派，故兼用儒书。刘向传刘安之说，故所作《列仙传》，亦言重道延年之术，于封禅、明堂之说，禁不一言。盖丹鼎派之求仙，与符箓派之求仙不同，惟祖道家之养生，不杂儒家之神术，诚以道家不信神术，固无所谓符箓也。（汉桓帝好神仙，祠老子，亦丹鼎派也。）及东汉时，复有风角、九宫之学。其学出于古代之杂占，亦为儒生所崇信。（如何休作《风角训注》，郑君亦信九宫之说是。）然自矜灵秘，或与符箓之说相符。若王乔、费长房之流，皆以幻说愚民，与刘向所记列仙略近。惟张角、张道陵之徒，以符箓召鬼神，而托名老聃之说，是为符箓派窜入道家之始。符箓窜入道家，则神术亦窜入于道家。是秦、汉之交，以仙术杂神术；而东汉之末，则又以神术杂入仙术也。自是厥后，以异说窜入道家者，计有三派。一曰丹鼎。东汉灵帝既崩，北方异人，咸集交州，多为神仙、辟谷、长生之术，时人多有学者（《牟子理惑论序》）。此派一也。一曰玄理。王弼、何晏，喜言老、庄。至于晋代，而清谈之风益盛，注《老》《庄》者踵相接（见第七册）。此一派也。一曰符箓。二张既殁，其徒传播四方。魏、晋以来，流为五斗米教，以驱召鬼神自标其帜。王凝之奉之以丧师，孙恩奉之以作贼。此又一派也。自葛洪著《抱朴子》，多言延命、养生之术，并及丹药之方，于仙经而外，兼列神符，以证却祸禳邪之法。此符箓派杂入丹鼎派之始也。（《抱朴子·外篇》则又与《淮南》相近。）两晋之时，有孙绰、许询、王羲之，皆喜谈玄理（如孙绰《遂初赋》、羲之《兰亭诗》，皆杂老、庄之理），又好服色养生之术（见《晋书》王羲之等传）。此丹鼎派杂入玄理派之始也。梁人陶弘景，隐居华阳，作为文章，多祖述清净无为（备见《陶隐居集》），然笃信养生之术（如烧丹药及信黄白之术是），兼以神术示其奇。此符箓、丹鼎、玄理三派合一之始也（魏寇谦之亦为符箓派正宗）。呜呼！道家不信鬼神，自符箓派杂入道家，而道家有鬼神；儒家不言仙术，自魏伯阳作《参通契》，假爻象以说丹经（厥后，陈抟、邵雍、朱子皆信之），致丹鼎派杂入儒家，而儒家有仙术。（若何晏、王弼以玄理说经，亦儒、道二家合一之证。）且当此之时，非唯淆乱儒、道二家之学派也。自南朝顾欢、张融以孔、老皆为宗教，以道教目老聃，以儒教尊孔子，复以儒、道与佛教相衡，称为"三教"（见《夷夏论》及《齐书·传赞》）。夫宗教之名，非唯老子所不居，抑亦孔子所未言也，何得目之为宗教？又安得尊之为教主哉？此则不知正名之故也。

（二十七）自王莽之臣景显，从月氏使者受佛经，是为中国知佛经之始。（或言霍去病取休屠金人，即佛像，未知确否。）明帝遣使至西域，得佛经四十二章，并以西僧（即迦叶摩腾、竺法二人）归中国，使之从事于译经（并建白马寺以处之）。是为中国译佛经之始。至牟融锐志佛道，著《理惑论》三十七篇。所论之语，不越四十二章经，然以佛典与《老子》并衡，并以佛教为不悖于儒，是为老、释并称之始。故汉末之道教，多缘饰佛典之言。如张角之言劫运（如言"黄天已死"是），即缘饰佛典浩劫之说者也（唐人作《老子碑》，全言浩劫之说，亦多袭佛书）；张角号"太平道"，令病者跪拜首过（《汉书》），即缘饰佛典熏修之说者也（如《抱朴子》亦令人累德积善）。张角之时，青、徐八州之人，莫不毕应，或弃卖财产；而张鲁亦令从教之民，纳米五斗（《后汉书·列传》），即缘饰佛典布施之说者也。推之，道教言长生，而佛教亦言不灭；道家言符咒（如张角以符水疗疾是），而佛家亦有咒词。（密宗输入中国，虽始于唐代，然据《牟子》，则佛家已言符咒矣。）故汉、魏以来，无识愚民，咸老、释并尊，又以崇奉多神、拜物者，参入老、释二家之说。（自袁了凡兴，而人民迷信天道福善祸淫者愈众。）此中国愚民所奉宗教之大略也。盖汉、魏之时，佛教入中国者，多属浅显之书，故道教者得佛教之粗者也；唐、宋以来，佛教入中国者，悉属精微之语，故宋学者得佛教之精者也。且魏、晋以前，学士、大夫往往据《五经》之文，斥佛经为异术（《居士传》）；晋代以降，律宗（自三国时，印度人昙柯迦罗来洛阳，译《戒律》。其后，姚秦僧觉明通《戒律》，魏僧法聪讲《四分律》，皆律宗入中国之始）、三论宗（此派兼讲《大乘》。自鸠摩罗什译《三论》，即《中论》《百论》《十二门论》也，弟子道济讲演之）、净土宗（此派始于晋僧惠远，以希望生净土为宗）、禅宗（自达摩入中国，始传此派。以不立文字，故亦号"心宗"），皆由天竺输中国。然中国人民尊崇佛教，厥有二因。北朝之人尚祷祈。当东汉时，象教初兴，王公贵人，祷祀祈福者日众（《居士传》）。若佛图澄、鸠摩罗什，虽于北方译经典，然河北人民，鲜知《大乘》。北魏、北齐虽崇佛教，然舍立僧寺（魏国寺院共三万余）、设戒坛（魏国僧尼共二百万）外，不过行祷祀之礼而已。盖古代最重祀神之典，苟有可以祈福者，皆日事祷祈。此佛教所由见崇信也。（南朝梁武帝亦舍身佛寺中。）其故一。（南朝之人尚玄理。）东晋之时，王羲之、王珉、许询、习凿齿，各与缁流相接，而谢安亦降心支遁，大抵名言相永，自标远致，而孙绰（作《喻道论》）、谢庆绪（作《安般守意经序》）之文，亦深洞释经之理。自惠远结白莲社，虽标净土之宗，然刘程之、宗少文、雷仲伦之流，咸翱翔物外，息心清净，而齐萧子良、梁萧统，则又默契心宗。盖魏晋崇尚玄言，故清谈之流，咸由老、庄参佛学，其故二。有此二因，此六朝以降，佛教所由盛行与？

（二十八）江都汪氏作《讲学释义》，以“讲”为“习”，谓古人学由身习，非以群居终日、高谈性命为讲学。（谓《左传》言“孟僖子病不能相礼，乃讲学之”，“讲学”犹言习学也。又谓孔子言“学之不讲，是吾忧”，“学”谓礼、乐也，故孔子适宋，与弟子习礼大树下。）说未尽然。案“讲”字从“言”，则“讲”为口传之学，非身习之学，彰彰明矣。故两汉之时，咸有讲经之例，即石渠阁（宣帝甘露三年，诏诸生讲《五经》同异，萧望之等平奏其议。又，施雠论《五经》于石渠阁，皆见《前汉书》）、白虎观（章帝建初三年，诏博士、议郎、郎官及诸生、诸儒，会白虎观，讲议《五经》同异，使五官中郎将魏应承旨问，侍中淳于恭奏，帝亲称制临决，作《白虎奏议》，见《后汉书》。即今所传《白虎通义》是）所讲是也。盖以经术浩繁，师说互歧，故折衷群言，以昭公论。此即后世讲学之权舆也。魏、晋而降，士尚清谈，由是以论辨老、庄之习，推之于说经。至于梁代，而升座说经之例兴矣。如武帝召岑之敬升讲座，论难《孝经》（《岑之敬传》云：“武帝召之敬升讲座，敕朱异执《孝经》，唱《士孝》章，帝亲与论难。之敬剖释纵横，而应对无滞。”）；简文亦与张讥讲论，而周弘正复登座说经（《张讥传》云：“简文为太子时，出士林馆，发《孝经》题，张讥议论往复，甚见叹赏。其后周弘正在国子监，发《周易》题，讥与之论辨。弘正谓人曰：‘吾每登座，见张讥在席，使人凛然。’”）。推之，戚衮说朝聘之仪（《戚衮传》云：“简文使戚衮说朝聘仪，徐摛与往复，衮精采自若。”），沈峻讲《周官》之义（《沈峻传》云：“沈峻精《周官》。开讲时，群儒刘岩、沈熊之徒，并执经下座，北面受业。”《南史·列传》与《梁史》同），张正见请决疑义（《张正见传》云："简文尝自升座说经，正见预讲筵，请决疑义。"），崔灵恩解析经文（《崔灵恩传》云："自魏归梁，为博士，拙朴无文采，惟解析经义，甚有情致，旧儒重之。"），袁宪递起义端（《袁宪传》云："宪与岑文豪同候周弘正，弘正将登讲座，适宪至，即令宪树义。时谢岐、何妥并在座，递起义端，宪辨论有余。到溉曰：'袁君正有后矣。'"），鲍少瑜辩捷如流（《鲍少瑜传》云："鲍皦在太学，有疾，请少瑜代讲。瑜善谈吐，辩捷如流。"）。伏曼容说经，生徒数百（《伏曼容传》云："宅在瓦官寺东，每升座讲经，生徒听者，咸有数十百人。"）；严植之登席，听者千余（《严植之传》云："植之通经学，馆在潮沟，讲说有区段次第。每登讲，五馆生毕至，听者千余。"）。此皆升座说经之证也。说经而外，兼说老、释之书。（《梁史·顾越传》云："武帝尝于重云殿自讲《老子》，徐勉举顾越论义。越音响如钟，咸叹美之。"《戚衮传》云："简文在东宫置宴，玄、儒之士毕讲。"《马枢传》云："邵陵王纶讲《大品经》，马枢讲《维摩》《老子》，同日发题，道、俗听者二千人。王谓众曰：'马学士论义，必使屈伏，不得空具。'主客于是各起办〔辩〕论，枢则转辩不穷，论者咸服。"是梁人于《六经》而外，兼讲老、佛也。）虽为口耳相传之学，然开堂升座，颇与太西学校教授法相符。讲学之风，于斯为盛。窃谓南朝说经之书，有讲疏（如梁武帝《周易讲义》《中庸讲疏》是也）、义疏（此体甚多，其详见第八册）、二体。"义疏"者，笔之于书者也；"讲疏"者，宣之于口者也（如今演说稿及学堂讲义是）。至隋人平陈，敦崇北学（北朝说经之书，无讲义一体），士尚朴讷，不复以才辩逞长，而士大夫之讲学者鲜矣。然学必赖讲而后明，故孔子以"学之不讲"为己忧。乃近儒不察，力斥南朝讲学之风（赵氏《廿二史札记》斥之最力），岂不惑与？

（二十九）东汉以降，学术统一，墨守陈言。其有独辟新想者，其惟南朝之玄学乎？考"玄"字之名，出于《老子》。（《老子》曰："故常无欲，以观其妙；常有欲，以观其徼。此两者同出而异（名），同谓之玄。玄之又玄，众妙之门。"河上公注云："玄，天也。言有欲之人与无欲之人，同受气于天。"此误解老氏之文也。案"常无欲，以观其妙"二语，"欲"字作"思"字"所"字解，"常无""常有"为对待之辞，犹言"常无，所以观其妙；常有，所以观其徼"也。"两者同出而异名"，"两"即有、无也。"玄"

者，即指有、无未分之前言也。《易》言阴、阳，即《老子》之有、无，乃相对之辞也。又言"阴阳生于太极"，"太极"者，即绝点之词也。《老子》以"有""无"二字代阴、阳，以"玄"字代太极。所谓"真宰""真空"，即"玄"之义也。佛家言"真如"，亦"玄"字之义也。"玄"与"空"同，"玄之又玄"犹言"空之又空"也，非指"有欲""无欲"言，故又言"玄牝"。）而杨雄著书，亦曰"太玄"，则"玄"字之义，与《大易》所言"极深研几"相符。"玄学"者，所以宅心空虚，静观物化，融合佛、老之说，而成一高尚之哲理者也。玄学之源，基于正始。正始之初，学士大夫咸崇庄、老（如何晏、王弼是也）。至于西晋，流风未衰，竞相祖述。（如《晋书》王敦见卫玠，谓长史谢鲲曰："不意永嘉之末，复闻正始之音。"又言沙门支遁，以清谈著名于时，莫不崇敬，以为造微之功，足参诸正始。《宋史》言羊玄保有二子，太祖谓之曰："羊令卿二子，有林下、正始遗风。"《南齐书》言袁粲言于帝曰："臣观张绪，有正始遗风。"是正始时代，为玄学起源，故干宝《晋纪论》曰："学者以老、庄为宗，而黜《六经》。"《晋书·儒林传》亦曰："摈阙里之典经，习正始之余论。"）然当此之时，玄学之名，仅该庄、老。东晋以降，佛教日昌，学士大夫兼崇老、佛，而玄学范围愈扩，遂与儒学并衡。昔宋何尚之定学制，析玄学、儒学为二科，盖伦理、典制该于儒学之中，而玄学所该，则哲学、宗教、心理是也。玄与儒分，此其证矣。又，《齐书·刘瓛传》云："晋尚玄言，宋尚文章，故经学不纯。"《宋书·王微传》云："少陶玄风，淹雅修畅，自是正始中人。"《北史·儒林传》亦曰："梁张讥好玄言。"亦玄学别为一科之证。吾尝溯玄学所从起。大约两汉之学，咸主探赜，此学术之主积极者也；魏、晋之学，咸主虚无，此学术之主消极者也。至何晏、王衍，谓天地万物，以无为本（《晋书·王衍传》）；而王弼之答裴徽也，亦曰"圣人体无"。（《世说》载，裴徽问王弼曰："圣人不言无，而老子申之，何也？"弼曰："圣人体无，无又不可以训，故言必及有。老、庄未免于有，恒训其所不足。"）推之，刘伶上"无为"之书（见《晋书·刘伶传》，而《通鉴·魏纪》亦曰："竹林七贤见崇尚虚无，轻蔑礼法。"），司马彪申"无物"之旨（见《庄子注》），是魏、晋学术，揭"无"字以为标。由是，反对此派者，则又揭"有"字以为标。此裴颜《崇有论》所由著也（《晋书》本传）。又，正始以降，治玄学者，矜浮诞而贱名检，以与儒学相诋排（如阮籍作《大人先生传》，斥世之礼法君子，如虱处裈。阮咸纵酒昏酣，而毕卓、光逸、胡母茂之、谢鲲之流，俱矜高浮诞，以宅心事外云），盖即庄列、杨朱之乐天学派也。而儒林之士，复有反对此派者，则又标礼教以为宗。此江惇《崇检论》、刘寔《崇让论》所由著也（皆见《晋书》本传若范宁、卞壶、应詹之流，亦属此派），是为两派竞争之始。东晋以降，革浮诞之习，标清远之言。由是，儒、玄之争，仅辨析学理一端而已，如应詹、顾荣辨论太极，消极、积极，二派并衡，然争辨之书，不越孔、老。至孙绰、许珣栖心释典，以释迦"贵空"之论，或与老氏相符，故玄学之中，隐该佛理。观孙绰作《喻道论》，以佛为本，以儒为用，折衷于二者之间，然以道体为无为，则仍与王、何之论相合。此当日学术之一大派也。又，谢庆绪注《安般守意经》，以"意"为众恶之萌基，欲于意念未起之时，观心本体。若莲社诸公，虽息心净土（如刘遗民、宗少文、周道祖、卢仲伦、张莱民、张秀实、毕士颖诸人是），然王乔之作《三昧诗》，谓"妙用在兹，涉有览无，神由昧澈，识以照粗"；而慧远禅师为作《诗序》，谓"寂想专思，即为三昧"（又谓"思专则志一不分，想寂则气虚神朗"），遂开李翱"复性"之先，兼生朱子"观心"之说。此实宋明心理学之滥觞也。（而宗少文亦言："一切诸法，从意生形。必心与物绝，其神乃存。"）又，宗少文作《神不灭论》，饰宗教"灵魂不死"之说，而易"灵魂"为"玄神"，以为玄神之于人，先形而生，不随形而死。此则宗教与哲学相融，而别成为一派者也。若何尚之答宋文帝之问，以为"政崇玄化，则俗厚刑轻"，文帝以为然，则又由玄学而推之政治学矣。且当此之时，学崇心得。偶持一义，则他人或别持一义以难之；两说相歧，则他人或创一说以融之。如齐张融作《门论》，谓道之与佛，致本则同，达迹成异；而周彦伦则作论以难之，谓佛教"照穷法性"，即道家"义极虚无"，当以非有、非无为极则。梁道士某造《三破论》，排抑佛、道，而刘勰则作《灭感论》以斥之，至谓"孔、释教殊而道契，梵、汉语隔而道通"。又，齐顾欢作《夷夏论》，意在抑佛伸老，而明休烈则作论以诋之，谓"孔、老设心，与佛教同"。非惟学术之竞争，抑且宗教之竞争矣。且学术既分，虽纯驳不同，要皆各是其所是。如陈僧大心嵩著《无诤论》，以为佛家三论，立说非歧；而傅宜事则著《明道论》以难之，以为解说既异，必当分析其是非。梁范缜著《神灭论》，以不生不灭之说为非；而萧琛、曹思文、刘山宾咸立义以难范缜，以申不灭之旨。此皆哲理学之各立宗派者也。推之，梁昭明与慧超相询，陆法和与朱元英争辨，各持一义，互有异同，较周末诸子之自成一家言者，岂有殊哉？盖梁代之时，心宗之说，播入中邦，故玄学益精（如梁武问魏使李业兴："儒玄之中，何所通达？"业兴谓："少为诸生，止习五典。至于深义，何敢通释？"盖以玄学为"深义"也），撷佛、老之精英，弃儒家之糟粕，不可谓非哲学大昌之时代也。（如顾越讲《老子》，邵陵王讲《大品经》，张讥于武德殿讲老、庄，是皆讲佛、老之学者也。又考陆氏《经典释文》，则为《老子》作注者，汉时不过河上公、毌邱望、严遵三家；三国、六朝，注之者竟四十二家；《庄子》则汉人无注，自晋至陈，注之者竟有十五家，足见其时《老子》学之盛行矣。若夫齐戴容作《三宗论》，何胤注《百法论》《十二门论》，刘勰定定林寺《经藏》，萧子良著《净住子》，足证其时佛学之盛行矣。惟老、佛之学盛行，故士大夫所辨论者，在学理而不在教宗，与愚民之迷信道教、佛教者迥殊。）故太极、无极之论，非始于濂溪，实基于梁武（《魏书·李业兴传》谓，梁武以太极有无问业兴，此亦梁代哲学之一端也）；克欲断私之意，非始于朱子，实基于萧子良（《净住子》一书，其大旨在于求放心，而欲求放心，必先克抑私情，以远嗜欲）；本来面目之说，非始于阳明，实基于傅翕（傅翕著《心王铭》，谓观心空王，不染一物。而王阳明言良知，亦谓"圣人之道，吾性自足"）。且因学术辨争之故，而论理之学日昌，守佛典因明之律，开中邦辩学之端。故《南史》之记玄学也，或称"义学"（《何胤传》），或称"名理"（《周彦伦传》）。岂专务清谈者所能及哉？乃隋代以降，玄学式微。宋儒侈言性理，亦多引绪于南朝，惟讳其己说所从来，反斥玄学为清虚（朱子曰："六朝人佛学，只是说，只是清言家数而已，说得来却清虚惹厌。"余说甚多）。致南朝玄学，烟没不彰，而中邦哲理之书，遂不克与西人相勒，谓非后儒之罪与？故即南朝学术之派别，辨别异同，以考见当时之思想焉。

　　（三十）由隋入唐，数十年中，为中邦学术统一之期。何则？北朝人士，学崇实际，无复精微深远之思，故诋排玄学（观李业兴对梁武帝可见）。又，魏、周君臣，伪崇儒学（如魏孝文重儒学，建学官，用经生；而北周又崇尚《周官》，用熊安生、沈重诸经师，皆其证也），以悦北土之民。而道、释之书，则视为宗教，撷其粗而遗其精，故哲理之学，旷然无闻（北朝学术，惟颜之推正名辨物，近于名家；贾思勰著《齐民要术》，近于农家，余咸不足观）。至于隋代，益尚儒书，荡定南朝，屏革清谈之习，故南朝玄学，一蹶而不复振兴。盖儒学统一之由，一因隋文建立黉序，征辟儒生（开皇五年，诏征山东义学之士马光等六人，一时经师，并在朝列），故承其风者，莫不尚儒术而轻玄理。一因隋代之时，以科举取士，故士习空疏，而穷理之功，致为诗赋词章所夺。此儒学而外，所由不立学派也。况当此之时，牛弘（牛弘治儒术。开皇朝，奏开献书之路。又修撰《五礼》百卷，为隋代儒林之冠）、二刘（刘焯、刘炫，皆治经学，集其大成，兼通历数）以儒学倡于朝；而文中子之徒，复以儒学倡于野。（王通少通《六经》，以圣人自居，弟子千余人。所著之书，名《文中子》，大约效杨雄《法言》，以躬行实践为本，尊儒术而斥异端，即唐韩愈、宋孙复等学术之所从出也。朱子称其"颇有志于圣贤之道"，即指此言。）唐代学派，已于隋代开其端（如唐贾、孔为诸经作疏，本于二刘；韩愈作《原道》，本于《文中子》。是唐人之学，大抵始于隋代之时也）。自是以还，学术之途日狭，而好学深思之士，不可复睹矣。

（三十一）汉代之时，立经学于学官，为经学统一之始。唐代之初，为《五经》撰《正义》，又为注疏统一之始。汉崇经学，而诸子百家之学亡；唐撰《正义》，而两汉、魏晋、南北朝之经说，凡与所用之《注》相背者，其说亦亡。故《正义》之学，乃专守一家、举一废百之学也。近世以来，说经巨儒渐知孔氏《正义》之失。阎百诗之言曰："秦、汉大儒，专精仇校、训诂、声音。魏、晋以来，颇改师法，《易》有王弼，《书》有伪孔，杜预之《春秋》，范宁之《穀梁》，《论语》何晏《解》，《尔雅》郭璞《注》，皆昧于声音、训诂，疏于校雠者也。疏于校雠，则多讹文脱字，而失圣人之本经；昧于声音、训诂，则不识古人语言文字，而失圣人之真意。若是，则学者之大患也。隋、唐以来，如刘焯、刘炫、陆德明、孔颖达等，皆好尚后儒，不知古学，于是为《义疏》、为《释文》，皆不能全用汉人章句，而经学有不明矣。"（臧琳《经义杂记序》。方东澍以此文为伪撰，恐未必然。）段若膺之言曰："魏、晋间，师法尚在。南北朝时，说经义者虽多，而罕识要领。至唐人作《正义》，自以为六艺所折衷，其去取甲乙，时或倒置。"（臧琳《经义杂记序》）江艮庭之言曰："唐初，陆、孔专守一家，又偏好晚近。《易》不用荀、虞而用王弼，《书》不用郑氏而用伪孔，《左氏春秋》则舍贾、服而用杜预。汉学之未坠，惟《诗》《礼》《公羊》而已。《穀梁》退麋氏而用范氏《解》，犹可也。《论语》用何晏，而孔、包、周、马、郑之《注》仅存；《尔雅》用郭璞，而刘、樊、孙、李之《注》尽亡。尤可惜者，卢侍中《礼记注》，足与康成媲美，竟湮没无传。承斯学者，欲正经文，岂不难哉？"（臧琳《经义杂记云》）江郑堂之言曰："唐太宗命诸儒萃章句为注疏，惜乎孔冲远之徒，妄出己见，取去失当。《易》用辅嗣而废康成，《书》去马、郑而信伪孔，《穀梁》退麋氏而进范宁，《论语》专主平叔，弃珠玉而收瓦砾。"（《汉学师承记·自序》）沈小宛之言曰："孔冲远奉敕撰定《五经正义》，以昏耄之年，任删述之任。观其尚江左之浮谈，弃河朔之朴学，《书》《易》则屏郑家，《春秋》则废服义。"（先曾祖《左传旧疏考正·序》）就诸家之说观之，大抵谓六朝经学，胜于唐人；以六朝南、北学相较，则北学又胜于南，以北人宗汉学，而南人不尽宗汉学也。至冲远作疏，始轻北而重南，传南而遗北，而汉学始亡。其固不易之确论，然自吾观之，则废黜汉注，固为唐人《正义》之大疵，然其所以贻误后世者，则专主一家之故也。夫前儒经说，各有短长。汉儒说经，岂必尽是？魏、晋经学，岂必尽非？即其书尽粹言，岂无千虑而一失？即其书多曲说，亦岂无千虑而一得乎？西汉儒林，虽守家法，然众家师说不同，纷纭各执。学官所立，未尝偏用一家言也。北朝儒士，亦耻言服、郑之非。然当时南学尚存，北儒虽执守精专，未尝立己说为说经之鹄也。至冲远作疏，始立"正义"之名。夫所谓"正义"者，即以所用之注为正，而所舍之注为邪，故定名之始，已具委弃旧疏之心。故其例必守一家之注，有引伸而无驳诘。凡言之出于所用之注者，则奉之为精言；凡言之非出于所用之注者，则拒之若寇敌，故所用之注，虽短亦长；而所舍之言，虽长亦短，甚至短人之长、长己之短。故自有《正义》，而后六朝之经义失传。且不惟六朝之说废，即古说之存于六朝旧疏者，亦随之而竟泯。况《正义》之书，颁之天下。凡试明经，悉衷《正义》。（《旧唐书》云："贞观七年，颁新定《五经》于天下。永徽四年，颁孔颖达《五经正义》于天下，每年明经，依此考试。"）是《正义》之所折衷者，仅一家之注；而士民之所折衷者，又仅一家之疏。故学术定于一尊，使说经之儒，不复发挥新义。眯天下之目，锢天下之聪，此唐代以后之儒，所由无心得之学也。向使冲远作疏，不复取决于一家，兼采旧说，襃取损益，进退众义，不复参私意于其间，则隋唐以前之经说，或不至湮没不彰。乃竟师心自用，排黜众家，或深文周内，或显肆雌黄，岂非儒林之恨事哉？不惟此也，冲远《正义》，非惟排黜旧说也，且掩袭前儒之旧说，以讳其所从来。阮芸台之言曰："唐初诸经《正义》，无不本之南北朝人。或攘或掩，实存而名亡。"沈小宛之言曰："冲远之书，吹毛求疵，剜肉为创。掇前儒所驳之短，以诬被〔彼〕短；袭前儒所解之长，以矜己长。割裂颠倒，剽窃博掩。"（先曾祖《左氏传旧疏考证·序》）黄春谷之言曰："孔氏之书，进退众义，而不复更举其人。至如《礼记疏》间涉熊、皇，而体段瞢然不见；《毛诗疏》空言焯、炫，而标著阒然无闻。虽复肃、毓时陈，雀、卢偶掇，然疏中精谊之出于谁何，只成虚粕。又况《左传》之颠倒弥甚矣。"（先曾祖《左氏传旧疏考证·序》）故先曾祖孟瞻先生作《左氏传旧疏考证》，谓《左传正义》经唐人所删定者，仅驳刘炫说百余条，余皆光伯《述议》也。乃削去旧疏之姓，袭为己语，反覆根寻，得实证百余条。又谓他疏上下割裂，前后矛盾，亦可援《左疏》类推。先祖伯山先生承之，复作《周易》《尚书旧疏考正》，而唐人干没旧疏之迹，显豁呈露，则冲远说经，无一心得之说矣。以雷同剿说之书，而欲使天下士民奉为圭臬，非是则黜为异端，不可谓非学术之专制矣。故孔冲远《五经正义》成，而后经书无异说；颜师古《五经定本》立，而后经籍无异文。非惟使经书无异说也，且将据俗说以易前言；非惟使经籍无异文也，且将据俗文以更古字。后之学者，欲探寻古义，考证古文，不亦难哉？盖唐人之学，富于见闻而短于取舍，故所辑之书，不外类书一体。《括地志》者，地学之类书也；《通典》者，史学之类书也；《文苑英华》者，文学之类书也；《法苑珠林》者，佛典之类书也。盖富于见闻，则征材贵博；短于取舍，则立说多讹。且既以编辑类书为撰述，故为经作疏，亦用纂辑类书之例，而移之以说经。此《五经正义》之书，所由出于剿袭，而颠倒割裂，不能自成一家言也。（唐人修《晋书》《隋书》，亦多出剿袭。而颜师古《前汉书注》、章怀太子《后汉书注》，其攘窃与《五经正义》同。而犹欲颁为定式，非趋天下士民于狭陋乎？故自《五经正义》颁行，而后贾氏疏《仪礼》《周礼》，保氏疏《公羊》，杨氏疏《穀梁》，亦用孔氏之例，执守一家之言，例不破注。即宋儒孙奭疏《孟子》（朱子以为系邵武士人所作，伪托名于孙奭），邢昺疏《尔雅》《论语》《孝经》，咸简质固陋，以空言相演，至与讲章无殊，不可谓非孔氏启之也。况学术既归于统一，以遏人民之思想，则一二才智之士，不得不以己意说经，而穿凿附会之习开。故唐成伯玙作《毛诗指说》，以《诗序》为毛公所续，遂开宋儒疑《序》之先；而赵匡、啖助、陆淳（作《春秋集传纂例》及《春秋微旨》）、卢仝（韩昌黎赠之诗曰："《春秋三传》束高阁，独抱遗经相终始。"），复掊击《三传》，荡弃家法，别成一派。而玄宗又改《礼记》旧本，以《月令》为首篇，无知妄作，莫此为甚。即韩愈、李翱，亦作《论语笔解》，缘词生训，曲说日繁。此皆以己意说经之书也。盖《正义》之失，在于信古过笃。惟信古过笃，故与之相反者，即以蔑古逞奇。故唐人说经之穿凿，不可谓非孔氏《正义》之反动力也。夫孔氏《正义》既不能持经说之平，则唐人经学之稍优者，惟陆德明《经典释文》，旁采古音，不尚执一。汉儒古注，其片言只字，或赖此而仅存，岂可与孔氏之书并斥乎？又，《经典释文》而外，若李鼎祚《周易集解》，汇集群言，发明汉学，有存古之功；而李元植作《三礼音义》，王恭作《三礼义证》，亦详于制度典章，皆唐代经生之翘楚也。自是以降，经学愈微，而学术亦日衰矣。

（三十二）唐人之学，大抵长于引征，寡于裁断。所著之书，以刘氏《史通》、颜氏《匡谬正俗》为最精。然唐人之学，亦有数端。一曰音韵。韵学始于齐、梁。自沈约明四声，而吕静、夏侯该递有述作。隋人陆法言复有《广韵》之辑，以定南北之音。至于唐代，有长孙讷言之笺，有郭知玄之附益；而孙愐复广加刊正，名曰《唐韵》，遂集韵学之大成。二曰地志。自盛弘之作《荆州记》，常璩作《华阳国志》，潘岳有关中之记，陆机垂洛阳之书，然所详者，仅偏隅耳。至于唐代，魏王泰辑《括地志》，而李氏吉甫复撰《元和郡县志》，于九州土宇，考其沿革，明晰辨章，并旁及山川、物产。后世地志多祖之，遂集地学之大成。三曰政典。自《史记》列"八书"，而史官修史，咸有"书志"一门，然皆断代为史，所详者仅一代之政耳，未有酌古知今，以观其会通者。至唐杜佑作《通典》，上起三代，下讫隋、唐，勒为一编。阅此书者，可以睹往轨而知来辙。此唐人之功也。四曰史注。自裴骃作《史记集解》，裴松之作《三国志注》，补缺匡违，厥功甚伟。惟班、范史书，注无全帙。唐人注班书者有颜氏师古，注范书者复有章怀太子贤，虽说多剿袭，然故训赖以伸明，而遗闻琐事，亦赖注文而仅传。此又唐人之功也。然唐人所长之学，尤在史书。《晋书》《隋书》，固成于唐人之手，然正史而外，复有数体。一曰偏记。其体始于《楚汉春秋》及班固《高祖本纪》。若唐吴兢《贞观政要》，亦其体也。（若王仁裕《天宝遗事》、李康《明皇政录》，亦此体也。）一曰小录。其体始于《汉官仪》（应劭作），若唐李吉甫《元和会计录》（"元和会计录"，据《旧唐书·宪宗本纪》，李吉甫所撰为《元和国计簿》，凡十卷；《宋史·艺文志》著录李吉甫《元和国计略》一卷。而郑樵《通志·艺文略》有《元和会计录》三十卷，未注著者。此疑误），韦执谊《翰林故事》，亦其体也。一曰佚事。其体始于《吴越春秋》。若唐刘肃《大唐新语》，亦其体也。（《唐摭言》亦然）。一曰传记。其体始于赵歧《三辅决录》。若唐徐坚《大隐传》、崔玄晔《义士传》，亦其体也。推之，谱牒之学（唐人重谱牒之学，其详见《唐书》各《世系表》）、《会要》之书，亦以唐代为最详。则有唐一代，实史学大昌之时代也。惟传记书多杂稗官家言，言多鄙朴，采择未精。或全构虚词，探幽索隐；或小慧自矜，择言短促。综斯三类，咸为无益于史编。（观《稗海》及《唐代丛书》所刊之书，何一而非此类？）盖唐人之学，贵博而不复贵精，此学术之所由日杂也。

（三十三）唐代之时，道教盛行，然黄老精理，鲜有发挥（惟唐玄宗等有《老子注》）。惟佛教甚昌，非惟成一完全之宗教也，即学术思想，亦由佛学而生。盖佛教各宗派，咸兴于隋、唐之间。如三论宗虽始于苻秦，然隋僧集藏，创为新三论，得惠远、智拔之传布，而《南北〔地〕三论》遂与《北地三论》殊宗。是三论宗盛于隋、唐之间也。律宗虽始于北朝，然唐僧智首作《五部区分钞》，然后分律宗为三派。法砺、道宣、怀素之徒，各守师承，以道宣一派为最盛。是律宗盛于唐代也。禅宗虽始于达磨，然唐僧弘忍始分南、北二派，以慧能（南派）、神秀（北派）为导师，而南宗复分为七派。是禅宗盛于唐代也。净土宗虽始于东晋，然唐僧善导别创终南一派，以大宏此宗，而净土论遂流行于世。是净土宗亦盛于唐代也。推之，隋法顺作《华严法界观》《五界止观》，再传而至贤首。贤首作《华严疏》，由是中国有华严一宗。唐不空译《真言经》，其弟子惠果等八人，从事布教，由是中国有真言一宗。唐元奘授《唯识论》于印度，其弟子窥基复作《百本疏》，以《唯识述记》为本典，大开相宗之蕴奥；复有惠诏（窥基弟子）、圆侧（与窥基立异者）二派之互争，由是中国有法相一宗。即天台一宗，虽慧文、智颉开其始，然所以别立一宗者，则智礼之力也。盖唐人佛学由合而分，因各派之竞争，而真理日显。此有唐一代所由为佛学盛行之时代也。然唐人之信佛学，其宗派亦各不同。或崇净土，如司马乔卿（遭母丧，刺血写《金纲〔刚〕经》，而所居庐上生芝草二茎，士大夫多传异之。其事见《法苑珠林》）、李观（遭父丧，刺血写《金刚般若心经》《随愿往生经》各一卷，而异香发于院。亦见《法苑珠林》）、李山龙（自言见地狱及己诵经获报之事，见《冥报记》《高僧传》）、樊元智（《华严经疏抄》称其每诵经时，口中频获舍利，或放光明，照四十余里）、牛思远（自言有异人授以神咒）、于远（《报应记》言其将终时，闻奇香）、郑牧卿（《佛祖统记》言其举家修净业）、李知遥《净土文》称其笃志净土）等是也，大抵以福善祸淫之说，戒导众生，与中国墨家（墨家已言因果感应之事迹）、阴阳家之言相近。或逞禅机，如庞居士（与石头禅师即马祖问答，机锋迅捷，诸方不能难。见《传灯录》《庞居士集序》）、王敬初（与陈遵宿及米和尚、临济问答，见《五灯会元》《先觉宗乘》）、陈操（与陈遵宿及斋僧问答，见《五灯会元》《先觉宗乘》）、甘行者（与黄檗运问答，亦见《五灯会元》）、张秀才（与石霜诸公问答，并呈偈文。亦见《五灯会元》）等是也，大抵承曹溪之绪，机锋迅捷，辩难多方，以喻言见真理，与中国名家之言相近。（中国名家逞坚白异同之辩，佛家之禅机，亦间有近此者。）或穷玄理，如李师政著《空有论》，阐法相之精，以破凡夫之执（《论》中所言，皆系观空之旨，以明一切法相，皆起于空）；梁敬之述"止观"大义（其言曰："止观者，导方法之理，而复于实际者也。"又曰："破一切惑，莫盛于空；建一切法，莫善于假；究竟一切性，莫大乎中。"案，止观之旨，即虚灵不昧、静观物化之旨也），布天台之教，以弘荆溪之专，咸析理精微，探赜索隐。推之，裴公布释"圆觉"之精（《大方广圆觉了义经序》曰："凡有知者，必有体。"又曰："心地菩提，法界涅槃，清净真如，佛性总持，如来藏密严国及圆觉，其实皆一心也。"又曰："终日严觉而未尝圆觉者，凡夫也；欲证圆觉而未极圆觉者，菩萨也；具足圆觉而住持圆觉者，如来也。"又曰："圆觉能出一切法，一切法未尝离圆觉。"案，佛言圆觉，犹儒家之言"理"、言"道"，所谓道不远人，百姓日用而不知也），李通元阐《华严》之旨（尝作《论》释《华严经》，谓"性迷即为凡、性悟即为佛"，即王阳明言"良知"、言"障蔽"之说所本），王维善言名理（见杨慎修《随笔》。○又，维有《致魏处士书》，以阐明真空及脱尘之旨），乐天雅善清言，莫不宅心高远，秉性清虚，穷心性之理，以寄幽远之思，与中国道家之言相近。合三派之说观之，惟玄理一端，洵为有资于学术。韩愈虽以辟佛闻，然观《原道》数篇，特以儒家之真实，辟佛家之虚无，与晋裴氏《崇有论》略符，可谓辟其粗而未窥其精矣。当此之时，虽无三教同源之说，然柳宗元之答韩愈曰："浮屠之教，与《易》《论语》合。虽圣人复生，不可得而斥。"李翱为韩门弟子，著《复性论》三篇，以申《中庸》之旨，然所谓"复性灭初"者，其说即本于《庄子》（《庄子·缮性》篇云："缮性于俗学，以求复其初；滑欲于俗思，而求致其明，谓之蒙蔽之民。"），与佛家"常惺惺"及"本来面目"之说合。则唐人之学术，固未有不杂佛学者矣。即北宋之初，学士大夫亦多潜心佛理。《青箱杂记》之言曰："杨文公深达性理，精悟禅观。""丞相王公随，亦悟性理。""曹司封修睦，深达性理。""张尚书方平，尤达性理。""陈文惠公亦悟性理。""富文忠公尤达性理。"案，所谓"性理"者，皆禅悟之偈颂也，盖指佛家之"性理"言，非若道学家另标儒家性理之帜也。然道学家所言之"性理"，实出于佛书，此又唐人重佛学之影响也。及宋儒，始斥佛学为异端，谓非"道统"之说，有以致之欤？（唐人学术，大抵分为二派：一为宗教，一为哲理。盖唐人最崇老子，因之而并崇庄、列，然所以崇老子者，则仍求仙祈福之故耳，非以其哲理之高尚也。故崇方士、立道观、设祭坛，无一不具宗教之仪式，而佛学净土一派，其迷信宗教，亦具至坚之性。此皆思想之原于宗教者也。若夫刘、柳等之作《天论》，一主人为天蠹，一主人定胜天，其持论与达尔文、斯宾塞相合，乃中国哲学之一大派也。韩昌黎作《原性篇》，谓性有三等，与孟、荀之言迥异，亦中国性学之成一家言者也。而杨倞注《荀子》，则引伸《荀子》"性恶"之说；李翱作《复性书》，又暗袭《庄子》"复性"之说。此皆思想之原于哲理者也。推之，"道统"之说，始于韩昌黎；"事功"之学，始于陆贽、吕温，皆开宋代闽、洛学及永嘉学之先声。则唐人之学，实宋学之导师矣。况《汉书》《文选》《说文》

之学，又皆唐人专门之学哉？孰谓唐代无学术之可称乎？）

（三十四）宋儒经学，亦分数派：或以理说经，或以事说经，或以数说经。以理说经者，多与宋儒语录相辅，如倪天隐受《易》胡瑗，作《周易口说》；而张载、司马光咸著《易说》，程颐、苏轼咸作《易传》（间引人事以说《易》），此以义理说《易》者也。黄伦《尚书精义》，胡士行《尚书详说》，此以义理说《书》者也。苏辙《诗经说》，此以义理说《诗》者也。张洽《春秋集说》，黄仲炎《春秋通说》，赵鹏飞《春秋经筌》，此以义理说《春秋》者也。若程颐、范祖禹、谢显道、尹焞说《论语》，二程、尹焞、张拭说《孟子》，程颢、杨时、游酢说《中庸》，亦以义理为主。至于南宋，说经之儒，又分朱、陆二派。治朱学者，崇义理而兼崇考证，如蔡渊（《易经训解》等书）、胡方平（《启蒙通释》）之于《易》，蔡沈（《书集注》）、金履祥（《尚书表注》）之于《书》，辅广、朱鉴之于《诗》（辅作《诗童子问》，朱作《诗传遗说》等书），黄榦、卫湜之于《三礼》，皆以朱子之书为宗者也。治陆学者，间以心学释经，如杨简、王宗传（皆作《易传》）之于《易》，袁燮（《絜斋家塾书抄》）、陈经（《尚书详解》）之于《书》，杨简（《慈湖诗传》）、袁燮《絜斋毛诗经筵讲义》）之于《诗》，皆以陆子之书为宗者也，然探其旨归，则咸以义理为主。此宋儒经学之一派也。以事说经者，多以史证经，或引古以讽今。于《易》，则有李光（《读易详说》）、耿南仲（《易经讲义》）之书〔苏轼《易经》（"苏轼《易经》"，疑当作"苏轼《易传》"）及程颐《易传》，亦多主事言〕；于《书》，则有苏轼（《书传》）、林之奇（《尚书全解》）、郑伯熊（《书说》）、吕祖谦（受业林之奇，亦作《书说》，大抵与《全解》相同）之书；于《诗》，则有袁燮之书（见前）；于《春秋》，则有孙复（《尊王发微》）、王皙（《春秋皇纲论》）、胡安国（作《春秋传》，借经文以讽时事）、戴溪（《春秋讲义》）之书。此数书者，大抵废弃古训，惟长于论议，近于致用之学。此宋儒经学之又一派也。以数说经者，则大抵惑于图象之说，如刘牧治《易》，以所学授陈抟，抟作《先天》《后天图》，牧作《易数钩隐论》。邵雍亦授学陈抟，其子邵伯温（作《易学辨惑》）及弟子陈瓘（丁翁易说》）咸以数推《易》；而张浚（《紫岩易传》）、朱震（《汉上易集传》）、程大昌（《易原》）、程迥（《周易古占法》）之书，亦以推数为宗。（如郑朔中《周易窥余》及吴沈《易璇玑》，皆理、数兼崇；而朱子作《周易本义》

《周易启蒙》，亦兼言图象。又，林至《易裨传》、朱元昇《三易备遗》、雷思齐《易图通辨》，皆以图象说《易》者。）《易经》而外，若胡瑗《洪范口义》，则以象数之学说《尚书》；张宓《月令解》，则以象数之学解《礼记》，言近无稽，理非征实。此宋儒经学之又一派也。三派而外，宋儒说经之书，有掊击古训、废弃家法者，如冯椅《厚斋易学》、李温《西溪易说》，此改窜《易经》之经文者也。张鍼疑《书经》今文，王柏谓《洛诰》《大诰》不足信。又，王贤、郑樵攻《诗小序》，程大昌兼攻《大序》。（朱子作《诗集解》，亦弃《序》不用。又新采毛、郑之说，并采《三家诗》。）及王柏作《诗疑》，并作《二南相配图》，于《召南》《郑》《卫》之诗，斥为淫奔，删削三十余篇，并移易篇次，与古本殊，此改窜《诗经》之经文者也。刘敞治《春秋》（作《春秋权衡》《春秋传》《春秋意林》及《释例》），评论《三传》得失，以己意为进退。而叶梦得（作《春秋传》《春秋考》及《春秋谳》）、高闳（作《春秋集说》）、陈傅良（《春秋后传》）之书，咸排斥《三传》，弃《传》言《经》；或杂糅《三传》，不名一家。此改易《春秋》之家法者也。汪克宽作《礼经补佚》，以为《仪礼》有佚文；俞廷椿作《周礼复古篇》，以《周礼》五官补《冬官》之缺（陈友仁《周礼集说》从之）。而朱子复别《学》《庸》于《戴礼》，于《大学》则移易篇章，于《中庸》则妄分章节。此改易《三礼》之经文者也。此数书者，大抵不宗汉学，以臆解说经。惟吕大防、晁说之、吕祖谦、朱子之治《易》，主复古本；朱子、吴竖之治《书》，渐疑古文之伪；朱子作《仪礼经传通解》，以《仪礼》为经，则皆宋儒之特识，与臆见不同。此宋儒经学之别一派也。其有折衷古训者，如范处义（作《诗补传》）、吕祖谦（《吕氏家塾读节〔诗〕记》）、严粲（《诗缉》）之说《诗》（皆宗《小序》），吕祖谦（《左传说》及《续说》）、程公说（《春秋分纪》）之说《春秋》，李如圭（《仪礼集释》）、杨复（《仪礼图》）之说《礼》，以及邢昺《孝经》《论语》《尔雅疏》，孙奭《孟子疏》是也，大抵长于考证，惟未能取精用弘。复有用古训而杂以己意者，如欧阳修《毛诗本义》、崔子方《春秋本例》、李明复《春秋集义》、张淳《仪礼识误》、敖继公《仪礼集说》、朱申《周礼句解》是也，大抵采集古注，惟取去多乖。别有随文演释者，如史浩《尚书讲义》、黄度《尚书说》、汪克宽《春秋胡传纂注》是也，大抵出词平浅，间近讲章。合数派以观之，可以知宋儒经学之不同矣。要而论之，北宋之时，荆公新义，成一学派者也。如蔡卞《毛诗名物解》、王昭禹《周礼详解》以及罗愿《尔雅翼》、陆佃《尔雅新义》，皆以荆公新说为折衷，惜其书多失传。程子之学，亦自成一学派者也。凡以义理说经者，其体例皆出于二程。元、明说经之书，类此者不知凡几。近儒谓宋代经学即理学，岂不然哉？若夫刘敞《七经小传》、郑樵《六经奥论》，虽间失穿凿，然立说之精，亦间有出于汉儒之上者。此亦荆公之学派，非二程之学派也。若夫毛晃作《禹贡指南》、王应麟辑《三家诗》、李如圭作《仪礼释宫》，虽择言短促，咸有存古之功，则又近儒考证学之先声也。近儒不察，欲并有宋一代之学术而废之，夫岂可哉？

（三十五）宋儒之学，虽多导源于佛、老，亦多与九流之说暗合，特宋儒复讳其学术所自来耳。程子言孝弟，尚躬行；朱子言主敬，订《家礼》；而濂、洛之徒，莫不崇尚实践，敦厚崇礼，此儒家之言也。以虚明不昧为"心"（朱子《大学注》），以明善复初为"性"（朱子《论语注》），探之茫茫，索之冥冥，此道家之言也。（又，毛西河《道学辨》，亦以宋学出于道家。其言曰："道家者流，自《鬻子》《老子》而下，凡书七十八部，合五百二十五卷，虽传布在世，而官不立学，只以其学私相授受，以阴行其教，谓之道学。是以道书有《道学传》，专载道学人。分居道观，名曰道士。士者，学人之称，而《琅书经》曰：'士者何？理也。自心顺理，惟道之从，是名道学，又谓之理学。'逮宋陈抟以华山道士，与种放、李溉辈张大其学，竟搜道书《无极尊经》及张角《九宫》，倡河洛、太极诸教，作《道学纲宗》，而周敦颐、邵雍、程氏兄弟师之，遂篡道教于儒书之中。至南宋朱熹，直匄史官洪迈为陈抟作一《名臣大传》，而周、程诸子，则又倡《道学总传》于《宋史》中，使道学变作儒学。"又曰："道学本道家学，两汉始之，历代因之，至华山而张大之，而宋人则又死心塌地以依归之，其非圣学，断断如也。"）横渠之论造物，种放之论阴阳，邵子《皇极经世》之书，朱子"地有四游"之说，大抵远宗邹衍，近则一行，此阴阳家之言也。张子作《西铭》，以民为同胞，以物为同与，近于兼爱之说，此墨家之言也。（徐氏注《说文》，解"仁"字，亦用《墨子》兼爱之说。）朱子、陆子辨论太极，各持一说，反覆辨难，挥无穷之辩辞，求至深之名理，是为名家之支派。宋儒尚论古人，以空理相绳，笔削口诛，有同狱吏；胡寅、朱子，其尤著者也，是为法家之支派。若夫朱子《近思录》诸书，采掇粹言，鲜下己见，则又杂家之书也。（宋人之书近于杂家者，若《鹤林玉露》之类，不下百余种，惟非讲理学之书耳。）故知宋儒之学，所该甚博，不可以一端尽之。乃后世特被以"道学"之名，而《宋史》亦特立《道学传》，不知道也者，所以悬一定之准则，而使人民共由者也。"道学"之名词，仅可以该伦理。宋儒之于伦理，虽言之甚详，然伦理而外，兼言心理，旁及政治、教育，范围甚广，岂"道学"二字所能该乎？故称宋学为"道学"，不若称宋学为"理学"也。（《宋史》立《道学传》，名词诚误，而方氏《汉学商兑》则力言甚当。其言曰：《宋史》特立《道学传》，实为见程、张、朱躬行实践，讲学明道，致广大，尽精微，道中庸，厥功至大，实非汉、唐以来诸儒所可并。平心而论，诚天下人心之公，即以为后来诸儒，不容滥登此《传》，而周、程五子，固无忝矣。不知'道学'二字，犯何名教？害何学术？必欲攘袂奋臂，伯冤亲仇，主铤为讼首。即叩其本心何居，岂非甘自外于君子、犯名教之不韪，而以恶直丑正，自标揭也？君子一言以为知，一言以为不知。叔孙之毁，何伤日月也哉？"又曰："《宋史》创立《道学传》，非朱子所逆睹。乃世遂援此以为罪朱子之铁案，岂非周内乎？"方氏之说如此，故并引之。）

（三十六）自近儒排斥宋、明之学，而排斥最甚者，莫若陆、王，夫亦不察之甚矣！自陆子以立志励后学（陆子曰："今千百年无一人有志也，确怪他不得，须是有志识而后有志愿。"又曰："今人略有气焰者，多只是附物，非自立也。若某即不识一字，亦须还我堂堂的做个人。"），从学之士，多奋发兴起。及阳明创"良知"之说，以为"圣人之道，吾心自足，不假外求"。盖中国人民每以圣人为天授，不可跻攀。自"良知"之说一昌，以为人人良知既同，则人之得于天者亦同；人之得于天者既同，所谓尧、舜与人同耳，与西儒卢梭"天赋人权"之说相符。故卑贱之民，亦可反求而入道。观阳明之学，风靡东南；而泰州王心斋，以盐贩而昌心学。从其学者，如朱光信、韩贞之流，皆崛起陇亩之间（朱为樵夫，韩为陶工），以化民成俗为己任，不复以流品自拘。又，何心隐纵游粤右，苗蛮亦复知书；李卓吾宅居麻城，妇女亦从讲学。（卓吾曰："人有男女，见非有男女也。彼为法而来，男女不如也。"是卓吾已倡兴女学、伸女权之论。）虽放弃礼法，近于正始之风，然觉世之功，固较汉、宋之儒为稍广矣。即周海门、罗近溪之徒，宣究阳明、心斋之旨，直指本心，随机立教，讲坛所在，渐摩濡染，几及万人。使仿其法踵行之，何难收教育普及之效哉？且"良知"之说，既以善良为人之本性，己与人同此良知，则自信之心日固。凡建一议，作一事，即可任情自发，不复受旨于他人。况龙溪、心斋力主心宗之说，故物我齐观，死生平等，不为外欲所移，亦不为威权所慑。观颜山农授学心斋，倡游挟〔侠〕之风，以寄物与民胞之旨；而东林、复社诸贤，亦祖述余姚之学，咸尚气节、矜声誉，高风亮节，砥柱颓波。若金正希、黄端伯之流，则又皈心禅学，然国亡之际，咸以忠义垂名，与临难偷生者有别，其故何哉？盖金、黄诸公，咸主贵空之论，不以祸福撄其心，故任事慷慨，克以临危而不惑。推之，学除成见，则适于变通（陆子言"与溺于意见之人言最难"，与横渠"成心忘，乃可适道"之语同，故不以荆公变法为非）；以圣自期，则果于自立（如陆子言"自立、自重"，阳明亦言"自立为本"是也）。是处今日之中国，其足以矫正世俗之弊者，莫若唯心学派"良知"说之适用矣。乃挽近之儒，不察陆、王立说之原，至斥为清净寂灭，亦独何哉！

（三十七）元代以蒙古宅中夏，用美术导民，不复以实学导民。然元代之学术，亦彬蔚可观。许衡（作《读易私言》）《易》学，折衷程子；黄泽《易》学（作《易学温觯》诸书），师法紫阳。治《书》者，咸宗蔡沈（如金履祥作《尚书表注》，陈栎《尚书纂疏》，陈师凯《蔡传旁通》，朱祖义《尚书句注》是也）；治《春秋》者，咸宗胡安国（如俞皋《春秋小传释义大成》，汪克宽《胡传纂疏》是也）；治《毛诗》者，有王柏之《诗疑》，删削《召南》《郑》《卫》之诗，并移易篇次；治《礼经》者，有吴澄《仪礼逸经传》、汪克宽《礼经补佚》，杂采他书之言礼者，定为《仪礼》佚文，复区分子目；治《孝经》者，有吴澄，以今文为主，遵朱氏《刊误》章目，定列《经》《传》，虽与古说不符，或师心自用，然足征元人经术之尚心得矣。若夫敖继公《仪礼集说》、陈澔《礼记集说》，则又后世颁为功令之书也。又，赵汸治《春秋》，作《春秋集传》诸书；杨燧注《诗》，作《诗传名物考》；黄泽治《礼》，作《二礼祭祀述略》《殷周诸侯祫禘考》，则又元儒之考证学也。深宁、东发之风，犹有存者。经学而外，其学术之影响，亦有及于后世者。一为理学。自南宋以降，朱子之学，仅行于南方。及许衡提倡朱学，而朱学北行。明代三原、河东之学，未始非元儒开其基。其可考者一也。一为历学。自蒙古西征，回历东输于中国。如耶律楚材作《西征庚午天历》，郭守敬作《授时历经》《仪象法式》《二至晷影考》，李谦作《授时历义》，札马鲁丁作《万年历》，是为西域历学输入之始。此可考者二也。一为数学。畴人之学，湮没不彰。自元李治作《测圆海镜》《益古衍段》，近世汪、焦、阮、罗诸公，皆矜为绝学。若朱世杰《四元玉镒〔鉴〕》，为中国言四元者之始；郭守敬以句股之法治河，为中国言测量者之始。下至杨云翼《勾股机要》、彭丝《算经图释》，亦为有用之书。此可考者三也。一为音学。自金韩孝彦作《四声篇海》，于每韵之中，各以字母分纽，其子道即传其学，而王郁作《平水新刊韵略》，黄珏作《纂韵录》，均为近代韵学之标准。又，黄公绍作《古今韵会》，推求声律之起源，欲以字声为主，推行外域；而熊忠作《举要》，孙吾与作《定正》，均宗黄氏之书。此可考者四也。一为地学。元代疆域广阔，虽域外地志今多失传，然耶律楚材《西游录》、长春真人《西游记》、刘郁《西使记》、张德辉《塞北记行》以及《元秘史》《圣武亲征录》诸书，均详志西北地理。近代讲域外地理者，若张、何、龚、魏诸儒，均有诠释。此可考者五也。盖元代兵锋远及，直达欧州，故西方之学术，因之输布于中邦。此历数、音韵、舆地之学，所由至元代而始精也。且元代之时，西人之入中国者，或任显职，或充行人，故殊方诡俗，重译而至。凡《元史》所言"也里可温""答失蛮"，"也里可温"即景教之遗绪，"答失蛮"即回教之别称（见《元史译文证补》），则有元一代，乃西学输入中国之始，亦即西教流行中国之权舆（唐代景教，至宋已微），故中国之学术，受其影响，或颇改旧观。此亦中国学术迁变之关键也。若夫马端临《文献通考》，集中国典制学之大成；陶宗仪《说郛》，集中国说部之大成；刘渊作《左氏纪事本末》，则史部中纪事本末一体之始也；胡一桂作《十七史纂》，则史部中史抄一体之始也。至于吴叡、周伯琦、吾邱衍之治小学，胡三省之治《通鉴》，咸为后世学者所宗。而舒天民《六艺纲目》，法良意美，尤为童稚必读之书。孰谓元代学术无可表见哉？惟书画、词曲诸学，下逮印谱、棋谱诸书，其类均属于美术，迥与实学不同，兹不复赘。（元代之诗若元好问、书法若赵子昂，均与中国之文学界有关系，亟宜表章。

　　（三十八）明人之学，近人多议其空疏。艾千子之言曰："弘治之世，邪说兴起，天下无读唐以后书，骄心盛气，不复考韩、欧立言之旨。"孟瓶庵曰："明人薄唐、宋，又不知秦、汉为何物，随声附和，又以宋人为不足学。"钱大昕曰："自宋以经义取士，守一先生之说，而空疏不学者，皆得名为经师，至明季而极矣。"又曰："儒林之名，徒为空疏藏拙之地。"阮芸台曰："终明之世，学案百出，而经训家法，寂然无闻。"江郑堂曰："明人讲学，袭语录之糟粕，不以《六经》为根柢〔柢〕，束书不观。"（此语出于黄黎洲）此皆近人贬斥明人学术之词。然由今观之，殆未尽然。夫明人经学之弊，在于辑《五经》《四书大全》，颁为功令。（《易》《书》《诗》《春秋》《礼记》及《四书大全》，均胡广等所辑也。）所奉者，宋儒一家之学，故古谊沦亡。然明儒经学，亦多可观。梅鷟作《尚书考异》，又作《尚书谱》，以辨正古文《尚书》。其持论，具有根〔柢〕，则近儒阎、惠、江、王之说所由出也，而古文《尚书》之伪，自此大明。若陈第《尚书疏衍》，则笃信古文，与梅立异，是犹西河、伯诗之互辩耳。此明代学术之可贵者一也。朱谋㙔作《诗故》，以《小序》首句为主说《诗》，确宗汉诂；而冯应京作《六家诗名物考》、毛晋作《毛诗陆疏广要》，咸引据淹博，乃近儒陈氏《毛诗稽古编》、包氏《毛诗礼征》之滥觞。此明代学术之可贵者二也。朱谋㙔作《易象通》，以为自周迄汉，治《易》者咸以象为主，深辟陈、邵言数之说。厥后，二黄及胡渭之书，均辟陈、邵之图；而惠氏、张氏治《易》，均以象为主，实则朱氏开其先。此明代学术之可贵者三也。陆粲作《左传附注》，冯时可作《左传释》，均发明训诂，根据经典。近儒顾氏、惠氏，补正杜注之失，大抵取法于斯书。此明代学术之可贵者四也。方孝孺、王守仁，均主复《大学》古本；近世汪中作《大学评议》，与之相同。此明代学术之可贵者五也。赵宧光、赵扰谦，均治《说文》。若陈矩《说文韵谱》，以韵为纲；田艺衡《大明同文集》，以谐声之字为部首，以从此字得声之字为子，则近儒黄春谷、朱骏声"字以右旁为声"之说所由昉也。杨慎作《古音丛目》《古音猎要》《古音余》《古音略例》，陈第作《毛诗古音考》《屈宋古音义》，程元初作《周易韵叶》，张献翼作《读易韵考》，潘恩作《诗韵辑略》，屠峻作《楚骚协音》，虽昧于古韵分部之说，然考订多精，则近儒顾、江、戴〔戴〕、孔、段、王考订古韵所由昉也。杨慎作《六书练证》《六书索隐》《古文韵语》《古音骈字》《奇字韵》，李氏舜臣作《古文考》，则近儒桂、段、钱、阮考证古籀、订正金石所由昉也。王元信作《切字正谱》，陈竞谋作《元音统韵》，吕维祺作《音韵日月灯》，则近儒江氏《四声清切韵》、洪氏《示儿切语》所由昉也。又，《骈雅》作于朱谋㙔，《通雅》作于方以智，则有资于训诂；《叠韵》谱于黄景昉，《双声》谱于林霍，则有裨于声音。此明代学术之可贵者六也。黄道周作《洪范明义》，又作《表记》《缁衣》《坊记》《儒行集说》，近儒庄氏说经之书，发明微言大义，多用此体。此明代学术之可贵者七也。焦竑作《经籍志》，由《通志·校雠略》，上探刘氏《七略》之旨。近代浙东学派宗之，章氏作《文史》《校雠》二《通义》，多采其言。此明代学术之可贵者八也。赵孟静表章荀学，并以杨、墨之学亦出于古先王。焦竑立说略同。近儒杂治子书，如孙、汪之表墨子，汪、钱之表荀卿，皆暗师其说。此明代学术之可贵者九也。杨慎、焦竑，皆深斥考亭之学，与近儒江藩、戴震之说略同。此明代学术之可贵者十也。若夫朱谋㙔校《水经注》，则全、赵、戴、董治《桑经》之滥觞。毛晋刊《集古阁丛书》，则朱、毕、孙、顾校古书之嚆矢。且近儒掇拾古书，多本《永乐大典》，而《永乐大典》为明解瑨等所辑之书，则近儒之学，多赖明儒植其基。若转斥明学为空疏，夫亦忘本之甚矣。（《仪征刘申叔遗书》第四册）

## 论近世文学之变迁

宋代以前，"义理""考据"之名未立，故学士大夫莫不工文。六朝之际，虽文与笔分，然士之不工修词者鲜矣。唐代之时，武夫隶卒，均以文章擅长，或文词徒工，学鲜根抵。若夫于学则优，于文则绌，唐代以前未之闻也。至宋儒立"义理"之名，然后以语录为文，而词多鄙倍。（顾亭林《日知录》曰："典谟爻象，此二帝三王之言也。《论语》《孝经》，此夫子之言也。文章在是，性与天道亦在是，故曰：'有德者必有言。'善乎！游定夫之言曰：'不能文章而欲闻性与天道，譬犹筑数仞之墙，而浮埃聚沫以为基，无是理矣！'后之君子于下学之初即谈性道，乃以文章为小技，而不必用力。然则夫子不曰'其旨远，其辞文'乎！不曰'言之无文，行之不远'乎！曾子曰：'出词气，斯远鄙倍矣！'尝见今讲学先生，从语录入门者，多不善于修词，或乃反子贡之言以讥之曰：'夫子之言性与天道，可得而闻，夫子之文章不可得而闻也。'"又引杨用修之言曰："文，道也；诗，言也。语录出，而文与道判矣；诗话出，而诗与言离矣。"又钱竹汀曰："释子之语录始于唐，儒家之语录始于宋，儒其行而释其言，非所以垂教也。君子之出词气必远鄙倍，语录行而儒家有鄙倍之词矣。有德者必有言，语录行则有德而不必有言矣。"）至近儒立"考据"之名，然后以注疏为文而文无性灵。夫以语录为文，可宣于口而不可笔之于书，以其多方言俚语也；以注疏为文，可笔于书而不可宣之于口，以其无抗堕抑扬也。综此二派，咸不可目之为文。何则？周代之时，文与语分，故言语、文学区于孔门。降及战国，士工游说，纵横家流列于九家之一，抵掌华屋，擅专对之才，泉涌风发，辩若悬河，虽矢口直陈，自成妙论，及笔之于书，复经史臣之修饰，如《国语》《国策》所载是也；在当时虽谓之语，自后世观之，则语而无异于文矣。若六朝之时禅学输入，名贤辩难，间逞机锋，超以象外，不落言诠，善得言外之旨；然此亦属于语言，而语录之文盖出于此。且所言不外日用事物，与辞旨深远者不同。其始也，讲学家口述其词，弟子欲肖其口吻之真，乃以俗语笔之书以示征实。至于明代，凡自著书者，亦以语录之体行之，而书牍序记之文，杂以俚语，观其体制，与近世演说之稿同科，岂得列之为文哉？

若考据之作，则汉魏之笺疏均附经为书，未尝与文学相混。惟两汉议礼之文，博引数说，以己意折衷，近于考据；然修词贵工，无直情径行之语。若石渠、白虎观之议，则又各自为书。唐宋以降，凡考经订史之作咸列为笔记，附于说部之中，诚以言之无文，未可伺于文学之列也。近世以来，乃崇斯体。夫胪列群言，辨析同异，参互考验，末下己意，进退众说，以判是非，所解之书，虽各不同，然篇成万千，文无异轨。观其体制，又略与案牍之文同科，盖行文之法，固不外征引及判断二端也。昔阳湖孙氏分著述与考据为二：以考订经史者为考据，抒写性灵者为著作。立说虽疏（已为焦理堂所驳），然以考据之作与抒写性灵者不同，则固不易之确论，此亦不得谓之文者也。

乃近世以来学派有二：一曰宋学，一曰汉学。治宋学者，从语录入门；治汉学者，从注疏入门。由是以语录为文，以注疏为文，及其编辑文集也，则义理考订之作均列入集部之中，目之为文。学者互相因袭，以为文能如是，是亦已足，不复措意于文词，由是学日进而文日退。古人谓文原于学，汲古既深，摛辞斯美（如杜诗"读书破万卷，下笔如有神"是），所谓读千赋者自善赋也。今则不然，学与文分，义理考证之学，迥与词章殊科，而优于学者，往往拙于为文，文苑、儒林、道学，遂一分而不可复合，此则近世之异于古代者也。故近世之学人，其对于词章也，所持之说有二：一曰鄙词章为小道，视为雕虫小技，薄而不为；一以考证有妨于词章，为学日益则为文日损（如袁枚之箴孙星衍是）。是文学之衰，不仅衰于科举之业也，且由于实学之昌明。（证以物理之学，则各物均有不相容性。实学之明以近代为最，故文学之退亦以近代为最，此即物理家所谓不相容也。《左传》亦曰："物莫能两大。"）此文学均优之士所由不数觏也。

然近世之文，亦分数派。明代末年，复社、几社之英，以才华相煽，敷为藻丽之文。（如陈卧子、夏考功、吴骏公之流是。）顺、康之交，易堂诸子，竞治古文，而藻丽之作，易为纵横。若商邱侯氏，大兴王氏（昆绳）、刘氏（继庄）。所为之文，悉属此派，大抵驰骋其词，以空辩相矜，而言不轨则，其体出于明允、子瞻。或以为得之苏、张、史迁，非其实也。余姚黄氏，亦以文学著名，早学纵横，尤长叙事，然失之于芜，辞多枝叶，且段落区分，牵连钩贯，仍蹈明人陋习，浙东学者多则之。季野、榭山咸属良史，惟斐然成章，不知所裁，然浩瀚明邕，亦近代所罕觏也。时江淮以南，吴越之间，文人学士应制科之征，大抵涉猎书史，博而不精，谙于目录词章之学，所为之文，以修洁擅长，句栉字梳，尤工小品，然限于篇幅，无奇伟之观，竹垞、次耕其最著者也；钝翁、渔洋、牧仲之文亦属此派。下迨雍、乾，董甫、太鸿犹沿此体，以文词名浙西，东南名士咸则之，流派所衍，固可按也。望溪方氏摹仿欧、曾，明于呼应顿挫之法，以空议相演，又叙事贵简，或本末不具，舍事实而就空文，桐城文士多宗之。海内人士，亦震其名，至谓天下文章，莫大乎桐城。厥后桐城古文，传于阳湖、金陵，又数传而至湘、赣、西粤。然以空疏者为之，则枯木朽荄，索然寡味，仅得其转折波澜。惟姬传之丰韵，子居之峻拔，涤生之博大雄奇，则又近今之绝作也。若治经之儒，或治古文家言，或治今文家言，及其为文，遂各成派别。东原说经，简直高古，逼近《毛传》，辞无虚设，一矫冗长之习，说理记事之作，创意造词，浸以入古，唐、宋以降，罕见其匹，后之治古学者咸宗之。虽诂经考古，远逊东原，然条理秩如，以简明为主，无复枝蔓之词，若高邮王氏、仪征阮氏是也。故朴直无文，不尚藻绘，属辞比事，自饶古拙之趣。及掇拾者为之，则剿袭成语，无条贯之可寻，侈征引之繁，昧行文之法，此其弊也。常州人士，喜治今文家言，杂采谶纬之书，用以解经，即用之入文，故新奇诡异之词足以悦目。且江南之地，词曲尤工，哀怨清道，近古乐府，故常州之文亦词藻秀出，多哀艳之音，则以由词曲入手之故也。庄氏文词，深美闳约，人所鲜知。其以文词著者，则阳湖张氏、长州宋氏，均工绵邈之文，其音则哀而多思，其词则丽而能则，盖征材虽博，不外谶纬、词曲二端。若曲阜孔氏，亦工俪词，虽所作出宋氏之上，然旨趣略与宋氏同，则亦治今文之故也。近人谓治《公羊》者必工文，理或然欤！若夫旨乖比兴，徒尚丽词，朝华已谢，色泽空存，此其弊也。（近人惟谭仲修略得张、宋之意。）数派以外，文派尤多。江都汪氏，熟于史赞，为文别立机杼，上追彦升，虽字酌句斟，间逞姿媚，然修短合度，动中自然，秀气灵襟，超轶尘埃，于六朝之文，得其神理，或以为出于《左传》《国语》，殆誉过其实，厥后荆溪周氏编辑《晋略》，效法汪氏，此一派也。邵阳魏氏、仁和龚氏，亦治今文之学。魏氏之文明畅条达，然刻意求新，故杂奇语，以骇俗流。龚氏之文自矜立异，语羞雷同，文气佶聱，不可卒读，或语求艰深，旨意转晦，此特玉川、彭原之流耳。或以为出于周秦诸子，则拟焉不伦，此又一派也。若夫简斋、稚威、仲瞿之流，以排奥自矜，虽以气运辞，千言立就，然傲乱而无序，泛滥而无归，华而不实，外强中干，或怪诞不经，近于稗官家言，文学之中，斯为伪体，不足以言文也。近代文学之派别大约若此。

然考其变迁之由，则顺、康之文，大抵以纵横文浅陋，制科诸公，博览唐、宋以下之书，故为文稍趋于实。及乾、嘉之际，通儒辈出，多不复措意于文，由是文章日趋于朴拙，不复发于性情，然文章之征实，莫盛于此时。特文以征实为最难，故枵腹之徒，多托于桐城之派，以便其空疏，其富于才藻者则又日流于奇诡。此近世文体变迁之大略也。

近岁以来，作文者多师龚、魏，则以文不中律，便于放言，然袭其貌而遗其神。其墨守桐城文派者，亦囿于义法，未能神明变化。故文学之衰，至近岁而极。文学既衰，故日本文体因之输入于中国。其始也译书撰报，据文直译，以存其真。后生小子厌故喜新，竞相效法。夫东籍之文，冗芜空衍，无文法之可言，乃时势所趋，相习成风。而前贤之文派，无复识其源流，谓非中国文学之厄欤？（《仪征刘申叔遗书》第十一册）

## 《国粹学报》三周年祝辞

戊申孟春，为《国粹学报》成立之第四年，同人拟举行三周年祝典，乃系之以词曰：昔虞卿弃相，穷愁著书；子云草《玄》，寂寞自守，不以学术为适时之具，斯能自成一家言。盖舍禄言学，其业斯精；以学殉时，于道乃绌。惑者不察，妄援仕学，互训鄹书之粹言，官师联职，周庭之成法。是则学古为入官之阶梯，变通乃趣时之捷径。道衰学敝，恒必由之间尝。盱衡今古，博征载籍。凡功令所崇，学官所肄，虽成风尚，鲜克昭垂。昔西汉初业，贱视儒生，世承焚经之遗，律设挟书之禁，然《诗》训炳于毛公，《书》编藏于伏胜，隐居求志，经训乃光。自汉武御宇，董生献言，罢斥百家，折衷六艺，今文既主学官，博士惟通家法，由是掇彼片词，竞言致用。《洪范》测灾，启小臣之言事；《春秋》折狱，诏酷吏以舞文。甚至纬学杂陈，谶言朋起，师语其弟，取青紫必自明经；臣盅其君，逞车服以矜稽古，而经学遂至此而衰矣。迨夫典午以还，士崇文藻，庄老告退，山水方滋。然挚虞所编，昭明所录，藻缋虽极，性真未漓。自世尚词科，人娴小技，壮夫竞事雕虫，举子空矜走马。词涉揄扬，便谓和声以鸣盛；音流淫靡，犹矜谲谏以主文。虽许身何愚，或比踪于稷、契；然立言不朽，实远逊于班、杨。甚至河东献赋，惟恃吹嘘；冀北空群，不辞荐刿，而文学亦至此而丧矣！及夫陈、穆修图，周、张论学，洛、闽为道学之宗，陆、王亦间时之杰，立说虽偏于执一，施教乃出于至诚。厥后学尚践虚，人矜作圣，考亭之书，既著令甲；余姚之学，遍及齐氓。心传必溯虞廷，性道惟宗孔氏，斥读书为玩物，齐主敬于致知。或饰圣言以庇告，或昌谠论以竞名。又或貌饰躬行，中藏谲诡，公孙曲学，胡广中庸。儒以诗礼发蒙，伪德彰闻；士以乡愿为归，清流屏迹，而理学亦自此而亡矣！由是而言，学术甫萌之世，士以励己为归，学风丕振之时，说以徇人为美。励己则甘守湛冥，学祈自得；徇人则中怀躁进，说涉模棱。故思来述往，皆圣贤失志所为；而执古御今，乃策士纵横之习。若夫诵诗闻政，读史论兵，以《雅》《颂》致升平，以经术饰吏治，名为用世之良规，实则干时之捷径，虽金人所乐道，亦君子所羞称。试观周秦诸子，道家独尚无为；炎汉经生，高密不循师法。然一为九流之冠冕，一为六籍之大师。是则囷轮之材，羞合栋梁之用；闳达之彦，耻为媚俗之书。稽之在昔，有不爽者。今也夏声湮堕，故训式微，易雅乐为侏㑤，饰奇技以淫巧。自诩识时之杰，渎陈济世之谟，由是土苴礼乐，糟粕诗书，说经则羞言服、郑，论文则俯视柳、韩。道异庄生，侈谈六合；学非邹衍，竞说九州。颓风所被，利禄所趋，举世率循，莫之或挽。或谓中邦之籍，学与用分；西土之书，学与用合。惟贵实而贱虚，故用夷以变夏，不知罗甸遗文，法郎歌曲，或为绝域之佚言，或为文人之戏笔，犹复钦为绝学，被之序庠；而六书故谊，四始遗音，均为考古所资，转等弁髦之弃，用学合一，果安在耶？盖惟今之人，不尚有旧，复介于大国，惟强是从，是以校理旧文，亦必比勘西籍。义与彼合，学虽绌而亦优；道与彼歧，谊虽长而亦短。故理财策进，始崇管子之书；格物说兴，乃尚墨家之学。甚至竺乾秘编，耻穷源于身毒；良知俗说，转问学于扶桑。饰殊途同归之词，作弋誉梯荣之助，学术衰替，职此之由。加以吏矜竭泽，民痛屯膏，世崇歘莽之谋臣，献孔桑之策。既举世之混浊，复民生之多艰。饥来趋我，低徊北门之章；旅食依人，托命东陵之上。世纲既婴，倡优同蓄，欲泯仰屋之嗟，致辍析疑之乐。盖汲古之念虽殷，而说学之心莫副。人文衰歇，亦其一端。是则由今之道，无变今俗。浅夫舍旧而谋新，学士因贫而辍业，势必典籍日湮，丛残莫掇，侈言保学，安可得哉！然而鲁蒙弦歌，不以干戈而辍；商歌金石，不因环堵而更。值风雨之如晦，与日月兮争光。凡此孤标，允宜取则。况复式于古训，尚有典型；即曰法贰后王，讵为不雅？所冀有志之士，共秉此忧，通塞有时，服习无改。卑之无甚高，讵必侈言经世；确乎不可拔，惟期毋贰尔心。虽晦明艰贞，守雌甘符于老氏；然离世特立，兴起不待夫文王。国学不堕，其在斯乎！此则师培区区之志，而欲与诸君交勉者也。故推论其说，以著于篇。(《仪征刘申叔遗书》第十二册)

## 章太炎

### 《国粹学报》祝辞

《国粹学报》既兴三年，余杭章炳麟以辞祝之曰：部娄无松柏，故日本因成于人，而中国制法自己，儒、墨、道、名尚已。虽汉、宋诸明哲专精厉意，虑非鄙人所能有也。自弃其重，而倚于人，君子耻之焉，始反本以言国粹。余为侏张，独奇觚与众异，盖传记之成事，文言之本翦，虽其潘澜戈余，不敢弃也。然当精意自得，没身而已，务侈而鼎九能，文盱其外者，吾疾之！及夫学术所至，不简择则害愈况，横政横民，虽新学阶之哉，始自曹司游士，取则于吾先正，适其胸府，视新学与之合，弥以自坚，莠言浸昌，盲风卷舒，学童漂焉，亦视是为取舍。是故豪强自治，本于宁人；学校谯时，本于太冲；藩镇乱法，本于而农；工商兼并，本于慎修，委身给役，本于易直，喻利轻义，本于东原。政事之乱，自三逸民，民俗之弊，自三大儒。此六君子者，穷知尽虑，以明其恉，本以求治，岂遽以诬民哉？诸妄闻人撠其一端，内契于愚心，外合于殊国，持之有故，倡和益众。新学小生未知臧否，块然出入于其齐汩，所在波靡，学成而反，又昌大之，名曰新学，其实受斡于成说也。不理六君子之用心，而以其合者取宠，世受其弊，非独新学，亦国粹之咎已。若夫尊奖廉耻，创惩贪墨，是宁人所长也；均田废钱，贫富不鬲，是太冲所长也，种族自卫，无滋蛮貉，是而农所长也；明察庶物，眇合律度，是慎修所长也；卷勇奖驵，独立不惧，是易直所长也；损上益下，不以理夺，是东原所长也。此皆便于齐民，而公府百司，驰说之士，恶其害己，故庋阁而弗道。吾党人之士言国粹者，不撠其实，而取下体，终于阿附横民。《七略》有云：杂家者流，盖出于议官。知国体之有此，见王治之无不贯。然则讲学以待问者，待为议官而已矣。君子道费，则身隐，学以求是，不以致用，用以亲民，不以干禄。高者宜为陈仲、管宁，次虽为雷次宗、周续之，未害也。六君子之徒，宜有所裁抑云尔。抑今之学者，非碎与朴是忧，忧其夸以言治也，忧其丽以之淫也，忧其琦傀以近讖也，忧其飪杂以乱实也，忧其缴绕以诬古也。磨之鳎之，抒之浚之，扶其已微，攻其所傃，余以是祝贺人君子！（《太炎文录初编》卷二）

### 与人论国粹学书

……自余稍有条法者，则多攘窃他人而没其名，亦公理所谓三奸者也。及其自抒膺臆，纠葛不驯，虚张类例，以奋笔施评于先正。皇甫持正有言："书字未识偏傍，高谈稷、契；读书未知句度，下视服、郑。"今之言国粹者，多类是矣。窃谓渔仲《通志》、实斋《通义》，其误学者不少。昔尝劝人浏览，惟明真伪、识条理者可尔。若读书博杂，素无统纪，则二书适为增病之阶。渔仲所长，独在《校雠》《图谱》《氏族》数事，其佗皆无可采，《六书》尤谬。实斋欲护其短，则云创条发例，未尝与小学专家絜长短。若尔，但作略例可矣，岂用繁辞曲证为耶？实斋虽少谬语，然其用只在方志，内篇《易教》以佛书本于义、文，诞妄实甚！至谓象通六艺，取证尤肤，无异决科之策，且于文人作传，则斥辨职之言（《传记》篇）。准是为例，范晔作《后汉书》、习凿齿作《汉晋春秋》，亦非身居左史，奉敕编定者也。史可私作，不嫌借窃王章，上拟麟笔，独于《太玄》《潜虚》，谓其非分，适自相攻伐矣。《史德》一篇，谓子长非作谤书，将以究天人之际，通古今之变，语亦谛审。至谓微文讥谤，为贼乱之居心，宁知史本天职，君过则书，不为讪上？又述朱元晦语，以为《离骚》不甚怨君，是则屈平哀歌，徒自悲身世耳。逐臣失职，类能为之，何当与日月争光，而《古今人表》列于仁人孟、荀之伍哉？刘子玄云：怀、襄不道，其恶存于楚赋。斯为至言！实斋之论，徒教人以诌耳。其余陋者，自撰文德，以为新奇，不悟《论衡》已有斯语。（《论衡·佚文》篇："上书陈便宜，奏记荐吏士，一则为身，二则为人，繁文丽辞，无文德之操，治身完行，徇利为私，无为主者。"）文气出于魏文《典论》，而徒推本韩、苏，何其厚弇古人也！至以庄子为子夏门人（《经解上》），盖袭唐人率尔之辞，未尝订实。缘庄生称田子方，遂谓子方是庄子师，斯则《让王》亦举曾原，而则阳、无鬼、庚桑诸子，名在篇目，将一二皆是庄师矣。以《艺文志》"《平原君》七篇"，谓是著书之人自托儒家，而述诸侯公子请益质疑，因以名篇居首。不晓平原固非赵胜，《艺文》本注，谓是朱建。（建与郦生、陆贾、娄敬、叔孙通同传。陆、娄之书亦在儒家。）《汉书》明白，犹作狐疑，以此匡谬，其亦自谬云尔。昔人云：玉卮无当，虽宝非用。学者憙郑、章二家言，至杜佑、刘知几则鲜留意。

杜固括囊大典，朴质无华，刘亦精审，不作犷语。学之既非骤了，以资谈助，则不如郑、章之恢宏，故其弃录如此。由斯以谈，亦见学人苟简，专务窃剿矣！故其铺陈流别，洋洋盈耳，实未明其条系，甄其得失也。陵虚画局，有若蛛丝，校轸既多，中𥪡无实，言国粹者，固若尔率易耶？且牙侩持衡，犹知器物真伪，工艺良楛。今者钞集杂书，采辑异论，虚实谛妄，一切无辨章者．此虽博若渊溟，亦奚以为？往见乡先生谭仲修，有子已冠，未通文义，遽以《文史》《校雠》二种教之，其后抵掌说《庄子·天下》篇、刘歆《诸子略》，然不知其义云何。又见友人某教于杭州，以博观浏览导人。其徒有高第者，类能杂引短书，而倜然无所归宿。以此二事，则知学无绳尺，鲜不眯乱，徒知派别，又不足与于深造自得者。世徒以是为国粹，其与帖括房行，相去几何。近所述左氏义，大致已了，尚未编次，《叙录》一卷，昔已付国粹馆印行。今次得《刘子政左氏说》一卷，《新方言》亦著录讫，自谓精审。然皆履蹈绳墨，说义既了，不为壮论浮词以自芜秽。百年以前，学者惟患琐碎，今则不然，正患曼衍，不患微言大义之不明也。（《太炎文录初编·别录》卷二）

## 再与人论国粹学书

学名国粹，当研精覃思，钩发沉伏，字字征实，不蹈空言。语语心得，不因成说，斯乃形名相称。若徒摭旧语，或张大其说以自文，盈辞满幅，又何贵哉？实事求是之学，虑非可临时卒办，即吾作《新方言》，亦尚费岁余考索。昔子云把弱翰、赍油素以问卫卒、孝廉，归乃椠次异语，二十七岁始有成书。吾之比于子云，已过速矣。若乃钞撮成言，加以论议，万言之文，謦咳可了，然欲提倡国粹，不应尔也。今日著书易于往哲，诚以证据已备，不烦检寻尔。然则最录实征，亦非难事，非有心得，则亦陈陈相因。不学者或眩其浩博，识者视之，皆前人之唾余也。左氏故言，近欲次录，昔时为此亦几得五六岁。今仍有不惬意者，要当精心汰渐，始可以质君子。行箧中亦有《札记》数册，往者少年气盛，立说好异前人，由今观之，多穿凿失本意，大抵十可得五耳。假我数年，或可以无大过矣！（《太炎文录初编·别录》卷二）

### 东京留学生欢迎会演说录

今日承诸君高谊，开会欢迎，实在愧不克当；况且自顾生平，并没有一长可恃，愈觉惭愧。只就兄弟平生的历史，与近日办事的方法，略讲给诸君听听。

兄弟少小的时候，因读蒋氏《东华录》，其中有戴名世、曾静、查嗣庭诸人的案件，便就胸中发愤，觉得异种乱华，是我们心里第一恨事。后来读郑所南、王船山两先生的书，全是那些保卫汉种的话，民族思想渐渐发达。但两先生的话，却没有甚么学理。自从甲午以后，略看东西各国的书籍，才有学理收拾进来，当时对着朋友，说这逐满独立的话，总是摇头，也有说是疯颠的，也有说是叛逆的，也有说是自取杀身之祸的。但兄弟是凭他说个疯颠，我还守我疯颠的念头。

壬寅春天，来到日本，见着中山，那时留学诸公，在中山那边往来，可称志同道合的，不过一二个人。其余偶然来往的，总是觉得中山奇怪，要来看看古董，并没有热心救汉的心思。暗想我这疯颠的希望，毕竟是难遂的了，就想披起袈裟，做个和尚，不与那学界政界的人再通问讯。不料监禁三年以后，再到此地，留学界中助我张目的人，较从前增加百倍，才晓得人心进化，是实有的。以前排满复汉的心肠，也是人人都有，不过潜在胸中，到今日才得发现。自己以前所说的话，只比得那"鹤知夜半，鸡知天明"。夜半天明，本不是那只鹤、那只鸡所能办得到的，但是得气之先，一声胶胶喔喔的高啼，叫人起来做事，也不是可有可无。到了今日，诸君所说民族主义的学理，圆满精致，真是后来居上，兄弟岂敢自居先辈吗？只是兄弟今日还有一件要说的事，大概为人在世，被他人说个疯颠，断然不肯承认，除那笑傲山水诗豪画伯的一流人，又作别论，其余总是一样。独有兄弟却承认我是疯颠，我是有神经病，而且听见说我疯颠，说我有神经病的话，倒反格外高兴。为甚么缘故呢？大凡非常可怪的议论，不是神经病人，断不能想，就能想也不敢说。说了以后，遇着艰难困苦的时候，不是神经病人，断不能百折不回，孤行己意。所以古来有大学问成大事业的，必得有神经病才能做到。诸君且看那希腊哲学家琐格拉底，可不是有神经病的么？那提出民权自由的路索，为追一狗，跳过河去，这也实在是神经病。那回教初祖摩罕默德，据今日宗教家论定，是有脏燥病的。像我汉人，明朝熊廷弼的兵略，古来无二，然而看他《气性传》说，熊廷弼剪截是个疯子。近代左宗棠的为人，保护满奴，残杀同类，原是不足道的。但他那出奇制胜的方略，毕竟令人佩服。这左宗棠少年在岳麓书院的事，种种奇怪，想是人人共知。更有德毕士马克，曾经在旅馆里头，叫唤堂官，没有答应，便就开起枪来，这是何等性情呢？仔细看来，那六人才典功业，都是由神经病里流出来的。为这缘故，兄弟承认自己有神经病；也愿诸位同志，人人个个，都有一两分的神经病。近来有人传说，某某是有神经病，某某也是有神经病，兄弟看来，不怕有神经病，只怕富贵利禄当面现〔现面〕前的时候，那神经病立刻好了，这才是要不得呢！略高一点的人，富贵利禄的补剂，虽不能治他的神经病，那艰难困苦的毒剂，还是可以治得的，这总是脚跟不稳，不能成就甚么气候。兄弟尝这毒剂，是最多的。算来自戊戌年以后，已有七次查拿，六次都拿不到，到第七次方才拿到。以前三次，或因别事株连，或是普拿新党，不专为我一人；后来四次，却都为逐满独立的事。但兄弟在这艰难困苦的盘涡里头，并没有一丝一毫的懊悔，凭你甚么毒剂，这神经病总治不好。或者诸君推重，也未必不由于此。若有人说，假如人人有神经病，办事必定瞀乱，怎得有个条理？但兄弟所说的神经病，并不是粗豪卤莽，乱打乱跳，要把那细针密缕的思想，装载在神经病里。譬如思想是个货物，神经病是个汽船，没有思想，空空洞洞的神经病，必无实济；没有神经病，这思想可能自动的么？以上所说，是略讲兄弟平生的历史。

至于近日办事的方法，一切政治、法律、战术等项，这都是诸君已经研究的，不必提起。依兄弟看，第一要在感情，没有感情，凭你有百千万亿的拿破仑、华盛顿，总是人各一心，不能团结。当初柏拉图说"人的感情，原是一种醉病"，这仍是归于神经是了。要成就这感情，有两件事是最〔要〕的：第一，是用宗教发起信心，增进国民的道德；第二，是用国粹激动种性，增进爱国的热肠。

先说宗教。近来像宾丹、斯宾塞尔那一流人崇拜功利，看得宗教都是漠然。但若没有宗教，这道德必不得增进，生存竞争，专为一己，就要团结起来，譬如一碗的干黍子，怎能团得成面？欧、美各国的宗教，只奉耶苏基督，虽是极其下劣，若没有这基督教也，断不能到今日的地位。那伽得《社会学》中，已把斯宾塞［尔］的话，驳辩一过。只是我们中国的宗教，应该用那一件？若说孔教，原有好到极处的。就是各种宗教，都有神秘难知的话杂在里头，惟有孔教，还算干净，但他也有极坏的。因为孔子当时，原是贵族用事的时代，一班平民，是没有官做的，孔子心里，要与贵族竞争，就教化起三千弟子，使他成就做官的材料。从此以后，果然平民有官做了。但孔子最是胆小，虽要与贵族竞争，却不敢去联合平民，推翻贵族政体。他《春秋》上虽有"非世卿"的话，只是口诛笔伐，并不敢实行的，所以他教弟子，总是依人作嫁，最上是帝师王佐的资格，总不敢觊觎帝位。及到最下一级，便是委吏乘田，也将就去做了。诸君看孔子生平，当时摄行相事的时候，只是依傍鲁君，到得七十二国周游数次，日暮途穷，回家养老，那时并且依傍季氏，他的志气，岂不一日短一日么？所以孔教最大的污点，是使人不脱富贵利禄的思想。自汉武帝专尊孔教以后，这热衷于富贵利禄的人，总是日多一日。我们今日想要实行革命，提倡民权，若夹杂一点富贵利禄的心，就像微虫霉菌，可以残害全身，所以孔教是断不可用的。若说那基督教，西人用了，原是有益；中国用了，却是无益。因中国人的信仰基督，并不是崇拜上帝，实是崇拜西帝。最上一流，是借此学些英文、法文，可以自命不凡；其次就是饥寒无告，要借此混日子的；最下是凭仗教会的势力，去鱼肉乡愚，陵轹同类。所以中国的基督教，总是伪基督教，并没有真基督教。但就是真基督教，今日还不可用。因为真基督教，若野蛮人用了，可以日进文明；若文明用了，也就退入野蛮。试看罗马当年，政治学术，何等灿烂，及用基督教后，一切哲学，都不许讲，使人人自由思想，一概堵塞不行，以致学问日衰，政治日敝，罗马也就亡了。那继起的日耳曼种，本是野蛮贱族，得些基督教的道德，把那强暴好杀的心，逐渐化去，就能日进文明，这不是明白的证据么？今日的中国，虽不能与罗马并称，却还可称伯仲，断不是初起的日耳曼种可相比例。所以真正的基督教，于中国也是有损无益。再就理论上说，他那谬妄可笑，不合哲学之处，略有学问思想的人，决定不肯信仰，所以也无庸议。孔教、基督教，既然必不可用，究竟用何教呢？我们中国，本称为佛教国。佛教的理论，使上智人不能不信；佛教的戒律，使下愚人不能不信。通彻上下，这是最可用的。但今日通行的佛教，也有许多的杂质，与他本教不同，必须设法改良，才可用得。因为净土一宗，最是愚夫愚妇所尊信的。他所求的，只是现在的康乐，子孙的福泽。以前崇拜科名的人，又将那最混账的《太上感应篇》《文昌帝君阴骘文》等，与净土合为一气，烧纸、拜忏、化笔、扶箕、种种可笑可丑的事，内典所没有说的，都一概附会进去。所以信佛教的，只有那卑鄙恶劣的神情，并没有勇猛无畏的气概。我们今日要用华严、法相二宗改良旧法。这华严宗所说，要在普度众生，头目脑髓，都可施舍与人，在道德上最为有益。这法相宗所说，就是万法惟心。一切有形的色相，无形的法尘，总是幻见幻想，并非实在真有。近来康德、索宾霍尔诸公，在世界上称为哲学之圣。康德所说"十二范畴"，纯是"相分"的道理。索宾霍尔所说"世界成立全由意思盲动"，也就是"十二缘生"的道理，却还有许多哲理，是诸公见不到的。所以今日德人，崇拜佛教，就是为此。在哲学上今日也最相宜。要有这种信仰，才得勇猛无畏，众志成城，方可干得事来。佛教里面，虽有许多他力摄护的话，但就华严、法相讲来，心佛众生，三无差别。我所靠的佛祖仍是靠的自心，比那基督教人依傍上帝，扶墙摸壁，靠山靠水的气象，岂不强得多吗？

有的说中国佛教，已经行了二千年，为甚没有效果？这是有一要点。大概各教可以分为三项：一是多神教，二是一神教，三是无神教。也如政体分为三项：一是贵族政体，二是君主政体，三是共和政体。必要经过君主政体的阶级，方得渐入共和政体；若从这贵族政体，一时变成共和政体，那共和政体必带种种贵族的杂质。必要经过一神教的阶级，方得渐入无神教，若从这多神教一时变成无神教，那无神教必带种种多神教的杂质。中国古代的道教，这就是多神教。后来佛教进来，这就是无神教。中间未经一神教的阶级，以致世人看佛，也是一种鬼神，与那道教的种种鬼神，融化为一。就是刚才所说的烧纸、拜忏、化笔、承箕等类，是袁了凡、彭尺木、罗台山诸人所主张的。一般社会，没有一人不堕这坑中，所以佛教并无效果。如今基督教来，崇拜一神，借摧陷廓清力的〔的力〕，把多神教已经打破，所以再行佛教，必有效果可见的了。

有说的〔的说〕印度人最信佛教，为甚亡国？这又有一要点。因为印度所有，只是宗教，更没甚么政治法律。这部《摩拿法典》，就是婆罗门所撰定。从来没有政治法律的国，任用何教，总是亡国。这咎不在佛教，在无政治法律。我中国已有政治法律，再不会像印度一样。若不肯信，请看日本可不是崇信佛教的国么？可像那印度一样亡国么？

有的说佛教看一切众生，皆是平等，就不应生民族思想，也不应说逐满复汉。殊不晓得佛教最重平等，所以妨碍平等的东西，必要除去。满州〔洲〕政府待我汉人种种不平，岂不应该攘逐？且如婆罗门教分出四姓阶级，在佛教中最所痛恨。如今清人待我汉人，比那刹帝利种虐待首陀更要利害十倍。照佛教说，逐满复汉，正是分内的事。又且佛教最恨君权，大乘戒律，都说："国王暴虐，菩萨有权，应当废黜。"又说："杀了一人，能救众人，这就是菩萨行。"其余经论，王贼两项，都是并举。所以佛是王子，出家为僧。他看做王就与做贼一样，这更与恢复民权的话相合。所以提倡佛教，为社会道德上起见，固是最要；为我们革命军的道德上起见，亦是最要。总望诸君同发大愿，勇猛无畏。我们所最热心的事，就可以干得起来了。

次说国粹。为甚提倡国粹？不是要人尊信孔教，只是要人爱惜我们汉种的历史。这个历史，是就广义说的，其中可以分为三项：一是语言文字，二是典章制度，三是人物事迹。近来有一种欧化主义的人，总说中国人比西洋人所差甚远，所以自甘暴弃，说中国必定灭亡，黄种必定剿绝。因为他不晓得中国的长处，见得别无可爱，就把爱国爱种的心，一日衰薄一日。若他晓得，我想就是全无心肝的人，那爱国爱种的心，必定风发泉涌，不可遏抑的。兄弟这话，并不像做《格致古微》的人，将中国同欧洲的事，牵强附会起来；又不像公羊学派的人，说甚么三世就是进化，九旨就是进夷狄为中国，去仰攀欧洲最浅最陋的学说，只是就我中国特别的长处，略提一二：

先说语言文字。因为中国文字，与地球各国绝异，每一个字，有他的本义，又有引申之义。若在他国，引申之义，必有语尾变化，不得同是一字，含有数义。中国文字，却是不然。且如一个天字，本是苍苍的天，引申为最尊的称呼，再引申为自然的称呼。三义不同，总只一个天字。所以有《说文》《尔雅》《释名》等书，说那转注、假借的道理。又因中国的话，处处不同，也有同是一字，彼此声音不同的；也有同是一物，彼此名号不同的。

所以《尔雅》以外，更有《方言》，说那同义异文的道理。这一种学问，中国称为"小学"，与那欧洲"比较语言"的学，范围不同，性质也有数分相近。但是更有一事，是从来小学家所未说的，因为造字时代先后不同，有古文大篆没有的字，独是小篆有的；有小篆没有的字，独是隶书有的；有汉时隶书没有的字，独是《玉篇》《广韵》有的；有《玉篇》《广韵》没有的字，独是《集韵》《类篇》有的。因造字的先后，就可以推见建置事物的先后。且如《说文》兄、弟两字，都是转注，并非本义，就可见古人造字的时代，还没有兄弟的名称。又如君字，古人只作尹字，与那父字，都是从手执杖，就可见古人造字的时代，专是家族政体，父权君权，并无差别。其余此类，一时不能尽说。发明这种学问，也是社会学的一部。若不是略知小学，史书所记，断断不能尽的。近来学者，常说新事新物，逐渐增多，必须增造新字，才得应用，这自然是最要，但非略通小学，造出字来，必定不合六书规则。至于和合两字，造成一个名词，若非深通小学的人，总是不能妥当。又且文辞的本根，全在文字，唐代以前，文人都通小学，所以文章优美，能动感情。两宋以后，小学渐衰，一切名词术语，都是乱搅乱用，也没有丝毫可以动人之处。究竟甚么国土的人，必看甚么国土的文，方觉有趣。像他们希腊梨俱的诗，不知较我家的屈原、杜工部优劣如何？但由我们看去，自然本种的文辞，方为优美。可惜小学日衰，文辞也不成个样子。若是提倡小学，能彀〔够〕达到文学复古的时候，这爱国保种的力量，不由你不伟大的。

第二要说典章制度。我个〔们〕中国政治，总是君权专制，本没有甚么可贵，但是官制为甚么要这样建置？州郡为甚么要这样分划？军队为甚么要这样编制？赋税为甚么要这样征调？都有一定的理由，不好将专制政府所行的事，一概抹杀。就是将来建设政府，那项须要改良，那项须要复古，必得胸有成竹，才可以见诸施行。至于中国特别优长的事，欧美各国所万不能及的，就是均田一事，合于社会主义。不说三代井田，便从魏、晋至唐，都是行这均田制度。所以贫富不甚悬绝，地方政治容易施行。请看唐代以前的政治，两宋至今，那能仿佛万一。这还是最大最繁的事，其余中国一切典章制度，总是近于社会主义，就是极不好的事，也还近于社会主义。兄弟今天，略举两项，一项是刑名法律。中国法律，虽然近于酷烈，但自东汉定律，直到如今，没有罚钱赎罪的事，惟有职官妇女，偶犯笞杖等刑，可以收赎。除那样人之外，凭你有陶朱、猗顿的家财，到得受刑，总与贫人一样。一项是科场选举。这科举原是最恶劣的，不消说了，但为甚隋、唐以后，只用科举，不用学校？因为隋、唐以后，书籍渐多，必不能像两汉的简单。若要入学购置书籍，必得要无数金钱，又且功课繁多，那做工营农的事，只可阁〔搁〕起一边，不能像两汉的人，可以带经而锄的。惟有律赋时文，只要花费一二两的纹银，就把程墨可以统统买到，随口咿唔，就像唱曲一般，这做工营农的事，也还可以并行不悖，必得如此，贫人才有做官的希望。若不如此，求学入官，不能不专让富人，贫民是沉沦海底，永无参预政权的日了。这两件事，本是极不好的，尚且带几分社会主义的性质，况且那好的么？我们今日崇拜中国的典章制度，只是崇拜我的社会主义。那不好的，虽要改良；那好的，必定应该顶礼膜拜，这又是感情上所必要的。

第三要说人物事迹。中国人物，那建功立业的，各有功罪，自不必说，但那俊伟刚严的气魄，我们不可不追步后尘。与其学步欧美，总是不能像的；何如学步中国旧人，还是本来面目。其中最可崇拜的，有两个人：一是晋末受禅的刘裕，一是南宋伐金的岳飞，都是用南方兵士，打胜胡人，可使我们壮气。至于学问上的人物，这就多了。中国科学不兴，惟有哲学，就不能甘居人下。但是程、朱、陆、王的哲学，却也无甚关系。最有学问的人，就是周秦诸子，比那欧洲、印度，或者难有定论；比那日本的物茂卿、太宰纯辈，就相去不可以道里计了。日本今日维新，那物茂卿、太宰纯辈，还是称颂弗衰，何况我们庄周、荀卿的思想，岂可置之脑后？近代还有一人，这便是徽州休宁县人，性〔姓〕戴名震，称为东原先生，他虽专讲儒教，却是不服宋儒，常说"法律杀人，还是可救；理学杀人，便无可救"。因这位东原先生，生在满洲雍正之末，那满洲雍正所作朱批上谕，责备臣下并不用法律上的说话，总说"你的天良何在？你自己问心可以无愧的么？"只这几句宋儒理学的话，就可以任意杀人。世人总说雍正待人最为酷虐，却不晓是理学助成的。因此那个东原先生，痛哭流涕，做了一本小小册子，他的书上，并没有明骂满洲，但看见他这本书，没有不深恨满洲。这一件事，恐怕诸君不甚明了，特为提出。照前所说，若要增进爱国的热肠，一切功业学问上的人物，须选择几个出来，时常放在心里，这是最紧要的。就是没有相干的人，古事古迹，都可以动人爱国的心思。当初顾亭林要想排斥满洲，却无兵力，就到各处去访那古碑古碣传示后人，也是此意。

以上所说，是近日办事的方法，全在宗教、国粹两项，兄弟今天，不过与诸君略谈，自己可以尽力的，总不出此两事。所望于诸君的，也便在此两事。总之，要把我的神经病质，传染诸君，更传染与四万万人。至于民族主义的学理，诸君今日，已有余裕；发行论说、刊刻报章的事，兄弟是要诸君代劳的了。（《民报》第六号，1906 年 7 月 25 日）

## 论教育的根本要从自国自心发出来

本国没有学说，自己没有心得，那种国，那种人，教育的方法，只得跟别人走。本国一向有学说，自己本来有心得，教育的线路自然不同。几位朋友，你看中国是属于那一项？中国现在的学者，又属于那一项呢？有人说，中国本来没有学说，那种话，前几篇已经驳过。还有人说，中国本来有学说，只恨现在的学者没有心得，这句话虽然不合事实，我倒愿学者用为药石之言。中国学说，历代也有盛衰，大势还是向前进步，不过有一点儿偏胜。只看周朝的时候，礼、乐、射、御、书、数，唤作六艺，董得六艺的多。却是历史政事，民间能觳〔够〕理会的狠少。哲理是更不消说得。后来老子、孔子出来，历史、政事、哲理三件，民间渐渐知道了。六艺倒渐渐荒疏。汉朝以后，董六艺的人虽不少，总不如董历史政事的多。汉朝人的董六艺，比六国人要精许多。哲理又全然不讲。魏、晋、宋、齐、梁、陈这几代，讲哲理的，尽比得上六国。六艺里边的事，礼、乐、数是一日明白一日。书只有形体不正一点，声音训诂仍旧没有失去，历史政事自然是容易知道的，总算没有甚么偏胜。隋、唐时候，佛教的哲理，比前代要精审，却不过几个和尚。寻常士大夫家，儒道名法的哲理就没有。数学、礼学，唐初都也不怀〔坏〕，从中唐以后衰了。只赡〔剩〕得历史、政事，算是唐人擅场。

宋朝人分做几派：一派是琐碎考据的人，像沈括、陆佃、吴曾、陆游、洪适、洪迈都是。王应麟算略略完全些，也不能见得大体。在六艺里面，不能成就得那一种；一派是好讲经世的人，像苏轼、王安石、陈亮、陈傅良、叶适、马端临都是。陈、马还算着实，其余不过长许多浮夸的习气，在历史既没有真见，在当时也没有实用；一派是专求心性的人，就是理学家了。比那两家，总算成就。除了邵雍的鬼话，其余比魏、晋、宋、齐、梁、陈的学者，也将就攀得上。历史只有司马光、范祖禹两家。司马光也还董得书学。此外像贾昌朝、丁度、毛居正几个人也是一路。像宋祁、刘攽、刘奉世、曾巩又是长于校勘，原是有津逮后学的功。但自己到底不能成就小学家。宋、元之间，几位算学先生出来，倒算是独开蹊径。大概宋朝人还算没有偏胜，只为不董得礼，所以大体比不上魏、晋几朝。（中国有一件奇怪事，老子明说"礼者，忠信之薄"，却是最精于礼；孔子事事都要请教他。魏晋人最佩服老子，几个放荡的人，并且说："礼岂是为我辈设！"却是行一件事，都要考求典礼。晋朝末年，礼论有八百卷，到刘宋朝何承天，删并成三百卷；梁朝徐勉集五礼，共一千一百七十六卷；可见那时候的礼学，发达到十分。现在《通典》里头，有六十卷的礼，大半是从那边采取来，都是精审不磨，可惜比照原书，只存二十分之一了。那时候人，非但在学问一边讲礼，在行事一边，也都守礼。且看宋文帝已做帝王，在三年服里头生太子，还瞒着人不敢说，像后代的帝王，那里避这种嫌疑？可见当时守礼的多，就帝王也不敢公然逾越。更有怪的，远公原是个老和尚，本来游方以外，却又精于《丧服》。弟子雷次宗，也是一面清谈，一面说礼，这不是奇怪得狠么？宋朝的理学先生，都说服膺儒术，规行矩步，到得说礼，不是胡涂，就是缪妄。也从不见有守礼的事。只有一个杨简（通称杨慈湖），在温州做官，遇着钦差到温州来，就去和他行礼，主人升自阼阶，宾升自西阶，一件一件，都照着做，就算奇特非常，到底不会变通，也不算甚么高。照这样看来，理学先生，远不如清谈先生。）

　　明朝时候，一切学问，都昏天黑地，理学只袭宋儒的唾余，王守仁出来，略略改变些儿，不过是沟中没有蛟龙，鲵鳅来做雄长，连宋朝人的琐碎考据、字学校勘都没有了。典章制度，也不会考古，历史也是推开一卷。中间有几位高的，音韵算陈第，文字训诂算黄生，律吕算朱载堉，攻伪古文《尚书》算梅鷟，算学也有个徐光启，但是从别处译来，并不由自己思索出来，所以不数。到明末顾炎武，就渐渐成个气候。

近二百年来，勉强唤做清朝，书学、数学、礼学，昏黑了长久，忽然大放光明，历史学也比得上宋朝。像钱大昕、梁玉绳、邵晋涵、洪亮吉，都着实可以名家。讲政事的颇少，就有也不成大体。或者因为生非其时，不犯着讲政事给他人用，或者看穿讲政事的，总不过是浮夸大话，所以不愿去讲。至于哲理，宋明的理学，已经阁起一边了，却想不出一种道理去代他。中间只有戴震，做几卷《孟子字义疏证》，自己以为比宋儒高，其实戴家的话，只好用在政事一边，别的道理，也并没得看见。宋儒在《孟子》里头翻来翻去，戴家也在《孟子》里头翻来翻去。宋儒还采得几句六朝话（大概皇侃《论语疏》里头的话，宋儒采他的意颇多），戴家只会墨守《孟子》。孟子一家的话，戴家所发明的，原比宋儒切实，不过哲理不能专据孟子。（阮元的《性命古训》，更不必评论了。）到底清朝的学说，也算十分发达了。只为没有讲得哲理，所以还算一方偏胜。若论进步，现在的书学、数学，比前代都进步。礼学虽比不上六朝，比唐、宋、明都进步。历史学里头，钩深致远，参伍比校，也比前代进步。经学还是历史学的一种，近代也比前代进步。本国的学说，近来既然进步，就和一向没有学说的国，截然不同了。但问进步到这样就止么，也还不止。六书固然明了，转注、假借的真义，语言的缘起，文字的孳乳法，仍旧模胡，没有寻出线索，可不要向前去探索么！礼固然明了，在求是一边，这项礼为甚么缘故起来？在致用一边，这项礼近来应该怎样增损？可不要向前去考究么！历史固然明了，中国人的种类，从那一处发生？历代的器具，是怎么样改变？各处的文化，是那一方盛？那一方衰？盛衰又为甚么缘故？本国的政事，和别国比校，劣的在那一块？优的在那一块？又为甚么有这样政事？都没有十分明白，可不要向前去追寻么！算学本是参酌中外，似乎那边盛了。这边只要译他就彀〔够〕。但以前有徐光启采那边的，就有梅文鼎由本国寻出头路来；有江永采那边的，就有钱大昕、焦循由本国寻出头路来。直到罗士琳、徐有壬、李善兰，都有自己的精思妙语，不专去依傍他人。后来人可不要自勉么！近来推陈出新的学者，也尽有几个。若说现在的学者没有心得，无论不能概全国的人，只兄弟自己看自己，心得的也很多。到底中国不是古来没有学问，也不是近来的学者没有心得，不过用偏心去看，就看不出来。怎么叫做偏心？只佩服别国的学说，对着本国的学说，不论精粗美恶，一概不采，这是第一种偏心。

在本国的学说里头，治了一项，其余各项，都以为无足重轻，并且还要诋毁。就像讲汉学的人，看见魏晋人讲的玄理，就说是空言，或说是异学；讲政事的人，看见专门求是、不求致用的学说，就说是废物，或说是假古玩；仿佛前人说的，一个人做弓，一个人做箭，做弓的说："只要有我的弓，就好射，不必用箭。"做箭的说："只要有我的箭，就好射，不必用弓。"这是第二种偏心。（这句话，并不是替许多学者做调人，一项学术里头，这个说的是，那个说的非，自然要辨论驳正，不可模棱了就算数。至于两项学术，就不该互相菲薄。）

这两项偏心去了，自然有头绪寻出来。但听了别国人说，本国的学说坏，依着他说坏，固然是错；就听了别国人说，本国的学说好，依着他说好，仍旧是错；为甚么缘故呢？别国人到底不明白我国的学问，就有几分涉猎，都是皮毛，凭他说好说坏，都不能当做定论。现在的教育界，第一种错，渐渐打消几分；第二种错，又是接踵而来。比如日本人说阳明学派，是最高的学派，中国人听了，也就去讲阳明学，且不论阳明学是优是劣，但日本人于阳明学，并没有甚么发明，不过偶然应用，立了几分功业，就说阳明学好。原来用学说去立功业，本来有应有不应，不是板定的。就像庄子说："能不龟手一也，或以侯，或不免于洴澼绖。"（不龟手，说手遇了冷不裂；洴澼绖，就是打绵。）本来只是凑机会儿，又应该把中国的历史翻一翻。明末东南的人，大半是讲阳明学派，如果阳明学一定可以立得功业，明朝就应该不亡。又看阳明未生以前，书生立功的也很不少，远的且不必说，像北宋种师道，是横渠的弟子，用种师道的计，北宋可以不亡。南宋赵葵是晦庵的再传弟子，宋末保全淮蜀，都亏赵葵的力。明朝刘基（就是人人称刘伯温的）是参取永嘉、金华学派的人，明太祖用刘基的策，就打破陈友谅。难道看了横渠、晦庵和永嘉、金华学派的书，就可以立得功业么？原来运用之妙，存乎其人。庄子说得好："豕零桔梗，是时为帝。"（豕零，就是药品里头的猪苓，意思说贱药也有大用。）如果着实说去，学说是学说，功业是功业，不能为立了功业，就说这种学说好，也不能为不立功业，就说这种学说坏。（学说和致用的方术不同，致用的方术，有效就是好，无效就是不好；学说就不然，理论和事实合财算好，理论和事实不合就不好，不必问他有用没用。）现在看了日本人偶然的事，就说阳明学好，真是道听涂说了。

又像一班人，先听见宋儒谤佛，后听见汉学人谤佛，最后又听见基督教人也谤佛，就说佛学不好；近来听见日本人最信佛，又听见欧洲人也颇有许多学佛，就说佛学好；也不论佛学是好是坏。但基督教人，本来有门户之见，并说不出自己的理论来；汉学人也并不看佛书，这种话本可以阁起一边；宋儒是看过佛书了，固然有许多人谤佛，也有许多人直用佛书的话，没有讳饰。本来宋儒的学说，是从禅宗脱化，几个直认不讳的。就是老实说直话，又有几个？里面用了佛说，外面排斥佛说，不过是装潢门面，难道有识的人，就被他瞒过么？日本人的佛学，原是从中国传去，有几种书，中国已经没有了，日本倒还有原版，固是可宝。但日本人自己的佛学，并不能比中国人深，那种华严教、天台教的话，不过把中国人旧疏敷衍成篇。他所特倡的日莲宗、真宗，全是宗教的见解，并没有关系学说的话。尽他说的好，也不足贵。欧洲人研究梵文，考据佛传，固然是好；但所见的佛书，只是小乘经论，大乘并没有几种。有意讲佛学的人，照着他的法子，考求言语历史，原是不错。（本来中国玄奘、义净这班人，原是注意在此，但宋朝以后就绝了。）若说欧洲人是文明人，他既学佛，我也依他学佛，这就是下劣的见解了。

胡乱跟人，非但无益，并且有害。这是甚么缘故？意中先看他是个靶子，一定连他的坏处也取了来。日本出家人都有妻，明明是不持戒律，既信日本，就与佛学的本旨相反。欧洲人都说大乘经论，不是释迦牟尼说的（印度本来有这句话），看不定的人，就说小乘好，大乘不好，那就弃菁华取糟粕了。（佛经本和周公、孔子的经典不同：周、孔的经典，是历史，不是谈理的，所以真经典就是，伪经典就不是；佛经是谈理的，不是历史，只要问理的高下，何必问经是谁人所说？佛经又和基督教的经典不同：基督教是纯宗教，理的是非，并不以自己思量为准，只以上帝耶苏所说为准；佛经不过夹杂几分宗教，理的是非，要以自己思量为准，不必以释迦牟尼所说为准。以前的人学佛，原是心里悦服，并不为看重印度国，推爱到佛经；现在人如果要讲佛学，也只该凭自己的心学去，又何必借重日本、欧洲呢？

又像一班无聊新党，本来看自国的人是野蛮人，看自国的学问是野蛮学问；近来听见德国人颇爱讲支那学，还说中国人民，〔是〕最自由的人民，中国政事，是最好的政事；回头一想，文明人也看得起我们野蛮人，文明人也看得起我们野蛮学问，大概我们不是野蛮人，中国的学问不是野蛮学问了。在学校里边，恐怕该添课国学汉文。有这一种转念，原说他好，并不说他不好，但是受教的人，本来胸中象一块白绢，惟有听受施教的话，施教的人却该自己有几分主意，不该听别人的话。何不想一想，本国的学问，本国人自然该学，就象自己家里的习惯，自己必定应该晓得，何必听他人的毁誉？别国有几个教士穴官，粗粗浅浅的人，到中国来，要知这一点儿中国学问，向下不过去问几个学究，向上不过去问几个斗方名士，本来那边学问很浅，对外人说的，又格外浅，外人看中国自然没有学问。古人说的："以管窥天，以蠡测海。"（蠡本来应写蠃，俗写作螺。意思说用蠃壳去舀海水，不能晓得海的深浅），一任他看成野蛮何妨？近来外人也渐渐明白了，德国人又专爱考究东方学问，也把经典史书略略翻去，但是翻书的人，能彀〔够〕把训诂文义真正明白么？那个口述的中国人，又能彀〔够〕把训诂文义真正明白么？你看日本人读中国书，约略已有一千多年，究竟训诂文义，不能明白。他们所称为大儒，这边看他的话，还是许多可笑。（像山井鼎、物观校勘经典，却也可取，因为只有案字比较，并不多发议论。其余著作，不过看看当个玩具，并没有可采处。近来许多目录家，看得日本有几部旧书，就看重日本的汉学家，是大错了。皇侃《论语疏》《玉烛宝典》《群书治要》几部古书，不过借日本做个书簏子。）这个也难怪他们，因为古书的训诂文义，从中唐到明代，一代模胡一代，到近来财得真正明白。以前中国人自己尚不明白，怎么好责备别国人！后来日本人也看见近代学者的书，但是成见深了，又是发音极不正当，不晓得中国声音，怎么能晓得中国的训诂？既然不是从师讲授，仍旧不能冰释理解，所以日本人看段注《说文》、王氏《经传释词》，和《康照〔熙〕字典》差不多。几个老博士，翻腾几句文章学说，不是支离，就是污漫。日本人治中国学问，这样长久，成效不过如此，何况欧洲人只费短浅的光阴，怎么能够了解？

有说日本人欢喜附会，德国人倒不然，总该比日本人精审一点，这句话也有几分合理。日本人对看〔着〕欧洲的学说，还不敢任意武断。对着中国的学说，只是乱说乱造，或者徐福东来，带了许多燕、齐怪迂之士，这个遗传性，至今还在？欧洲人自然没有这种荒缪，到底时期太浅，又是没有师授，总是不解，既然不解，他就说是中国学问，比天还要高，中国人也不必引以为荣。古人说"一经品题，声价十倍"，原是看品题人是甚么。若是没有品题的资格，一个门外汉，对着我极口称赞，又增甚么声价呢？听了门外汉的品题，当作自己的名誉，行到教育一边，也有许多毛病。往往这边学究的陋话，斗方名士的缪语，传到那边，那边附会了几句，又传到这边，这边就看作无价至宝；也有这边高深的话，传到那边，那边不能了解，任意胡猜，猜成了，又传到这边，这边又看做无价至宝，就把向来精深确实的话，改做一种浅陋荒唐的话。这个结果，使学问一天堕落一天。

几位朋友，要问这种凭据，兄弟可以随意举几件来。

（一）日本人读汉字，分为汉音、吴音、唐音各种。却是发音不准，并不是中国的汉音、唐音、吴音本来如此，不过日本人口舌屈强，学成这一种奇怪的音。现在日本人说，他所读的，倒是中国古来的正音，中国人也颇信这句话。我就对那个人说，中国的古音，也分二十几韵，那里像日本发音这样简单？古音或者没有凭据，日本人所说的古音，大概就是随〔隋〕唐时候的音。你看《广韵》，现在从《广韵》追到唐朝的《唐韵》、隋朝的《切韵》，并没有甚么大变动。照《广韵》的音切切出音来，可像日本人读汉字的声音么？那个人说，怎么知道《广韵》的声音不和日本声音一样？我说，一项是声纽（就是通称字母的），两项是四声，从隋唐到现在，并没有甚么大改，日本可有四声么？可有四十类细目么？至于分韵，元明以来的声音，比《广韵》减少，却比日本还多。日本人读汉字，可能像《广韵》分二百六韵么？你看从江苏沿海到广东，小贩做工的人，都会胡乱说几句英语，从来声音没有读准，假如几百年后，英国人说："我们英国的旧音失去了，倒是中国沿海的人，发得出英国的旧音。"你想这句话，好笑不好笑？

（二）日本人常说："日本人读中国的古文就懂得，读中国的现行的文就不懂得，原来中国文体变了，日本人作的汉文，倒还是中国的古文。"这句话，也颇有人相信，我说：日本的文章，用助词非常的多，因为他说话里头助词多，所以文章用助词也多。中国文章最爱多用助词的，就是宋、元、明三朝，所以日本人拿去强拟，真正隋唐以前的文章，用助词并不多。日本可能懂得么？至于古人辞气，和近来不狠相同，就中国人粗称能文的，还不能尽解，更何论日本人？自从王氏做《经传释词》，近来马建忠分为八品，做了一部《文通》，原是用法文比拟，却并没有牵强，大体虽不全备，中国的词，分起来，总有十几品，颇还与古人辞气相合，在中国文法书里边，也算铮铮佼佼了！可笑有个日本人儿岛献吉，又做一部《汉文典》，援引古书，也没有《文通》的完备，又拿日本诘诎聱牙的排列法去硬派中国文法，倒有许多人说儿岛的书，比马氏好得多，因为马氏不录宋文，儿岛兼录宋文。不晓中国的文法，在唐朝早已完备了，宋文本来没有特别的句调，录了有甚么用？宋文也还可读，照着儿岛的排列法，语势塞涩，反变成文理不通，比马氏的书，真是有霄壤之隔，近来中国反有人译他的书，唉！真是迷了。日本几个老汉学家，做来的文字，总有几句不通，何况这位儿岛学士。现在不用拿两部书比校，只要请儿岛做一篇一千字长的文章，看他语气顺不顺，句调拗不拗；再请儿岛点一篇《汉书》，看他点得断点不断，就可以试验得出来了！

（三）有一个英国人，说中国的言语，有许多从外边来，就像西瓜、芦菔、安石榴、蒲桃（俗写作葡萄）是希腊语，师子是波斯语，从那边传入中国。这句话，近来信的虽不多，将来恐怕又要风行。要晓这种话，也有几分近理。却是一是一非，要自己检点过。中国本来用单音语，鸟兽草木的名，却有许多是复音语。但凡有两字成一个名的，如果两字可以分解得开，各自有义，必不是从外国来。如果两字不能分解，或者是从外国来。蒲桃本不是中国土产，原是从西域取来，枝叶既不像蒲，果实也不像桃，唤做蒲桃，不合中国语的名义，自然是希腊语了。师子、安石榴，也是一样。像西瓜就不然，瓜是蓏物的通名，西瓜说是在西方的最好。两个都有义，或者由中国传到希腊去，必不由希腊传到中国来。芦菔也是中国土产，《说文》已经列在小篆，两个字虽则不能分解，鸟兽草木的名，本来复音语狠多，也像从中国传入希腊，不像从希腊传入中国。至于彼此谈话，偶然一样，像父母的名，全地球没有大异。中国称兄做昆，转音为哥；鲜卑也称兄为阿干。中国称帝王为君，突厥也称帝王为可汗。中国人自称为我，拉丁人也自称为爱伽。中国吴语称我辈为阿旁（《洛阳伽蓝记》，自称阿侬，语则阿旁），梵语也称我辈为阿旁。中国称彼为他，梵语也称彼为多他。中国叹词有乌呼，梵语也是阿蒿。这种原是最简的语，随口而出，天籁相符，或者古来本是同种，后来分散，也未可知。必定说甲国的语，从乙国来；乙国的话，从甲国去，就是全无凭据的话了。（像日本许多名词，大半从中国去；蒙古的黄台吉，就是从中国的皇太子变来；满洲的福晋，就是从中国的夫人变来。这种都可以决定。因为这几国都近中国，中国文化先开，那边没有名词，不得不用中国的话，所以可下断语；若两国隔绝得狠远的，或者相去虽近，文化差不多同时开的，就不能下这种断语。）有人说中国象形文字从埃及传来；也有说中国的干支二十二字，就是希腊二十二个字母，这种话全然不对。象形字就是画画，任凭怎么样草昧初开的人，两个人同对着一种物件，画出来总是一样。何必我传你，你传我？干支二十二字，甲、己、庚、癸是同纽，辛、戍〔戊〕是同纽，戊、卯、未古音也是同纽，僻如干支就是字母，应该各是各纽，现在既有许多同纽的音，怎么可以当得字母？这种话应该推开。

（四）法国人有句话，说中国人种，原是从巴比伦来。又说中国地方，本来都是苗人，后来被汉人驱逐了。以前我也颇信这句话，近来细细考证，晓得实在不然。封禅七十二君，或者不纯是中国地方的土著人，巴比伦人或者也有几个。因为《穆天子传》里面谈的，颇有几分相近；但说中国人个个是从巴比伦来，到底不然。只看神农姜姓，姜就是羌，到周朝还有姜戎，晋朝青海有个酋长，名叫姜聪，看来姜是羌人的姓。神农大概是青海人；黄帝或者稍远一点，所以《山海经》说在身毒，（身毒就是印度）又往大夏去采竹，大夏就是唐代的睹货逻国，也在印度西北，或者黄帝是印度人。到底中国人种的来源，远不过印度、新疆，近就是西藏、青海，未必到巴比伦地方。至于现在的苗人，并不是古来的三苗；现在的黎人，并不是古来的九黎。三苗、九黎，也不是一类。三苗在南，所以说左洞庭，右彭蠡；九黎在北，所以《尚书》《诗经》，都还说有个黎侯，黎侯就在山西。蚩尤是九黎的君，（汉朝马融说的）所以黄帝从西边来，蚩尤从东边走，赶到涿鹿，就是现在直隶宣化府地界，财决一大战。如果九黎、三苗，就是现在的黎人，苗人，应该在南方决战，为甚么到北方极边去，难道苗子与鞑子杂处？三苗是缙云氏的子孙（汉朝郑康成说的），也与苗子全不相干。近来的苗人、黎人，汉朝称为西南夷，苗字本来写髳字，黎字本来写俚字，所以从汉朝到唐初，只有髳俚的名，从无苗黎的名。后来人强去附会《尚书》，就成苗黎，别国人本来不晓得中国的历史，听中国人随便讲讲，就当认真。中国人自己讲错了，由别国去一翻，倒反信为确据，你说不要笑死了么？

（五）法国又有个人说，《易经》的卦名，就是字书，每爻所说的话，都是由卦名的字，分出多少字来。这句话，颇像一百年前焦循所讲的话。有几个朋友也信他。我说，他举出来的字，许多小篆里头没有，岂可说文王作《周易》的时候，已经有这几个字？况且所举的字，音也并不甚合，在别国人想到这条路上，也算他巧思，但是在中国人只好把这种话做个谈柄，岂可当他实在？如果说他说的巧合，所以可信，我说明朝人也有一句话，比法国人更巧：他说《四书》本来是一部书，《论语》后边说"不知命"，接下《中庸》，开口就说"天命之谓性"；《中庸》后边说"予怀明德"，接下《大学》，开口就说"在明明德"；《大学》后边说"不以利为义，以义为利也"，接下《孟子》，开口就说："王何必曰利，亦曰仁义而已矣。"这到是天然凑合，一点没有牵强。但是信得这句话么？明末人说了，就说他好笑，法国人说了，就说他有理，不是自相矛盾的么？

上面所举，不过几项，其余也举不尽。可见别国人的支那学，我们不能取来做准，就使是中国人不大深知中国的事，拿别国的事迹来比附，创一种新奇的说，也不能取来做准。强去取来做准，就在事实上生出多少支离，学理上生出多少缪妄，并且捏造事迹。（捏造事迹，中国向来没有的，因为历史昌明，不容他随意乱说；只有日本人，最爱变乱历史，并且拿小说的假话，当做实事。比如日本小说里头，说源义经到蒙古去，近来人竟说源义经化做成吉思汗，公然形之笔墨了。中国下等人，相信《三国志演义》里头许多怪怪奇奇的事，当做真实，但在略读书的人，不过付之一笑。日本人竟把小说的鬼话，踵事增华，当做真正事实，好笑极了。因为日本史学，本来不昌，就是他国正史，也大半从小说传闻的话翻来，所以前人假造一种小说，后来人竟当做真历史，这种笑柄，千万不要风行到中国财好！）舞弄条例，都可以随意行去，用这个做学说，自己变成一种庸妄子；用这个施教，使后生个个变成庸妄子，就使没有这种弊端，听外国人说一句支那学好，施教的跟着他的话施，受教育的跟着他的话受，也是不该！

上边已经说了，门外汉极力赞扬，并没有增甚么声价，况且别国有这种风尚的时候，说支那学好；风尚退了，也可以说支那学不好。难道中国的教育家，也跟着他旅进旅退么？现在北京开经科大学，许欧州〔洲〕人来游学，使中国的学说，外国人也知道一点儿，固然是好；但因此就觉得增许多声价，却是错了见解了。大凡讲学问施教育的，不可像卖古玩一样，一时许多客人来看，就贵到非常的贵；一时没有客人来看，就贱到半文不值。自国的人，该讲自国的学问，施自国的教育，像水火柴米一个样儿，贵也是要用，贱也就要用，只问要用，不问外人贵贱的品评。后来水越治越清，火越治越明，柴越治越燥，米越治越熟，这样就是教育的成效了。至于别国所有中国所无的学说，在教育一边，本来应该取来补助，断不可学《格致古微》的口吻，说别国的好学说，中国古来都现成有的。要知道凡事不可弃己所长，也不可攘人之善。弃己所长，攘人之善，都是岛国人的陋见，我们泱泱大国，不该学他们小家模样！（《教育今语杂识》第三册，1910 年 5 月 8 日）

## 高凤谦

### 论保存国粹

今之言保存国粹者，大抵有积极、消极二主义。其持消极主义者，曰禁用新名词，以绝莠言也；其持积极主义者，曰设立存古学堂，以保旧学也。二说皆言之成理，诚忧世之苦心，而不可轻议也。虽然，吾窃有疑焉。请先论消极主义。

今之所谓新名词者，大抵出自翻译，或径用东邻之成语。其扞格不通者，诚不可胜数，然欲一切屏弃不用，则吾又以为甚难。何也？世界之变迁益甚，则事物之孳乳益多，此不可逃之定例也。其后起之事物，既为古之所无，势不能无以名之。此正新名词之所由起，固不必来自外国，而始得谓之新也。以设官言之，唐虞官百，夏商官倍，则新增之官，在夏商视之，不谓之新名词，不可也。由此例推，今之所谓旧，皆古之所谓新。充类至尽，即谓昨日之新，为今日之旧，亦无不可。新旧二字，本对待之词，其界说孰能从而画之。或谓《孝经》有言，非先王之法言不敢道。昌黎有言，非三代先秦之书不敢读。所谓新旧者，以此为断，斯已矣。吾又以为不然。《十三经》字数不过五千余，至许氏《说文》则九千余，流衍以及本朝之《康熙字典》，竟增至四万余，然则《说文》《字典》所采新字，为经传所未见者，遽谓之非先王之法言，得乎？或谓所恶乎新名词者，谓其来自外国也。然如可汗阏氏，如恒河沙无量数等，亦自外国翻译而来，何文人皆习见而不之怪乎？吾谓世界交通，文明互换，外来之事物，苟有益于我国者，既不能拒绝之，而独计较于区区之名词，无乃失本末轻重之分乎？今者译本之流行，报章之传布，上至于奏定之章程，钦颁之谕旨，所用新名词，既数见不鲜，又乌得从而禁之？平心言之，新名词之不可通者，勿用可也。既已习用，必从而禁之，不可也。治古学者不用新名词，可也。必以责通常之人，不可也。且谋教育之普及，不能不设学堂，设学堂不能不教科学，教科学不能不用新名词。由此言之，持消极主义，以保存国粹，其无丝毫之效果，固不待再计矣。又况国粹，新名词也，新名词，亦新名词也，反唇相稽，未有不哑然失笑者矣。

消极主义之不可通如是，请更论积极主义。

近来各省多设存古学堂，以治旧学，使古圣贤之微言大义，不至失坠，其策比持消极主义者，为进矣。存古学堂之学生，必其旧学素有根柢，方足以与其选。其科目大抵以经史词章为主。以经学言之，兼治群经，则学生力有不及，专治一经，则讲堂必多，教员必众，经费又复甚巨，恐非一省之力所能及。且学堂之期限，不过数年，每日上课，不过数时，由教员讲授乎，既已不胜其繁，令学生自行点阅乎，则不如听其闭户潜修，何必限之以时刻，齐之以进退，仆仆往返，徒乱人意乎？且存古之功课，但求其粗者，则旧学有根柢之学生，既已优为之，无所用教授也。若必责以精深，则竭毕生之精力，果有成就与否，尚在不可知之数，断非数年之期限，数时之研究，遂足以尽之。由此言之，积极主义之成效，亦略可睹矣。

阳湖陆炜士语余曰：存古二字，不成名词。遍稽载籍，就耳目之所睹记，曰好古、嗜古、尊古、重古、修古、考古、师古、法古之属多矣，从未闻有所谓存古者也。若夫存之云者，所谓存而不论而已，得非学堂所宜有事者乎。《说文》存恤问也，礼存诸孤。今学堂以存古为名，不蕾等之如敬节育婴之属，其亦大可哀也。是说也，或亦言正名者所有取乎。故附录之。

然则国粹果不能保存，遂任其消灭净尽而已乎？是又不然。吾非谓国粹之不可保存，不必保存也，特保存要有其道耳。保存国粹之道，奈何？曰：建设图书馆，为保存国粹之惟一主义是矣。今者新学初萌，旧学渐废，通都大邑之书肆，欲求经史，往往不可遽得，诚大可寒心。为今之计，苟不设立图书馆，则旧学之书，可立待其尽也。

图书馆之设，规模务宏，版本务精，固矣。然必京师或省会之力，始足兴办，而不能普及于全国也。求普及之道，宜于各州县先设一小图书馆。开办之初，以二三千金为率（此系约计之数，余拟编《最小图书馆书目表》，匆匆未就），但求经史子集之最要者，略具规模，年更筹四五百金，为添购图书及管理之经费。如此则无论如何瘠苦之地方，其力皆能及之。其房屋可假公共地方用之，或附设于学堂之中，尤为省费。俟城镇乡自治既已成立，则更令每镇每乡各设其一，如此，则普通应用之书，无地无之。其附近之秀民有志向学者，就馆中翻阅，所裨甚大。夫以区区二三千金之图书，即尽读之，原不足以称淹博，然为普及计，则范围不能不狭。况有力之州县镇乡，固不限以此数也。其京师省会之图书馆，规模既大，经费既充，延聘二三通儒，以主其事，俾阅书之人，得以就正，较之存古学堂，区区为数十百人计者，相去不可以道里也。或并设月课以奖励稽古之士，更拔其尤者，使任编辑（如阮氏《经籍纂诂》之类），以便后学，收效当更宏也。

抑吾更有言者，图书馆之设，固以收藏旧学之书为主，而新学各书，亦不可不备，使人得就其性之所近者求之。然则是举也，谓之保存国粹也可，谓之推广新学也亦可。（《教育杂志》第一年第七期，1908 年 7 月）

## 高　旭

### 南社启

国魂乎，盍归来乎！抑竟与唐虞、姬姒之板图以长逝，听其一往不返乎！恶，是何言，是何言！国有魂，则国存，国无魂，则国将从此亡矣！
夫人莫哀于亡国，若一任国魂之飘荡失所，奚其可哉！然则国魂果何所
寄？曰：寄于国学。欲存国魂，必自存国学始，而中国国学中之尤可贵者，
断推文学。盖中国文学为世界各国冠，泰西远不逮也。而今之醉心欧风者，
乃奴此而主彼，何哉？余观古之灭人国者，未有不先灭其言语文字者也。
嗟乎，痛哉！伊吕倭音，迷漫大陆，蟹形文字，横扫神州。此果黄民之福
乎！人心世道之忧，正不知伊于胡底矣！

或谓：国学固不宜缓，又奚必社为？曰：一国之事，非一二人所能为，
赖多士以赞襄之。华盛顿之倡新国也，非一华盛顿之力，乃众华盛顿之力
也。社又乌可已哉！然则社以南名，何也？《乐》："操南音不忘其旧。"其
然，岂其然乎！南之云者，以此社提倡于东南之谓。"率土之滨，莫非王
臣"，原无分于南北，特以志其始也云耳。鄙〔人〕窃尝考诸明季，复社颇
极一时之盛。其后，国社既屋矣，而东南之义旗大举，事虽不成，未始非
提倡复社诸公之功也。因此知保国之念，郁结于中，人心所同然，岂非有
所激而然哉！当是时，主盟者为张天如。余观天如，文学亦未有大过人者，
所以能倾倒余子者，徒以其名位而已。一时风气所趋，吴门、金陵两次大
集莅会者，不下数千百辈，亦可谓壮举。特余所深鄙者，科举痼疾，更甚
囊时，门户标榜，在所不免。要其流弊，历史遗羞。艾千子，文学未必过
人，而论文之见，实远出张、陈诸子上。千秋论定，当以鄙言为不谬。文
章公物，无庸杂私意于其间。阿其所好，君子所大戒。欲知来，先知往。
当世得失之林，安能不三致意耶！善哉，吕晚村之言乎："今日文字坏，不
在文字，其坏在人心风俗。父以是传，师以是授。子复为父，弟复为师。
以传授子弟者，无不以躁进躐取为事。"吕氏此言，诚感慨弥穷矣！

今者不揣鄙陋，与陈子巢南、柳子亚卢有南社之结，欲一洗前代结社
之积弊，以作海内文学之导师。余惟文学之将丧是忧，几几乎忘其不自量
矣！试问今之所谓文学者，何如乎？呜呼，今世之学为文章者、为诗词者，
举丧其国魂者也。荒芜榛莽，万方一辙，其将长此终古耶！其即吕氏所谓
"其坏在人心风俗"者耶！倘无人以支柱之，则乾坤或几乎息矣。此乃不特
文学衰亡之患，且将为国家沉沦之忧矣！二三子有同情者乎！深望同声相
应，同气相求，与之同步康庄，以挽既倒之狂澜，起坠绪于灰烬。若是者，

岂非我辈儒生所当有之事乎！《诗》有之曰："伐木丁丁，鸟鸣嘤嘤……嘤其鸣矣，求其友声。相彼鸟矣，犹求友声。矧伊人矣，不求友生？"鸟声耶，友声耶！世岂有不喜闻鸟鸣之嘤嘤者耶！"溯洄伊人，宛在水中央"。毋金玉尔音，令余踟蹰而彷徨也。（《民吁日报》1909 年 10 月 17 日）

## 王国维

### 《国学丛刊》序

　　学之义，不明于天下久矣。今之言学者，有新旧之争，有中西之争，有有用之学与无用之学之争。余正告天下曰：学无新旧也，无中西也，无有用无用也。凡立此名者，均不学之徒。即学焉，而未尝知学者也。

　　学之义广矣。古人所谓学，兼知行言之。今专以知言，则学有三大类：曰科学也，史学也，文学也。凡记述事物，而求其原因，定其理法者，谓之科学；求事物变迁之迹，而明其因果者，谓之史学；至出入二者间，而兼有玩物适情之效者，谓之文学。然各科学，有各科学之沿革。而史学又有史学之科学（如刘知几《史通》之类），若夫文学，则有文学之学（如《文心雕龙》之类）焉，有文学之史（如各史文苑传）焉。而科学、史学之杰作，亦即文学之杰作。故三者非斠然有疆界，而学术之蕃变，书籍之浩瀚，得以此三者括之焉。

　　凡事物必尽其真，而道理必求其是，此科学之所有事也。而欲求知识之真与道理之是者，不可不知事物道理之所以存在之由，与其变迁之故，此史学之所有事也。若夫知识、道理之不能表以议论，而但可表以情感者，与夫不能求诸实地，而但可求诸想象者，此则文学之所有事。古今东西之为学，均不能出此三者。惟一国之民，性质有所毗，境遇有所限，故或长于此学而短于彼学。承学之子，资力有偏颇，岁月有涯涘，故不能不主此学而从彼学。且于一学之中，又择其一部而从事焉。此不独治一学当如是，自学问之性质言之，亦固宜然。然为一学，无不有待于一切他学，亦无不有造于一切他学。故是丹而非素，主入而奴出，昔之学者或有之，今日之真知学、真为学者，可信其无是也。

　　夫然，故吾所谓学无新旧，无中西，无有用无用之说，可得而详焉。何以言学无新旧也？夫天下之事物，自科学上观之，与自史学上观之，其立论各不同。自科学上观之，则事物必尽其真，而道理必求其是。凡吾智之不能通而吾心之所不能安者，虽圣贤言之，有所不信焉，虽圣贤行之，有所不慊焉。何则？圣贤所以别真伪也，真伪非由圣贤出也。所以明是非也，是非非由圣贤立也。自史学上观之，则不独事理之真与是者，足资研究而已，即今日所视为不真之学说，不是之制度风俗，必有所以成立之由，与其所以适于一时之故。其因存于邃古，而其果及于方来，故材料之足资参考者，虽至纤悉，不敢弃焉。故物理学之历史，谬说居其半焉；哲学之历史，空想居其半焉；制度、风俗之历史，弁髦居其半焉，而史学家弗弃也。此二学之异也。然治科学者，必有待于史学上之材料，而治史学者，亦不可无科学上之知识。今之君子，非一切蔑古，即一切尚古。蔑古者，出于科学上之见地，而不知有史学；尚古者，出于史学上之见地，而不知有科学。即为调停之说者，亦未能知取舍之所以然。此所以有古今新旧之说也。

　　何以言学无中西也？世界学问，不出科学、史学、文学。故中国之学，西国类皆有之，西国之学，我国亦类皆有之，所异者，广狭、疏密耳。即从俗说，而姑存中学、西学之名，则夫虑西学之盛之妨中学，与虑中学之盛之妨西学者，均不根之说也。中国今日，实无学之患，而非中学、西学偏重之患。京师号学问渊薮，而通达诚笃之旧学家，屈十指以计之，不能满也。其治西学者，不过为羔雁禽犊之资，其能贯串精博，终身以之如旧学家者，更难举其一二。风会否塞，习尚荒落，非一日矣。余谓中西二学，盛则俱盛，衰则俱衰，风气既开，互相推助。且居今日之世，讲今日之学，未有西学不兴，而中学能兴者；亦未有中学不兴，而西学能兴者。特余所谓中学，非世之君子所谓中学；所谓西学，非今日学校所授之西学而已。治《毛诗》《尔雅》者，不能不通天文博物诸学；而治博物学者，苟质以《诗》《骚》草木之名状而不知焉，则于此学固未为善。必如西人之推算日食，证梁虞劇、唐一行之说，以明《竹书纪年》之非伪，由《大唐西域记》以发见释迦之支墓，斯为得矣。故一学既兴，他学自从之，此由学问之事，本无中西，彼鳃鳃焉虑二者之不能并立者，真不知世间有学问事者矣。

顾新旧、中西之争，世之通人，率知其不然，惟有用、无用之论，则比前二说为有力。余谓凡学皆无用也，皆有用也。欧洲近世农、工、商业之进步固由于物理、化学之兴。然物理、化学高深普遍之部，与蒸汽、电信有何关系乎？动植物之学，所关于树艺、畜牧者几何？天文之学，所关于航海、授时者几何？心理社会之学，其得应用于政治、教育者亦鲜。以科学而犹若是，而况于史学、文学乎？

然自他面言之，则一切艺术，悉由一切学问出。古人所谓"不学无术"，非虚语也。夫天下之事物，非由全不足以知曲，非致曲不足以知全。虽一物之解释，一事之决断，非深知宇宙人生之真相者，不能为也。而欲知宇宙、人生者，虽宇宙中之一现象，历史上之一事实，亦未始无所贡献。故深湛幽渺之思，学者有所不避焉；迂远繁琐之讥，学者有所不辞焉。事物无大小，无远近，苟思之得其真，纪之得其实，极其会归，皆有裨于人类之生存福祉。己不竟其绪，他人当能竟之；今不获其用，后世当能用之，此非苟且玩愒之徒，所与知也。学问之所以为古今、中西所崇敬者，实由于此。凡生民之先觉，政治教育之指导，利用厚生之渊源，胥由此出，非徒一国之名誉与光辉而已。世之君子，可谓知有用之用，而不知无用之用者矣。

以上三说，其理至浅，其事至明。此在他国所不必言，而世之君子，犹或疑之，不意至今日而犹使余为此哓哓也。适同人将刊行《国学杂志》，敢以此言序其嵩。此志之刊，虽以中学为主，然不敢蹈世人之争论，此则同人所自信，而亦不能不自白于天下者也。海宁王国维。（《王国维遗书》）

# 2. 无政府主义

## 引　言

　　中国人最早接触到近代西方无政府主义是在 20 世纪初。与那时中国人对西学的接触一样，日本也是中国人最初接触西方无政府主义的"桥梁"或"中转站"。1902 年上海广智书局发行《俄罗斯大风潮》一书，译者马君武作序介绍说，无政府主义是一种"新主义"。同年商务印书馆出版《社会主义广长舌》一书，其中有日本早期社会主义者幸德秋水写的《无政府主义之制造》一章。1903 年，张继（署名"自然生"）根据日文书刊中无政府主义思想资料编译而成的《无政府主义》一书在上海出版。也是这一年，上海广智书局出版了专门宣传无政府主义的《近世之社会主义》和《社会党》两书，作者均为日本人。1904 年，上海东大陆图书译书局出版了金一（天翮）根据日本人烟山太郎的《近世无政府主义》一书翻译而成的《自由血》。但总的来看，1907 年 6 月《天义》和《新世纪》创刊之前，介绍、宣传无政府主义的主要是留日学生，由于受日本思想界的影响，他们对无政府主义的介绍、宣传并不系统，真正把无政府主义当成一种科学的学说而系统地加以介绍、宣传，那是《天义》和《新世纪》创刊以后才开始的。当时在日本东京和法国巴黎的中国革命党人中，几乎同时出现了无政府主义派别。东京的无政府主义派别，以张继、刘师培、何震、汪公权为代表，他们发起成立社会主义讲习会，出版《天义》半月刊，因此人们又称他们为"天义派"。巴黎的无政府主义派别，以张静江、李石曾、吴稚晖、褚民谊为代表，出版《新世纪》周刊，因此人们又称他们为"新世纪派"。这里需要指出的是，人们在介绍、宣传无政府主义的同时，也涉及社会主义和马克思主义，换言之，对社会主义和马克思主义也做了初步介绍。

# 马君武

## 《俄罗斯大风潮》序

人间之最恶者，莫如野蛮时代之圣贤矣。其识见局于社会之中，受社会之等等影响而不可脱却，故顺社会之风潮所趋而立说，不能立足社会之外，以指点批评现社会之罪恶，出大力以改造社会，破坏旧恶之社会，另造新美者。其人又稍有知识愈于众，其说现出，则万千之庸众奉其言为经典，视为神圣不可干犯，于是旧社会罪恶之根蒂因之愈固。虽然，野蛮时代之圣贤，在如彼之时代固不可无，而在文明之时代，可谓之为大怪物矣，其功罪每每相抵也。予敢决一言于此曰：无改造社会之思想者，其人断不可谓之大豪杰。

休乎哉，抱改造社会思想之子，豪杰乎！其目的或全达，或全达其一小部分，或历数世而达，或历数十世而达。当其生时，世人皆辱之、逐之，以至于戮之，谓其人为诞人，视其说为邪说。然历数世或数十世之后，则莫不敬而崇拜之，至读其书而咏叹曰：吾何不幸，不生与斯人同时也！

法兰西之国民者，世界上思想最高之国民也。圣西孟之徒倡社会主义（即公产主义）于世，其势日盛。至十九世纪，而英人达尔文、斯宾塞之徒发明天演进化之理。由是两种学说发生一种新主义，是新主义曰：无政府主义。今予所译之书，即所钟主义之历史也。

人间之最可恐者，莫如野蛮时代之所谓贤君英主也，若俄彼得大帝，其一也。日本人福本诚谓予曰：子曷不读福禄特尔之《彼得大帝传》？是于子国之前途有大影响也。呜呼，岛国狭陋之民，固不足以语大理哉！说者动谓俄无彼得则亡，使吾而为俄罗斯人也，则宁为亡国之民，而不愿为贤君英主之奴隶。渐文明之世，凡可以亡我国者，必其国之文明程度远胜于我也。彼既亡我，必能与我交通，而输入其文明；文明既输入，则独立之举可立兴也。当彼得之时，瑞典最强。瑞典者，自由最强固之国也。而俄罗斯而被灭于瑞典也，俄罗斯人犹可得自由，惟因有彼得之故，其国至今无宪法，无议院，因自由而举革命被杀戮者已如麻矣。俄罗斯诚人间之最黑暗地狱也。

无政府党人者，各国政府之最大公敌也。英人克喀伯作此书，称赞之不已。美哉！言论自由乎！凡非人间最黑暗之地狱，未有不许国人言论自由者也；凡非人间最无耻之卑下奴隶，未有不出死力争言论自由之权者也。（《俄罗斯大风潮》）

## 辕　孙

### 露西亚虚无党（节选）

#### 绪言

天下之政体，莫毒于专制；天下之苦，莫惨于专制政府之压制。何以故？以专制政体惟谋少数人之幸福乐利故。以惟谋少数人之幸福乐利也，故虽牺牲全体国民之公益，亦有所不顾，亦有所不惜；国民苟有反抗之者，则出其全力以压抑之。是以"多数政治"之理既明，则专制政体不能存立于天壤。故当文明之世，专制政体者，国民之公敌；专制政府之压制者，实生人之大蠹、社会之蟊贼也。十九世纪中，欧洲之若民若君，相搏战于腥风血雨中，甘抛无量数之头颅鲜血，以与一二独夫民贼为仇者，何为也？曰：去专制求自由而已。自由者，人类之权利也，失此权利则为奴隶。奴隶实不齿于人类，人苟失其所以为人，则亦何必保持此不自由之身，以生于斯世。古今来志士仁人，所以甘牺牲多数人之生命财产以与一二人为敌者，彼等岂不知牺牲其生命财产之为痛也，然毅然为之者，盖知痛更有甚于此者在也。专制政体苟一日不除，则所以敲剥我国民、朘削我国民者，其害正无穷；然则又岂敢挟一点姑息之心，长陷斯民于黑暗地狱也。善乎，路易美世儿之言曰："以同胞至宝至贵之血造破坏，大罪恶也；为求自由罢罪恶，则罪恶非罪恶矣。"斯言也，可谓知道之言。乌乎，十九世纪以来，世界之大国，或为立宪，或为共和，其国民尽达其自由之目的而去矣；其拥广大之土地、繁殖之人民而专制依旧者，惟吾国与露西亚。露国压制之暴，实为全球列国所仅有，其凡百行政、司法机关之腐败，不可殚言，压抑民志、奴隶国民，则其标准也。夫人类平等，使稍具人心，孰甘受一二独夫民贼私意之压制者。且觇国者抑有言矣，欲知其国之强弱，则视其国民之贤不肖；欲知其国民之贤不肖，则察其行政、司法机关之良恶。行政、司法机关虽不一，然其目的之所注则可举而言。其目的维何？亦曰谋国民最多数之最大幸福而已。专制政体，适与之相反者也；专制政体者，侵害国民之公益、剥削国民之权利之利斧也。故人生当文明之世，公理既明，权利之观念既强，未有不求去专制政体者也。露西亚以若大之国，若多之人民，而其专制手段又达于极点，环其旁而国者，又率皆为自由发达之国，以斯民以斯国处斯地位，其外界风潮之刺激力既若是其烈，而内界之压力又如是其暴，然则其国民又安得而不兴哉？此近数十年来，虚无党之势力所以能弥漫于其国之全社会，挟其坚忍固毅百折不屈之精神，全体一致同一无二之目的，以与独夫民贼为敌，一而再再而三，卒能使凶鸷苛暴之君主，不得不退步相让。盖水搏而跃，可使过额，压力既加，反抗斯暴，亦其势然也。虽然，微诸子之毅力热诚，亦乌能致此哉？夫办大事者，苟无热诚毅力以持之，则少遇挫抑蔫然而馁矣。吾今而后知非有如火如荼之热诚不足以言革命，非有耐劳坚忍之精神不足以行革命。吾见夫今日有以革命为口头禅者。夫革命者为求自由也，为同胞求自由也，非口说所能致者，故不惜牺牲无限之生命以购之；而今所谓革命者乃如是，是殆以革命为儿戏矣！以是心行革命，则革命终不可望。此则其热诚有所不足故也。或有当危机之起，则感慨激昂热血愤涌，一遇挠抑，遂以为天下事不可为，而生厌世主义者。夫天下事，苟一蹴可致也，则人尽能之，何待豪杰？一人已胜任，何待百千志士之杀身流血？一朝夕可几，何事数十百年之惨淡经营？乃知事愈大者其挫折愈多，经一番挫折，则生一番经验，则必有一番进步，如是不已，乃克底于成功。而今之志士，如幻花如泡影，一经挫折壮志全消，成大事者顾如是乎！此则其毅力有所不足故也。此两者既缺，则天下事真无可为者，又岂惟革命乎哉！今有言革命者乎，其亦知所养矣。

世有咎虚无党为苛暴，诋之为不仁者。夫专制君主诚苛暴不仁矣，顾不责之，而反以责此除暴成仁之民党，吾不知其何心也。凡一国国民，当晦盲否塞沉酣不醒之时，不挟猛烈之势，行破坏之手段，以演出一段掀天撼地之活剧，则国民难得而苏。此变革腐败之政体，唤醒全国之民气，所以重破坏主义也。破坏专制政体，建设共和政体，惟其除暴斯为大仁。至哉虚无党，讵非可敬而可学者哉！抑余重有感焉。露西亚之君主与其国民犹为同一斯拉夫之民族，其国民徒以不忍受不甘受专制之荼毒，乃甘掷十百千万之头颅以购求自由，无壮无少无男无女，皆敢怀炸弹袖匕首，劫万乘之尊于五步之内，以演出一段悲壮之历史。其功效所及将造成他日共和之新露国，此则又可断言也。露西亚其亦将达其自由之目的而去矣，我返顾我祖国，感不绝于我心焉。夫以与露西亚同一专制政体之国，而二百余年来复为胡儿异族所蹂躏所蹴踏，掌握我国权，奴视我国民，复将我同胞禽猕草薙，维扬十日，嘉定三屠，清夜自思犹不寒而栗焉。而我同胞乃犹忕忕俔俔，受其敲扑而不知痛，受其压制而不知苦，夫受同族专制君主之压抑犹不可，受异族之压抑而乃如是，吾不知我同胞之人格为何如矣！铜驼荆棘，痛晋室之已非；玉树茁香，伤国民之堕落；廻眸西望，我肠断矣！抑我更有痛于心者，则世界之风潮，薄于我亚东大陆者，至今日已极惨剧，我远东帝国之肥肉，畴不思攫而吞、搏而噬，其眈眈逐逐之心，孰不见之？孰不知之？夫彼既以民族之全力而来，则吾又岂能以一二人而抵御之哉！然而我同胞犹欲以依赖政府之心为保国之良法者。遑论今日之腐败政府与我国民，有猜疑防范、枘凿不入之情况，而不欲为之捍也；且即能捍之，而此依赖政府之心，他日即可移于摇尾乞怜树顺民旗以迎他族之师者也。故此一点依赖政府之劣根性，即所以使我堂堂大国陷于奴隶牛马万劫不复之惨域之证券也。然则我国民之恶梦，亦可以醒矣！是以吾中国处于今日，保国之道惟有一端，即吾国民须知我国之可恃者惟四万万同胞，而四万万同胞中又须人人有自恃之心，而后吾国始可以存立。非我族类其心必异，同胞同胞，毋倚异族为长城也。然则吾国民又何乐为异族政府之奴隶耶？夫为异族之奴隶，犹不如为同族之奴隶；为同族之奴隶，犹有不甘一二人之压制起而抗之者，虚无党是也，盖自由之大义然也，国民之天职然也。我言至此，我不能逅同胞咎矣。悲夫我四万万之同胞，胡乃低首下心，屈服于异族之惨毒羁轭之下而不敢少动也。且今日我国民尊崇膜拜之所谓天潢贵胄，何一非彼碧眼红髯之奴隶；以欧美人视我国民实奴隶之奴隶耳。嗟乎，今日欧西诸国，军备之敷设已全，铁道之工程将竣，四五年间，戎马杂沓，纷集至我亚洲，我远东病国其尚能苟延残喘乎！十年灭国之言，恐尚未能臻此数也。当此之时，我同胞虽欲为奴隶其可得乎！我敢请同胞一翻印度亡国史，一考英人于印度之所敷设，度未有掩卷而代为流涕者。嘻！止国之惨已有前车，奴隶之辱将有如是。夫印度之于英，犹为直接之奴隶，而其惨苦已若是；他日吾二重奴隶之同胞，其惨痛更不知如何也！吾今敢正告我同胞曰：公等苟以为异族之牛马奴隶为乐也则已，若欲脱离专制之苦海，而享自由之幸福也，则不可不牺牲我生命财产，以求铲除此惨毒之政体，驱逐此凶鸷之异族。苟不然也，则虽日望自由，日言自由，犹过屠门而大嚼也。公等苟欲保我国而不甘为二重之奴隶也，则请先毋为一重之奴隶；欲不为一重之奴隶也，则请尤不可不牺牲我生命财产，以铲除此惨毒之政体，驱逐此凶鸷之异族。不然者，吾国终亡焉，我国民终为人舆儓焉，则视彼虚无党之所为能无愧恨乎！舜何人也？予何人也？有为者亦若是，观于"露西亚虚无党"我同胞亦可以知所奋矣！呜呼，述英雄之伟业，借文字以鞭策之资；伤祖国之沦亡，发大声以醒同胞之梦。邦人君子，有念我者乎，盍亦投袂而兴哉！

### 第一节　虚无党主义及其成立之原因

月色惨澹，黑风怒号，秉烛孤坐，读露西亚历史，其专制之毒流溢全国，阴霾沉沉，不见天日之象，仿佛来往于我眼帘；其四野农夫，悲惨愁苦之声，仿佛接触于我耳膜。哀情奋发，仰天长啸，痛造物之无灵，何忍使世界人类，处于此极悲惨愁苦之不平等不自由之域也。

虽然，其勿痛。人事可以胜天行，天下事亦惟凭人造耳。况专制政体，岂天造者哉！以非天造之物而欲去之，而乃责之天，天无灵而终不应，而终不可以去，而终绝望；何如集人力以破坏之，或可达此目的耶。

惟露西亚人民明此理，惟露西亚伟大之国民明此理。思之思之，以为此莫大之事业，终不可以委之于天，于是所谓虚无主义起。

虚无主义者，破坏主义也，露西亚特有之一种革命论也。彼其处于水深火热之时，政府官吏既不可望，而其愁苦惨憺之情又抑郁而无可诉，乃以为欲去此社会之荼苦，必先建设新国家，欲建设新国家，不得不推翻旧政府，诛灭残暴之君主，于是不得不出于破坏之一策。夫人孰不好安而恶乱，重平和而厌破坏，然而彼之不得不出于此途者，夫亦知破坏亦破坏，不破坏而亦终于破坏也，任一二腐败政府官吏行破坏，则建设终不可望而国与之俱亡矣。

虚无主义者，实露西亚政府官吏有以孕育之也。其原因有二焉。一则经济上之状况，即土地所有一切之特权，皆为贵族所垄断，其余人民皆不得享，而民间经济之发达，颇为所阻害，使下民终岁勤劬，犹处于极苦恼之境遇。于是一般农民怨苦之声，盈于四野，忧苦之极，而离畔之心生焉。此其一原因也。其一则一切行政、司法机关之腐败，足以使一般社会，愤政府之所为，而强其反抗之念。此又一因也。然此不过其总因耳，其余细因，殆难弹述。总而言之，则政府之虐政、官吏之腐败与一般农民之不平，使少壮有为之青年学生不堪其愤慨。其反抗政府之机既将成熟，而欧西哲学，如唯物论、实验论等，又相赍而来，激烈之社会主义与无政府主义，又深入彼等之脑髓而不可拔，于是革命之思想益发达，革命之志益坚，终至横行于专制极点之大帝国而留恐怖记念于残暴之君主。

呜呼，吾今而后知专制国者，制造新国民之工厂也；专制手段者，制造新国民之机器也。手段愈酷烈，如机器愈利捷，则制造新国民更多而易。西哲有言曰："自由犹树也，溉之以虐政之血而后生长焉。"至哉言也！彼专制君主，当其行此手段时，其意岂不曰：欲压制国民，以保我子孙万世之业也。而不知其保之之术正所以为亡之之术也。使一闻我言，盍亦废然而返矣。

吾今而后知专制君主之压制国民不足畏，腐败官吏之鱼肉国民不足畏，所可畏者国民之奴隶根性耳。奴隶之劣性不去，则必以逼勒我赋税以供专制君主之快乐为天职，脧削我膏脂以充腐败官吏之私橐为义务。此心不变，则其国永亡。不然者，虽专制手段残酷如露西亚，虽残酷百倍于露西亚，其国民终有出泥犁之一日也。

呜呼！露西亚以若大之江山，其国民又有独立自尊之念，终不愧为伟大之民族，彼拥四百余州之土地，四百余兆之人民，而其国民领乃献奴颜婢膝于异族之前，其对于露西亚之人民，感情应何如！返观祖国，我羞愧无以容身矣！

…………

（《江苏》第四期，1903 年 7 月）

## 马叙伦

## 二十世纪之新主义

### 第一章　总　论

登二十世纪之大剧场，睥睨列强而研察其国步之进退，未尝不瞿然以惊、喟然以叹曰：於乎，可畏哉！其支拉夫民族欤！世界轻之，我独畏之，世界贱之，我独珍之，执二十世纪之牛耳，号召若英、若美、若法、若德、若意、若奥，而为其盟主者，必支拉夫民族欤！建振古之大勋，倡未有之寄观，开二十世纪之蚕丛荆棘，而造一五千年六大洲古今万国历史所未见之国家者，必支拉夫民族欤！或问曰：噫！俄罗斯殆今世界最不文之国，而支拉夫殆今世界至不明之民族矣，子顾希望之若是，推许之若是，一若今世纪所谓文明国若英、若美、若法、若德、若意、若奥者，胥不足比数。夫自十九世纪以来，民族主义大张，而且浸进于民族帝国主义，若英、若美、若法、若德、若意、若奥，莫不欢迎而鼓舞之，而彼俄罗斯者，犹固守其害比洪水、毒等猛兽之专制政体，而彼支拉夫民族者，亦犹是俯首于专制政体之下。於乎！方今环域谈新之士，莫不讴歌文明，若俄罗斯支拉夫民族者，殆不足与于齿数，而金羞道之，子顾希望之若是，推许之若是，子必有说，蒙静听焉。剑客曰：於乎，有是哉！子之崇拜英、美、法、德、意、奥而蔑视彼俄也有是哉。夫彼俄者固不文，支拉夫者固不明，然我独以为二十世纪之文明国必推俄。二十世纪之文明民族必数支拉夫。何也？彼其不文，乃所以可达于文；彼其不明，乃所以能臻于明：彼其前世纪之至不文、至不明，乃所以获孕今世纪之至文至明。虽然其文其明今尤抑郁而未达也，而其机则已见。见于何？则我请得而正告于环域曰：二十世纪有一新主义出，则俄罗斯之无政府主义是也。俄之有无政府主义，此俄之可以文明雄二十世纪之机钮也。何以故？彼无政府党者，其宗旨高，其识见卓，其希望伟，帝国主义遇之而却步，民族主义遭之而退走。虽以今日之文明国，若英、若美、若法、若德、若意、若奥者，犹不能容纳此主义，而且禁其党，逐其人，而独能盛于世界所谓黑暗韬耀如阿鼻狱之俄罗斯，而且毋论其为男者、为女者、为老者、为小者、为贵者、为贱者、为富者、为贫者，投其党者日增而岁加。虽以政府之大压力，而不能使惧而止；以西伯利亚之长途，而不能使苦而畏。於乎，懿哉，无政府主义！於乎，毅哉，无政府党人！我虽欲不倒服皈依而乌可得？我虽欲不倒服皈依而乌可得！

### 第二章　新主义之渊源及其倡始者

英人克喀伯之言曰："无政府主义者，发源于公产主义。"日人幸德秋水之言曰："吾今且不必论无政府主义之是非与利害也，但不解彼等何以忽主张此激烈主义，伸纵此暴恶手段，此中必有一大原因大种子存焉。然则，解拆〔析〕其为何原因，分别其为何种子，固今日之第一大问题也。则有为之说者曰：彼等迷信也；又有为之说者曰：彼等狂气也；更有为之说者曰：彼等为功名心也。然以为迷信，以为狂气，以为功名心，固矣；曾亦思彼等何以联络此广大之团体，鼓吹此涨溢之风潮，发放此不详之手段，而不悟迷信逞其狂热，以期满足其功名心乎！是必有一大有力之动机驱之推之而后然也。有力之动机者何？则彼等对于今日之国家社会绝望焉故也。"观于二氏之说，则无政府主义之渊源可了然矣。然我以为幸德秋水之所谓绝望者，尤为确凿不移之说，而无政府主义发源之真相也。夫试问今日之世界，其现象果何如？自国家观观之，则若英、若美、若法、若德、若意、若奥者，虽不能圆满其功德，而犹足以自豪矣；若以世界观观之，则此世界诚不解其为何世界，虽谓之为至不文明之世界，具大智慧者，必不以吾言为呓语也。若是哉，则无政府主义安得不盛？而俄罗斯特为其镕铸之炉而已矣。倡此主义者，为法兰西伟人布鲁东。布氏之忽抱此主义，则亦受法兰西政治之拶逼而出者也。布氏倡之，而俄罗斯之奇桀巴枯宁和而张之，此主义遂排山倒海而大出现于此世界，于是而英、而美，莫不有此主义之党人。故使列国之政策，苟悠久而如斯，则不独俄罗斯为其镕炉，而列国无非其镕炉，此吾敢明目张胆而决言其必然者也。

### 第三章　新主义之功用及其党人之毅力

抱至高无上之宗旨，具无坚不摧之愿力，誓昌明天地间之真自由而糠粃种种人为之机关，直欲挈此污秽混浊之世界一反而为华藏庄严金光琉璃之乐土，其惟无政府党哉！无政府党之作用恶乎始？始于破败。彼盖以为原人之始，莫不具有天然之自由，饮欤，食欤，游欤，泳欤，各任其天然，此为大幸福大安乐。而自有君有政府以来，倡设政治，制造法律，俄而有宗教，俄而有教育，种种束缚天然自由之机关相袭而来，及入于人种种机关之范围，而天然自由如烟消火灭，邈不可得矣。故必欲尽举而破败之，以得返天然自由为其独一不二之真宗旨。此其希望之大，诚为算数比喻所不及者矣。然其破败之宗旨又往往不得达，故常发愤于刺击，此俄皇亚力山大第二、美总统麦荆来之所以不保其生命也。然以无政府主义之高尚、之博大，而其作用不能扩，仅至于刺击，此又可为无政府党悲者也。虽然，其党人之毅力则有大惊人者矣。夫以俄皇之尊严，专制器用之完备，深宫严密，护拥盈前，而竟得刺击至于八次，前仆后继，曾不知死之为何，怡然甘蹈，虽以女子，亦从容无畏惧而击杀皇帝不已。亲王、将军之被刺者，犹时袭耳鼓而有聊。於乎！非其毅力之坚确乌至于此！乌至于此！

## 第四章　新主义之兴味

天下有一事，必有一事之兴味，彼天下人趋之若鹜〔鹜〕而不遑顾劳苦艰险危难、舍生命而靡悔、蹈白刃而不惧者何以故？可一言以蔽之曰：奔兴味故。是故，兴味多者，则人之奔之者亦阗，兴味大者，则人之奔之者愈勇。自十八世纪迄十九世纪，环域最多且大兴味之事，鲜有不推民族主义，故麋环域强国、萃列邦志，士之所犹者，莫不集于此点，而大英雄、大豪桀拼死生、洒血授首，虽万被戮辱而一飞冲天之气概曾不为之少挫。剑客曰：於乎，噫嘻！有是哉，兴味之动人也！彼配司达洛奇以老衰频暮之年，受种种之挫抑，而又昊天不吊，夺厥贤佑，人方为之悲哀叹悼，而配司达洛奇忧喜不异恒时，壮气不馁者，则以教育兴味之动之故。剑客曰：有是哉，兴味之动人也，我何怪无政府党之蓬勃日盛而未有艾也，诚其兴味之多且大，足以召人于无形，使之洒血，使之授首，使之弃财产，使之舍骨肉，而咸其一德，投其身以入其党。於乎，伟哉，无政府主义之兴味！我谓举天下事兴味之多且大者，莫能逾于无政府主义。彼以复天然自由、去人为束缚为独一不二之宗旨，其兴味已直与佛氏涅磐，孔氏太平，耶氏天国无以异。於乎！我何怪无政府主义之蓬勃日盛而未有艾也。抑我于无政府主义犹有大感焉。夫今世界强国虽曰文明文明，然其贫富贵贱之阶级，则犹深刊邃铭而未能去，虽经多数之社会党巨子或言论，或运动，竭大力而转移之，而顾奏绩犹渺焉，其难易盖可想见矣。而无政府主义独能均贫富贵贱老稚男女而一镕之，则其效果何如哉？虽然，此何以故？则又可以一言以蔽之曰：无政府主义兴味多且太，尤足以动人故。

### 第五章　新主义之潜势

天下谈士愤于万事之不平，而发为激急之言曰：天下无公理而有势。又曰：势之所在，公理趋之。於乎！此毕士马克所谓"天下可恃者非公法，惟赤血耳，黑铁耳"之变说也。而我且为之进一说曰：公理者，受势之排馈挼击而后出焉者也，是故势消则公理泯。虽然，势消而公理泯，此境界何境界？我祷之企之而犹悲夫吾身之不克见，转轮吾身数十世而亦不克见，遽望于今日之世界，斯亦痴人谈梦之比例矣。我于是改弦更张而论势。虽然，势之能力谁不知，又何待夫吾言？第势有明潜，明势不如潜势之激急，潜势愈于明势之勇猛。彼物理家之言势曰：明势易知，潜势难测；明势易制，潜势难御。于乎，势哉！驱策世界，转移文化，臣而若兹，敚吊语辩，要不能忽。而潜势则尤可畏，彼非利刃森戈，非坚枪检猛弹，而其伏也，隐隐然如将攫人以食，其发也，一泻千里，一崩万丈，移高加索之山，不足以敌御，翻太平洋之水，不足以抵遏。大哉，伟乎！潜势者，庶几势之势矣。世界之得潜势者，以无政府党为最巨，而无政府党潜势之所由巨，则彼党人坚忍不摧之志、强毅不摇之力为之孕母，虽小发于击杀俄皇亚力山大第二，而其大部则犹隐然伏焉。於乎，二十世纪者，殆其潜势大泄之时代乎！尝读俄罗斯最近之报告曰：虚无党近在圣彼得堡附近夜开大会，讨论政府之方策，决议案共有十条，其中第四条曰对政府之暴戾官吏以暗杀处分之云。我又闻日本幸德秋水氏之言曰：全球大陆之人民，无政府党殆居其六七。於乎，隆哉，皇哉，堂哉，无政府党哉！彼操何术而至于斯？则吾决言之曰：即以兴味故。其兴味大，故其潜势亦大，而彼俄罗国民之投其身于无政府党者，则亦不啻居全国国民十之四五矣。使彼十之四五之无政府党人，人人操匕首，挟短铳，侍候于其暴虐官吏之侧，以图暗杀之举，则综俄国之官吏而死之，无异屠人宰畜，一举手一投足之劳耳。又使彼全球大陆人民十之六七之无政府党人亦人人操匕首、挟短铳，侍候于其暴虐官吏之侧，以图暗杀之举则综全球大陆之官吏死之，亦不异夫屠人宰畜，一举手一投足之劳耳。而且暗杀者，不过其潜势发泄之小部分，使其全部尽发泄之，则开二十世纪之新天地，而经营一自我作古之大观，夫岂难哉！於乎，洋洋乎，无政府党哉！我祷之、寿之，我且敢预为筑一高耸云表之大台，号召全球大陆之愿一睹此洋洋大观者，拭目而俟之。於乎，隆哉，皇哉，党哉！无政府党哉！无政府党之潜势哉！

### 第六章　新主义与英美

无政府党既据全球大陆人民六七之数，其团体伟矣大哉，然固不独盛于俄一国，而英而美，盖无不有其偌大之团体焉。然而，俄则击皇帝、刺亲皇、歼将军、椎大臣，暗杀之举频袭耳鼓而来闻，而英则鲜焉无有聊，美则自前总统麦荆来后亦不数数见，其故何也？剑客曰：此其故无不易知，则英与美之政体固大殊于俄也。其政体异，其人民之鼓舞政体者亦与俄民之怨毒其政体者有间，则其党之作用自不能若俄之直截而痛快。然而，美总统鲁司华尔之遇险者已几次矣，且竞竞然惧其党之复至，而严定法律以绳之，冀其有所畏怖而不敢行矣。於乎！若鲁司华尔者，乌得为智者哉！彼无政府党人所抱之宗旨何在？而岂死所能绳之哉？且夫自十八世纪以前，死之一字，固如将下无间地狱之可惧，自十九世纪以来，死之一字，已不为人所怖畏，而甘趋之者，一若有天堂乐土之可就，此非抱无政府主义者犹然，而况彼无政府党哉？彼既不避艰险而图暗杀，必已坚定其舍身之宗旨，夫岂区区法律之所可绳，又况彼固弁髦敝屣视人为之法律者也，则又岂法律之所得绳？吾中国大哲学家老聃之言曰："民不畏死，奈何以死惧之？"吾请将斯言以语诸鲁氏。若夫英则虽无击杀皇帝之举，而迩时报告曰：有无君党多人寓居伦敦，谋乘机将德国皇帝于稠人广众公干之时致其死命云。夫其为刺何人、杀何人要不必问，总之，其刺人杀人不二之宗旨曰：刺杀政界有特权大力之人，以图破败现今之政界，谋天真之自由，斯则其见可授命、宁死勿易之方针无容寄疑者也。於乎！吾尝谓一思想之能入于人脑筋，激其电而发为言论，则必能由言论而生事实。无无思想之事实，无无事实之思想，彼无政府党之初胎孕也，亦不过寄遐想于来兹，而讵料至于今日竟大发达其事实。於乎！此亦布鲁东等所欢欣含笑于黄壤者矣。虽然，今英与美之无政府党不如俄之无政府党之烈，意者英与美之无政府党正方秘伏其潜势，以期诸一发而大炽欤！斯又非所逆料矣。

### 第七章　新主义与俄罗斯

剑客曰：奇乎哉，俄罗斯之与无政府党矣！以专制最固且备之俄罗斯，而偏产一前无古后无来惊魂动魄之奇新主义，涌其潮流，磅礴澎湃，使皇帝为之惊恐，大臣为之震慑，亲王为之怖畏，将军为之防御，一动静而使全球为之注目，一伏发而使列国为之用心，殆所谓天作之合，使结不解缘者欤！奇乎哉，俄罗斯之与无政府党矣！虽然，无政府党之盛于俄，厥为俄害，厥为俄弗？我请得而决言之曰：于皇帝、亲王、将军、大臣则为害，于支拉夫民族则为弗，此固不待有知之士辩而后知也。且吾尤敢进一语曰：俄罗斯有无政府党，有之而且盛之，此固不独支拉夫民族能获大幸福于其自国，而且足以蚕丛辟道，树大旆以号召群族而凌轹五洲者矣。盖俄罗斯之黑暗，举人莫不知，支拉夫民族蹲伏于专制政体之下，历时不为不久矣，而顾不能一猷革命之运动如彼美、法、德、意者，则缘夫变法自上也。夫俄之政治不可谓未变矣，自大彼得以枭雄才游历各国，而归迫其民以改服色更制度，陆海军大振，而以变法遂骤增其治民专制之程度。当彼之时，俄民懵焉无所知，不际其势而伸其权，反默默然认守其遗训，甘受奴隶之待遇而不觉。及大彼得既殒，专制之政体已完全成立，虽欲不承认而不可得，于是有奇杰独行之士如巴枯宁者，目睹其酷惨而不忍，望以和平改革而无一方面不生其绝望，故一聆布鲁东之言论，遂若别有天地，诚造立新国家之唯一妙主义，坚抱其大破败之目的，誓其身以从事，颠沛流离，百折而不磨其志，播种子，扬风潮，浸假而传导体，传导其影响于多数对于国家社会绝望之士，而无政府党乃成立矣。及巴氏二次谋革命而皆败，其影响遂大敷布，而无政府党之团体渐以澎涨。於乎！继今而后，我知俄之无政府党必曰扩张而充斥于全国，举支拉夫民族莫非其党人，而后俄罗斯亘古振今之大观于以演，斯其时不遐，固可拭目而俟之者也。然而，俄之有无政府党，则大彼得制造而出者也。於乎，大彼得！于乎，无政府党！抑观于俄大彼得之变法，而深可为我中国勖也。方今中国普通之士莫不引首而企曰：朝廷其变法乎！政府其维新乎！一若无朝廷无政府则遂无望于变法、无冀于维新者。於乎！是亦不可以已哉！试观诸彼得变法后之俄国，则吾宁死而不望其变法，希其维新。或曰：噫，谬哉！俄则然矣，子独不见夫吾东邻之日哉！变法之自上，岂必尽为俄？而日其证也。剑客忻然曰：而盖未尝一窥夫日史哉！彼当明治之初，上亦曷尝注意于变法，而诸藩士之倡言攘夷尊王，实为开港变法之动力，西乡隆盛、福泽谕吉等拼生死而图之，鼓荡风潮不遗余力，而睦仁狡才，因而利用，而日之维新奏绩矣。是则变法仍始于下而不自上也，遽可谓与大彼得之变法一辙哉？於乎！吾中国而如大彼得之变法。吾稽首以祷其无。

### 第八章　新主义与中国

於乎中国！於乎中国！人为中国悲，我为中国喜；人为中国吊，我为中国贺，我非感情觉性之有殊于人也，我之喜自人之悲而来者也，我之贺自人之吊而出者也，人之所以为中国悲以吊者，曰专制政治之不覆以更也，我之所以为中国喜以贺者，亦曰专制政治之不覆以更也。夫所云者同，而所感者异，我虽自辩非感情觉性之殊人，人其焉谅之。然我不敢效滑稽以徒逞其辩：我闻专制政治者，所以鼓铸破败专制政体之无政府党之大制造厂也，制造厂之器用愈备，则其所鼓铸而出之物质愈多；专制政治愈甚者则所制造之无政府党愈众。此比例百不爽一，征诸前日之英、法、德、意而信，征诸今日之俄而益信，征诸将来之中国而更坚其信。夫今日中国志士疾首感额登大发言台为诸父伯叔昆弟大声而呼曰：覆专制政府！覆专制政府！於乎，菩提哉其人！佛偈哉其言！然我以为此以覆而覆，不若以不覆而覆，其潮流更澎湃磅礴不可迫近。何谓以不覆而覆？则所谓使益重其专制是也。大抵天下事贵底于极而忌中立：止于剥极则复，止于否极则泰，若立中道，譬诸花蕊半开而僵，欲达不达，欲止不止，其害不仅于花蕊之自身，而他花蕊且被阻其发达。政治犹是也。专制甚，则民觉而毒，而谋所以抵抗之希望生，有希望则必有遂其希望之一时；苟专制则专制也而不甚，则民难觉其毒，而歌舞酣嬉，蹲伏于专制政治之下，一若甘者然，虽有先觉志士焦口敝舌痛心呕血为之说法，为之倡导，亦谚所谓对牛弹琴已耳。今日中国政治之专制仅及于将甚未甚，尚未臻于大甚之点，试举中国种种政治机关之专制，若法律、若警察、若宗教、若教育，与俄对照而比较之，皆不俄甚若，而中国言覆专制政府盖夐夐哉。虽然，睨于今日中国政府所施之政策，殆惟恐不逮俄，而斤斤然以猷及之，此固可欢迎者也。何以故？彼其政策皆所以使人生绝望之观念，故今日中国社会对于政府，惟恐其无绝望之观念，而能有之，此吾所以不为中国悲以吊，而独为之喜以贺也。

### 第九章　缀辞

剑客曰：昊天不仁，生此世界，圣人不仁，敷此政治，所谓贤人君子、大儒哲士者，又佐而和之，俄而有法律，俄而有宗教，俄而有教育，俄而有学术，设网张罗，束酷斯民，尖尖毒焰，日剧靡已，灿灿真土，易为孽海，浑浑乐境，化为阿鼻。於乎！彼以大不仁之心，设大不仁之政，然且忝颜呼告于民曰：咨俞此仁政也，此仁政也，此所以利治尔民者也。佐而和之者亦曰：此仁政也，此仁政也，此尔民所当乐从而懔遵者也。皓皓之民习久薰化，亦从而歌之曰：此仁政也，此仁政也，此吾民宜感激而顺受者也。及夫数世数十世而后，彼其子孙有不从乃祖父之遗谟而倒颠其常，则又有所谓贤人君子、大儒哲士出而高呼大叫曰：此暴政也，此暴政也，此背先王之遗教而尔民宜抗者也！于是民亦哗然当相告曰：此暴政也，此暴政也，此背乎先王遗教而吾民宜抗之者也！於乎！先王其果仁乎？后王其果暴乎？吾恶夫知；其仁果真仁乎？其暴果真暴乎？吾又恶夫知。剑客曰：有此政即暴矣！然则先王谓之暴可也，后王谓之仁亦可也。仁而暴，暴而仁。此皆出于所谓贤人君子、大儒哲士之口者耳，吾恶知其然其不然？我谓尧舜禹汤文武者，秦始皇、汉武帝、明太祖之祖父也，无尧舜禹汤文武，则无秦始皇、汉武帝、明太祖矣。又使秦始皇、汉武帝、明太祖生于前，而尧舜禹汤文武生于后，则世亦颂尧舜禹汤文武者颂秦始皇、汉武帝、明太祖，而詈秦始皇、汉武帝、明太祖者詈尧舜禹汤文武矣。於乎！仁暴之名，习惯而然，非自然而然，吾今且欲去此仁暴之称，而一任其自然。虽然，斯岂易易哉！夫欲去仁暴之称，必先谋其自然。於乎！积五千年，大地球万国无不入于习惯中，一旦欲挈而出之曰复自然，复自然，戛戛乎难哉。虽然，复之有其道，而必自无政府党建鼓也。彼无政府党者，且宗旨高，其识见卓，其希望伟，其所以高且卓且伟于群党者，曰：彼能敝屣人为之种种治法而认自然。彼不仅希望于一国，而普望于全世界，彼不仅希望于一己，而普望于全人类。於乎！堂哉，皇哉，隆哉，无政府党哉！返自然，返自然，必建鼓于无政府党矣！剑客曰：二十世纪者，其无政府党执牛耳、握霸权主盟全球之时代欤！而俄罗斯实为其大军发轫之地，俄罗斯欤！咨汝何幸而得拥此天纵骄儿，以争衡于全球！我为汝祝！我为汝贺！

　　剑客曰：有者物之始，无者有之母，无生于自然，物至于无，几于自然矣。夫自然者，大道之真；自然者，不可说，不可图，不可名；可说者非自然，可图者更非自然；自然不可名而名之曰自然，盖犹强名之耳。於乎！吾不知几千万亿年以前，天地未朕，有无未孕，其景象何如？吾又不知天地既朕、有无既生、尚未有所谓圣人、贤人、君子、大儒、哲士创造一切治法之时，其景象又何如？以吾脑力度之，自然而已。大哉自然！高于苍天，深于黄泉，大以弥空，小以塞间，渺渺冥冥，洞洞濛濛，无不适，无不得，不可名，吾强名之，不可象，吾强象之，仙境欤？佛窟欤？大哉自然！群生之母。於乎！群生之离母亦久矣，飘零逆境，无所皈依，力苦缠牵，莫得解脱。於乎！群生其思解脱乎？无政府党其觉迷渡津之宝筏也。我愿与群生共投之，庶几其能返归于母乎？大哉！无政府党矣，我请为诗以歌之，歌曰：天兮萋萋，地兮茫茫。苦恼丛集，修罗横行，乾韬坤绝，魄存魂亡。来者熙熙，去者攘攘。瞢然靡觉，夙夜徬徨。无政府党，目的高扬，誓觅真境，长乐永庆，咨尔群生，曷与将翔。天兮苍苍，地兮荒荒，我歌我歌，拨羽奏商，诸天众神，神其来王，我歌既竟，乃散花香。（《政艺通报》癸卯年第十四、十五、十六期，1903 年 8、9 月）

## 燕　客

### 《无政府主义》序

　　自然生译《无政府主义》终，告余曰："为我序之。"余反复读之，不禁有所慨也。亚之大陆，有一国焉，不知其方向之东西南北，而名之曰"中国"；有一群焉，男戴若猪尾若非猪尾之辫发，女装若马蹄若非马蹄之鬼足，自别夷狄，妄曰华人。悲夫！悲夫！其真不自量之甚也。自他邦视之，其国也已不国，国表上早无其地位；以他人较之，其人也已非人，人皆嫌其秽臭。中国华人其若斯乎哉！廿纪风尘，犬狼争至，四亿之人，殆无死地。有志之士，于是奋臂大呼曰：革命！革命！革命为图存之良药！革命为进化之利器！吾初也惊之，惊其以若斯之丑类，果有若斯之思想乎？继也吾敬之，敬其果有欲行破坏主义，而破坏其四千年来之若学若政若一切野蛮设置者矣。且望其革命风云之速起，于此沉沉殆死之大陆，演一种雄烈壮快之活剧也。敢鹄立下风，述我希愿：

吾愿杀尽满洲人，以张复仇大义，而养成复仇之壮烈国民。

吾愿杀尽亚洲特产之君主，以洗亚人之羞辱，为亚人增光。

吾愿杀尽政府官吏，以去一切特权之毒根。

吾愿杀尽财产家、资本家，使一国之经济均归平等，无贫富之差。

吾愿杀尽结婚者，以自由恋爱为万事公共之基础。

吾愿杀尽孔孟教之徒，使人人各现其真性，无复有伪道德者之迹。

伟矣，烈矣，革命党之前途！其希望之大，当与江海同流；其功业之伟，可共日月争耀。能不欢迎也欤！吾既欢迎之，吾不得不为之计。所计者何？

革命党其毋羡美国之独立与法国之共和耶，画虎不成，反为类狗，过屠门而大嚼，无旨味也。破坏不能与建设并行，既欲行大破坏，当专以破坏为脑。

革命党其毋拜拿破仑、华盛顿耶，能效哥载里乌、枣高史之一二，已足为此黑暗地狱增光。

革命党其可舍军队策略，而用无政府党之暗杀手段。

奇矣鬼矣，暗杀手段也！以不满万人之无政府党，立足于欧美两洲，行其手段，能大寒世人之心魄，任其何等高贵华族，严威警官，皆受其恐；若帝若王，皆为之警戒，失首丧命者，已层见叠出矣。羡暗杀手段，其法也简捷，而其收效也神速。以一爆裂弹，一手枪，一匕首，已足以走万乘君，破千金产；较之以军队革命之需用多、准备烦、不秘密、不确的者，不可同日而语。茫茫亚洲，若满洲人，若君主，若政府官吏，若财产家，若结婚者，若孔孟之徒，有何绝大手段能抵抗此神出鬼没之主义乎？遇而必毙，自不待言，功效之大，更非欧美之所可及也。故曰：暗杀手段诚革命之捷径。大平洋之风飘飘，昆仑山之月皎皎，言革命者，曷归乎来！

黄帝四千四百一十四年秋八月

燕客谨识（《无政府主义》）

## 张 继

### 无政府主义及无政府党之精神

十八世纪十九世纪之热血男儿，以笔与舌日日呼号于众曰：君主为人生之公敌，君主为社会之最大罪恶。一时杀尽天下君主，流血满地球之声，势如河决，不可止遏；改造政体、撞自由钟、树独立旗之风潮，猛若火炽，极亘古未有之壮观。查理士第二、路易十六种种绝大暴主，由是焉毙命，自由宪法、共和政府等等美善事业，由是焉告成。试观十八、十九两世纪之历史，满载人民与君主战斗之事迹，伟矣！壮矣！吾歌之，吾诵之，吾为之欢跃，吾为之呼快。往事已矣，今也二十世纪之舞台，将有如何现象乎？

人事日进步，则自由日见增长，是自然之公理，无侍吾喋喋也。前水非后水，昨是而今非，是亦天地之大经，无足怪也。前之所崇拜所欢迎者，而今乃粪土之不若矣。君主政治固为罪恶，而共和政府亦不得谓为永久之善种矣。君主去而大统领又来，贵族灭而资本家乃生；君主之国曾多种种罪恶反逆之事，而共和之邦亦未绝暴戾背道之行。有志之士遂怀不平，誓除尽世上之有特权者，使归于平等。人贵自治而不肯被治于人，于是乎无政府主义生矣。二十世纪其无政府主义之竞争场欤！

无政府主义之由来与主张征讨暴主论者有密接之关系。"从吾之所信而杀人不为非法"云者，是征讨暴主者之言，而无政府党亦崇奉之者也。无政府主义又与恐怖党相类。恐怖党曾有公言曰"目的认手段"，其意盖谓无论如何手段，足达我目的者，皆可实行，我之手段果足以安全国民，虽行杀害之事，亦不足咎也。无政府党之理论亦然，盛主张杀害之可行。

维羊有言曰："加财产家以暴行，乃正当防御，不得言恶。人来害我，我反抗之，非正义何？"盖暴主与仇敌同，暴主为害，即可行正当防卫之权以自全也。海鲁氏亦曰："暴主对国民为不义之战，社会即有与暴主开正义战之权，对仇敌所施之手段，皆可加诸暴主之身。"

恐怖党不自认其罪恶为罪恶，一杀再杀，决无悔心，或杀僧侣，或杀贵族，莫不自夸誉也。若山鸠斯德，若罗柏斯比，乃其党之尤者，曾大言曰：

"凡溺杀铳杀之事，皆合于正理，不惟无罪，反有功于社会，盖社会之苦恼重重，以残忍之行始能洗去。"

投爆裂弹于社会，行种种残暴之事，由常人观之，当惊怪不已，而无政府党为之，乃恬然不以为奇者，盖谓欲全人类之最大幸福，非由爆裂弹之力不足为功。法国革命时之嘉哥宾党，以断头台为利器，岂无故乎？罗柏斯比惨杀鸡龙登、丹登两大党之人，慨然自夸曰："今逆党既去，则民福之妨碍物全无，而我党之目的可达。"以杀戮稳和派为致幸福之道，是罗柏斯比之大手段。至无政府党，亦以灭亡资本家为保人民幸福之上策。

以威吓为手段，恐怖党然矣，而无政府党亦宣言曰：吾党欲以威吓二字左右一世云。俄罗斯之虚无党，乃无政府党之一派，时以威吓党自夸。有一党员，当受法廷之究问时，法庭问其目的何在，彼乃大呼曰："吾之目的，在恐吓政府！"伟矣！烈矣！俄罗斯之专制政府，多年以来受该党之种种刺激，而今乃不堪其恐怖矣。

俄国政府，在革泥古斯白哥搜索虚无党，得该党之盟章，其中有一节曰："吾党之所以准备暗杀某某者，以必大益于国也，如能杀某某，则政府可以扰乱，而恐怖之潮必涌布于四方。"法朗西之无政府党，亦以吓胁政府、吓胁有司、吓胁陪审官为绝大之目的，维里割烹店之爆裂事件，岂仅为拉瓦国儿复仇而杀市民而已，实欲吓胁陪审官也。

无政府党常奉丹登之言曰："大胆，大胆，常常大胆。"盖大胆乃无政府党员之通有性，以大胆为成功之捷径者也。哥乐波度金亦有言曰："凡果敢之成功，惟大胆者为能。"

丹登为革命党先锋，为法朗西恐怖时代之巨魁，是人人所共闻共崇拜者也，推其革命成功之由，全在"无慈悲""无踌躇""无似是而非"三大特性。盖慈悲、踌躇、似是而非三者，乃败事之源，而勇往无前之人，非除是三者，则革命无望。彼党尝曰："果敢，果敢，常常果敢，而果敢之最要者，为智力上之果敢，智力上既能果敢，则凡百能力，皆得养成果敢。"世之革命家多奉此语若神明，而拳拳勿失。千八百四十八年，著名之无政府党员布鲁东亦曰："革命之时，市民须三读丹登八月初十日之言。"盖八月十日，丹登曾以非常之态度，唱绝快之演说，而寒贵族之胆也。革命党之将暴动也，以威吓贵族党为起点，而无政府党之将大活动也，则以威吓资本家为先声。

无政府党之党人，其数甚少，以甚少数之人，能演大话剧于大地，警世人之心胆者，有二源焉。一曰该党之果敢，一曰他人之怯懦。对他人之怯懦，而应用己之果敢，则虽以少数之人，直所向无敌。哥乐波度金曰："提醒人之独立感情，发作其果敢气象之法，全在行为之凶猛。"又曰："耸动天下耳目，使天下人受新思想之感化，其最捷速之法，当推突然之事变为第一。以一投足一举手之劳，顷刻之间，其风潮泛滥于全世界，而叛背之精神，果敢之气象，借兹以盛，其效果乃远愈于千百杂志新闻。果敢之举动，往往于数日之间，足使政府全失其能力，忽忽颠覆者，不可胜数。人民见政府之无能为也，盖长其勇敢之气，革命之功，乃克大成。"又曰："人民之感情，当炎炎方盛之时，镇压手段，绝不足挫其势力，而反增其暴乱之潮，潮势滔天，传播于种种阶级，向之仅拘于一部区者，今乃逞绝大之势，而影响于无涯。"盖天地间最可惧可伟之事，莫甚于为人道牺牲之精神，其精神流布之速度，若传染病然。杀害主义之始祖，当推伊师美拉杜党。此党在十一世纪，振大势力于亚细亚，震慑人心。四百余年，此党之教旨，谓天地间无可信仰之事，宇宙间亦无不可为之事，行为无是非之别，欲世界一新，杀害之事必不可少云。此种杀害主义，风行一世，建立王国，王国之人皆遵奉之，故有"刺客国"之称。不独以四围之诸国为敌，并以人类全体为雠仇也，其王之最有名者，为哈杉北厦巴，乃精通神学哲学之大著作家，绝非通常之盗贼可比。

丹登在革命法院曾扬言曰："欲致人民于安全之地位，非以非常猛烈之方策不足为功。"千七百九十三年，胁吓党处鸡龙党员以死刑之时，告于天下曰："共和国今方危急，欲救之，则非杀鸡龙党不可。"无政府党亦有同式之论曰："今社会方病，欲瘳之，不可不先灭资本家。"嘉哥宾既杀贵族，又杀鸡龙，更杀僧侣，而自夸曰："此乃救济人民之阶梯，贯彻兼爱主义之顺序。"马拉之日课，预定一日或杀五万人，或杀二万七千人，以为保全人类幸福之道云。呜呼！快矣。今也无政府党，以灭资本家为人类求幸福之本，其言曰："妨害人民之幸福者，资本家也，故不可不尽亡之。"

千七百九十三年之胁吓党有恒言曰："贵族之中无一人无辜。"今日之无政府党曰："资本家之中无一人无辜。"无政府党之政策，与千七百九十三年之嘉哥宾党主义相同，惟其对财产与政府之观念，两者之间则微有不合。无政府党以破坏为旨，而嘉哥宾以保存为务。千七百九十三年嘉哥宾党中亦有过于激急，憎忌富豪，渴望快乐之极点，唱言无政府党主义者，如学美德者是也。

学氏曰："吾人既除贵族与国王矣，而尚有一种贵族不可不去者，富豪是也。"达黎安亦主张绝对之平等论，指财产家为公盗。布里师梭著一书，题曰"财产与盗贼之哲学考究"，首曰："盗贼云者，财产家也，盖垄断财产者，即盗贼也。"

憎忌富人，贱视兵役，热中于绝对之平等，求社会之幸福，而目的认手段，以杀戮官吏为正义者，构成无政府主义之元素也。法国总政官时代，有名西〔巴〕布夫者，热心绝对平等，立一大党名平等协会，以建设哥乐波度金所理想之共和政治为目的，马沙耳所起草之纲领书中，曾记该协会之要领曰："吾人欲得真实之平等，不得不若死。得之之法。惟有牺牲，世间一切物，凡障碍吾之前路者，皆击碎之。最亲爱之同胞，既以铁血斩国王与僧侣矣，今何不更用其法，以处置世之有特权者耶！吾人欲得平等之实，不欲徒得其名，吾人神圣之希望，在绝竞争，止不平。今也光复自由之日至矣，庶几乎其可绝贫富贵贱主从治者被治者种种等差罪恶，使人与人之间，除长幼男女之别之外无所异。人人皆方趾圆颅，能力作用非有殊也，当受同一之教育，居同一之地位。"

巴布夫党之所大欲者，在殄灭治者之阶级，以行其教义，杀尽文武官吏，以暴力横除一切业障，凡为该党之障碍者，彼誓必扑灭之。彼等以自由、平等、幸福三语，奉若祖师，或大书于反旗，或精制为徽章。

巴布夫真豪杰哉！当将受死刑之际，自比于基督曰："吾殉道以身，死何足惧！后之仁人君子，必有称我为至德者。"视死如归，以死为荣之气概，真令人不得不拜其下风。当定谳之时，亲致书与总政官曰："今汝欲定吾罪，吾甚希望之，但当以吾身与政府置于同等之地位，而论列孰是孰非。"自负之气，又何等伟大。又曰："余之断头，必垂光辉于万世，刑余之晓，必有少妇青年设香案祝余者也。"自信之坚，自待之高，更何等快烈！

溯巴布夫师弟主张无政府主义之故，受影响于马布里及蝶洛之著作者固多，而尤为直接作俑者，乃路索之不平等论，党人有名戴耳缦者，尝曰：

"余每读马布里、蝶洛、路索之书，而反抗人类仇敌之勇气，益觉强大。"
马布里之《立法论》中，有曰："天道爱人，欲使人民之地位、财产皆归平
等；不平等则阶级必生，阶级生时罪恶必多。"其论理恰与今日之无政府党
相符合。无政府党曰："今日之社会，万事不平等！有极富者，有极贫者，
当全破坏之，另立新制度，使人人皆得享有幸福。"

布鲁东者，无政府主义百世之父也，继巴布夫而出，常主张职业财产平
等之说，爱平等如狂。其言曰："财产家云者，非因吾额上之血汗而致富者
乎？吾爱平等之热度，以此而致狂，致狂之由，因爱平等较生命尤重，较
爱情尤切故也。"布鲁东曰："财产家者，盗贼也；旧教者，仇敌也。"布鲁
东以社会上及宗教上之各种制度为恶业，劝人废宗教废法廷，曰："送神归
天，是幸福之始。天之置神于吾目前者无他，只一条丝线耳。丝线者何？
教会费是也。无教会费则无神，何不断此丝线？丝线断，则革命起，代神
更设种种美善之物。革命不能与神并立，神之所在，即吾人之敌也。"

无政府党最恶私有财产。遇有资本者，悉欲夺之；有持证券者，悉欲取
而焚之；凡保护财产权之法律，皆欲一洗而空之，以达其社会平等之真意。
卑视所有权之心，不异待奴隶，扫尽社会上阶级等差之道，以废灭私有财
产为最上策，社会之富，由富人之手夺回，还诸社会，无政府党之大主目
也。哥乐波度金向劳力者言曰："夺富人之所有物，逐富人而占据其宅，乃
天下之庆事也，则从来之弊门蛙户，可一切火之。"又曰："私有财产，非富
者所原有，乃夺自社会者也。一切货财由人我之劳力所生，惟人类之全体
始得为其所有主，焉可使贱丈夫垄断之哉！"

无政府党曰："废止私有财产之后，则罪恶之迹全灭。何则？夫所谓罪
恶者，非加害于人之行为乎？分析其行为之元质，或三分之二，或四分之
三，多由于欲得他人之货财，以构成盗心耳，如他人无货财，则此等罪恶，
能不绝迹乎？是废止私有财产之说，所以为可贵也。"蝶洛曰："以余观之，
如无私有财产，则与财产相关连之罪恶，可全归于无有。"其意亦谓盗贼之
所以生也，全因于财产之所有主；苟无财产，则盗贼自灭。犹若唱无婚姻
论者，以社会有奸通罪之故，因于有婚姻制，欲绝奸通，非先废婚姻制不
可者相同（译者著有《虚无主义》一书，不日出版，内有无婚姻一篇可参
观），巴布夫尝称扬蝶洛之为人，并尊其为先辈，因蝶洛之言，殊有功于无

政府主义，非可忽也。

无政府党以财产为强夺之结果，于是乃言：彼既能强夺之力，则我有光复之权。昔有一无政府党员，行窃盗之事被发，受法廷之究问，彼曰："余非盗贼，乃行光复之事者也。"千八百四十七年，撒鸰裁判所拘罪犯十人，乃某秘密协会之会员，皆因行光复之事，而夜入财产家强夺放火者也。

夫人之希望绝对平等久矣，其希望之热度日高，而憎恶财产家思杀尽之之心益炽。当法国革命时代，人人脑筋皆崇奉平等之理，遇有区别等差之事，莫不忌憎之。憎富，憎贵族，憎德操，憎礼仪，推平等之理，而用诸极端。不见夫嘉哥宾党乎？废一切尊称；小见夫君土地丢因度议会乎？禁称贵族之爵，见贵族之仆服美衣也，乃罚之；又不见夫君温兄议会乎？下令限一束复间，公私之园囿家屋，有带徽号纹章者悉没收之。恐怖时代，人皆惧有贵族之称，衣食居处，多带朴质之风，因嘉哥宾党之搜索贵族，无所不至，其惨快之行，日不绝见，皮肤奇丽者，被误为贵族而死者多矣。

欲观无政府之言论，可读《古罗昂语纂》一书。凡无政府党之意见，皆罗列焉，故又称为革命语纂，最主张绝对平等，最憎恶富人，最鼓吹暴动，而排斥军人。其第八章有言曰："佣主增劳动之时间而减其工价，劳动者因此不得生存，而转死于沟壑者众矣。"又曰："佣主皆色丹恶魔之徒弟，性之残酷，无有伦比。"其第六章以人比于蜜蜂曰："蜜蜂所积蓄之蜜，其分量仅以足养其生为度，是有所节制也。而人反于需用之外，行种种积蓄之事，何蜜蜂之不若欤！"其第七章乃大唱平等之理，不立尊卑主奴贫富君臣父子之别，而言一切人皆当平等。再观巴布夫之宣言草案第七条曰："凡最公平之社会，绝无贫者，富者之别。"第八条曰："富者当以己之所有分与贫者，否则富者成人民之敌矣。"第十条曰："革命之目的非他，在去不平等，再造人类全体之幸福耳。"其十九章及二十章拉马泥之绝对自由论曰："诸君诸君，君有一父曰神，有一主人曰基督，君之生也平等，除神与基督二者之外，有生以来，未有能支配诸君之一人，故专权者自由之敌也。"古鲁刘有言曰："无人可为吾之主人。"由此言观之，人贵自主，他人来主我者何为？无政府党中无主人，无王者，无代议士，党人恒言曰："从来颠覆政府之目的，全出于为己利我之心，逐前政府而占其位，以暴代暴，何足道哉？吾党今日所欲刘灭政府及一切有权威者，无他，乃全出于公益，无所用其警察，故曰美矣新革命也。"

欧洲近来攻击兵备之书，出版者日多，无政府党亦日日奔走于兵卒之间，劝兵士拒服从之令，避军务之事。昔拉马泥曾有言曰："创设兵役，非压制国民者乎？以奴蓄人类为事，岂非罪恶乎？夫以服从为美，以名誉忠信为德者，恶魔黑暗之观念也，为恶魔设此恶策，恶魔曰：余当为彼等作二偶像，一曰名誉，二曰忠信，又立一偶像，曰最有服从性质之法律，彼等皆受三者之支配，吾愿足矣云。夫名誉、忠信、法律三者，乃最大恶物，如崇拜之，则结果之如何，甚黑暗不可言状。故曰，欲全人类之幸福，当先破坏此三偶像。"

拉马泥尝怂勇被压制者，以暴力为除压制之道，又恐人之因谋败而失望也。乃以一大语劝之曰："不幸失败，亦不足忧，后此世界，终必为诸君所有，诸君之血，与亚柏耳之血无异，诸君之死，与殉道者之死同。"制限财产权，使人人之所有物不得过度，物质上之嗜欲，使人人皆满足，而去不平等之差，乃自然之大道，而拉马泥之所大欲也。怂恿市民，轻视政府，教诲兵士，恶其长上，令世人知名誉、忠信为一种极可恶之偶象，超出一切范围之外，而出于自由海，是拉氏之主目。故曰：若拉氏者，真无政府主义之健将，人类之救主也欤。

推夫拉马泥过激主义之源，岂非出于不忍之心，悲观世界之多罪恶颠倒乎？善人乞食于道路，而恶人享福于高堂；强而凶者，横行放恣，佳而美者，苦受压制；无辜者被法官之拷掠，而莫或过问；有罪者善脱罗网，莫之敢撄。呜呼！王道坦坦。曷其不公平之至于此极也耶？人皆有感性，无感性者非人，见人类之不平，而不知愤起者亦非人，无政府党其最富感性，而有不忍之心者欤！见人有不幸，辄发仁心，怨神忌世，无时或忘，或为无神论者，或为狂人，杀皇帝倒政府之念不能自禁。不见夫史飞特乎？见爱耳兰英伦压制之惨状，有不堪注目者，愤奋之气，不能自抑，乃谓一友人曰："不见夫邪恶贪婪之徒，夺君之肉而食之乎？而君之血液，何不沸腾耶？"又有一无政府党员语于裁判官曰："吾不忍观现世界人类之不幸不平等，吾欲逃去，吾愿自杀。"无政府党人之仁，可谓高矣大矣。

无政府党人之著书也，多以攻击现社会为事，煽动劳力者，令其对雇主，起反动激烈之行。普兰库对千八百四十八年六月之事件，而唱言曰：

"欲为社会之奴隶而生活乎？抑不受社会之压制，而攻击社会乎？攻击者，乃人生之正当防御也，社会罪我，我亦可返罪社会。盖社会者，害人者也，夫盗贼杀伤之事，行之于不正不义之地，固为罪恶，若用破坏资本家，殄灭有特权者，则大善也，况其行为烈烈，恒有创造社会之希望者乎！"无政府党曰："吾党之杀伤事业，其规模不可不大。规模小，不免有夺掠之忌，规模大，则乃再造社会之始基也。"

法国大革命之际，马拉罗柏斯比之党，皆躁心热血之人也，以倒贵族党，张大人类之幸福为其党之主旨。罗柏斯比曰："凡真有爱国心者，首当扩大其击敌之方法。"有名飞因也者，在里昂杀人，罗柏斯比以谓人道可赖是以全，报告于君维兄曰："余日斩二百人之首矣，自今以后，仍计日杀二百人。行赏罚之道，当法自然，灭敌之法，当法雷电，虽敌之遗骨遗灰，亦不可留于自由灵地。"又法国革命之际，嘉哥宾党爱人类之心最切，施种种凶猛之行，毫无忌悔，杀人如刈草，不为感情所动，而且执刀不下也。故法国革命，嘉哥宾党当居首功。

无政府党有名烈倭蝶者，被执于撒鵴法廷，有言曰："余敢一言，余见蜚蝪虽有时失色，若见人，则绝无所惮也。余见可怜儿童，虽有啼泣之事，而临斩头机，则能管尔而笑也。"呜呼！以杀人为慰快，以被杀为幸福，除无政府党之外，当绝不见其比伦，千八百六十五年，烈油开万国学生会议，有一学生公言曰："财产若于革命有妨，则当以人民之命令废弃之，资本家不从，则可诛灭之，盖资本家者，盗贼也，杀人者也。今公认断头台为革命之利器，凡有妨害革命者，虽几千万人，皆可以利器刑之，吾党所爱者，非姑息之仁，乃以人类全体为目的者。"由是观之，无政府党真赏罚之天吏，人类之义侠家也。该党重视复仇之精神，政府有罪其党羽者，彼必爆发政府之住居，市民有排斥其党羽者，彼必投爆弹于市民，其党如处死刑，则其党羽必张复仇之义，而大逞暴动，誓必使政府大恐怖而后止。党哉！党哉！党若是，岂有不凶烈者乎？

举世之人，莫不欲满足其权利。小说家也，以男女之自由恋爱与不义密通为当然，而主张其权利；诗人也，以社会供给其食物为当然，而主张其权利；唯物派之哲学家也，欲满足体欲及幸福，而主张其权利；社会党也，欲作业自由，而主张其权利；革命家也，欲行叛乱之事，而主张其权利；至于无政府党，则集以上各种权利，而大成之，乃主张盗夺杀害之权利。向之犯罪者，仅以拳铳主张其权利而已，无政府党，今乃直以爆裂弹为权利之利器。雄乎烈矣，演出种种话剧，为亘古所未有矣。

无政府党之大特色，超乎他种党派之上者，为视死如归之精神，当其就死刑也，其状态毫与平素无异，世人皆以古代基督教徒比之。伯露尊无政府党之杀害者，与殉道者同等，其言曰："此种杀害者之沉着，与古之教会最著名之殉道者，不相轻轩。"无政府党乃理想之最高、自信之最坚者，故其勇力大，而视死生如一。

养成无政府思想者维何，其分子固多，而当以唯物主义为最。以道德为有害人生，以目的认手段，以叛乱为正当，以变乱为文明要素，以胁吓为对待政府之好手段，以暴力为进步之大法。彪修曰："恐怖者，政治行为之利器，当非常之际，必须用之。目的既正，手段如何，非所责也。"氏以九月杀戮，为保护公共安宁之必要，马拉等皆以正义称之。著名学士丢叶耳著《执政官及帝政时代之略史》，批评总政官制度之不正，而论其策之愚。又著《革命史》，大论总政官之不法，独于十二月十八日之惨杀，谓有功于革命，而赞扬之，可谓有深意者也。氏以革命法官之设，乃势所必然，非此机关，不足以倒一切仇敌也。曰："设杀人政府者，乃势之所迫，不得不然，除杀人之外，大势不可救矣。"布兰古亦赞罗柏斯比等之无怜悯心，为真豪杰为能。拉马耳鸠奴著《鸡龙党史》，亦大称颂胁吓党之功，赞美革命，左袒罪恶，就维羊之言观之，可以明矣。彼曰："革命之时，不杀尽中流社会之人，则后日必有大害，保其贵族之位，而吾人仍不能脱其羁绊。"

法朗西人真世界最著名之革命国民，十九世纪，革命层出不可指数，推其大源，不过在"目的认手段"一语。法人感情最急，一遇不平，辄起破坏之念，不复问手段之如何。法国议会往往赦杀人放火者之罪，以杀人放火为非罪恶，是政府亦公然与之。

无神论者与唯物哲学家，虽非尽属无政府党，而无政府党之人，则无人不具无神主义唯物思想。著名之巴枯宁曰："吾党唯物家也，无神者也，而以唯物家无神论者为荣者也。"夫人之怯懦，多因于崇教，妄以万事为神之所使，天之所命，归身于神，致命于天，而不知神与天乃空想迷信，人之幸福罪恶，由人自造，而无关神之与天。故无政府党，绝反对宗教之迷想，万事归责于社会。人之苦痛，社会使之然也，故其敌视社会，欲改造社会之心，勇往无前。

通观今日之大势，举一切罪恶苦痛，归责于社会，是一般人所共闻者也。如路索、驼耳、巴枯鸠、杜洛等大儒，皆向社会试种种攻击，曰："一切不善，皆社会之过也，"

博士柄枯泥耳曰："贫民欲脱苦境，当以犯罪为无二法门，盖为其境遇之牺牲者也。"此种言论，无政府党员亦恒唱之。有一判事长问于拉瓦葛耳曰："汝为充足汝之情欲而犯罪，汝知社会当如何处治之乎？"拉瓦葛耳曰："余实有望于社会，社会有扶助余之义务，为求幸福，任用如何手段，社会绝不能过问我，盖社会既不尽其责，而轻忽吾侪之生命，吾侪不得不自谋也。今日之事，乃因社会之过失而生之现象，劳力者竭尽其心力以富社会，社会反使其饿死，天地间有此不平等之事乎？"拉氏致罪之由，因杀一老人，其杀害之现象如何，可就其口供明之。拉氏曰：吾以手塞老人之口，老人尚不死，乃以手巾塞入老人之口，老人仍抵抗不止，余乃以膝压其胸，咄嗟之间杀之，余心甚快云。推拉氏犯罪之源，乃因于贫乏而行盗贼之事者也，故拉氏不己罪，而罪社会之不富己。拉氏之立论，妙矣！善矣！既而拉氏处死刑之后，其党徒大愤，不惟咎陪审官已也，乃以拉氏之死，资本家亦难逃其责。拉氏死后，有名维羊者，亦以犯罪之责任归于社会，有一判事长问之曰："汝非屡为罪恶，而受有罪之宣告者乎？"维羊答曰："然，多谢社会。"判事长问曰："汝谓世上无犯罪、无罪人乎？万事皆因周围之事情而生者乎？社会不完全而致之者乎？汝乃受俄罗斯无政府党裁判事件之后，而来至美洲者乎？汝欲脱离汝之妻者乎？"维氏曰："皆然，皆社会使我然。"

无政府党以万事之责归于社会，盖社会之成立，为一切人，一切人之所欲者，社会有使其充足之责。烈倭鸠耳不云乎："社会者，有保全吾生存之责任，何今之社会，不惟不尽其责，而反虐待余欤？余不得不对资本家而报此仇。"社会置我于不利之地位，使我失其能力，蹉跎末路，可不悲乎？此无政府党之所由起，而不平家之所由多也。马拉为法国大革命时激烈派之首领，推其激烈之源，亦由于一身之不平。马拉少时深精科学，曾就光线有所发明，劳心拮据，不知几何年，乃入科学院求试验，科学院拒绝之。

马拉大怒，切齿曰："余欲以世界之人类，入诸破裂弹中。"自此之后，马拉欲报此侮辱，深讯科学院，呼科学院为贵族党之养所，而激烈之精神发现矣。

世之欲求幸福者，盖未有如无政府党之激烈者。其求幸福之法，无所不用，以石脑油爆裂药为求幸福之利器，为平均社会之善法。在意大利、在法朗西、在西班牙之党员，其目的无不同一，皆以分配财产、求得幸福、大我安乐为权利者也。千八百七十八年八月，来布油之无政府党宣言曰："吾党之目的，在得人类最完全之幸福，吾人之恋爱，当任其自由，万不可受法律及礼仪之束缚。"千八百七十三年，西班牙之无政府党亦公言曰："吾党当权力缺乏，不得享荣乐之时，惟有用火药为宜。吾党对上流社会，行复仇之举，行破坏之事，行公明之赏罚者也。或用刀，或用火，删削富豪，使社会归于平等，此乃多年之希望，主张平民权利之所以也。"

快乐主义之由来维何？曰唯物主义。唯物主义与无政府主义，有近接之关系，教人以欲情，劝人以改革。圣西门之徒曰："吾人之大欲，在使人类脱此苦海。欲情者神之所授，而持以改革，神之所为者也，言乎自然之道，当任欲情之发达，不可少加制限。道德学者，三千年来伟人名士所设之方便耳，所谓寡欲，所谓节制，皆妄诞误谬极矣。道德学者，伪学问也，虚饰之学问也。"

富里耶曰："世有一派道德学者，指情欲为恶事，噫！真大惑不能之论。以吾言之，道德学者，实多数老人不得享妇人之爱者也。

又有一派怀疑哲学者及博物学者，立非道德之说，推奖为我主义，而主张快乐权利，亦于无政府党大有补助。如日耳曼之哲学家，斯鸠泥耳及飞烈德黎等，毅然以无德哲学家自夸，深通其说，则将信道德为赘物矣。彼曰：世上之大痴，殆无有甚于道德观念者。凡有道德之国民，皆无智之国民也，既不能创造，又不能进步，故曰不如无道德之念。无道德之念，则人之心意能热望快乐，而天范灵花，得随意生发。"无政府党亦受此言之影响，脱尽道德观念，能勇于前进，勇于救众生。

最可亲最可爱之无政府党，受无宗教之教育，除破坏殄灭之外，无所信仰。不信神，不信灵魂，不信道德之义务，不信来世，不信应报，饥而食，渴而饮，少时不能自安，即向社会求幸福，社会不与，则主张破坏之权利，岂不壮哉？维羊曰："人至于入墓，则万事休矣，故于未入墓之先，不可不充其情欲，满足其幸福。"

近世之首唱无政府主义者，当推戈度温为始。戈氏有言曰："一切政府，皆专制者也。据政治家之言，彼之职分有二：一曰镇压内乱，一曰防御外寇。然二种职分，非必定须设立政府，始能达其目的，以教会制度代之足矣。由教徒之协议，处断事物，绰绰然矣，法律之作用，可以吾人之良知代之，审事之原委以裁断之，更何用特备法律为？"其言虽未臻至美，而戈氏之前，恐尚未有能设此想者，故亦不可泯也。又曰"一切政府，皆有害物也，人类之罪恶，皆由此生，故当破坏之。"言之痛切，可推为无政府主义之祖。

无政府主义之健将巴枯宁有言曰：一切国民，一切州县，一切村落，大者小者，强者弱者，均当从自由主义，因己之利害，以得自治之权。今日之政府，乃自由之障碍物，故须打破之，而由自由之结合力为村，村集为州，州集为国，集国之力，而组织全欧洲合众国云。是实集无政府主义之大成者也。欲详知无政府主义之内容，观日内瓦千八百八十一年无政府党大会之宣言，更可知矣。今录之如下曰：

日内瓦集会之无政府主义人员，表同意于左列之意见，凡党员皆有传此意见于吾等同志之义务。

凡命令吾侪者，皆吾侪之敌也。吾侪皆无政府党上无所顶戴，下无所奴隶，凡专权者及欲专权者，吾之敌也。以土地为己有，而奴役农民之地主，吾之敌也。奴役劳力者之工场主人，亦吾之敌也。不问为君主政治，为寡人政治，为民主政治，为劳动者政治，凡官吏、军人、市役人及秘密侦探等者，皆吾之敌也。无论其为神为魔，凡僧侣之所利用以支配忠实之民者，皆吾之敌也。党强虐弱之法律，吾之敌也。

吾侪既视地主、工场主、君主、僧侣、法律等为大敌，则地主等亦必视吾人为彼之敌。敌与敌遇，不能两立，故吾人当先向彼等宣战，勇往前进而莫退。

吾党既欲夺地主、工场主之所有物，又欲破坏彼等所借以匿身之国家，吾侪当求吾人之自由，僧侣法律不足惧也，吾侪欲破坏种种法律制度，当竭力运动，起而革命，当与不认法律之志士团结。

适法的手段，乃吾权利之敌，吾厌之，吾恨之。政治的各种党派，吾侪当与之绝交。吾人以己身为君主，凡欲为吾人之首领，为吾人之指导者，吾人当竭力以绝拒之。

吾侪乃互相依助而生活者也，故离社会则无个人。社会之富，皆人类全体所合力生产者，故吾侪乃共产主义者也。非打破家长村团州县国民等之境域，则凡百事业，皆不能为也。以公共财产为我物，而竭力保护之，以政府为吾侪之大敌，尽力破坏之，是吾人之功课也。

又有巴里之无政府党员名高乌雪者，作一宣言，文曰：

无政府党之特质，在不认种种政府，彼之目的，在对政治上之诸种制度宣战，今日既然，将来亦然。彼等与有权势者为敌，彼等欲使生产劳力消费教育等事，以自由衡之，而正一切秩序，凡有权威之制度（如社会之机关，全操于一个人一团体一阶级之手，其动作也皆任个人专制。又如握地位、官职、劳力、赏罚、租税等权，对市民妄行举施者等），彼等皆欲废之，而代以自由设置。人人之利益，皆归平等，无有轩轾，结合之契约，皆可自由解止。

天地间最可恶者为权力，以其不能与平等两立也。权力之所司者，一言以蔽之，我为命令之主，而令人服认，不平等之至也。既服从于他权力之下，而欲得自由，岂不谬乎？

附：自然生告白

无政府主义

大英雄马拉氏有言曰：吾欲携此不平等之社会，投诸大爆裂弹中，其真无政府主义之好代表语也。夫欲建设，必先大破坏，无政府党可谓达于破坏之极点矣。今之中国正值破坏时代之初，而吾编译是书，想必能受吾同胞之欢迎，借其手段以铲除此野蛮奴隶世界，则幸甚矣。现已出书，定价二角。自然生白。（《中国白话报》第一期，1904 年 1 月 2 日）

## 张继来函（节选）

弟到巴黎，接足下书，及到伦敦，又接足下第二书，忻慰无既。在巴黎时，曾将欧洲暗杀者诸肖像寄上，想早收到。弟到西方为时甚浅，于欧洲社会情况不敢恣意武断，但对于革命一端，颇多心得，试详为足下言之，并望东方吾辈之革命亦与彼同，方为大幸。盖吾辈在东京时，恒以为现今世界欧美各国均太平无事，其讲革命者，惟东方之中国。由是将中国革命党看得极高。不惟吾辈若斯，即政府及社会一般人民，亦存此想。及到西方，始知不然。西方普通人士均言中国人无革命之资格，革命党人亦谓中国仅有革命之空言，恐难成事。由实际而言，亦不足怪。欧美革命均属社会革命，与中国革命之性质不同。但彼之事业，计有数端必当效法：一为无论行何种革命（政治革命、社会革命）均当以劳民为基础，即劳民无革命程度，亦宜竭力运动，方为革命之正道。若日居安逸之场，口出大言，谓"我乃革命党""我乃无政府党"，或敛取他人之财，诱惑下等社会，使之从事于无意识之暴动，无论暴动不成，即使暴动能起，有何利益？况中国革命党恒运动中等社会，不知中等社会之人最不可信，现今欧洲亦然。盖但言民族革命，中等社会仍有不忘旧仇者，或可助成大举。若言及无政府，彼辈不出而反对，已为可喜，于此而欲其相助，恐甚难矣！所以吾党之要务，即设立工党于各所是也。依法国劳民协会之法，遍向各省设立，此乃吾党最大之事业也。此外又有一端，中国革命党生活程度太高，即如吾党，亦纯蹈中等社会之恶习，较之欧洲革命党，实有愧色。欧洲富豪之生活，本非吾辈所取，至于革命党生活，则深可钦佩，彼党所居，均在工人萃居之所，如巴里、伦敦之东境，均属工人住宅，即日本人所言之贫民窟也。社会革命党、无政府党均与杂居，其服饰亦与工人同。若中国革命党一至外邦，即竭力模拟绅士之态度，反至中国，即至学堂作教习，或入官场博差遣，仍复口言革命（凡官场中决不能作革命事业，即能作革命事业，亦不能称为革命之正道）。所以我党由今而后，均需痛改旧习，若在外邦，则入彼国贫民窟（不但本国人当运动，即外国人亦可运动，譬如欧洲革命党久泯国界，无论至何国，即为此国之人，即为此国政府之敌手）；若反本国，即循一正正堂堂之路，混入会党之中，脱卸长衣，或入工场，或为农人，或往服兵（惟千万不可作军官）。倘志士能依此法，不出数年，中国革命之基础，必能成立矣。

弟至欧洲，始知中国人之真价值，较之在日本时受日人轻视者，尤增数倍。普通之人，均言中国人无作用，只合为白人作马牛。行至街衢，行路之人均围观，一若"华人之面孔有非常之奇异"者。然此事甚微，所可憾者，彼欧洲人均言中国不能行革命，提及中国革命，则异常惊讶，以为中国人不配革命，揭露不信之容。若以详细之情相告，虽普通之人亦非常敬爱（并非指此地革命党）。由此而观，则中国之人欲于世界上博荣誉，舍革命别无他法。欧洲诸清国使馆，居其中者不敢出户，因行至街衢，即惹起众人之注目，如阅戏一般也。至于立宪事件，亦毫无闻知。一切报馆将中国立宪之事，作笑谈之资，绘为滑稽画。有某报者绘一巨猪（梦中国人），猪首着辫，复于辫上绘一议院形，取而观之，实堪喷饭。乃彼等畜类不若之立宪党，犹日居梦中，可怜也。现欧洲留学界抱革命主义者固众，其无志之人，则从事快乐，余则冀为资本家，决无希望立宪者。盖日本留学生见彼国官吏甚尊，即微末议员亦自视甚贵，遂以议员为至尊之人，即议员中人"放一屁"亦以为神圣不可侵犯。至欧洲则不然，欧洲社会之势力握于资本家，政府乃其奴隶，官吏则更无价值，即如英首相之居室，不及下等人所居，而伦敦王宫之大，亦不敌一资本家之住宅。即身为官吏，其名誉未必崇，至于议员，更无论矣。所以该地人士均思作大资本家，稍上者则冀为大学问家。中国学生一入彼境，遂习染其风，与留日学生之性质决不相似。此则地气之移人也。……

四月七日张继书于伦敦（《衡报》第四号，1908 年 5 月 28 日）

## 蔡元培

### 新年梦

"公喜！公喜！新年了，到新世界了，真可喜！真可喜！"这两句话是一个支那人自号"中国一民"的，在甲辰年正月初一日午前六点钟从床上跳起来对他的朋友说的。这几句话在这一日说的人不知多少，为何要记起来？这却有个缘故。原来那人是江南富家子弟，他自幼性情有点古怪，读书之外喜学工艺，内地的木工铁工都是旧法，无所不学，一学就会。到十六岁时，他就离家外出，把应得的家财产业都任父兄料理，只带点川费跑到通商口岸作工度日，兼学英、法、德三国文字。隔了三年，差不多三国的通行语都能说了，他又学了点西人的普通学，学了点西人的工艺，就要游历外国。他是最爱平等爱自由的人，所以先到美国，又从美国到法国。因为专门学问德国最高，又到德国进高等工业学校，自己又研究研究哲学。那时候，俄国的民党在德国的很多，他时常与之往来，渐渐把俄国话学会了。卒业后，他到英吉利、意大利、瑞士等国游历过了，慢慢的到俄国去，考察他们社会上的情形很详细，走西伯利亚回到东三省，又由北到南循着几条河流一处一处的考察过了，又回到从初次出门的通商场。那时候，此人已经三十多岁了。他这十几年的旅费学费部是做工做出来的，从来不白要别人一个钱，从来不在无益的事情上白花一个钱。他既然游历了许多地方，研究了许多年数，就下句断语道："人类的力量现在还不能胜自然，如瘟疫水旱的事终不能免，是因为地球上一国一国的分了，各要贪自己国里的便宜，国与国的交涉把人的力量都糜费掉了，一国所以不能胜别国，不是土地失去，就是利权让人。因为一国中又是一家一家的分了，各要顾自己家里的便宜，把人的力量都糜费掉了。如今，最文明国的人还是把他力量一半费在国上，一半费在家上，实在还没有完全的国，那里能讲到世界主义？先要把没有成国的人都叫他好好儿造起一个国来才好。现在史拉夫人、支那人都是有家没有国的。史拉夫人□造□国的一天多于一天，支那人想的都少，还是天天自己说是中国人中国人，真厚脸皮吓。其实，造个新中国也不难，只要各人都把糜费在家里面的力量充了公就好了。"他抱了这个主义，逢人便说，也有信的，也有不信的。他到通商场，正逢日俄两国为着支那人的土地开战，一天总有许多警报到这通商场来。看这通商场的人，还是讨债的讨债，求人的求人，祭神的祭神，吃酒的吃酒，忙个不了，连那报纸都没有工夫看了。他问忙什么，大家都说今天是除夕，明日是元旦，这是很大的节气啊！他道："呸，地球绕太阳一周算是一年，不知道是那一天起的，这些三百六十五日里面随便那一天都可以当除夕当元旦的，今天就值得这样看重么？况且闹的都是为一家起见，连那自己土地送给别人做战场都不管，这真是家人罢了，要是有一天从家人进一步到成了国人的资格，或者又有一天从国人再进一步成了世界人的资格，有一番新局面才可以有个新纪念啊。"他既然自己的思想与那外面的情形合不上来，他看着很不受用，长吁短叹的跑回屋子里躺着了。忽然听得很大的钟声，他就赶紧起来跟着钟声的方向寻过去，寻到一所很大的会场，陆续有人进去。他到门口就有人问他姓名，把册子一查，请他进去里边。坐位是按着黄河、扬子江、白河、西江的流域分的，不过是河东、河西、江南、江北这些名目，约略把那语言风俗相近的合作一块，没有现在分省的话。每一标题总有几千或几百人先坐在那里，还有随时进来的。忽然钟声停了，就见有个人跑到坛上演说道："我们在这里的人都叫做中国人，我们那里配呢！我们意中自然有个中国，但我们现在不切切实实造起一个国来，怕永远没有机会了。譬如日俄两国把满洲做战场，我们算是局外；将来英德把长江几省作战场，我们也是局外；英法、英日把福建广东作战场，我们也是局外；局外到底了，连造新国的材料都没有了，那时候才是真绝望哩！如今第一次的局外我们先打破了，以后就无可援例了。此次局〔外〕中立的宣告何尝是我们的公意，不过几个糊涂东西假冒我们的公意做的。现在世界自然还说不到全国一致，但多数人的主意总比少数人的主意强点，如今竟依着一两个人的主意，算做我们多数人主意，这仿佛一个店铺被一个冒充管帐的人私造印章，把货物盗卖给别人，等到别人来取货了，众人都知道了，那里能答应呢？但是，我们要不过打个电报做篇文章是不中用的，一定要有实力，把这冒充管帐逐了，还要与取货的评理，评不下来，就要开战。开战也没有什么难处，要有当兵的人与那养兵的饷，这都是我们现成有的，不肯公出来罢了。所以不肯公出来的缘故，总是另外还有个家当，把他眼光打定了，看不到这个大家当啊！譬如一家人家，盗来打劫，就是把他们金银文契统统劫去，这些小孩子一定不着急，等到顶心爱的玩物要劫去了，他就拼命的要夺回来。殊不知道有了金银文契好买多多的玩物，兼且金银文契既然劫去了，人也要饿死，那里还能玩这玩物呢？如今爱家不爱国的，就是小孩子这般见识。况且他就明白一点，也说我就拼命，别人都坐视，仍然不中用，我就公财，反给别人做私财，我白白自家吃苦，所以不干啊。照此情形看来，并不能专说人心不好，实在有许多老法子把他束缚住了。如今要把老法子统统去掉，另定一个章程，一个人出多少力，就受多少享用，不出力的就没有享用，叫他那因果丝毫不差，那自然人人着力了。"说到这里，就有好几位干事发出许多小册子来，每人一册分给坛上的人，又说道："诸位都是各地方公举的代表人来议法的，如今我们提出这个议案，诸位赞成不赞成？"这位中国一民也恍恍惚惚记得他的家乡果有公举议员的事，他果是代表着来的，就把这册子细细看下去。他里边应办的事分作五纲：

（一）调查，又分作两款

第一款是地。如山向、河流，晴雨；气候这些，如地皮的物产、地心的矿产和那水流空气里边可以化分的材料。

第二款是人。这地方年在七岁以下者若干人，七岁至十六岁者若干人，二十四岁至四十八岁者若干人，四十八岁以上者若干人（岁数皆以生后历地绕太阳一周为一岁），已受教育与未受教育者各若干人，有职业与无职业者各若干人，聋哑瞽目废疾疯癫者各若干人。

（二）区划建筑。先划定铁道航路，然后划种植场、畜牧场、学校、工厂、烹饪所、裁缝所、公众食堂、公园、医院、公众寝室、男女配偶室、孕妇胎教室、育婴院、养老院、盲哑学堂、盲哑废疾工厂、积货所、运货场、图书馆、歌舞场、议法院、统计所、公报馆、裁判所。

（三）职业，分作两款

第一款是普通职业：有变化原料的如种植制造这些事，有移动货物的如开矿运货这些事。有从精神上用变化移动等手段的，如教育书报歌舞这些事，有专门除害的如医疗裁判这些事。

（四）每人一生的课程。七岁以前是受抚养的时候，七岁到二十四岁是受教育的时候，二十四岁到四十八岁是做职业的时候，四十八岁以后是休养的时候（但休养时亦可兼任教育等事）。

（五）每人一日的课程。二十四时间，做工八时，饮食谈话游散八时，睡散八时。

其中还说各种方法各种子目各种变通的手段都载在册子上面。各人看了一遍，那坛上的人问道："诸位都看过了，有看得不妥当的，请表明意见。"就有一个人站起来说道："这个办法是好极了，但现在各人做的职业都是为为自己利益，所以最辛苦最艰难最危险的事有人肯做，因为做成了，他的利益比各种职业都大啊。如今一个人只要有一个职业，那利益都是一样，哪个人不挑最容易的做？从此最辛苦最艰难最危险的事没有人干了，世界就怕没有进步了。"坛上人说道："这到不容虑，人的做工于他身体上精神上不相宜了才要偷懒；要是很相宜的，就硬阻止他也阻止不了。譬如眼是能看的，硬教他合着不看可以么？耳是能听的，硬教他按着不听可以么？呼吸是肺的利益，鼻子偏替他做工，食物是胃的利益，口舌替他效劳，我们国里面有这几等做工的人，就同身体上五官四肢，只要不误用就好了。所以卫生部与教育部是最重要的，把身体上精神上细细的检查，有从遗传性来的，有从习惯上来的，国里面有一种职业总不怕没有相宜的人。至于工艺一门，最重的是制造机器，凡有危险的事都可用机器代做，不过辛苦艰难是有的，照变通办法的条例，费力多的职业每日并不必限定八时，这就不相妨了。"于是满场的人都拍手赞成．又有一个人站起来说道："事情是可以照办的，但怕现在还有点阻力。如从前在那里冒充管事的与那有家私的不免执迷不悟，设法阻挠啊！"坛上人说道："诚然。但诸君都是代表公众的，诸君赞成了，便是公众的意见。现在办事总是多数的压制少数的，要是有人为一己的私计来阻挠公众的事业，这便是公敌了。古人说得好：一家哭何如一路哭！我们也只好下点辣手了。现在各地方的无线电报都已造成，诸君既已赞成，我们就电报各地方设起统计所、裁判所来，一切事都好着手了。但现在外交上却有特别的办法，也可以请诸君斟酌斟酌。"于是干事又发出一套小册子来，里边说的分作三款：

（一）恢复东三省　支那的兵并非不能战，他们不知道是为自己战，单算是替雇兵的人战，所以有"养兵千日用兵一朝"，还有"朝廷不使饿兵"这些话。偏偏粮饷很薄，统领又要刻扣他，这是难怪他不肯拼命。便是统领明白点的，也还许有多人牵制他，如今牵制的是去掉了，昧心的统领也换掉了，他们见了新定的国法，知道这个土地既就是自己的产业，自己担任了当兵的职业，不但粮饷无忧，就是从前顶牵挂的父母妻子也不要自己瞎操心，还有不拼命的么！兼且国法改变以后，马贼也来归附，居民都告奋勇，又有各地民兵陆续可以接力，陆军势力很可打退俄兵，我们就应立刻与俄宣战。海军单靠几只老朽兵船原不中用，但这时已有在英国海军卒业生回来，驾驶起来也可以捕拿俄国的商船，替日本做个声援：一面派外交家到日本订约，海战兵费统归我们济助，日本正苦经济困难，没有不乐受的，那就日本海战的功我们分他一半了。一面派曾在俄国大学肄业的人暗入俄国各地，运动民党推翻政府。三面夹攻，满洲还不能收回么？

（二）消灭各国的势力范围　这件事他们本来靠造铁路开矿山两种手段，我们国法改变以后，国中的人彼此并没有尔我的分别，对了〔于〕外国，我国与尔国到分得十分精细了。果然是外国人的资本，那就本地的小工都招不到一个。一面与那外人商量说，从前的合同本不是文明办法，现在公众不答应，无可设法，就还他资本，多贴利息，把从前的合同都废了，他们已经造的开的都用价购回了。

（三）撤去租界　国法既改，国中只有输运货物的一种职业，并无所谓营商，只有本国赢余的货物要卖给外国人，国中缺少的东西要向外国人买进，还有点通商的旧套，但也是一国公共的商店与他们交涉，没有私人与他们营商的。他国人来往的货物，差不多每年都有定数，外商没有竞争的路。况且租界上住的支那人不是回家乡，就是联合自己同国的人，照那国法办起来，只要有点力气，不愁没有事业，就不愁没有衣食，那里还肯做买办、做通事、做西崽，仰外人的鼻息呢？外国人既不来，支那人文明程度又高了，外国领事竟没事可办。况且支那人在外国的，除了留学、游历与外交三项，知道新中国的国法，不是也照国法办，就是回国，在外国的领事都用不着了。照这许多的方面看来，外国还能留个领事来占着租界么？我们也就给他几个钱把租界赎回来，以后外国除了游历、外交两项人外，那就要遵我们的国法才准他住哩。

各人看了这几条，就有人站起来说道："他们外国人是讲强权不讲公理的，对付俄国的法倒罢了，后面两条他们就执着从前的条约，说是你不承认，接续下去，他们就不认你为国，就趁机会用兵来压制，这什么好呢？"坛上人说道："这一层我们也虑到，要讲军人，我们的纯乎爱国心，他们的不过一半爱国心。讲技艺，我们有德国陆军学卒业生若干人，英国海军学卒业生若干人，他们各人都有练成徒党若干人，不怕落人后了。枪炮弹药我们从前预备的与新制造的也还够用，就是没有兵舰。自己虽有能造的人，怕赶不上，到外国去购又是与俄国开战的时候也办不到。打算派人到各国大厂，把他们将要造成的用重价购定，同日本购春日、日进的样子，到战事一了，就驶回来。要是再赶不上，那就没有法子，只好用点辣手了。现在我们造的水底潜行舰、空中飞行艇不到三个月就可用了，他们战舰来的时候，我们或从水底骤放潜舰，或从空中猛掷炸药，他们虽有多多铁甲，也都化作齑粉了。但此法太狠，他们舰中的人一个人不能生活，只好临时应应急罢了。平日我们还是主张用陆海军彼此攻击，伤人较少，所以特别课程还有当兵一门啊。"说完了，又有一个人站着说道："法子是都有了，我还怕一层：照这样办法，要花好多的钱，我们现在还赔款，行新法不是处处都说没有钱，到处搜刮还搜刮不出来么？如今又要助饷，又要购船，又要赎租界，这个钱止〔至〕少就是几千兆，请教你往那里筹呀？"坛上人说："我们支那人并不穷，有许多人藏着钱不肯拿出来归公中用，反要把公中的钱刮回家里去，公中不够用了，专向穷人搜刮，所以显得穷了。如今且搁着物产矿产不算，先将拿出来就可作钱用的说说。凡有这些冒充管事的、号称富人的，他们藏在家里、窖在地中、存在外国银行这些钱，统统计算起来，照四百兆人匀派起来，虽然不能照英国的每人派到二千八百五十四元或美国的二千二百八十二元，但是俄国的每人五百五十二元，日本的每人二百三十九元我们总不见得比不上。那就不是五千垓，也就一千多垓。照现在的国法，国里面用不着金钱，这些钱都用在外交上面，还怕不够么？"大家一想，果然有这个道理，就都表明赞成的意思。那个人就点首下坛。另有一个干事登坛声明：国法业已决议，就是此时散会。那会员就陆陆续续的散去，这位一民先生也就出来了。他也忘了本来的寓所，随信步出去，不知不觉的到了一地，见有一所大房子，是题着"中国各地方议员寓所"。里面也是按着议场的区域分的，每一区域里面都有公园、食堂、寝室、书楼、阅报室、谈话室，这些与那小册子上说的差不多。便是议员在这时候，每日讨议国事就是他的职业，所以有个讨议所。他的外面都有无线电报，可以通到地方上统计所的，就渐渐得到各地方电报，报道新定的国法，上中流人是不用说的了，就是下等社会，他因为有许多小说、唱本、演说坛、戏院，都就他们平日顶羡慕的、顶嫌恶的、顶忧愁的、顶怕惧的反反复复比较苦乐，联合因果，就他们知识，发见有一线光明的门径，尽力的感动他；又先造个模范村，先教上流最明白的人实行起来给他们看，所以也没有一个人不赞成了。止有几个冒充管事的、向称富翁的同发狂一样，硬要设法阻挠，开导他，也不理会，就在地方议会评品起来，断定是有罪，送个状子到裁判所去，等接到裁判所定罪的复书，各地街市就都揭着某人有某罪即击死的宣告了。那时候某人也就立刻被雷击死，身上也印着某罪某刑这几个字，真是同俗间传说的雷公击人一样，这全是裁判所驾驭电气的手段，他没有定罪的时候查察很详细，也有情节可疑，与议会驳辩的，等到定罪，就立刻宣告，立刻动刑，兼且神出鬼没，防也没法防，躲也没处躲。初初一个人死了，还说是偶然的，等到两个三个都是这个样子，那些反对党真是住在空屋子里还是十目视他十手指，他的样子皇恐的了不得。听说守法的人实在快乐，也就慢慢的投降了。统计从北到南，曾受死刑的也不过一二百人，因为内中有几个是顶有名的阔老，平日巴结他的保护他的不知有多少人，等到裁判所定罪之后，竟没法免死，所以感化的很快。不到一年，竟做到全国一心，一切办事都是水到渠成，瓜熟蒂落，那些预定的事竟是如心如意的办下去。这是说他究竟的话，并不是这位一民先生整年住在寓所都从电报上得这种消息啊，因为一民先生从第一次会议后不多几日，就被派到俄国运动民党，那个议员的位置地方别举人补了。俄国的事果然不出所料，在几个月内他们民党也全胜了，满洲也收回了。一民先生从俄国回来，就在他的家乡所设工厂办事。那时候因外交上第二第三的两件事，果然有好几国不答应，他们平日看着支那这片大陆温和丰富，真同天国一般，住在上面又是些劣等动物，好像犬马牛羊，不是替人代劳，就是受人宰割，只知道自己队里你咬我，我咬你，从没有抵当外人的力量。又巧巧碰着有一种冒充管事的人，好替他们做个牵犬马的绳子，宰牛羊的刀子，很受他们使唤，他们还有不趁这现成的么？不意事不凑巧，这些下等动物竟能把绳子刀子都毁坏了，竟自己想把个天国保守起来，他们那里甘心！内中只有俄国的民党，也是从绳子刀子底下过来，新近脱了难，报了仇，自己像称心纵意的办起事来。究是公理战胜的时候，办的事情与我们新中国竟是闭门造车出门合辙，他就先承认我们新国了。美国是民权最重，也就承认。其余各国不是有世袭的皇帝，就是有骄贵的政党，他们总舍不得这片好地方，想支那人是最怕受不忠不孝大逆不道这些名目，要是硬派着这种罪名了，就杀了他，剐了他，他还要三跪九叩头的谢恩，况且替他皇帝报仇，就可以做他们的皇帝，这是有旧例的。我〔他〕们看着这好瓜，几次商量着剖分了，如今是机会了。他们又迷信了一种旧语，说军事是要专制的才会强，如今新中国讲共和、讲平等讲到这个地步，这还有什么兵力，放心打他便了。于是各国约定日期，各统海陆军分道并进。海军有向香港的，有向厦门的，有向定海或上海的，有向烟台或天津或旅顺的；陆军有从朝鲜一面来的，有从印度一面来的，有从安南一边来的；或是一国单行，或是两三国联合，东鸣西应，真个展旗蔽日，植楯成林，比那战国时候六国的合纵攻秦与西历千八百十四年的联军破法还要热闹。这一片支那大陆定归要踏成白地了。那知道真金不怕火，竟不是讲多少的。大凡开战时候，守的本来比攻的容易，就只怕有奸细漏泄军情。这时候，中国的人就把中国作为自己的灵魂，除了这个，没有再找权利的地方，那里肯损害他一点呢？所以外国人用尽方法想买个奸细，一个都买不出，连想买张详细地图都不能到手，我们什么布置，他们竟一点不知道。他们外国不论什么文明，总还是在生计竞争的圈子里，我们有的是钱，买通几个高等奸细，把他们怎样调度、怎样进军都知道详细了，各地陆军交战，一则攻守势异，二则爱国心的程度不同，来的没有不打退的。海军呢，他们昼用远镜，夜用电光，不时四处探查，兼用灭鱼雷船在前试探，除了炮台上有几个守兵外，都没有什么，就放心进着港口去了。但等到与炮台上炮火相交以后，就不是半天坠个霹雳，便是舰底着了鱼雷，没有一舰不击沉的，所以要等炮火相交才下辣手，这可见是事出不忍，为防护自己不得不然了。他们既然买不到奸细，竟不知道我们的底细，后来经战线外的船上用远镜测见，又从被轰的地位与时候推想起来，也就知道是这两种机械，想抵制的法子，就想得出，一时也造不成，只好率几只残舰避开去了。各国的海陆军既然被中国击败，把从前叫做势力范围的统统消灭了，兼且从前占去的地方也统统收回了，中国竟又要锁港了。他们外国那里甘心？就在德国京城柏林开个大会，商量打破中国的法子。都说中国的国民爱国心这么纯粹，怕没有法子打他，不如大家罢手与他讲和，还可以沾点通商的利益。决定以后，就由俄、美两国介绍与我们议和约。我们虽然战胜，但并不要借此占便宜，趁着各国军备零落的时候，就提出弭兵会的宗旨来。请设一万国公法裁判所，练世界军若干队，裁判员与军人皆按各国户口派定，国中除警察兵外，不得别设军备。两国有龃龉的事，悉由裁判所公断，有不从的，就用世界军打他。国中民人有与政府不合的事，亦可到裁判所控诉。那时候，各国听中国的话同天语一样，又添着俄美两国的势力，没有敢不从的。既定了约，就立刻照办起来，从此各国竟没有战事，民间渐渐儿康乐起来，那中国人的康乐自然更高几倍了。偶然想出个新法子，寻出个新利源，就大家合力的办去，从前那些经费不敷、人材不足的弊病都没有了，所以文明的事业达到极顶。讲到道德风俗上面，那时候没有什么姓名，都用号数编的；没有君臣的名目，办事到狠有条理，没有推诿的摩糊的；没有父子的名目，小的到统统有人教他，老的统统有人养他，病的统统有人医他；没有夫妇的名目，两个人合意了光明正大的在公园里订定，应着时候到配偶室去，并没有男子狎娼、妇人偷汉这种暗昧事情。初初定了强奸的律，最重犯的处死，又有懒惰的罚，如不准游散、酌减食物等例，后来竟没有人犯的，竟把这种律例废掉了，裁判所也撤了。国内铁道四通，又省了许多你的我的那些分别词，善恶恩怨等类的形容词，那骂詈恶谑的话更自然没有了。交通又便，语言又简，一国的语言统统画一了，那时候造了一种新字，又可拼音，又可会意，一学就会，又用着言文一致的文体。著书印报记的是顶新的学理，顶美的风俗，无论那一国的人都欢喜看。又贪着文字的容易学，几乎没有一个人不学的，从文字上养成思想，又从思想上发到实事，第一是俄国，第二是美国，后来传到印度、传到澳洲，又传遍亚欧非美各国，不到六十年竟把这个新法传遍五洲了，大家商量开一个大会，想把这些国家都消灭了，把那个虚设的万国公法裁判所、世界军也废掉了，立一个胜自然会。因为人类没有互相争斗的事了。大家协力的同自然争，要叫雨晴寒暑都听人类指使，更要排驭空气到星球上去殖民，这才是地球上人类竞争心的归宿呢。这个大会的日期恰恰选着后一个甲辰年的正月一日，这位中国一民先生已经九十多岁了，这一天预备着要去赴会，遇着一位朋友，他因为志愿已达，高兴的了不得，刚要对着朋友道喜，忽然又听得很大的钟声，竟把他惊醒了。他是在梦里对着那个朋友，所以在这个黑暗世界还要说道："公喜！公喜！新年了，到新世界了。"（《俄事警闻》1904 年 2 月 17—25 日）

## 金 一

### 《自由血》绪言

金一曰：霸天下之主，称祖之庙，其志武，其材强，其条教法律必深侵入人民之界域，嵩高其身而蚁其民，民不敢抗。霸天下之孙，中叶之主，其志骄，其材弱，条教法律席其祖宗之余怒，必深作践人民之权利，操纵人民之生活，嵩高其身而蚁其民。民乃诅诽愤怨，欲忍不得，欲制不能，乃激而为无意识之运动。而斯时之王，犹能以兵力镇定之。压制益益剧，诅诽愤怨益益繁。斯民愁惨阴郁之气，上通于天，天不之直；下入于地，地不之理；神号鬼哭，革命乃起于斯时也。"自由！自由！！"之声遍于国中，"倒专制！杀贵族！！"之名词轰于四境，"不出代议士不纳租税！！""君主谋反""君主大逆不道！！！"之恒言，且通播于世界！国民争以其无量数之脑血、泪血、颈血染红革命之旗帜，虽不能以大踹大膊千里一赤，而十步之内，剑花弹雨，浴血相望，八骇万乘，杀之有如屠狗；断脰抉目，一瞑不视，追捕亡命，蹈死如饴，此亦专制政体之毒焰欲肆其薰灼，而还以自热者也。东方有专制国焉，中国是也；西方有专制国焉，经十八世纪之反动，寿命不长，劫灰已烬，今存者惟俄罗斯而已，夫专制政体寿命之长短与国民学问思想之程度作反比例，慰情胜于无，吾是以崇拜俄罗斯之虚无党。

虚无党何也？自由之神也，革命之急先锋也，专制政体之敌也。自十八世纪法国大革命种烈火于全欧国民之脑，霹雳一声而专制政府无立足地，于是俄、普、墺三国结集神圣同盟，尽力以压制民党，墺国宰相梅特涅，负绝世枭杰之才，玩弄各国君主于股掌之上，能消灭俄皇亚历山大之自由主义，而使倾于专制，然而杀机一伏，爆烈难防，不数年而梅特涅仅以其身亡命英国，客死不归。环视列强，无不立宪以恭顺民意，所未悔祸者，独俄罗斯耳。以坚忍凌厉斯拉夫民族，饕慕自由，渴望国利民福而不得，宜其愤懑激烈，掷可惊之代价以购之。死党遍地，刺客成群，入圣彼得堡之都，虽鹤篆龙楼，不啻森罗之殿也，豹尾羽扇，不啻刀山剑树之丛也，夫彼其于同胞同种之国王，徒以不布宪法、不自由而乃极端反动，至于杀君戕吏而犹不止也。念及此，而吾国民其无容身之地矣！其无面目见五大洲之人矣！吾译虚无党，吾愿吾国民其知所奋也。(《虚无党》)

## 大　我

### 新社会之理论（节选）

#### 篇一　概念

猛虎斗我前，群魑瞰我后；上有危石之颠坠，下有溶岩之喷涌。我心所触，如攒万镞，而何暇裕调文墨为！虽然，吾敢揭一言以质之我社会曰：国家荣瘁之最初基础何在耶？人生观之最终目的何在耶？

试置吾人于冲积层时代，搏猛兽，跨龙麟，衣革啜腥，歌呜呜为乐。其时但重母系，不知父系，既无家，安有国，然而社会之雏形已具矣。其勇猛雄鸷之精神，固贵卫同类矣。嗣是临崖而巢，临水而杙，转徙逐水草、营畜牧，为家族之制、酋长之制，政治上之蛙律，即社会上之权舆也。嗣是而农业组织，则有农业社会；工业组织，则有工业社会；商业组织，则有商业社会。其农业社会、工业社会、商业社会，皆社会之析形，而大团体中之小团体也。嗣是而契约立，而国以名，其位于社会之上流者，曰君、曰孤、曰卿尹，其位于社会之下流者，曰士庶，等级递差，名义纠错。然居是名者，类皆诞育于是社会中，取储于是社会中，非降自天，非涌自地，非抱注自他族，故其目的物，舍社会安宁进步以外无他冀也。若道德、若宗教、若文艺、若军队，皆达此目的之附属物也。准乎是，则知社会者，本有共和政之性质，而决不含帝政、王政、贵族政之元素；准乎是，则知政治者。本可以社会机关之力溶解之，而置政治于社会问题之内。是故健全之国家，必无萎败之社会；而萎败之社会，决不能造健全之国家。此其大则也。人生观之概要二：曰躯体之快乐，曰精神之快乐。曰躯体，物质也；曰精神，灵魂也。合而观之，是曰人间。然世界之大义侠、大军人、大探险家，其能建轰天地垂日月之伟烈者，必要区肉体为一界，灵魂为一界。例如医者之刳腹断股，以药饵滞其神经，而受者毫不觉苦痛也；例如人之体量同而智量异也。假而曰，精神之愉快，必由躯体生也，徒以饮、以食、以敖、以游，而人类早退处于劣等脊椎动物之列。假而曰，合躯体而言灵魂是我也，舍躯体而言灵魂非我也，执是以冲决灵魂不灭之说，然精神之结果，即视此百年易逝之身为归宿。我既未解逃之深山大泽绝迹人类，又不能舍此一星球而遁于他星球，以避物竞之剧烈，则必于我社会期安宁、期进步是职，而以遂人类遗传性之好胜心、好誉心、好革新心。吾所为祖精神之快乐者此也。

不见十九世纪中之新社会乎？革命之荒神，为烂烂之炯眼，戛戛之足音。自佛兰西而横行黟步于全欧大陆者，岂仅福禄特尔、卢骚辈之精灵为之怅乎？夫社会之演新改良，必非一原因得而导之爆裂也，要必有远因、近因、正因、负因，杂沓奔赴其中，促之使旦夕不得安其故态。佛之革新也，其远因则阐明天职、荡涤奴性之学说，疾言悚论、纵横驰辨之舌战也；其近因则宫庭之逸侈无度，权族苟且固宠，虐欲盈私，而下民穷蹙，靡所控诉也；其负因则杀党人，诛偶言，缇骑遮道，槛车累累，播其腥秽残酷，不可思议之淫威也；其正因则实验家之吸收新理，教育家之陶铸国民也。推之而日耳曼联邦、而英吉利、而西、而葡、而澳、而意，其结果微有差异者，亦以其各各原因之方向为定。今者，行其国，华厦公园，都且丽矣；铜像巍巍，植驰道矣；屠沽下走，游行于汽车、电车态扬扬矣。琴自奏也，耜自耕，杼自织；工自成器也；电气、蒸气代人力，钢具、铁具易职工。极之天地中至小之一微尘，莫不润而为雨，铄而为光，以呈新社会庄严燡灿之观，固令人愕眙惊顾，企仰无己矣！然当其发轫时，万端之阻碍蔽其前，百事之恐慌乘其后，与今日我社会中之颓茶偾乱、穷愁苦痛，殆无二轨。其时思索力之锐者、体力之健者、时间之富者、与夫工诗想者、娴音乐者、精美术者，各各恪共天职，牺牲其身，以供新社会之组织。故鲁意朴论确定新社会之原则曰：视各人能力之多寡，从而区别其负担义务之轻重。易言之，人若有二倍于人之体力，必有二倍于人劳动之义务；人若有十倍于人之智力，必有十倍于人谋画之义务。故才智愈大，义务亦愈大，而弱者贫者，不可不借贷于强者智者。何则？才智赋于天，天之所与不可透也，其所谓尽天职者，岂贻狡童以牟利禄、图酬报、逞私智之口实哉！彼其主唯心论者，即其所以拔人格于奴坑也；其主唯物论者，即其所以遏教徒之狂焰也。其大资本家、大企业家，即循其发达阶级，膨亨国力，非素志于吮吸社会之脂膏也。虽然，彼政治上之革命甫已，而经济上之革命又起。由是增佣银，减时间，而工场条例、保险事业、贮蓄银行，相踵以起，凡社会之所利靡勿兴也。由是而斐洲覆、澳洲白，始仅首于社会中数人之谋，终乃并吞之为公利，务使无一夫失所之叹，凡他社会之所害靡有恤也，今且浸浸及于亚矣。然则我社会之前途果何如？果何如？革命之荒神，其亦縣欧袭亚而作世界大同盟哉？

**篇二　新社会之过程**

今试观我社会十年中之现象，旧社会退步之速，与新社会进步之速，不可持镪计。退者必列于淘汰之数，进者必居于适存之数，生理学之公例然也。以内界言，则同一民族，而新、旧非有二部分，为搏噬不相下之势，其曰新、旧，亦犹适存不适存之名。以外界言，聚数植物于由土，而地质之荣养力仅是，则一荣一萃，泽不两全，其荣者必具冲突之权力者也。人类以知能之权力，为冲突之权力，故惟具高尚之人格者得保其种。然则社会者，民族主义之领土也，使有淘汰，无适存，而民族亡；使有旧社会，无新社会，而此一社会厕于米洲烟颠人之永为山番、非洲尼苦落人之降为奴族已矣。例如万国劳动同盟，其所宣言，无人种之别，无宗教之别，无国界之别，所公认也；而华工一逐于非律宾岛，再逐于合众国矣。例如万国国际平和裁判，军事上之竞争所公认也；而以对我族，则为他日要挟地矣。乃犹匿居暗室，自诧无灾，不其恫与！

夫自旧社会观之京师，粪壤也，守令蛇虺也，固揆之万喙而一致也。由无意识生贪欲，贪欲生欺诈、生罪恶、生奴隶、生淫、生盗贼，而媚异族、而杀同种。种种败德，不暇觏缕。介以一言曰：彼非惟不知华盛顿、拿破仑，而并不知汤武为何如人；彼非惟不知拉丁族、偷通族，而并不知黄颛为何如人。亦有闻之齿冷者乎！

是故世界文明之事业，而使无意识者为之，则败象立见，又其甚者，可亡国，可灭种。铁路权者，交通部、兵部之命脉也，而无意识者则以他族之恐喝要挟而贷之。矿产者，世所称十九世纪之金属开化也，而无意识者则悍然肥一人之私、冒万众之怒而鬻之（如辽东矿业，一奸商禀请承办，而私鬻与俄人，与浙矿鬻与意人等，然我浙人概不承认）。学校者，道德高尚之地也，而无意识者则视为戚党盘踞之地、子孙世袭之位。警察者，因宪法而成立者也，而无意识者则视为差委保甲之缺、捕索志士之方。报馆者，社会言论之机关、世界之明镜也，而无意识者则舍博微利赡妻子而外无他计。习外国语者，所以沟通学问、维持国际之枢轴也，而无意识者则舍细崽刚白惰而外无他求。不意其以四千年来文化荟萃之社会，至今日而为百鬼夜行之缩图也！他若饰肤浅之哲学，侈大同之美名，叩其旨趣，殆如泡幻。又或道听途说，辨论雄横，翻云覆雨，不可究诘，至若以侵夺为权利，以猥鄙为经济学，以敷衍之故策、阴险之社交而谓善用外交手段。种种败德，不可觐缕。介以一言曰：无意识者而期以文明之事业，犹食蕳以充饥，饮鸩以止渴也。然不一瞬而若而人者，亦回漩于旧社会之涡中以去。

　　夫社会过程之公则二：曰糅杂各文明之质素而同化之，如小亚细亚之文化达于地中海沿岸，迄中世纪逾爱魄士山而北，其例也；曰文化之型式印于人心，沿此系之枝干而昌大之，如非、澳土人，其所遗传无一可称述之事实，而遂定以劣种之名，其反例也。兼是二者，则新社会之基础定，而其发展由此矣。然彼当上古希腊、罗马时，专鞭挞奴隶，役使生产；降至中古，贵族专擅，农仆土隶之风犹存焉；暨市民兴而贵族仆，其时组织文化悉柄自市民，至十九世纪末，始达于第四级之平民时代焉。若我社会，殷助周彻，共产制度阅千余年，乃由平民时代而为贵族时代，复由贵族时代而为奴隶时代。既奴矣，又何言！彼愈演而愈上，此愈演而愈下，何若是比例之不侔也？则请仍以前例解之。曰是惟无同化力故。闭关自守，胶守盲从，久之久之，浸成习惯。然试观今日滨海之区，与夫扬子江流域，蓬勃郁发，勿可遏抑；而环顾昔日文化所及之地，亦复易尘垢之形骸，炳神明之曙光，而又择其脆弱不适存者时时汰之以即于新，此即新社会过程之现象也。

### 篇三　新社会之主义

　　医之有卫生术、治疗术，将以保身体之康宁而消弭其苦痛也。社会主义者，将以增人间之福祉而消除其厄难也，普及之卫生术、治疗术也。或云是主义之锡名，导源近代，才六十年。千八百三十五年，英人洛扑窦因慧氏，创一社，曰各国民各种属之协会。世以氏注意社会改革，非计政治改革，故名之曰社会主义，名其社员曰社会党。厥后被适用于近似诸主义及诸党派。然或由社会入手而以政治为目的，或由政治入手而以社会为目的，其组织异，其期望同。且一主义立而能左右万人之心，屏除习俗一切尘障之观念，协乎天则，几于平衡，是其原理必由心理而定；冲决现存一切罪恶之网罗，使秩序重整，支配悉当，是其系属必由伦理而定。虽庸有抗激过甚之行，与夫躐阶级，不法自然，贻消末议，然各各社会，异其政，异其俗，故其趋向亦异。且奉之者，固宝贵之逾于金玉，而创之者之必求谅于世不为欺诈之行，如曒日之可共信也。今社会主义之披靡欧美，为雷奔电掣山摧海啸之奇观者，非共产主义与极端民主主义之二大现象乎？是故白人之输入品而未可漫不介意者。

（甲）共产主义。是派创于法人罢勃（Baboeuf），其后劲则犹太人埋蛤司（Karlmarx）也，今之万国劳动党其见象也。

其原理曰：土地与资本，生产之资也。若地主、若资本主，何需乎？土地、资本，离土地、资本主而依然存在也。若材〔财〕产基于先占，必至后起者无立锥地；若财产基于劳力，必至后起者无劳力地。且机械既盛，工金愈贬，彼劳力者，终无为地主、为资本主之日，故必废私有相续制而归于国有。

曰：劳动者，为地主、资本主垄断其生产机关，由是生屈从，生社会之穷困，生精神之卑屈，为政治上服从之原因。

曰：劳动之结果，即天然之报酬。今日生产力益益盛，当使劳动者之报酬益益加，人益益幸福。今彼坐而攫其利，是盗贼也；今劳动者与市价同低昂，是劣等动物也。

曰：如悟人类神圣之劳动，而使土地、资本归于国有，其生计费以时匀计之，平均一日六时已足，今劳动者至十二时、十三时，尚不足赡其生。是贫者富者，非关系的事实，而绝对的现状也。

夫必一跃而登于天，废一切阶级，骤言平等，势固不能。然有非地主，非资本主，而胶削社会之脂膏，以供通古斯族二百万人之衣锦炊玉、恣逸乐于翠帐之中，更或加取之而赠之他族焉，更或未餍其欲而肆淫威焉。而犹号于人曰：满汉一家！其使饥者冻者，终不悟劳动之神圣，络头穿鼻，唯牛马是贤也。

（乙）极端民主主义。是派创于法人帕洛吞（Proudhon），而俄人勃宁

（Bakounine）、司克纳尔（Schirnel）其代表也，今俄之虚无党其见象也。

其原理曰：凡社会中曰私曰己而为人类差别之性质者，粪土也。

曰：理想者，人虽以圣视之而渐加敬焉，然其自由之界日狭矣。理想之观念，仅仅吾人精神作用之创造物耳。执是以招自由之进步，迷而已，进步何在？在吾之足，在我性，脱离观念世界之役使而已。何则？我性，造物主也。自由教吾人云，汝之身自由耶，而其何者为汝之身，不言也。我性呼吾人云，汝之身其苏耶，以吾人之一恶我离，一恶又我即也。我之自由，先天也，而求此先天之自由为妄想，为迷念，自由乌乎！至自由必以力达之而始至，而存此力者我而已。予之权力，予之财产也；予之权力，与予以财产。予之权力，我自身也，而自权力而始为予之财产。权力者，权利也。现存之权利，皆外至者也。予之权利，神与国家、与自然，皆不能与予。予之有权利耶，否耶，唯一之裁判，我而已。

曰：国民者，不论州与村，异其众寡，皆可自主，可自由，有自治之权利。国家者，以一人之意志，而曰与全体国民相一致，是即专制也。专制者，侵夺人之权利者也。

曰：离社会主义而言自由，特权之垄断也，不义也；离自由而言社会主义，奴隶制度也，野蛮也。

曰：今多数之人民，富何有？教育何有？权力何有？虽如牛马力之生富，营营其心，成灿烂之黄金世界，彼等明日求一饭不可得。何则？奴隶也。吾人畏此世纪，永沉于悲酸愁苦之境，吾向于同胞，非饔飧之问题，智能、自由与人道之问题也。

曰：今之敌，非地主，非资本主，政府官吏也。舍志士之身，奔走尽瘁于社会中，行铁血手段，天职也。

曰：以天罚而加之虐政家，开彼等之血路，天与之权利也。吾人天与之权利，辩舌也，笔也，剑也，铳也，爆裂弹也，阴谋也。青年者，今日岂犹豫之秋耶！

噫，异哉！孰知彼之穷愁愤叹，怨声若雷，即我旧社会之撮影哉。夫压制之政，犹破屋然，累巨石加其上，所压愈重，崩愈速矣。以彼处虐政下，渴望自由，非伊朝夕。且观于千八百七十五年，裁判所之国事犯，七百七十人中女子居总数之二。有老者，有少者，有形容憔悴面黧黑者，有妍丽绝世者，皆能抱洁白坚贞之德，奋雄鸷壮烈之行，辩舌也、笔也、剑也、铳也、爆裂弹也、阴谋也皆彼等所有事也，牺牲一身，视天尺咫呻吟于铁窗间如乐土也。女子梭伊亚氏、帛罗司拉氏曰：男之性劣于女。噫，我社会中青年愧无地矣！

…………

（《浙江潮》第八期，1903 年 10 月）

## 叶夏声

### 无政府党与革命党之说明

（篇中指政治革命与社会主义皆近世一般所行，而吾人目的存焉者。其涉于极端者，除外不论。）

吾闻之人言曰：有政府胜于无政府。斯言也，实保皇党借以诋革命党所主张为无政府主义而欲以惑人也。于是乎怵革命者咸以为口实，乃误认革命即无政府主义。夫无政府党与革命党其主张不能两立，此有识者所能知。然则其为是言亦惑愚昧者耳，余又何喋之为？虽然，余不能不辩也。夫一说之存，苟足以惑一人者，即其言可流毒社会，况此说乃似是而非者耶？方今言政治革命与社会革命并行，彼社会主义与无政府主义罕有能知其区别者，故苟闻社会主义之说，必将望而去之，以为社会主义之实行，国家之安宁与社会之秩序，必将尽倾覆而无遗，其与无政府主义之破坏说无以异。误认此理由则其信有政府胜无政府之说愈坚，斯其怵革命也愈甚。无他，有无政府主义之观念，而无政治革命、社会革命之观念耳。然则无政府革命主义与政治革命、社会革命，诚不可以无别也。

革命有政治革命、社会革命之二种。今请言无政府主义与政治革命之差异。

第一、无政府主义与政治革命之区别　欲知其区别，当先言无政府主义为何物。

甲、无政府主义　此主义可分为二派，一平和的而一急激的也。平和的所主张者，为基督主义、非基督主义、进化主义也。三说不同之点固多，而其以个人心理之发达进步，期无政府主义之实现则一。至于急激的无政府主义，则其所主张者为共产主义、集产主义、破坏主义。三者主张大略亦同，不外以社会经济改革期无政府主义之实现，故又名社会的无政府主义。盖平和的主义，以谓苟个人道德之发达，则政府何有焉，而所谓法律其无用更无论矣。此主义其实行为无形，其发达以心理，故个人的又哲学的者也。而急激无政府主义则不然，以破坏社会的组织而发达者也。破坏之实行则不能无实力，故非常手段随而生焉。各国尝吓其威力而竭力以禁制之者以此。然而其所主张果如何？彼其言曰：政府者强个人人使皈从其意思者也。国家者以一人或一群人于或范围内为全人民之代表者，或为主人主张所行动事而有侵略主义者也。而其据此之理由，则不外以贫富之不均，贵族富豪借政府以拥肥产，陷人民于无可生活致富之地位。因欲平贫富之阶级，而至用急激手段，破坏政府，排除豪族，而均分其财产焉。宗教家拉满尼之言曰："夫神者初不立尊卑、贫富、主奴、君臣、上下之别，一切众生皆平等也。"耶利嗟尔邱之言曰："虽何人无主人之称，人人各自为主人，故无政府党无君主又无代议士也。又从来中流人士，颠覆政府之目的，在自占其主位，而余辈欲灭今日政府及一切权威之主意，则在与人民以自由。"虽然人民得平等自由以后，则代表之者何人，彼曹亦以人民自有代表国家之权利。且以为无政府党者赏罚之大吏也，而为赏罚之机械则爆烈弹也。私有其财产则惩之，以为私有财产而全废，则一切罪恶可得全灭。罪恶者加害于人之所行之谓，而其三分之二、四分之三则诱于他人之富而行为。若私有财产全灭之日，即犯罪全灭之秋。提陀罗先苦鲁波金而发见此理曰："以余观之，无私有财产则关连于此一切之罪恶可归于无有也，无疑。"案其意世有盗贼以有财产，若无财产盗贼亦止。推此理论则有奸通罪以有婚姻，欲无奸通无若废绝婚姻矣。（以上首段为社会主义研究之理论，下段为政治罪恶论所言。）是言也与老子之"圣人不死，大盗不止；割斗折衡，而民不争"之说将毋同。然则无政府主义直可谓不认国家之统治权，更不认法律之存在，而惟以破坏手段达其平等自由之目的耳。其行破坏固曰革命，然其所谓革命，仅有破坏而无建设者也。无建设之革命，乌得云革命哉！

　　乙、政治革命　然则无政府主义之革命，既非革命矣，政治革命者何耶？冰儒李芭之言：革命者，以急激变革政府根源之主义也。此但就政治革命之外形上言耳。若言革命二字之本质，则革命者除暴去恶之义也，去故取新之义也。非如其字义上所谓革其政府之命而使不可复生者也。革命二字之义诚不能尽其本质，余故欲易革命二字为革新二字也。然亦有当注意者，则革命与改革又不同。其政治大体之主义前后同一，而仅变动政治规矩体裁，则曰改革；变动大体之主义，而政务运转之外形如昔，则革命也。夫自其与改革之区别言，则变动政治之大体为政治革命，自其本质言则除暴去恶，去故取新，乃曰革命。夫如是则可下其一最确之定义，则革命者，变动政治大体而新之之谓也。然而所谓政治革命其方法及效果若何，学者于此学说各有不同。墺儒须多因以为政治革命之手段有二：（一）变更其为元首之人物，（一）制限其元首之权力云。此则吾国自有历史以来革命之手段若此，虽然未足以言政治革命也。如其所言，则政治革命仅断绝其皇位继承之顺序，而承以新主耳。政治革命非如是也。前言其为变动政治大体矣，其大体变动，则必以政治上权利之不平阶级之区别，有以使其然者。证之吾国自满贼入关以来，以战败民族之地位遇吾民，残酷暴虐，无待余言。夫彼既处优胜之地位矣，故其满族享一国最优之待遇，满酋握一国最高之主权，吾民公权之被剥夺固然，即私权亦被侵蚀，生命财产，轻若沙土。夫如是故满族之地位愈以尊，汉人之地位愈以贱。吾友精卫子谓其为二百余年之贵族政治诚然哉！自来革命大抵以破或阶级之人之特权为主眼。吾国革命，亦在破满族所有之特权无疑。然欲破满族之特权，先宜驱除满族于国外，否则占有特权之族类，当无拱手以归之吾民者。此吾国政治革命时之特别手段也。此非本论之范围所能详言，然各国政治革命之成功，其结果则有可概举者。

（一）变更一国之元首也。夫酿成革命者其为元首乎？彼恣权力，轻国政、违公理、背道德，实行其"朕即国家"之主义，人民乃起而废之。法兰西之革命其往迹也。（二）更改其政体也。人民既富于政治思想而实行革命，自非有仅争皇位之心，则排斥元首以后，其政体当无有循是而不变者。佛兰西革命后而即为共和国者以此。（三）废止社会从来之上下阶级也。此则人民为此目的而起革命，其废止之也当然。（四）付与政权于人民。此则政体既变政权当在人民。由是观之，政治革命若是其远大也，孰谓革命为仅事破坏者乎？盍观此最良之成绩。

无政府党与政治革命既如上所云，然则其区别有可言者。

丙、区别　两者之区别：（一）无政府主义在废绝政治，而政治革命则在革新政治也。（二）无政府主义在破坏政府，而政治革命在改良政府者也。（三）无政府主义因欲废灭政府而至摈斥国家（参观上文），政治革命则为巩固国家，而革新政治。（四）无政府主义不论专制与立宪之政体皆破坏之，而政治革命则仅破专制而企图立宪。（五）无政府主义蔑视法律，政治革命则尊重法律者也。此五者皆为两者正反对之点。至论其手段，则无政府主义之革命以爆烈弹为之，而政治革命则人民对于政府为公然之战争也。又常闻无政府党之宣言曰：世无有盗贼也，故盗窃非贼，而回复权制之一方法也。政治革命者则以窃盗为法律之罪人，而社会之蟊贼也。凡此种种之不同点，皆足以证无政府主义之非政治革命，非仅不同，且大相悖谬也。

第二、无政府主义与社会革命　无政府主义之性质，前已详言，兹姑不论。

社会革命者何？基于社会主义而为革命也。故欲知社会革命，先宜知社会主义。此主义也，考其原起，实自法国革命至于一八一七年。当是时也，人民渴望个人之自由，希及儿等随之而倡社会主义，始不过谋宗教之进步，继乃企图产业之共同，荏苒至于十九世纪之中叶，始作成共和党之宣告，翌年遂爆发社会的革命。是时之社会主义与无政府主义实际相同，以其实行破坏主义之手段一也。殆一八六四年万国劳动者同盟设立于伦敦，马尔克（Moic）为其首魁，于是平和的社会主义，泛滥全欧，有若洪水。"万国劳动者其团结乎！其团结乎！"大声疾呼，以醒其寐寐。劳动者乃试团结。然因于各国之经济上、产业上形势不同，其组织因而亦异。故于英有劳动组合，于德为社会主义。虽然，其他诸国则被无政府党巴枯宁之主义所惑，而大倡虚无之说，以为破坏之外无他物，且将率万国同盟而悉投于无政府党焉。霞谷之会，社会党乃宣言驱逐无政府党而以社会主义救之。自是而后，至于一八八三年，遂全灭脱无政府之习气而趋于建设的、进化的、政治的之良风，此即社会主义之历史及其与无政府主义分离独立之特色也。然其分离以后，其主张若何？则社会主义者以调和各个人之利益与社会全般之利益为目的。盖欲使社会与个人之调和，而其遂此之方法，则一种之协力法。协力法在扶助社会之人民。然而方今行于世之产业上组合，务欲废止自然之竞争，而以少数压多数，富强者压贫弱者，优者恣意独占种种之事业而杜绝公共事业。社会党乃大呼曰：吾人之贫苦困敝，由于豪族之掠夺也，不除豪族，则吾人无噍类矣。故不除豪族，斯财产不平均；欲财产之平均，不能不望之个人。然不能不与权于国家，是故利用政府，则吾人乃得真自由。惟所利用之政府当为共和政体，共和乃得平等也。然而其进行之方法果如何？观其共产党之宣言，乃农工奖励银行之设置，可证其主义之非乌托邦者。其宣言凡十条：

（1）禁私有财产，而以一切地租充公共事业之用。

（2）课极端之累进税。

（3）不认相续权（不认承继财产之事）。

（4）复收移外国及反叛者之财产。

（5）由国民银行及独占事业集信用于国家。

（6）交通机关归之国有。

（7）为公众而增加国民工场中生产机械，且开垦土地，时加改良。

（8）强制为平等之劳动，设立实业军。

（9）结合农工业使之联属，因以泯邑野之界。

（10）设立无学费之公立小学校，禁青年之执役，使教育生产事业为一致。

以上十条皆社会党之谋实行之事业也。至其条件之内容，则待之解释者、研究者，殊非本论所能一言以蔽之者也。他如农工奖励银行之设置则虽未能实行，然其目的为欲贷金于企业之徒，使不仰给富者而独立营业。能独立营业则资本家自不能压制贫民，而贫民亦能进于资本家之地位矣。如上所言则社会主义所主张之概也。若言其与无政府主义区别，则有三：

第一，无政府主义在废灭政府，而社会主义则在利用政府也。盖无政府主义以国家具强制力，则侵略人民之自由；社会主义则以为国家无有不具强制力者，且也国家之强制力正为吾辈所欲借以达其目的者。此其大不同也。因斯不同，推广之则尚有其二区别。

第二，无政府主义，无论于何国家，皆轻蔑政治，破坏法律，对于政府企为阴谋；社会主义则服从法律，维持善良之政府，尊重生命，且为政治运动者也。

第三，无政府主义之事业，蔑视法律之绝对的自己主义也。社会主义之事业，则平和而有秩序且博爱者也。

两者各有不同，斯其利害亦主张各异，此所以不能不分立也。虽然论其究极，则目的当无不同，以二者皆求个人之最完全自由。故无政府主义以得任意的组合者多，而有不欲者任其欲望之如何；社会主义则依民主的国家行组合产业，而其组合产业利便既多，故推定他人之无为个人事业者。然则二说距离本不甚远，第其达之道为相异耳。虽然，若以余之私见而评定之，则余以为社会主义较无政府主义，其根据确实。何则？无政府主义以产业共同之力属之个人，而社会主义以为当属之国家也。今夫人生于世不能索居野处则必求其群，群则势大，势大则事无不成。此心理也，是名个人之社交性，根是社交性而社会成。然社会有团结力而无强制力者也。即有强制力，然其力仅社会上习惯之制裁、道德上之制裁，其有势驱而不得不然，此其力为不一定者。国家则不然。国家者富有强制力者也。国家与社会之区别，以强制力之有无定也。故个人之服从国家者，亦以其有强制力也。盖苟无强力之国家，则人民权利自由无保障。因是之故，社会党常欲借国家以行共产主义，其理想有根据可实行。无政府主义则不然，彼以个人之力而欲实行共产制者也，故无国家亦可也。然而以财产之平均冀之个人，彼个人苟无道德心者，将争夺之无已也。然则欲实行其主义，先宜注重于个人之道德，是其实行之期难定，其理想之为梦幻也。此余所以祖社会主义欤。

梦蝶生曰：嗟乎！余为此论讫，而有不能已于言者矣。某报有论人格者曰：西儒之言曰恶政府诚不如善政府，然犹愈于无政府；恶法律诚不如善法律，然犹愈于无法律云。彼西儒之为是言也，乃对无政府党而加非难者也。彼无政府党重个人而轻政府，恶政府而欲废绝之，其有激而为是言，诚不能谓不当者。若以此言而诋革命，则知二五而不知一十，无敌而放矢者也。彼革命党者，以为政府而若恶也，则吾人当共起而革之，革之而且新之焉。是则其主义在颠覆现今之恶劣政府而建设新政府也，非谓颠覆之而有鉴于前之恶劣乃废灭政府也。若欲以恶政府诚不如善政府，然有政府存在，则莫如因之而不革之言劝告一般之谈革命者，则无异谓有疾病，诚不如无疾病，然病既生矣，则不如放任之而不治疗。世宁有是不通者耶？

然则此说也，可云非正确之理论，而不可以非难革命也。虽然，世犹有疑吾言为诬者，则请证之其第二之词曰：恶法律，诚不如善法律，然犹愈于无法律云。夫革命党而革命，断无有排除法律者，观前文之论革命，则可知矣。而无政府党，则有谓法律者，剥夺吾人之权利者也。然则彼西儒之言可证其为非难无政府党，而非指革命党者也。若其以蔑法律詈革命党，则请问法国革命后，何以最伟之民法遂成也。且法国革命而后，民心趋于共和立宪，至今成效炳然，岂无故耶？然则谓革命党而无视法律者，其谬彰矣。己则不智，而漫以诬人，乌乎可哉？乌乎可哉？（《民报》第七号，1906 年 9 月 5 日）

## 公　权

### 社会主义讲习会第一次开会记事

本年六月，刘君光汉、张君继因中国人民仅知民族主义，不计民生之疾苦，不求根本之革命，乃创设社会主义讲习会以讨论此旨。于日历八月三十日开第一次大会于牛込赤城元町清风亭，会员到者九十余人，遂于午后一时开会。

先由刘君光汉布告开会之宗旨，略谓今日为社会主义讲习会开会第一次，但吾辈之宗旨，不仅以实行社会主义为止，乃以无政府为目的者也。无政府主义，于学理最为圆满。如征之历史，则原人平等，无政治之组织。继因人民信神，雄黠者托神以愚民，民因信神之故而尊之，是为君长之始。有君长然后一切阶级制度因之而生。又上古之初，人民之于百物，均自为自用，无督制供给二统系。继因两族相争，胜者处于督制统系，败者处于供给统系，是为人类异业之始。由是言之，名位不平等，由于智诈愚；职业不平等，由于强凌弱。今观于原人之平等，则知政府非不可无。此一证也。更征之心理：无论何人，其心理之发现者，一为嫉忌心，一为恻隐心。嫉忌心者，恶人之出己上，或欲己之上与彼齐，或欲人之退与己平；恻隐心者，闵人之不若己，欲援之使与己平。足证人类之中，有平等之理性。

本此心而扩充之，即足以促人类平等，此人类不甘有政府之征。其证二也。更征之科学。观视天然界，昔人以太阳为世界中心，今则科学愈进，有倡空间无中心之说者。空间既无中心，则人类妄指政府为中央机关者，出于谬想。又空气蔓延空间，无复畛域，则今之区画一隅土地，而称为国家者，亦为谬想。又观之动物植物界，虽虫蚁之微，均有互相扶助之感情。故昔之倡进化论者，谓物类因竞争而进化；今之倡新进化论者，谓物类因互相扶助而进化。物类互相扶助，出于天性，不因强迫而生，则人类互相扶助，奚待法律之强迫哉！况植物甲坼之初，若瓦石障其上，则其根必避瓦石之障碍，转向他方以遂其茁生，足证物类有避障碍之天性。今政府之居民上，其障碍为何如？使即人类避障碍之心而充之，则政府必应消灭。其证三也。有此三证，则人类必当无政府明矣。况今日之世界，政府之于人民，固有莫大之压力，即资本家之于雇工，强种之于弱种，亦以横暴相凌。推其原因，则一由政府保护资本家，一由政府欲逞野心。政府之罪，上通于天，诚万恶之原也。故欧美各国，渐倡无政府之论。然欧美各国无政府，其事较难，而中国无政府，则其事较易。何则？中国数千年之政治出于儒道二家之学说，儒道二家之学说主于放任，故中国之政治主放任而不主干涉。名曰专制，实则上不亲民，民不信官，法律不过具文，官吏仅同虚设，无一真有权之人，亦无一真奉法之人。上之于下，视若草木鸟兽，任其自生自灭；下之于上，视若狞鬼恶神，可近而不可亲。名曰有政府，实则与无政府无异。其所以不去帝王政府官吏者，则以人人意中，迷信尊卑上下，以为自然之天则。使人人去其阶级之观念，由服从易为抵抗，则由放任之政府，一变而为无政府，夫复何难之有哉！故世界无政府，以中国为最易，亦当以中国为最先。若排满主义虽与无政府不同，然今之政府既为满人所组织，而满汉之间又极不平等，则吾人之排满，即系排帝王，即系颠覆政府，即系排特权，正与无政府主义之行事相合。惟无政府优于排满者，亦有三端：仅言民族主义，则必尊己族而贱他族，易流为民族帝国主义。若言无政府，则今日之排满，在于排满人之特权，而不在于伸汉族之特权，其善一也。仅言民族革命，则革命之后，仍有欲得特权之希望，则革命亦出于私。若言无政府，则革命以后，无丝毫权利之可图，于此而犹思革命，则革命出于真诚，其善二也。今之言排满革命者，仅系学生及会党，俶成功由于少数之民，则享幸福者，亦为少数之民；若言无政府，必以劳动组合为权舆，使全国之农工，悉具抗力，则革命出于多数人民，而革命以后，亦必多数人民均享幸福，其善三也。大约仅言无政府，则种族革命赅于其中；仅言种族革命，决不足以赅革命之全。此吾辈所由以无政府为目的也。惟无政府以后必行共产，共产以后，必行均力，而未行革命以前，则联合农工，组合劳动社会，实为今日之要务。然欲达此目的，势必于全国民生之疾苦，悉行调查，此实与社会主义无异者也。惟吾辈不欲以社会主义为止境耳。此今日开会之宗旨也。愿与诸君共勉之。

次由张君继报告此次开会在于诠明无政府主义。次由日本□□□□君演说。□□君演说既终，刘君光汉复起而言曰：据□□君所言，于政府之弊、无政府之利，言之最详。幸中国近日，尚为放任之政府。然以今日之人心，无一非崇拜强权，无论满洲立宪，无论排满以后另立新政府，势必举欧美日本之伪文明推行于中国，使放任政府变为干涉之政府。则□□君所谓法律、租税、官吏、警察、资本家之弊，无一不足以病民，而中国人民，愈无幸福，较之今日，尤为苦困。故吾辈之意，惟欲于满洲政府颠覆后，即行无政府，决不欲于排满以后，另立新政府也。

次由何女士震演说，谓吾于一切学术，均甚怀疑，惟迷信无政府主义，故创办《天义报》，一面言男女平等，一面言无政府。盖无政府之目的，在于人类平等及人无特权。若男女平等，亦系人类平等之一端，女子争平等，亦系抵抗特权之一端，并非二主义相背也。特无政府主义，不仅恃空言也，尤重实行。现世界无政府党，以俄国为最盛。俄国无政府党，其进步分三时期：一为言论时代，二为运动时代，三为暗杀时代。今中国欲实行无政府，于以上三事，均宜同时并做。即使同志无多，亦可依个人意志而行，以实行暗杀。盖今日欲行无政府革命，必以暗杀为首务也。

次刘君光汉提议：今日开会后，拟每星期中，举行讲习会一次。其讲习之科目，一为无政府主义及社会主义学术，一为无政府党历史，一为中国民生问题，一为社会学。由中外各国绩学家讲演，并可随时质问。如有各国民党至东京者，亦开会请其演说，众皆赞成。

时天色已薄暮，遂由张君继宣布散会。（《天义报》第六期，1907年9月1日）

## 章太炎

### 《无政府主义》序

张继译《无政府主义》一卷，本意大利人马拉跌士达著。其挥斥垢氛，解散维絷，悲愍众生之念，亦以勤矣！至于自明指要，或有执着，旧邦学说，多未脱离。夫能平齐人之好恶，知一身之备物，刀割香涂，爱憎不起，黄尘火齐，等无差别者，斯天下之至高也。其次莫如恬惔寡营，屏人独处，持芋栗为谷食，围木皮作绮襦，大乐不至，劳苦亦绝，愈于交相掎持、待群为活者远矣。何者？人之形躯，不异鸟兽，而好尚所至，是有两端：州居萃处，人之情也；及其独居深念，中有秘藏，肺府周亲，憎若虫蚋，此亦根性然也。故有乐群就众，亦有介特寡交，人心不同，虑如面颣。若其离群子居，言有秩序，尚不可得，况得言无秩序，一求屯聚，即不得无友纪条贯，鳃鳃然惧人之多言，急以自白，盖犹震于物论者也。庄生有言："鱼之相濡以沫，不如相忘于江湖"；"吾生有涯，以随知之无涯，殆已！"昔人悲夸父之逐日，近贤悼奔马之追杖，此则营求妙欲，自苦之根，麇集为生，伐性之斧。故知福为美疢，群惟聚痡，计文野者，是华士见，不如归太扑也。求幸福者，是天宫见，不如言苟全也。（凡求幸福，无不得苦，今日阶级未平，苦者自苦，乐者自乐，诚不相谋。若阶级既平以后，当一人兼之矣。欲乘汽船，必先凿煤，乘轮之乐，不偿开坑之苦□。欲孳稼穑，耕以机器开坑之苦，更甚于力农矣。若使苦乐异人，其不均何异于今日耶？然则小艇之乐，何必轮舰；躬耕足食，安取引机。但损欲速务多之念，福亦犹人，必不因之致若也。此则今日所□文明尚当有裁损者，何得复求增进？至于文明野蛮之□本是俗论，无足顾虑。）徒以心如委翳，竞进猥多，持世之言，必以百姓千名为准。然则山林独善，不残制群体之曼延，桧巢见并，松栎为摧，以众暴寡，又可睹矣。若能循齐物之眇义，任夔蚿之各适，一人百族，势不相侵，井上食李之夫，犬儒裸刑之学，旷绝人间，老死自得，无宜强相陵逼，引入区中，庶几吹万不同，使其自已，斯盍马氏所未逮欤？然其批捣政家，锄犁驵侩，振泰风以播尘墙，鼓雷以破积坚，堕高堙卑，邱夷渊实，荡覆满盈之器，大庇无告之民，岂弟首涂，必自兹始。虽有大智，孰能异其说耶？谅知大戴莪花，是时为帝者也。

丁未十二月，章炳麟序。（《太炎文录初编·别录》卷二）

## 刘师培

### 无政府主义之平等观

现今倡无政府说者，一为个人无政府主义，一为共产无政府主义，一为社会无政府主义。而吾等则以无政府主义，当以平等为归，试述其理论如左：

一、总论。吾人确信人类有三大权：一曰平等权，二曰独立权，三曰自由权。平等者，权利义务无复差别之谓也；独立者，不役他人不倚他人之谓也；自由者，不受制于人不受役于人之谓也。此三权者，吾人均认为天赋。独立自由二权，以个人为本位，而平等之权必合人类全体而后见，故为人类全体谋幸福，当以平等之权为尤重。独立权者，所以维持平等权者也。惟过用其自由之权，则与他人之自由生冲突，与人类平等之旨，或相背驰，故欲维持人类平等权，宁限制个人之自由权。此吾人立说之本旨也。

二、人类平等之确证。人类平等之说，非无征之说也。试证之历史，验之物理，其所得之证，厥有三端：

甲、人类一源说。基督教徒谓人类均由亚当诺噎而生。近世进化学发明，于造世之说，虽证其妄，以证人类为兽类所演。然据希腊古史，亦谓撒邾娄之子，分居三区，为黄黑白三族类之始。近世欧洲人种学大家，援证历史，以证欧亚非三民族，同发源于高加索山。又考中国古史，多人种西来之说。而美洲诸民族，近世人种学家，亦多谓其与黄种同源，由卑令海峡东渡。此皆人类一源之证。人类既出于一源，则今日世界之民，虽有智愚强弱之殊，然在原人之初，则固同出于一族，乃确然处于平等之地位者也。

乙、原人平等说。原人之初，人人肆意为生，无所谓邦国，无所谓法律，人人均独立，人人均不为人所制，故人人俱平等，此即原人平等之说也。当西历一千五六百年，欧西学者，有哥路志哈比布番，多谓人生之法，全溯源于天性，人之权利，全出于造化之赋与。卢梭天赋人权之说，即由是而生。卢氏作《民约论》，谓人之初生，皆趣舍由己，不仰人处分，是之谓自由之民；又谓古无阶级，亦无压制，故民无失德。近世持进化学者，虽痛排卢氏之说，然于原人无邦国、无法律，则固无一语相排。如最近社会学，多因进化学发明，然考西哲社会家诸书，于原人之初，均确定其无组织，则卢氏以原人为平等、独立之民者，固为学术上不易之公理矣。盖人类不平等之制，由于后起，非人类之天性然也。

丙、同类相似说。昔罗马乌尔比安谓："世界有自然之法，此法律不独属于人类，凡一切动植物，皆受此法律之支配。"近世哲学家以此法为天则，谓天下事物，均依自然定规之活动力，即变形变化之际，亦各有一定不易之定规。吾援此例以证之科学，凡二物含同量之原质者，其所现作用，亦必相同。譬如甲乙二人，共制一炮，其所用之原料同，其轻重大小及机关又无不相同，及演放之际，配以同量之火药，置以同式之炮丸，则炮力所及，亦必达于同样之距离。其有两炮相同，而炮力所达之距离不同，则必火药不同之故，否则炮丸不同式之故也。人类亦然，自佛经言人之身中，各具四大，是人身虽殊，其所含原质则同。又据近世生理学所发明，亦谓人身之中，合诸种之原质而成，无论若何之人类，其所含原质均同。所含之原质既同，则所发之能力，亦宜相同。若今日世界之人类，因进化有迟速之殊，遂有强弱智愚之分别，其故何哉？则以所居之地，有气候地势及生产物之不同。其有进化较速者，则以外界所感之物，足以促其进化；若进化较迟，则又以外界所感之物，足以阻其进化，不得援此为人类不平等之证也。譬如有烛二枝，其轻重大小相同，及燃烛之时，一置烈日之中，一置暗室之际，则置于日中者，受日力之薰蒸，融化至速，而其置于暗室者，则融化较迟。此岂烛之有异同哉？其融化有迟速之分者，则以外界所感之殊耳。人类之进化，有迟速之不同，大抵与此例相符。故人种有优劣之分，谓其受外界所感不同则可，若据此以证古初人类之不同，夫岂然哉！故古代哲学家，多倡人类平等之说，中国孟轲之言曰：凡同类者，举相似也，何独至于人而疑之。释迦兴于印度，亦倡众生平等之说。岂非同类相似之说，不独可证之于科学，即前人所明之哲理，亦早有言之者矣。

即此三证观之，则人类平等之说，非无稽之词。故人类平等者，出于天性者也，起于原人之初者也；人类不平等者，出于人为者也，且出于后起者也。则试将人类不同等之原因胪列于下。

三、人类不平等之原因。自希腊阿里斯多德谓人类不相等，或为人上，或为奴隶，皆天之所命。而荷兰亘鲁士、英人遏必，均援其说，以为人民应属于帝王。然卢梭《民约论》，已痛斥其非。近世科学家，或以蜂蚁之有王为拟，谓阶级之区分，虽在物类，罔不或同。不知蜂蚁之王，其体质之伟大，较之蜂蚁，有数倍之增，且蜂群之中，惟蜂王为女类，一群之生育，悉属于蜂王，则其所以为群蜂之长者，以其外观及能力均异于群蜂也。若人类则不然，虽身为君主，其外观及能力曷尝有异于齐民？不得据蜂蚁以为证也。况证之历史，则原人平等之说，历历可征，其由平等易为不平等者厥有数因：

甲、阶级不同之原因。人类之初生，固众人平等者也，无尊卑上下之分。且既为人类，必不甘服从于人类之下。然信教为上古人类之一端，上古人民，莫不信教，虽犷顽至愚之俗，亦鲜无教之民。（梯落路曰，言民有无教者，由其解说宗教过狭小矣。载路云格以人种学说无无教之民。西尼突尔亦云，虽在犷顽至愚之民，而其征伈于神也，如珪璋埙篪取携矣。）故西哲所著社会学书，均确定信教为原人之本性。夫原人之信教，均以人世之外，别有神祇，其识迥超乎人类，而操人世统治之权，其所以降心服从者，则以神非人类，可以降福而弭灾。故人民之最黠者，亦假神术以愚民，人民见其假神术以愚民，遂并疑其亦非人类。观英人甄克斯有言：图腾社会，有巫无酋。巫也者，即以神术惑民之人也。人民因信神之故，遂于以神术惑民之人，亦信其凡民所可及，而尊奉之心生。既为人民所尊奉，则必认为天神之化身，或确认为天神之代表，不复视为人类，故确定其居己身之上，与以统治之权，而己身甘于服从，此即酋长之始也。故上古之历史，均为神话史。（如希腊之女神，中国之盘古是也。）而各邦之酋长，又均以教主自居。始也有巫无酋，继也以巫为酋，君主之制，出于酋长，而酋长即上古之巫，此又社会进化之公例也。由是言之，则世界之民，所以承认君主者，以其身为教主也；所以承认君权者，以其兼握神权也。罗马帝加利互拉之言曰：人主神也，人民禽兽也。中国《说文》亦曰：圣人感天而生，天佑而子之，故曰天子。足证君主即天神之说，为欧亚所同。故君主亦利用此名，称天为治，操握一国之政权，以肆行专制。然必以方士辅政（如中国黄帝相风后鬼容区，以及日本之天孙，印度之婆罗门，犹太之体金牛是也），以僧正治民（如中国遣义和四子于四方，巴比伦于各地设大僧正是也），而一切道德法律，均由宗教而生。至于今日，人民于各国君主，犹默认其为天所立（如中国称君曰天子，日本称君曰天皇，俄、土二国以君为宗教长，即西欧各国宪法均有君主神圣不可侵犯一条，此其证也），岂非确认君主非人类之证乎？惟其信君主非人类，故守其法律，从其命令，畏其权力，而王族、贵族、官吏、资本家，又依附君主之权力，以居于齐民之上。此自古及今之社会，所由成为阶级社会也。今西哲斯宾塞耳诸人，既倡无神之论，并神且无，则昔日君主之缘饰神权者，均为诬民之说，而君主即天神之说破矣。君主既非天神，则君主亦为人类之一，君主既为人类之一，则君主不可居民上。非惟君主不可居民上也，凡一切王族、贵族、官吏、资本家，其依附君主而起者，均当削夺其特权，而使人类复归于平等。

　　乙、职业不同之原因。上古之初，人人自食其力，未尝仰给于人，亦未尝受役于人，虽所治之业，至为简单，然分业而治，则固上古所未有也。至生口日滋，地力养人者日蹙，天然之生物不足以给其所求，不得不出于相争，而相争必分胜负。（其有胜负之由，或由多数攻少数，或兵器有利钝，或地势有利有不利，原因甚多，不得援此谓人类强弱不平等也。）战胜之民，对于战败之民族，始也逞屠戮之威，继也虏获其人，夺其自由，使之躬操贱役，以从事于生财。亘鲁氏之言曰："战胜虏敌得杀而无宥，于是就虏者弃其自由权而求活。"卢骚驳之，谓："彼对于所虏之人，必曰徒杀之无益，不如夺其自由权之为愈，非有爱于虏也，直自利耳。"近世社会学诸书亦曰："蛮夷以食少而出于战，战而人相食者有之，及生事稍疏，无所取于相食，而斯时力役为最亟，则系僇其人，以为奴隶。"此均责俘囚以服役之证也。由是战胜之族，舍工作而弗务，以服农服工之役，责之昔日之俘囚（如中国昔日之为农者，均系苗民；印度昔日之为农工操苦役者，均为首陀罗；而希腊、罗马均以平民服农工之业），胜者居于督制统系，而败者居于供给统系，此即以职业役人之始也。然多数之俘囚，属于一族之下，与牛马同。人人治共同之业，则不克专精，惟人各一业，则其业易专，而生财之数，亦必倍蓰。由是俘囚之中，亦分业而治，此即人类异业之始也。厥后昔日之俘囚，稍得自由，遂各出其技，以为谋食之资。然无论何国，农工之级，均不与贵族及官吏相齐，岂非贵族及官吏，于农工之民，犹确认其为受治之人乎？习俗相沿，则此为治人之人，彼为养人之人；此为乐佚之民，彼为勤苦之民；此为倚于他人之人，彼为役于他人之人。此则人类苦乐不能适均之由也。谬者不察，妄谓人类不齐，当有劳力劳心之别，不知所谓劳心者，外托狂傲之名，而阴以遂其懒惰之性。役使众民，仰其供给，世界安能容此惰民耶？惟明于人类之异业由于役使俘囚，则凡人生日用之物，可以不劳而获者，均为役人而自养，则苦乐不均之制非矣。

丙、男女不平等之原因。上古之初，行共夫共妻之制，未尝有女下于男之说也，亦未尝以女子为私有也。厥后两部相争，战胜之民，对于战败之族，系累女子，定为己身之私有。观希腊、犹太、波斯、罗马古史，于战胜他部，必言掠妇女若干人。又中国蒋济《万机论》引黄帝言，谓："主失其国，其臣再嫁。"又蒙古之初兴，其攻克一国，必尽俘其女子，以分给己部之民，此即沿蛮族战胜他族之遗制者也。惟其掠女于他部，故遇之如奴隶，使之受制于男，又虑其乘间私佚也，故防范之法，日益加严，而视女子为至贱。于女则禁其多夫，于男即许其多妻，习俗相沿，遂以为自然之天则，如东洋之学术礼法是也。故女属于男，出于劫迫。若亚洲波斯诸国，以及欧洲北境诸民，当中古以前，卖买妇女之权，均操于男子，盖其视女子也，以为卤获品之一端，故卖买妇女，均可自由。今耶教诸国，虽行一夫一妻之制，然服官之权、议政之权（近日女子间有获此权者）、服兵之权，均为女子所无，与以平等之空名，而不复与以实权。又既嫁之后，均改以夫姓自标，岂非确认女子为男子附属物耶？岂非夺其实权而使之永为男子所制耶？又西人初婚之后，必夫妇旅行，社会学家以为古代劫女必谋遁避，今之旅行，即沿此俗。此亦女子为男子所劫之一证也。故今日之世界，仍为男子之世界，今日之社会，仍为男子之社会，安得谓之男女平等乎？惟明于男女不平等由于古代以女子为俘囚，则知男女不平等由于强迫使然，不得谓之合公理矣。

以上三事，均足证人类不平等，由于后起，并足证人类不平等，均沿古昔陋恶之风，安能不矫之使平乎！

四、人类有恢复平等之天性。今科学诸家，所发明之公例有三：一曰两性失调和，则冲突以生；二曰气体之物，偶受压力，改其体积或形状，仍具欲复原形之性（近日物理家称为跃力中之凸力，如取皮球夹之使扁，一释手即复原形是也）；三曰液体之物，压力偶加，即生激力。足证物不得其平及外受压力者，虽在无机之物，犹有抵力之发生。又观物类之中，有转避障碍之天性。譬如树木甲坼之初，其根为瓦石所障，不克苗生，则必转向瓦石之间隙，以遂其苗生之性。人类亦然。如蛮民逐水草迁徙，向此方而行，若遇大川大山之障蔽，则必改向他方。足证人物有避障碍之天性。既以避障碍为天性，则凡阶级制度，足以障遏人民者，均背于民生之天性。若夫人民嫉阶级社会，与之分离，则又遂其本性之自然，不得谓之拂于人性也。况即世人之心理观之，人类之心，约分三种：一为自利心，二为嫉忌心，三为良善心。嫉忌之心，由对待而起，一由欲奋己身，冀与人齐；一由欲抑他人，使与己平。欲奋己身与人齐，如贱者欲贵、贫者欲富、愚者欲智是也。欲抑他人与己平，如孺子于他童所有之物必潜行破坏；又乡野之民，得一宝物，互相竞执，甘碎其器是也。（其意以为我所不能有之物，亦不令彼有。）由前之说，则由羡心而生自利心；由后之说，则由愤心而生破坏心。蔽以一言，则嫉忌心者，所以愤己之不能与人平等也。自利心者，又由嫉心引起者也。自利之心，虽非一端，然皆因他人获此利，然后己身步其后尘（自利之心由不足而生。不足者，因他人能足，己身不能足，比较而生者也），纯乎由比较及争竞而生者也。若夫良善心则不然。如不义之人，思遂害人之念，欲行顿止，又如一人向隅，满堂为之不乐，孺子入井，乍见者皆思援救。是则良善之心，由自然而生。中国儒家谓之仁，欧人康德谓之博爱，苦鲁巴金则谓之互相扶助之感情，其名虽殊，均指此良善之心言。人类所以发此心者，所以悯人之不能与己平等也。由是言之，则己身不能与人平等，久为人类所共愤，他人不能与己平等，又为人类所共悯，在己则欲其与人平，在人则欲其与己平，岂非人民之天性，均以人类平等为心乎？使人人充其嫉忌之心，扩其良善之心，则凡不平之社会，必扫除廓清。及人人苦乐适均，归于完全之平等，则嫉忌之心不生，嫉忌之心不生，则无由引起其自利之心，而互相扶助之感情，愈以发达，其道德之进步，必非今日能跻，此则按之人性而莫之或爽者也。不然，恶声相加，何以必反唇相诟？两仇相阨，何以不反兵而争？则人类维持平等权之故耳。又观于欧美平民之革命，或排异族、或诛王室、或抗富民，此非尽出于自利之心也，大抵由不平之心而生，岂非人类之中，有恢复平等之天性乎？岂非今日之人类，有趋于平等之现象乎？盖人类希望平等，乃人民共具之心也。

五、世界人类不平等之现象。人类至于今日，失平等之权者，实占社会之多数。贵之于贱，富之于贫，强之于弱，无一日而非相凌，无一日而非相役，以致受凌受役之人，日受无穷之压抑。试将世界不平等之现象，分列如左：

甲、政府之于人民。野蛮之国人民之自由权尚克维持，文明之国人民决无自由权。试观之中国，由两汉以迄于今，虽为专制政体，然去国都稍远者，均为政府干涉力所弗及。欧洲中世纪，国家之权力亦未克扩张，故人民自由联合之团体，有村落同盟、有都市同盟、有商业结社。至于十六世纪，则强暴之帝王，以强迫之命令，削夺自由结社之权，而中央权力日张。至于今日，虽人民与政府抗争，获组织社会之权利，然解散之权，悉操于政府。加以交通机关，日益发达，而杀人之器，日益发明，偶有反抗，则草薙禽狝。又巡警侦探，分布于都市，名曰保全社会之安宁，然关于公众之利害，漠不关情，惟注意于捍卫政府，故巴黎、伦敦、纽约诸都市，杀人窃盗之事，日有所闻，而在下者之举动，则增无形之束缚，并失自由之权于无形，则所谓保全社会安宁者，实则仅保全在上者数人之安宁耳。况复残民以逞，凶暴横加（枯鲁巴特金曰：昔之神今之国家也。又曰：监狱者，犯罪之大学也；裁判所者，凶恶之小学校也）。裁判官者，施残忍之法者也；侦探者，作法庭之猎犬者也；狱吏者，罗刹之化身也。如俄国近岁以来，残杀志士，几及万人，复捕缚国士犯，流谪荒野，幽闭牢狱，其横死于狱吏之手者，又不可胜记，今且捕获代议士，以立政府之威。日本亦然，一罢工而捕者千百人，一倡社会主义，则遏其言论，禁之监狱。虽以法美民主之制，犹且以暴力削平民党，以焚如之刑，加及刺杀统领之人，近则北美政府，且禁言论之自由，此非所谓强凌弱之制耶？又立宪诸国，一国之政权，或操于政党，然彼所谓政党者，以虚伪之演说，荧惑众听，一党得志，则扩张党员之权力，以遏抑他党，安得谓之为国民全体谋幸福耶？即改君主为民主，然既有政府，即有统治机关，机关者，权力之所集也，既有机关，必有掌握机关之人，而掌握机关之人，必有特权，彼握特权，而人民听其指挥，是不啻以千百万之民，而为数人之奴隶也。即使统治之人，出于普通选举，然选举之时，均以投票之多数决胜负，譬如一国之中，有人千万，及投票选举之期，其被选之人，共得九百万票，不可谓之非多数矣，然失意者仍有百万人。又如议院之议政，亦凭多数决从违，譬如议院之中，有议员千人，及议政之时，有九百人同操一议，不可谓之非多数矣，然失意者仍有百人。故议院之制，民主之政，被以一言，即众者暴寡之制也。以众暴寡，安得谓之平？况所谓议员者，均营求入选，所费之金，无虑巨万，即美法二国，亦复政以贿成（近美国桑港市长旦以索贿著闻），此虽议员官吏之咎，然政府实总其纲维。是知今日之政府，均残民之政府，亦即舞弊之政府也。故吾等谓既设政府，即不啻授以杀人之具，与以贪财之机，安得谓政府非万恶之源也？

乙、资本家之于佣工。世界自古及今，舍阶级社会而外，无只享权利不尽义务之人，而只享义务〔权利〕不尽义务者，厥惟资本家；亦无只尽义务不享权利之人，而只尽义务不享权利者，厥惟佣工。是则资本家者，兼有昔日贵族、官吏、教士之特权者也；佣工者，兼有昔日平民、奴隶之苦况者也。夫今日之资本家，为人民中最富之人，然彼等之富，岂果由勤勉及节俭而得乎？试溯地主之起源。彼拥富饶之土地非一己之力所开拓也，亦非以巨金购之他人也。其在欧洲各国，则由昔日战服他族，各占其土地为私有，或因有功，君主锡以多数之土田。其在美澳各洲，又由殖民之初，斥逐蛮民，各占其土田为私产。则今日所谓土地私有者，均强者对弱者之掠夺耳。试更溯富商之起源。大抵无赖黠徒，观时变以射利，利用时机籴贱贩贵，而所获之利，或相倍蓰，或相什百，或相千万，故今日之经商致富者，均用欺谲之政策者也。积此二因，而资本家之势成，欧洲社会党有恒言：彼等之富，均不法掠夺之结果也。布鲁东亦曰：彼等所为，直盗贼耳。足证欧人贱视资本家之心矣。资本家既拥有土地资财，地多则恃以生财，财多则用以购地。然财非己力所能生也，必役使他人以为己用，此佣工所由日多也。然彼所谓佣工者，其始均独立之民也。及富者挟其资产资以竞利，均较贫民占优胜，故龙〔垄〕断市利，无往弗宜，致小民之营业者，鲜克支持，不得不为资本家所兼并。加以机械盛行，非贫民所能备，资本家利用其机，遂独占生产之机关。而土地家屋机械，悉入于少数资本家之手，人民之失业者，不得不为资本家司工作，而最大多数之平民，悉为彼等所役使。名曰佣工之制胜于奴隶，然今日之所谓佣工，实劳力卖买之奴隶制度耳。及所役之人日多，则所生之利愈广，所生之利愈广，则兴利之术日繁，而所役之人亦愈众，故彼等之富，均工人血汗之所易也。佣工忍非常之苦痛，以劳动于工场，迫于夜〔衣〕食，卖其劳力，而所制物品，其利益悉为富民所吸收。于己身所制之物，转欲购之于市场，而所得赁金，或不足以购所制之物品。加以工场所制之物，或非民生日用所必需，故欧美各国，于物之关于众民生活者（若谷、若布），恒苦缺乏，而贵重之货，无益之物，充满市场，以致民生日用之物，价值日昂，使佣工日迫于贫。佣工既贫，所得不足以糊口，不得不争赁金，欲争赁金，不得不出于同盟罢工。资本家对于此举，或将所役佣工，尽行解雇，使数万失业之民，迫于死亡之惨；或借用国家之威力，镇以重兵，肆行虐杀。试即近数岁之事言之，如法都巴黎，枉杀劳动者三万人；而美国资本家，则对于同盟罢工，私设军队。以彼民主之国，其虐遇佣工犹若此，则他国富民之不法，更可类推。呜乎！富民之财悉出于佣工之所赐，使无佣工之劳力，则富民无由殖其财，今乃忘彼大德，妄肆暴威，既夺其财，兼役其身，非惟夺其财产权也，且并夺其生命之权，此非不道德之极端耶？故资本家之道德，最为腐败，进网市利，退拥良畴，不耕而食，坐收其税，以奢淫相尚，以纵乐为生。加以财产既盈，国家欲从事争战，不得不索之富民，致国会议院，均以有财产者充其选。而财产愈丰者，其行贿之金亦最巨，故一国贵显之职，咸属于少数之富民。名曰普通选举，实则多数之贫民，屈于地主一人之下，贫民衣食，系于土田，而土田与夺之权，操于地主，及选举届期，贫民欲保其土田，势必曲意逢迎，咸以地主应其举。故富豪不啻世袭之职员，而多数之贫民，虽有选举之名，实则失选举自由之柄。岂非天地间之一大隐痛耶！故贫富不平等，至今日而达于极端。蔽以一言，则今日之世界均富民之世界也。役使贫民，等于异族，残民以逞，甚于暴君，非惟为社会之大蠹，亦且为贫民之大敌。盖此乃世界未有之奇变也。（中国数十年后，使非实行无政府主义，亦必陷于此境。）

丙、强族之于弱族。近世以来，欧美各国侈言帝国主议〔义〕，挟其兵财，雄视世界。推其原因，一由国家权力之扩张，欲逞国威于境外，一由资本家欲扩充商业，吸收他境之财源，盗为己有，积此二因，遂成戕杀之世界。故强族对于弱族，立于绝对之不平等。始也施之于南洋群岛，继也施之于美州〔洲〕，继也施之于非洲，近且施之于东亚。对于榛狉之民族，则横肆强暴，锄戮其民，占其土地为己有，其遗民之仅存者，则役之若牛马，或麋之山谷之中，使彼族归于消灭。对于稍开化之国，则始也假通好之名，吸其利源，贿其政府，以扩张己国之实权，及权力日张，则又代之施政，驻以重兵，以灭人国于无形。致昔日之邻封，易为属土，既为属土，则施其贫民、弱民、愚民之策，征重税以绝其富，禁藏甲以绝其强，废实学以塞其智，禁其团结，遏其交通，或刲割如牲畜，不复待以人道，或施行伪道德伪托宽大之名，然其不平等则一也。夫昔日罗马待遇藩属，均与以自治之权，即蒙古回民，征服他国，惨酷无人理，然未尝尽遏其生机，未有如白人之失德者。试观加拿大、澳洲，名为自治，实则其权全属于白人，与土人无与。杜兰斯哇以力战而获自治，非律宾群岛以抵抗而得选举权，印度虽有助英之功，犹不得自治，若马来群岛及非州〔洲〕更无论矣。是则欧美各国，兼弱攻昧，取乱侮亡，肆彼凶残之毒，虐使无告之民，视白人为至尊，而赤黑诸族不以等夷相视。据印度人所自言，则英人虐遇印人较往日蒙古为尤甚，学者不得讲政治法律，仕者不得居尊官。又据安南人所自言，则法人之于安南，设税目数十种，人民鬻妻卖子，犹不足偿，数人以上，不得相聚，而人民之私往他国者，治以重刑，联及家族。又据西人书报所记载，则俄于波兰，虐杀义士，禁止集会，并废灭波兰文字；其遇犹太人民，尤为惨虐，其无罪而见杀者，不知凡几，甚至阖村遭屠。美人号称平等，然于赤种之民，无复权利之可言，及黑奴解放，名曰有参政之权，然伽得社会之进化有言："美人于黑种，虽以平等叫号于市朝，名曰预选举参政权，其事实乃绝相反，徒以容貌之黑，遂沦落于社会之下层，其间有材质贤明、财产众多者，犹不得与白人同伍。所定区划，黑人逾之，则放逐于规外，斩杀惟命，而白人逾之则无罪，虽乞儿无赖愚不知学者，一切视之同等。凡关于政治之事，则曰此吾白人所为也，有于白人之主配权而不赞成者，不曰卖国奴，则曰国事犯罪者矣。"观于以上数事，则白人之恶，不减于禽兽，舍白种而外，则权利尽失，并奴隶而弗如，可谓良心尽泯者矣。此不独欧美政府持此谬说也，其国民亦然。即有一二言社会主义者，犹曰其利只当及白人。故索宾霍耳有言：欧罗巴之伦理，直论陀罗（印度屠者之称）与蔑戾车（印度多须野人之称）之伦理耳。即杜尔伯特诸人，亦深嫉白人无道德，可谓探源之说矣。乃行此主义者，犹假二说以自饰，一曰强权，二曰爱国心。于至恶之事而以善自居，是何异佛经所称之罗刹女耶？试观白种之人，非惟虐遇属地之民也，即他国之民居彼土者，亦待之如奴虏，如南非之待开矿华工，美人之待华民均肆行非礼，近且以虐待华人之法，施之于日人。推其原因，则由人人自私其国，于己国人民以外，不复以人类相视，故横行强权，不复视为非理，致近日之世界，易为强凌弱之世界，可不惧哉！

要而论之，以上凌下，政府之弊也。以富制贫〔贫〕，资本私有之弊也。以强凌弱，国家之弊也。惟其有政府，故仅利政府，不遑利及人民；惟其资本私有，故仅利一人，而不遑利及公众；惟其有国家，故仅利一国，而不遑利及世界。虽然，保护资本家者政府也，代表国家者亦政府也，故政府尤为万恶所归。人类生于今日，安能不筹及改造世界之策哉？

六、改造世界之理想。今之欲改造世界者约有二派：一为社会主义，一为无政府主义。试溯社会主义之起源，自希腊柏拉图倡共产之说，厥后基督教会，亦冀实行此制。及欧洲中古之际，则村落之组织，都市之同盟，亦或与社会主义相合。至于近世，学者嫉富民之压制，竞倡社会主义，或依宗教，或依哲理，或依科学，然推其立说之旨，大抵谓生产机关，均宜易私有为公有，依共同之劳动，蓄积共同之资本，即以此资本为社会共同之产业，以分配全部之民。近数十年，欧洲之地，有共产党宣言，有万国社会党大会，而各国社会党，或抗争选举权，或运动同盟罢工。夫依此策而行固足以颠覆资本家，然观近日社会党之所为，其欲离现今之国家而别图组织者，虽有其人，然其余硬软二派，或欲运动政府，或欲扩张本党权力于国家，宗旨虽殊，其承认权力集于中心则一也。认国家之组织，以归此支配力于中心，而公众之民，悉服从其支配之下，虽政体悉改为民主，然掌握分配机关之人，必有特权，岂非多数劳动之民，昔日为个人奴隶者今且易为国家奴隶乎？向使强暴之国家，利用此策，托集产之名吸收一国之利源，又托支配之名，以妄施干涉如中国汉武、王莽之所为，夫汉武、王莽之所为，曷尝非国家社会主义？乃既行以后，转以病民。虽曰今日之社会主义，主动之力，在于平民，与中国主动之力发于君主者不同，然支配之权，仍操于上，则人人失其平等之权，一切之资财，悉受国家之支配，则人人又失其自由权。盖仅能颠覆资本家之权，而不能消灭国家之权也，且将扩张国家之权。蔽以一言，则承认权力集于中心之故耳。故不废支配之机关，此社会主义所由劣于无政府主义也。无政府主义虽为吾等所确认，然于个人无政府主义不同，于共产、社会二主义，均有所采。惟彼等所言无政府，在于恢复人类完全之自由；而吾之言无政府，则兼重实行人类完全之平等。盖人人均平等，则人人均自由。固于社会主义之仅重财产平等者不同，亦与纵乐学派之主张个人自由者不同也。

七、实行无政府之方法。吾人观于今日之世界，凡赤十字社、平和会、社会党以及电报邮政之属均万国联合，确信人类有破除国界之一日。又观于近今欧美国民，虽处共和政体之下，犹复暗杀大统领，狙击职官，而人民暴动之事，亦日以增加，确信人类有废灭政府之一日。故吾人所持之说，在于实行人类天然的平等，消灭人为的不平等，颠覆一切统治之机关，破除一切阶级社会及分业社会，合全世界之民为一大群，以谋人类完全之幸福。

今试将其最要之纲领胪列于下：

甲、废灭国家，不设政府；

乙、破除国界、种界；

丙、不论男女，及若何之年，即服若何之工役，递次而迁，实行人类均力之说，以齐人类之苦乐；

丁、实行男女上绝对之平等。

以上四端，均吾人之目的也。然欲达此目的，必有实行之方法，试述之如下：

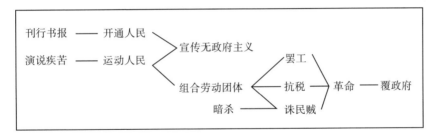

依斯而行，庶平等之目的可达，无政府之主义亦可达，所谓人类完全之幸福者，其在斯乎！

八、结论。无政府主义非无稽之说也，蔽以一言，则无中心，无畛域已耳。无中心故可无政府，无畛域故可无国家。欲诠明其理，非片言所能罄，故此篇仅主平等立论，以证特权制度之非。至于废政府废国家之学理，另于下册详之，兹不赘述。（《天义报》第四、五、七期，1907 年 7 月 25 口至 9 月 15 日，署名"申叔"）

## 苦鲁巴特金学术述略

苦鲁巴特金之学说于共产无政府主义最为圆满，现今学者多知之，故刺取其学术之大者列于此篇。

苦氏者，俄人也。生于一千八百四十二年。为俄国贵族，其爵为大公。幼时肄学圣彼得堡，长为西伯利亚军官，以波兰之役去职。乃从事科学，更为地理学会书记。千八百七十二年，游瑞士、德意志，遂入万国劳动会。返国以后，专以鼓吹革命为事。千八百七十四年，为俄政府所捕。后逃于英，复由英往瑞士，作《革命报》。又为瑞士所逐，乃去而之法。嗣以里昂暗杀案株连，入监五年。后居英国。此苦氏事迹之大略也。（苦氏自奉至为刻苦。）

苦氏所著书，鄙人所见者仅《诉青年》《无政府主义之哲学》《互助》《自由合意》《赁银制度》（乃《面包掠夺》一二章）而已。于苦氏之学，未窥全豹，然就所见之书观之，则其学术悉以科学为根据，盖彼固地学、博物学之专家也。试先即其所持之理论言之，一为互相扶助说，一为无中心说。彼一切之学术均由此二说而生，今略述之如下：

一、互相扶助说。苦氏所著《互助》，[认]为人类有互相扶助之天性。何以知人类有互相扶助之天性？以物类有互相扶助之天性证之也。彼所著《互助》一篇，首言动物之互助，次言野蛮人与半开化人之互助，终言今人之互助。略谓"物类互助之说始于达尔文。达氏虽以生存竞存为物类进化之公例，然达氏所著《种源》已言生存竞争之意，不宜于扁小一方面观之，当从宽大处解释。生存竞争，即众生之互相关系。又所著《物种由来》，亦谓动物进化，当代竞争以协合。及竞争易为结合，斯其种益迁于良。所谓良种，非必赖其强与巧也。其所尚惟在扶持结合。故凡公共团体，凡彼此相遇愈殷击者，其团体亦愈发达。"达氏之言如此。而赫胥黎误解其义，以为动物之中，惟强狡者乃生存。人类亦然。弱愚必处于劣败，强狡遂居于优胜，故舍斗争则无以生存。近人多守此伪义。实则赫氏所言，与物象之本状未能确合。如吾辈行于荒野山林，研察动物，相争夺者固不乏，而互相扶助者则尤众。故竞争为物象之公例，互助亦为物象之公例。然竞争、互助虽同为物象之公例，若就宜于群类言，则尤以互助为适宜。盖物类之发达而恒久，非互助莫由。（以上节录苦氏《互助说》。）盖苦氏承认互助为物象公例之一，兼承认互助为物类适宜之具也。其所引之证如下：

俄国圣彼德堡大学教授开思力曰：凡人之研究物类及人类也，恒汲汲于言竞争之例，而互助之例转忽。不知互助之例为尤要，凡物类组织愈固，其类愈良盛。故互助之益于进化，较竞争为甚。

俄国博物学会会员徐卫叟夫曰：鹰属之有善争掠者，其类已衰。鸭类机体组织最为幼稚，因互相辅助，其类遂布于全球。

博物家阿特赖尔曾试验蚁虫，谓尝以两种之蚁置一囊，迄无争斗。夫两种蚁虫之相遇，亦不尽交争，况蚁国恒合多数之蚁穴而成，每穴略得三十万之蚁，则蚁国者，乃由十兆百兆之蚁结合而成者也。

南美博物学家于特孙见蜻蜓合多异种，群渡南美之野，蝗虫亦结群而生。

博物学家巴特于南美阿马孙大河之滨，见黄蝶与杏蝶合抱而飞渡。

博物学家伏伯云：曾见四雄虫与一雌虫，同运埋一小鼠。事毕，二偶虫享之，余虫去。又曾见两粪虫共为一粪球，一虫运行，一虫佐之，以登斜路。人以此二虫为对偶，球为产子之区，及经考验，球间无卵。乃知此两虫非对偶，乃同类之互助者。

以上均苦氏所举之证，以证互助之例，不独高等动物为然，即初等动物亦然。动物既然，则人类智识优于动物者，其互相扶助之感情，亦必视动物为尤富。苦氏所持之说此其一。

二、无中心说。苦氏无中心说亦由自然科学证明，彼著《无政府主义之哲学》，以证发此理，所举之证，其最要者有三：

一为天文学。谓古代学者以地球为宇宙之中心，日月星辰，皆依地球回转。及十六世纪，人民渐开化，始知地球实太阳系中行星之一，非宇宙之中心。地球而外，仍有无量之行星，由是昔之以地球为宇宙中心者，易为以太阳为宇宙之中心。及于十九世纪之际，天文学者对于太阳有支配行星之力，渐肆怀疑。至最近之科学，则谓无量星辰散布太空之间，浑然调和，循自然之秩序，太阳亦其一耳，非行星归其支配也。故上古之人以地球为宇宙中心，中古以降，以太阳为宇宙中心，今则宇宙无中心之说渐次发明。此可证之天文学者也。

二为物理学。谓昔之物理学，均以电气、磁气之本质在物体以外，电气、磁气之发动，均由为外界一种之感力所加，故呈此现象。实则不然，电气、磁气均物体及周围物质所构成，其中所含，均极小分子，其运动至为活泼，由运动而生冲突，则电气、磁气及光及热均由是而生。岂另有他物可以促之使动乎？此可证之物理学者也。

三为生理学。谓凡物皆由极小分子构成。如一人一物，人只见其为一个之全体耳，不知此均无量极小分子之集合体也。故个人由于各机关调合而成（如消化机关、感能机关是也），各机关由于各细胞调合而成，各细胞又由极小原子调合而成。各细胞者，均分离独立，互相结合调和。此近今生理学之定例也。昔日之人，误以灵魂为中心，以为各体均归其支配。今则舍灵魂而言实体，故人身舍实体而外，决无支配各体之灵魂。此可证之生理学者也。

由以上所举各实例观之，则知现今科学之趋势，其发明之例，在于证明各物之作用均由各体调合而成，决不受中心及外界之支配。物体若此，则人类之组织亦然。苦氏所持之说此其二。

以上二说，均援引科学，而其重要之旨，则在于证明人类之自然结合。

故所著《无政府主义之哲学》既引科学证明，至其要归，复谓各体彼此调和，则成自然之秩序，彼此失调和，则冲突以生。以此例证人类，则彼此调和成自然秩序，即彼之所谓人类互相扶助而成共产无政府之社会也；彼此失调和则生冲突，即彼之所谓处不平等之世界，当用革命之暴力也。

苦氏此等学术，非惟为无政府主义之确证也，且足破现今学术之根据。盖现今世界之大恶，由于行强权而崇人治。强权盛行之原因，则由赫氏等误解达氏之旨，以优胜劣败为公例，故强种欺凌弱种，惨虐频仍，视为分所应然。即一国之中，在上之人亦挟其权位以凌贫弱，转目彼等为劣败。扰乱平和，蔑视公理，均赫胥黎诸氏"惟争乃存"一语有以误之也。"惟争乃存"，故以能竞争为强，若明于苦氏互助之说，则竞争者恒劣败，互助者始生存，而强权可以渐弭矣。至于崇尚人治，则由伯伦知理诸人盛倡国家之学，以国家为有机体，以政府为国家机关，由是政府为国家中心，全国人民均受其支配。在上者利用其说，由是以干涉之名，行专制之实，人民权利，剥夺殆尽，则承认政府为中心之故也。若明于苦氏无中心之说，则政府机关可废，而人人可逃于人治之外矣。故现今世界之谬论，苦氏之说足以破之而有余。然苦氏之目的，不仅在于倡空理也，意欲发达人类互助之感情，实行无中心之制，结合群力，以改造现今之社会。然欲改造新社会，必自破坏旧社会始，试述苦氏之主义如下：

彼谓人群之公例，即人道进化是。何谓进化？即由人生不幸乐进而至于较为幸乐。盖世间一切事物，未有不改变者。世界之中，无论若何建作，凡不利于进步者，皆当力为更革，以求适于民生。故为社会图进步，即为全数人民造较多幸福之谓也。而现今社会诸制度，腐败几达极点，阻碍生机，非加以猛进之改革，必不能拯人类于泥涂，故惟革命为最要。盖实行革命，破坏现今之组织，即所以促人类于进化也。

现今之组织其有必当破坏者，就苦氏所言观之，其最要者有二端：

一、法律。苦氏之论法律也，首以法权为人道进化之阻力，以为古代以来，制人民者，不外奉公守法之一术。每增一律，则托为补救治安。不知法律本不足敬守，不过集录社会之习惯而成。当法律未兴之世，彼此以习惯相维持，互相亲睦，及社会分为贫富二级，富者制服贫民，乃取习惯之中有便于己者，作为法律，兼以刑法骇众民。故法律之取意，在于便于少数人民，于众民则无益有损。且一切法律，其大别不过三门：（一）保护产业。保护产业之律，非保护个人对于社会应得之权利也（一切社会中事，皆工人作成，而工人不得享受之。如织者仍寒，耕者仍耕〔饥〕是），乃保护资本家之产业，而助之劫掠细民，其不平莫甚焉。（二）保护政府。无论若何政府，所行法律，均不外维持在上者之私利，如贵族、宗教家之属是也，实则无一适宜者者。（三）保护人民。保护人民之律，不曰惩罚，则曰警众，所以施罚于害民之人也。然害人或因报复，或因困穷，兹则不计其原因，而惟案律以惩之，奚有益哉！

法律之有害无益既若此，故人道进化，必由有法律之时代进而至于无法律之时代。观现今各国，暴动之事日众，此均人民之不欲敬守法律者也。故知无法律之时期将至。

附注：苦氏《无政府主义之哲学》，亦痛斥法律，谓巡查、侦探日众，则杀人窃盗之事多，故裁判官实残忍之尤，侦探乃多数之警犬。监狱者，犯罪之大学也；裁判所者，凶暴之小学校也。又谓今日之社会，不外权力之支配及强力之制裁，实则堕落人类之美善，而诱之于罪恶。其嫉视法律有若此。

二、财产。苦氏之论资本私有制度也，以为生产之机关，悉为资本家所占，一致〔般〕多数之民，陷于劳力买卖之奴隶制度，此与布鲁东、马尔克斯无异者也。然彼于马氏之社会主义，亦痛加排斥。所论赁银制度，略今之主张集产主义者，亦宣言废止私有财产，然所定赁银之制，或依各人之功劳而定，或依劳动之时间而定，均未为尽善。又作《无政府主义之哲学》，亦痛斥集产制度，以为集产制度既行，不过以国家代个人握经济之权，多数劳动者昔为个人奴隶者，今一易而为国家之奴隶，其监督之严，或增一层之惨酷，故凡认国家之组织而归此支配力于中心者，均吾人所反对。而吾人所主张，则否认国家之组织，而图自由联合之社会生活也，苦氏之言如此。故于布氏集产论而外，发明共产说。其重要之旨，则谓欲行此制，必全废资本私有制度，解放劳动者，易为共同生产之组织。凡生产之物，均为一般社会之自由使用。又谓生产之物，非一人所有，乃全体所有，故物为众人之物，当以相扶相助之精神，互相供给，而众人之使用，又当共同一致。被以一言，则凡物为众之所有是也。故与集产之论不同。

此即所谓无政府及共产之说也。而其所持之理论，则悉以无中心之说为根据。约而言之，则破坏现今社会后，凡人类之中，悉以互相扶助之感情，为共同生产之组织，以成自由结合之社会而已。然苦氏之创为此论，非仅以臆见测之也。彼既以物类之互助证明此说，又征引历史及现今之事实以为证。

一、征引历史。《无政府主义之哲学》曰：人类之初，实由社会生活而来，而国家之组织，则远在其后。今人徒知国家之组织，岂知国家未组织之前，人类之中，已经数千年社会之生活乎？试观希腊、罗马，当马其顿帝国未建之前，已有社会，即近世欧洲诸国家，素以中央集权著闻，然皆十六世纪之初所建设，其先则自治社会也。自治社会，兴于欧洲中世纪，自九世纪始，迄十五世纪而终，今自由都市之组织，法兰西书中，犹有详言其制者。至于村落同盟、都市同盟，当时亦盛行其制。至近世之国家发生，以帝王之权力与教会之权力相联合，破坏自治社会，没收其共有之土地，由是自治社会遂绝灭。是人类自由结合，中古以前固不乏其事实也。

附注：苦氏于此二说外，兼言废宗教之道德，此谊知之者众，故不复征引，惟引此二说。

二、征引现今之事实。《无政府主义之哲学》曰：今西欧人民，渐获自由结社之权利。近三四十年中，此风通行于列国。凡学术、教育、产业、商业、美术、文学等事，均各结团体，为共通之联络。今且越其国境，扩为万国之联合。是知自治社会，已潜蓄扩张之势力，使再为进步，必以此制代现今之国家。又发《自由合意》说曰（此篇多以现今之社会以证明无政府之现象）：今欧洲铁道，共二十万楷罗米突，遍达四方，停留乘换，至为便利，各线互相联结，货物互相运转，此乃合数百会社之布设而成者也。然此数百会社之联合，均以自由合意为基，以书信交换提案，乃契约而非法律也。援此而推，则万事均由契约而成。又数百会社，何以得占有铁道？则以多数劳动者认此为共通利益之事，合意而成此役。由此而推，则凡社会之事，可依劳动者之团体共同营业，不必赖有政府也。

苦氏所持之说如是，故欲以自由集合之团体代现今之国家政府，以共产之制代现今财产私有之制。至其学术，则直以无政府主义为名，以为无政府乃无强权，非扰乱之谓。又谓无政府之名谊，乃反对今世之劣秩序，而求人生最完美之幸福。合而观之，可以知苦氏之说，与空谈之说不同矣。

要而论之，苦氏自由集合之说，以物类互相扶助为根据，固属至精之理。试即中国之制言之，各省之会党以及乡僻所行各宗教，均隐寓共产制度，惟有首领及教主之阶级耳。若去此阶级，则苦氏希望之制度，固未尝不可施行。惟苦氏所言结社之制，或易为中流社会所利用，如今日商界、学界、军界、实业界，其实权所在，仍属于绅士、富民。而彼恒以团体之空名，攫取利权，以欺贫弱。若以苦氏之说自饰，则其弊不堪言喻矣。故苦氏之说，乃改造社会后所行之制，或设立此制为破坏社会之预备。若于现今社会，不知行破坏之方，徒以自由结合之名，为结党营私之助，则苦氏所不取也。故特辨之于此。

现今反对苦氏之说者，或取杜尔斯特消极说，或取斯撒纳尔个人说。盖苦氏主文明进步，异于杜氏之消极；苦氏言无政府归于自由结合，异于斯氏个人无政府之说也。以鄙意观之，则处现今有政府之世，阶级社会，利用物质之文明，以掠夺平民之权利，则文明适为害民之具，不若用杜氏之说。然政府及阶级社会果能废灭，则文明当力求其进步。盖物质文明日进，则人民愈便利。民性惟便利是趋，未有舍积极而至消极者。故杜氏之说，用之有政府之世，足以利民；苦氏之说，则用之无政府之世，足以便民。若斯氏之说，则较苦氏为尤高，然近今之人民决无此程度。盖近今之民，决不能舍群而独立，故无政府之后，惟苦氏自由结合之说最为适宜，异日物质文明倍为进步，或一切事物可以自为自用，则斯氏之说，或有实行之一日。是斯氏所理想之世界，乃较苦氏所理想之社会尤为进步者也。必先行苦氏之说，然后斯氏所理想者乃得渐次而呈，不得以斯氏之说斥苦氏之说也。鄙见若此，故因论苦氏学术并及之。（《天义报》第十一、十二期合刊和第十三、十四期合刊，1907 年 11 月 30 日、12 月 30 日，署名"申叔"）

## 共和之病（Republical　Abuse）

何谓共和？共和政体者，专制政体之变相也。吾尝读美国（United States）宣告独立之文矣，距今百余年耳，而无政府镇压策即发端于美国。近日哥尔多们女史（Emma Goldman）拟于美国开会，美国政府禁其赁演说场，近且禁其入境矣。此非所谓尊自由之国家乎？而倒行逆施竟若此！

法国（France）大革命光荣久著于世界，今何如乎？爱尔威氏（Herve）以非军备下狱，《社会战争》之杂志亦罚金停刊。近法国《人道报》作《共和之耻辱》篇，谓法政府于安南境内驱逐中国民党，举动反复，殊背人道。呜呼！法政府之背人道，岂仅此一端也哉！

如曰共和国人民均享幸福，则试观于纽约工民，其困乏若何，巴黎之乞儿及解雇之工，其贫困又若何？是则共和、专制，其名虽异，而人民受害则同。昔法爱尔威氏在公庭陈述之辞曰："自革命以来，富绅在上，作法定税，自厚而薄工人。工人受制于富民，贫民求学而无力，以是选举之权，恒操于富贵之手。工人罢工，临以压力，即结会出版自由权，亦皆名不副实。"由是而言，可以知共和政府之弊矣。使此制而果行于中国，吾人亦视为大敌。（《衡报》第一号，1908年4月28日，署名"申叔"）

## 论共产制易行于中国

近读苦鲁巴特金《面包掠取》，其第三章中详述无政府共产主义，最精之语则谓由无政府而生共产制，由共产制而至无政府。复谓古代之制，虽农民各勤耕织，然道路桥梁以及湿地之排水，牧场之树垣，均同力合作，是为村落自治制度。又近今工业界，均由劳民互相依倚，由共同劳动所生之效果，必为共同享受。又谓现今社会之趋势，已渐以共产主义为倾向，惟保存古代共产制，于近今民生日用各事物，悉依共产主义建立，则此制实行非远矣。试以苦氏之说证之现今之中国，则共产之制行之至易。何则？共产制度于中国古史确然有征。《礼记·祭法》篇言："黄帝明民共财。""共财"二字，其指井田与否虽未可知，然足证太古以前确为共财之制。至于三代，有宗族共产制。考《礼记·大传》篇："由敬宗、收族推而至于庶民，安财用足。"顾炎武《日知录》释之曰："夫惟收族法行，岁时有合食之风，吉凶有通财之义，而鳏寡孤独废疾有所养矣。"又《白虎通》曰："古者所以必有宗者，所以长和睦也，通其有无，以能理族。"足证古代一族之财为一族所共有，合于襃〔裒〕多益寡之义。一曰乡里共产制。孟子之言井田制也，谓"死徙无出乡，乡田同井"。《汉书·食货志》亦言："井方一里，是为九夫，八家共之，力役生产，可得而平。"盖八家虽各受私田百亩，然同力合作，计亩均收，于均财之中寓共财之义。此皆古代制度之近于共产者。故《礼记·礼运》篇云："老有所终，壮有所用，幼有所长，鳏寡孤独废疾者皆有所养。"又曰："货恶其弃于地也，不必藏于己；力恶其不出于身也，不必为己。"此即共产之确据。盖上古之制，确为共产，故孔丘据以告子游，非尽属于理想之谈也。自此以降，则东汉之时，张鲁据汉中，诸祭酒各起义舍于路间之亭传，悬置米肉以给行旅，食者量腹取足，此亦共产制之行于一方者，与近今无政府党所谓"汝所欲，任汝取"者，密相符合。又古语有云：行百里者不裹粮。而《唐书》陈开元之盛，亦有此言。足证当此之时，凡行旅所经，莫不遂其欲而给其求，人民视食物为共有，未尝私为一己之供也。由是而言，则共产制度，中国古代诚见施行，中古以还，仍存遗制。至于近代，共产之制犹有存者。试举其证于左：

近今城市之民虽多同族异财者，然乡镇之地以及岩邑遐陬，则同族之民恒环村而居，多者千余户，少者数百户，于各户私有财产而外，均有公产为一族所共有（如古代义庄义田之制），阖族之民，无论亲疏贵贱，凡婚嫁丧祭之费均取给于兹，而鳏寡孤独亦分此财以为养；下逮应试之费、入塾之费亦均取财于公。皖南徽州此风最盛，闽、赣、黔、粤之间亦间存此制。此同族之共产者也。滇、黔、湘、粤之边，会党股众，然既入彼党，语言衣服均别于齐民，无论行经何地，凡与同党之民相遇，饮食居处惟所欲，不复取丝毫之值。他省会党亦有行此制者。又江苏泰州，当咸、同时有李晴峰者，承阳明、心斋之绪余，别立教宗，至为隐秘。近则江海之滨党羽蔓延，均确守共财之旨，互通有无以赡不足。此党人之共财者也。中国僧徒，凡既受戒律者，必有度牒；既得此牒，无论行经何省，凡寺宇所在之地，腹饥则食，躯倦则休，或一宿而即行，或数旬而始去，虽身经万里，而无饥寒之虞。此僧侣之共财者也。蒙古种族，其居塞外之地者，虽各区部落，然此部之民行经他部者，饥则索餐，渴则索饮，入夕则入庐投宿，不必通姓名，而室主亦不求施报。魏源《圣武记》诸书多记此事，至今犹然。即直隶、山西各汉人行经蒙境，若谙悉其语言，则饮食居处亦克自由。此共产制之存于域外者也，足征未进化之民族其共产制度犹存上古之风。（又闻山西某山为会党所居，不下千百人，每逢进食，则同席而餐，所得财帛亦为共有，惟人民鲜悉其情。）

试以中国社会之状态与欧美社会相较，则欧美法律重视个人财产权，虽父母兄弟莫不异财。中国人民则以异财分居为薄俗，同族之中有身跻贵显者，则宗族均沾其惠；若乡里贫民对于同姓之殷室，岁时伏腊均可索财自给，而舆论不以为非。又乡僻各村落，一家有急，则阖村之民互相周恤。淮北诸地，遇有凶荒，则无食之民于殷户之有积蓄者，群集其门，向之索食，至食尽而止。（贵州亦有此风。）北方数省行旅之民若资费不给，亦有供以食饮而不复取值者。以观欧美之风俗，实有过之，盖共产制度未尽脱离，而财产私有制度亦未尽发达也。故中国欲实行共产制与欧美稍殊。

欧美各国共同劳动之团体日以发达，故由共同之劳动进而为共同之享受，对于资本家实行收用政策，则共产制可见之实行。中国欲行此制，必先行之于一乡一邑中，将田主所有之田，官吏所存之产（如仓库），富商所蓄之财（每乡富民均有蓄藏，又典当各业多为富民所开设），均取为共有，以为共产之滥觞。若各境之民互相效法，则此制可立见施行。此制既行，复改良物质，图生产力之发达，使民生日用之物足供全社会人民之使用，则争端不起，而共产制度亦可永远保存。（上古共产制所以不克保存者，以人民生产力薄，所生之物不足供全社会之求，不得不与他部相争，既出于相争，由是奴隶制度兴而共产之制失。）此则万民之幸福矣。中国平民有言：你的就是我的，我的就是你的。观此二语，则共产主义久具于民心，使人人实行此二语，则自私之心何由而生？即共产制度又奚难实践哉！（惟近今欺骗之流用此言以攫他人之财为一己之私有，则背于公理莫甚。）（《衡报》第二号，1908年5月8日）

## 无政府革命与农民革命

无政府革命欲使之施行于中国，可循者果何法乎？此诚今日最大之问题也，试由此问题而解释之曰：中国农民果革命，则无政府革命成矣，故欲行无政府革命，必自农民革命始。所谓农民革命，即以抗税诸法反对政府及田主是也。试述之如下：

甲、中国大资本家仍以田主占多数，田主之制覆，则资本阶级之大半亦因之而覆，故抵抗田主即系抵抗多数资本家。

乙、中国人民仍以农民占多数，农民革命者即全国大多数人民之革命也。以多数抵抗少数，收效至速。

丙、中国政府之财政仍以地租为大宗，农民对政府抗税，则政府于岁入之财政失其大宗，必呈不克维持之象，而颠覆政府易于奏功。

丁、财产共有制必以土地共有为始基，而土地则以田亩为大宗，惟农民实行土地共有，斯一切财产均可易为共产制。

以上所举数端，按之事实，易于明了，固不俟烦言而解者也。惟反对此说者，以为中国农民无团结之性，无抵抗之力，至于共产无政府主义又非农民所克知，安有斯等革命之资格哉！然此实影响之谈也，试验其说如下：

一、农民者有团结之性者也。中国上级之结合，均形式之结合也，惟农民之结合，则由于自然。试观于各省农村之中，所居之户多者千百，少者数十，而出入相友，守望相助，犹有古风。如一家有急，则阖村之人悉集其门；一室有不平之事，则同村之民悉出而助之筹画。又浚塘、修道诸役，恒以共力经营，不期而自集。至于延师课子，演剧酬神，亦均集会于公共之区（如庙宇），以众议决行。若一室有盗警，则鸣锣示警，使各室趋而相救；或有抵拒差役之事，亦互相应援，莫或稍后。即数村相距甚迩者，数村之民亦互相结合，或结为共同之团体（如保甲之属是），此均由共同利害所生之观念也。试观都市之民，于邻曲之人或鲜识其面，农村之民则居于一境者，其亲睦之忱溢露于无形，则知中国各阶级，其富于团结性者以农民为最优。

二、农民者含有无政府主义者也。中国农民无信从政府之心者也，以人治为可废者也。古谚有云："日出而作，日入而息，凿井而饮，耕田而食，帝力于我何有哉！"此足以表历代农民之思想矣。嗣陶潜作《桃花源记》，于人治以外之农村，悬想其人民之乐。而柳宗元《郭橐驼种树传》，亦以干涉农民为戒。此均农民恶干涉之确证。又现今农民之俗语曰："好百姓不见官的面。"又曰："不怕官，只怕管。"是则脱身人治之外，不与国家生关系，乃农民同一之理想也。贵州农民之谚曰："差人进门，鸡犬不宁。"淮南农民则曰："差人下了乡，百姓遇见王。"差役者，为政厅作爪牙者也。既恶差役，即系不欲为政府所制。试观各州县中，田亩一端鲜有实数，致无粮之田甚众，此即不缚于人治之农民也。又北方各省农村，未著版籍者不知凡几，而皖省寿州、凤台之东，亦有农村数区，永不纳粮，官吏差役亦莫敢入其境。此则实行无政府之农村也。故国家主义政治思想以农民为最薄，无政府主义不啻农民之第二天性，乃由习惯而成者也。

三、农民者保存共产制者也。农民虽以土地为私有，然土地而外，所存之制恒有与共产相近者。吾尝观于淮南各农村，合众力以浚陂塘，而陂塘为共有；合众资以作水车，而水车亦为共有。自斯以外，有数户共有一牛者。推之各省，大抵皆然。且农村之中，有老疾而无子嗣者，则村民共同周恤。北方各农村，若有旅人投宿事，亦恒供以食饮，不复取值。又北方及西南各省，若值凶年，则无食之民分食殷户所储之谷。即淮南里下河一带，当往昔之时，各农村之民，亦鲜陷于乞丐，则以贫者均由众供给也。岂非共产之古制犹存于农村之中乎？若夫皖南、闽、湘各区，有全村力农之民均系一姓而行血族共产制者，亦农村实行共产制之征。

四、农民者有抵抗之能力者也。试观之中国历史，则陈涉起于佣耕，刘秀起于力农，而唐初之时，刘黑闼起于漳南，其所率均农民，此固彰彰可考者也。自此以外，则西晋之时，流民扰乱亦均无食之农民。明代之时，则邓茂七以佃民之微，起兵闽省，明末之乱，亦以无食农民占多数。近世捻匪之众蔓延北方各省，然观曾国藩诸人所奏疏，均谓聚则为匪，散则为农，则革命党出于农民益有征矣。况近今北方各农民，其强悍者必兼为盗贼，川、黔、湘、浙、粤西各省，则会党之民多事力农。且各省殴官各巨案，鲜出于市民，而农村之间则行者至众，反对差役之事更无论矣。岂非农民抵抗之力远出市民之上哉！观近岁以来，有镇江之闹漕，有桐乡万顷湖之暴动，近则湖北之后湖、安徽之八都湖农民均生抗力，则农民革命为期匪远矣。

就以上所言观之，可以知中国农民之情态矣。况近日农民之苦远浮往昔（可参考本号《田主罪恶论》及本报各省农民疾苦调查诸篇），若一旦实行革命，势必由小团结进为大团结，由小抵抗进为大抵抗，由固有之无政府共产制进为高级之无政府共产制。盖观于农民之富于团结，则知小团结之力必可扩大为大团结；观于农民之敢于抵抗，则知小抵抗之力必可扩大为大抵抗；观于无政府共产制存于农村，则知无政府共产制度最适宜于农民。

此农民革命所由为无政府革命之权舆也。试将农民革命方法胪列如下：

一、抗税。由各境农民互相结合，誓不纳税。在佃民则自有其田，不复认为田主所私有；于田主索税，亦拒绝其请。若讼之官署，则当差役捕人之际，合群力以与相敌。在自有其田者，亦自誓永不纳租。若差役至门相索，则加以殴击；保正、庄头若有为官效力者，亦驱之出境。如有一户不守此约而潜行纳税者，则杀其人，毁其室，以为众民之戒。

二、劫谷。各村大地主所积之谷甚众，恒待凶岁出售，以博厚利。农民当此之际，宜破毁其仓，以分其谷。富民所开各典质，昔以重利剥农民，亦加以劫掠，分其货物。而昔日各债主有因贷财取息，迫农民以田作抵者，亦可以强力相加，收为己有。

依此法而行，则官吏必以兵威相镇，然亦无足虑也。何则？工人之势聚，农民之势散。工人者，居于一都市及一工场者也，而都市之地又为兵力所汇集，故工人罢工，则在上之人易于集合兵力以相镇压。若农人则散处各村，恒非兵力集中之地，官兵前往，计期甚迟，且叛乱之地不仅一区，致兵力不得不分；即使叛乱者仅数县之农民，然数县之间，大小各农村亦不下数百，即使所率之兵数千，然计村分配，每村不及十人；况城中各官署、局、所及富民，均需分兵保卫，则与农民为敌者亦仅微薄之兵力耳。且其不足畏之证犹有数端：

一、军人之所恃者粮也，而粮均出于农民。若农民不以谷出售，则农民足于食而兵士苦饥，饥则自溃。

二、行军之所恃者财也，而财半出于地租。若农民不纳税，则军费无所出，虽欲募众兵而不能。

三、今日之军人多由农民应募，或与农民有乡间之谊，焉肯自相残贼？

依此证而观，则农民必可得胜。即使官军亦竭力与战，然北方各农村大抵均有土垣，且于土垣之外，恒掘水为壕，足以阻官军之入。且每户之间均蓄兵械，或保甲团练之制相沿未革，则斯等武器均可用之以相敌。又南方各农村均环之以水，而操船者均农民，若农民藏其舟楫，则官军不克渡，或伪以舟楫相渡，而溺之于水。若官军萃集于一村，则各村之民袭其后；或乘城邑之不备，率众侵入，使官军疲于奔命，则官军必出于败北，彰彰甚明。况复抗粮一端为农民所最喜，一境如斯，则他境必响应，势必蔓延于全国。农民既起，则市民必乘机纷扰，举凡所谓官吏资本家者，均可颠覆于一朝，彼政府又安有不灭之理哉！故农民革命之结果，其势必达无政府之一境。至于革命既成之后，则关于农民之问题复有二端：

一、土地共有。当革命初起之时，佃民脱田主之羁绊，而自有其田者，亦脱国家之束缚，此完全之个人私有制也。若革命既成之后，则扩充其固有之共产制，使人人不自有其田，推为共有，以公同之劳力从事于公同之生产而均享其利。苦鲁巴金《面包掠夺》言此法甚详，可采用也。

二、改良农业。中国农业其耕作之法最劳，惟采用科学耕作法，节省劳力，以尽地利，庶几有利于人民。此等方法，亦具见苦氏《面包掠夺》中。其所著《田野制造所及工场》一书，叙述尤详，可采用也。（现今改良农业，利归资本家，异日改良农业，则利归平民。）

以上所言，均吾党所期于中国农民者也，多数农民可以兴矣。

"Sow seed but let no tyrant."（"我们播种，但不许暴君收获！"——拜伦诗。）（《衡报》第七号，1908 年 6 月 28 日）

## 何震、刘师培

### 论种族革命与无政府革命之得失（驳鹤卷町某君来函）

本社前接鹤卷町某君来函，言今日之中国，只宜实行种族革命，不宜施行无政府主义。此实大谬不然之说也。夫就一国之政治论之，当审其地形、生计、风俗、宗教之何若，观其所从来，而究其所终极。中国自三代以后，名曰专制政体，实则与无政府略同。何则？中国一切之政治，均生于学术；而中国数千载之学术，悉探源于儒、道二家。儒家虽崇礼教，然仅以德礼化民，不欲以政刑齐民，醉心于无讼去杀之风，一任人民之自化，此固主张非干涉者也。道家若老、庄诸子，则又欲废灭一切之人治，一任天行之自然，制度、典则，弃若弃〔弁〕髦，则亦主张非干涉者也。夫中国之学术既以非干涉为宗旨，故中国数千年之政治亦偏于放任，视人治为甚轻。

试举其证。中国自秦代以后，惟西汉酷吏之治民，东汉朝廷之察吏，稍存开明专制之风。自东汉末年，以迄于今，悉为放任之时代。虽明之永乐，清之雍、乾，克以一己之威力，专制全国，然法律之所及，仅臣僚及士子耳，而对于多数之民，其放任自若也。于民数则听其自生自灭，于财赋则任其自销自耗，户籍丁册，数千年不一易，舛误差谬，莫可究诘。昔汉文帝问周勃："天下一岁决狱几何？"勃对"不知"；"钱谷几何？"勃对"不知"。而陈平、丙吉，转以燮理阴阳为宰相之专职。为人主者，虽有长驾远驭之才，然黈纩以塞耳，冕旒以蔽目，端拱深宫，以无为为治，终其百岁之身，不知域内之事，其距斯、高对二世所言者几何哉？故名居九五之尊，实则形同傀儡。而大小臣工，又莫不习于蒙蔽，或工于掩饰，或匿不上闻。由是吏治之败坏，民生之困苦，内患之郁结，外侮之凭陵，均不令皇帝知。此君主不以明察为治之证也。若谓君主大权旁落，国政悉移之臣下，则汉之外戚，晋之宗室，唐之藩镇，宋之权宰，一朝得志，非无操纵一世之能力，然舍一身富贵尊荣外，于国家之利弊，民间之休戚，漠不关心。此大臣不以明察为治之证也。若夫恤民情、达民隐者，厥惟官吏。然州牧、县令文书旁午，案牍纷纭，其能留心民治者，盖绝为〔无〕而仅有。若职守稍尊，则又崇高牙，建大纛，危坐堂皇，深居简出。加以魏晋、两宋之吏，以优游养望为高，以躬亲民事为俗。近世以来，则又以粉饰为能，于狱讼之关于淫杀盗窃者，则曲为申详，真伪淆杂。于朝之〔廷〕文告，则以虚名奉行，实则与具文无异。即有关心民事者，然胥吏为之蠹，隶卒为〔之〕伥，虽具明察之才，亦无由穷其底蕴。加以中国各省之款，有报销、指拨之不同，然其数若何，不独部吏不尽知，即问之藩库、盐课、厘局之员，亦瞠目不能答。则中国之理财，悉以放任为政策，未闻有确实调查之一日也。又中国办事，动需援例。其合于例者，不问情实之若何，虽情伪百出，亦将照行。复有一成不变、无所取义者，如遇有越狱之案，则必曰"大风雨"；遇有逆伦之案，则必曰"患疯癫"。州县以此上之，部、寺即以此受之，万事一律，从未闻加以驳诘。虚浮之习，朦混之弊，层出而不穷。则中国之用法，悉以放任为政策，未尝有任法为治之一日也。是则法律不过虚文，官吏仅同虚设。人民之于官吏，无依赖之心（如中国人民于狱讼之事，不欲经官，有私相和解者，有宁忿死而不欲兴讼者，此人民不得赖官之证。故无论各事，言及官办，无不腹腓〔诽〕），官吏之于朝廷，以虚诬相饰。致举国之中，无一有权之人（此由专制之朝，欲夺众人之权，以成一己之权。及众人既放弃其权，不与于治乱兴亡之数，故君主孤立于上，亦不能以其权行于国家。因是君臣上下，互失其权，无一有权之人），亦无一奉法之人。（若依《会典》《律例》行，则中国由上迄下，几于比户可诛。）政治之放任，至此而达于极端。况中国之政府以消极为治，以不干涉为贤，虽有政府之名，其去无政府也几何哉？谬者不察，妄谓中国政府不负责任，为极端腐败之政府；不知中国人民，正利用其政府之腐败，以稍脱人治之范围，而保其无形之自由。俄国杜尔斯德有言："支那之民。能逃人间之威权者也。无论何国，其人民自由之途，均不若支那。"可谓探本之论矣。故中国现今之政俗，最与无政府相近。加以封建既废，屡经异族之征服（无论何国，一经异族之征服，则固有之阶级悉以弭除。如罗马经蛮族之蹂躏，而贵族、平民之界泯；印度经回人、蒙人之侵略，而婆罗门之威失。中国之无贵族，亦犹是也），舍满汉不平等外，汉族之中，无平民、贵族之区。（昔日科举时代，娼优隶卒，尚有不能应试之律。及捐纳途开，学堂设立，而此例亦不废而自废矣。）此制之胜于德、日者也。又人民衣食之途，惟在农桑。以重农贵粟为国本，以粟多为国富，甚至抑商贾为末业，以奇技淫巧为大禁，以言利为羞，以富民为不义，由是举国鲜巨富之家。又财产相续，主于分授诸子。巨富之民，育子必繁，经数次之均分，则所得之财无几，故富者役贫，亦较泰西为善。此制之胜于英、美者也。由是以观，则实行无政府主义，以中国为最易。故世界各国无政府，当以中国为最先。盖中国人民，其平昔之思想，久具废灭人治之心，故废兵、废刑、废财之说，屡见于古今史册。其所以不敢废政府者，则由笃信儒书，人人之意中，悉具一阶级之观念，一若尊卑上下之分，虽与事实无裨，然确为自然之天则，无所逃于天地之间，故不得骤废其名。加以学士大夫，迷信名教，以秉礼自绳；蚩蚩之氓，又坚持力命之说，以安分为贤。此君主、官吏之名，所由不能骤革也。至于今日，人人均知礼教之诬，而纲常之说破，其所以不欲废政府者，一则虑革命之易于罹祸，一则欲利用政府以获利耳。傥利用中国之政俗，而革其信礼信命之心，举昔日之服从在上之人者，易而反抗在上之人，为农者抗其田主，为工者抗其厂主，为民者抗其官吏，为军者抗其统帅，联合既固，矢志不回，或同盟抗税，或合体罢业，则政府之颠覆，君主之废灭，直易如反掌耳。故无政府者，即人人不受制受役于人之谓也，即扫荡特权及强权之谓也。中国而欲无政府，惟当举农工军民切身之苦，启其愤激之心，使人人均以反抗特权为志，则革命之事业，成于多数之民，而公产之制，均力之说，均可渐次施行。若虑既无政府，无以御外人之侵略，则于革命既成之后，或暂设外交、军事两机关（斯时既行共产之制，则养兵之饷不必另筹；制造器械，即以作工之民为之，不必由国家另为设厂也），以为对外之准备；或近与亚洲诸弱国相联，远与欧美无政府党相络，摧折白人之强权，以覆其政府。由无政府之制，更进而为无国家，则世界归于大同，人类归于平等。举昔日假设之国家（国家之名由假定，另有说详之），特权之政治，悉扫除廓清，其为人民之幸福，顾不大哉！况无政府之说，非荒谬之说也。征之天然界，则世界无中心（枯鲁巴特金说），空气无畔域。征之生物界，则虫类因自然结合，有互相扶助之感情；植物之出生，有转避障碍之天性。征之心理，则人类咸有忌嫉之心，不欲人之出己上，以促人类之平等。若再参以西哲学说，则此理尤为圆满，安得以此为理想之谈乎？即曰无政府主义，在欧美各国为理想之谈，然中国数千年来，既行无政府之实，今也并其名而去之，亦夫复何难之有哉？（既无政府，若不行共产之制，则富民之横暴，盗贼之劫掠，必不能免。惟实行公产，使人人不以财物自私，则相侵相害之事，将绝迹于世界。然徒曰公产，而不行均力之说，一任作工之自由，则物之不备者必众；及无以给人类之求，则争端又作。若行均力之制，则物无匮之虞，而纷争尽弭。）若夫种族革命固为革命之一端，然今之倡排满之论者，当先知满洲当排之原因。夫满人之当排，非以其异族而排之也，特以其盗窃中国，握中国之特权。故仅言民族问题，不若言民族特权问题。试溯满人入关之初，屠杀劫虏，圈田掠民，其为华民之敌仇，固无待赘述。即近世之制，满人不与汉人平等，满人不从事耕稼，而食汉人之粮；满人以少数之民，而达官之缺，与汉人同；下及刑罚力役，均轻于责满，严于责汉。推其致此之原因，则由君统属于满人。满酋私其同族，故满人之特权，均援君统而起。即使清廷颁布宪政，去满、汉之界，然既以满人为君，则对于满族，既不能禁其无所私。虽撤〔撤〕驻防，不能禁满兵不分布各境；虽废满员之缺，不能禁满人不占据要津。是则君统不废，无论泯满、汉之界与否，均不能夺满人之特权。（试观东晋渡江以后，王、谢数族，握朝政者百余年。明代徐、沐诸姓，虽及明末，犹有特权。此以本族为君，尚私其勋旧。况以满人为君，而欲使之不私其同族乎？）故吾人之对于满洲，惟当覆其君统，废其政府。君统既覆，则昔日满人之特权，其援君统而起者，均当归于消灭。试观北朝之时，鲜卑握中国之权，及隋代继周，而鲜卑之民，遂与汉族同化，而阶级无存。今之满人，亦犹是也。且自古迄今，凡以数族受制一政府，而政府之权，握于少数强族之手，其政治最易失平。及少数之强族，失其特权，势必与多数之民族同化。执此例以律满人，则君统既覆以后，有不与汉人同化者乎？此满人无待于驱除者也。盖吾人之意，以为实行无政府革命，则满洲政府必先颠覆。满洲政府既覆，则无政府之目的可达，即排满之目的亦可达。安得谓无政府革命，有妨于种族革命乎？今之仅倡民族主义者，其谬有三：一曰学术之谬。如华夏之防，种姓之说，虽系中国固有之思想，然贵己族以贱他族，不欲与彼杂居，系沿宗法时代之遗风。而近岁学者多固执此说，或谓种族既殊，即不能同居一国；或谓即同居一国，亦当服从汉族之政治。由前说，则为狭隘；由后说，则为自尊。既欲别他族于汉族之外，则回民、苗民，亦不当与汉人杂处。既欲他族受制于汉族，则与今日汉、蒙、回、藏受制满洲者奚异？且民族帝国主义之说，亦将因此而发生。此学理之误者也。故吾人所言民族主义，在于排异族之特权，不在禁异族之混合。惟异族之特权应排，故不独汉人应排满，即印度之于英，安南之于法，菲律宾之于美，中亚之于俄，亦当脱其羁绊。则民族之革命，即弱种对于强种之抗力耳，奚必执中外华夷之旧说哉？二曰心术之恶。今之倡言革命者，有一谬论，谓排满以后，无论专制、立宪，均可甘心（如来函所云）。故于朱元璋、洪秀全，均深诵其功。不知朱元璋、洪秀全之虐民，不减于满州〔洲〕。吾人之革命，当为民生疾苦计，岂仅为正统、闰统辨乎？惟革命党人，多抱此想，故于革命之后，希冀代满人握政权，非惟私设总理之名已也。黠者具帝王思想，卑者冀为开国元勋，复以革命后之利益，荧惑无识之徒。夫吾人作事，只当计公理，不当计利益。即曰利益不可不计，然当［为］世界生民计，不当为一党一人计。若曰革命以后，一国之权利，悉属于少数革命党人，此与康有为所谓"立宪以后政党握权"者奚异乎？盖因自利而谋革命，则革命亦出于私，其目的仍在于升官发财。倪立宪党以此相消，果何词以对之乎？故吾人之意，以为今日之革命，必当以无政府为目的。使人人知革命以后，无丝毫权利之可图，而犹能实行革命，则革命出于真诚，较之借革命而谋自利者，果孰得而孰失耶？三曰政策之偏。今一般国民，虽具排满思想，然今之所谓革命党，不外学生与会党二端。夫一国之革命，出于全体之民，则革命以后，享幸福者，亦为多数之人；若出于【康】少数之民，则革命以后，享幸福者，仍属于少数之民。故近世欧美诸革命，均与根本之革命不同。何则？法国之革命，巴黎市民之革命也；美人之独立，商人之革命也。故革命既成，多数之贫民，仍陷于贫苦之境。若俄国则不然。革命之思想，普及于农工各社会，并普及于全国之中，异日革命之事成于全国之民，则俄民多数之幸福，必远出法、美之上。盖革命出于多数平民，斯为根本之革命。故吾人于中国革命，亦冀其出于多数之民，不欲其出于少数之民，此其所由以运动农工为本位也。举此三事，则知无政府革命，凡种族革命之利无不具，且尽去种族革命之害。况实行无政府，则种族、政治、经济诸革命均该于其中；若徒言种族革命，决不足以该革命之全。此无政府革命优于种族革命者也。约而言之，则今之言保皇、立宪者，欲保满州〔洲〕之君统，而吾人所昌言者，则在废满州〔洲〕之君统；今之仅言种族革命者，欲颠覆满州〔洲〕政府，代以汉族政府，而吾人所昌言者，则在于满州〔洲〕政府颠覆后，即不复设立政府。欲保满洲君统，固不足道；即于排满以后，另立政府，亦有以暴易暴之虞。曷若利用中国固有之政俗，采用西欧最圆满之学理，以实行无政府之制乎？

或谓无政府主义，非近日所能实行，莫若于满洲政府颠覆后，建立新政府，然后徐图无政府。不知世界人民之幸福，在于安乐和易，而不在于伪文明。中国数千年之政治，悉为放任之政治。近岁以来，震于欧美之文明，始也矜其物质，继也并师其政治。致放任之风，渐趋于干涉。然以近五年之情况，较之五年之前，其所谓"伪文明"者，如警察、陆军及实业未尝不稍为进步，若即人民之安乐和易言之，则远逊于前，而民间无形之自由，亦今不若昔。谬者不察，妄谓文明进步，则人民自由亦进步。不知处政府擅权之国，文明日增，则自由日减。凡文明之形式，必与干涉之政治相表里。此固证之各国而不爽者也。故今日欲行无政府，较之五年以前，已有难易之殊。幸而满洲政府，腐败已非一日，拯衰救弊，甚属非易，故欲行干涉政治，亦往往有名无实。若于满洲政府颠覆后，另立新政府，此无论其为专制、为立宪、为共和也。特今日主张革命者，多醉心欧美、日本之文明，以为非推行其法于中国，则国势不强；又因西人功利学派之书，输入中国，民习其说，历时既久，莫察其非，而崇拜强权之心遂以日盛。（今日中国之人民，如日居于醉梦，不察是非，惟知崇拜强权，凡强国所行之制，视之若九天之尊。如今日之警察、侦探，与昔日之捕快、走卒奚异？今则为其长者，品级甚尊。今日之律师，与昔日讼师、代书奚异？今则习其学者，资格甚尊。其故何哉？崇拜强国之制耳，且崇拜强国之名耳。又如王阳明之学，日人信之者多，中国士大夫以为王学为强国人民所信也，遂亦尊王学若帝天。夫崇拜强权之心至于此极，又何怪乎并强国奴隶、娼妓而亦尊之耶？）故以今日之人心，改建新政府，势必取欧美、日本伪文明，推行于中国。然伪文明所行之地，即干涉政治所加之地。试即欧美、日本之政治言之。今之欲采用欧美、日本政治者，一曰以法治国，二曰建立议院，三曰振兴实业，四曰广设陆军。夫所谓法律者，岂果定于多政〔数〕人民之手乎？专制之国，以君主之命令为法律。而立宪共和之国，则法律定于议院之中。而议院之议员，不为贵族，即为资本家。故所订法律，名曰公平，实则贵族、资本家，咸受法律之保护，而平民则受法律之蹂躏。如中国之俗语，犹曰"天子犯法，与庶民同罪"。今文明各国，则"君主无责任"一语，明著于宪法之中，是一国之内，已有逍遥法外之人。又中国律例，官吏之家，若违法律，其罪较平民尤重。今文明各国，则佣人罢工者有罪，富民解雇佣工，悉可自由（如日本是），岂非愈富则其罪愈轻乎？又两造对质，咸恃律师之善辩与否，以判曲道〔直〕。若对质之人一富一贫，富者挟其资财，所延律师，可达十余，其富于才辩者，亦为富者所延致；贫者艰于得财，所延律师，不过才识下劣者一二人，以之与富民相竞，势必富民虽曲而亦直，贫民虽直而亦曲。此律师之弊也。又法律既尚严明，则丝毫必察，故一国之中，咸置警察。试思彼之置警察者，岂果为人民计乎？抑仅为政府计乎？如曰为人民计，何以巴黎、伦敦、纽约、东京诸都会，淫杀劫盗之事，日有所闻，其未得罪犯主名者，不知凡几。而国中之民党，言论迁徙，则莫不禁其自由。偶有出版、集会之事，则侦吏警兵随其后，莫或幸免。是则警察之置设，其目的不在保卫人民，惟欲防范人民，使之不得反抗，以保卫政府官吏、资本家之安宁耳。而置设警察之费，则由人民分担，岂非以人民之财，养人民之敌乎？此警察之弊也。故法律极严明之国，人民决无自由权。中国法律不严明，而人民自由权，转出他国人民之上，则以法治国之说，不可从矣。至于议会一端，则其弊尤甚。夫今之为国会议员者，非贵族、资本家乎？即使出于普通选举，然多数之平民，屈从于贵族、资本家之下，以仰其鼻息；及选举之时，势不得不以之应选。加以文明各国，咸有政党；两党相持，咸以贿赂之多寡，定党势之胜败。故总统之选举，内阁大臣之任用，均由贿赂之公行。议员亦然。凡欲充议员之选者，必以资财运动。即居民党之中，亦必以运动之政策，笼络平民，买其欢心，以博多数之投票。则国会之制，较之中国之卖官鬻爵，岂有殊哉？且议员既以行贿而得，故身为议员之后，亦莫不纳贿招权。德、美各国，近岁以来，其议员官吏，均以受贿著闻。日本则某某事件，全国议员，无一人而非受贿。以视中国贫〔贪〕污之官吏，相去几何？苟议员以公正为心，为民请命，则为政府所解散；致为议员者，不得不曲徇政府之意。至于增税诸事，则迫胁议员强之使从。民若稍抗，则政府有词，谓"此乃尔等代表人所承诺者也"。故为议员者，始也出其媚民之手殷〔段〕，以博多数之选举，继也则为政府所利用，以病其民。岂非政府以渔人自居，而使议员为鹬蚌乎？则建立议院之制不必行也。若夫振兴实业，名曰富国；然富民愈众，全国之民，悉陷于困穷之境，则实业之结果，不过为竣〔朘〕削贫民计耳。广设陆军，名曰自强；然军备愈增，多数之民，悉濒于危险之境，则陆军之结果，不过为镇压民党及戕贼弱种计耳。况中国人民，以商人为耻，以言利为羞；文明各国，则尊视商人若神圣。中国工商各务，由人民自由营业，故利益普及于多数人民；文明各国，则工商诸业，悉为资本家所垄断，以贫富而区阶级，多数人民与奴隶同。观于各国社会党所撰述，则知实业家之病民，不在僧侣、贵族之下。又中国平昔之思想，以军人为贱，侪之娼优之下；文明各国，则尊视军人。中国古代之用师，虽穷兵黩武于域外，然只有竞胜之念耳，无复丝毫营利之一心；而文明各国，对于弱种，悉因营利而用兵。观于各国民党，多倡非军备主义，则知尚武之风，仍沿野蛮之习。况天下之大恶，莫大于劫财、杀人。今实业之制，吸收贫民之利，与劫财之恶奚异？陆军之制，戕杀生民之命，与杀人之恶奚殊？况实业家吸收民利，迫之出于劳动之一途，以害其生存，则目的在于劫财者，其结果乃至于杀人。又陆军征服他国，屠戮其民庶，以夺取其利权，则手段在于杀人者，其目的乃出于劫财。夫文明各国之法律，于劫财、杀人之罪犯，莫不视为大恶；而己尤而效之，可谓昧于公理者矣。愚者不察，犹颂其制为文明，岂知彼之所谓"文明"，正吾之所谓"民贼"乎？故欧、美、日本各国，仅有伪文明。若衡其政治，则较中国为尤恶；即人民无形之自由，亦较中国为减；惟物质文明，似较中国为进步。然处政府擅权之国，则物质文明，亦为民生之大害。试观现今之世，如电信、铁道、航路、邮政之权，均握于强种之手者也，均握于政府及资本家之手者也。在上之人握交通之机关，无事则吸收小民之利（如发电、乘车、乘舟，莫不收其重费，贪〔贫〕弱之人出费甚艰。虽有交通机关，亦莫获享其利，甚为可闵），妨夺贫民之业。（如火车、轮舟、电车通行，而昔之挽人力车、驾航船及营负担诸业者，莫不失所利。）若弱种、平民骤谋反抗，则音信迅捷，千里之遥，瞬息即达；而军队之调集，亦朝发夕至。致弱种平民，日受抑压，虽欲抵抗而不能。是在上之人，利用物质之文明，操握交通之机关，以制弱种及平民之死命。而弱种及平民，则因交通机关之完备，永永沉沦，万劫不复，岂不哀哉？（如去岁中国萍乡聚众及今岁潮州暴动，使非有电信、火车、轮船，虽未必成功，然其影响必甚大。）盖西人物质文明均宜效法，惟宜用之于无政府之世；若处有政府之世，为人民幸福计，则有不若无。至于西人之政治，一无可采。故吾人之意，惟望中国革命以后即行无政府，决不望于革命以后另立新政府，以采用欧美、日本伪文明。若欧美、日本之制果推行于中国，则多数人民，失其幸福及自由，其陷其〔于〕困难，必较今日为大苦；至于异日，欲行无政府，亦较今日为尤难。何则？今日之政府，腐败之政府也，然腐败即系放任之异名。异日另立新政府，势必涤除旧制，纲纪肃然，由腐败之政府，一变而为责任之政府，然责任政府，即系干涉之异名。又今日之人民，自由生活之人民也，故不为人治所束缚。异日政府实行干涉，则自由之人民，易为受制之人民，饰以法治国之说，以范人民于桎梏之中。此皆革命以后自然之趋势也。夫去放任之政府易，去干涉之政府难；以自由之民颠覆政府则其势至易，以受制之民颠覆政府其势至难。譬如掘土，去轻浮之土，虽童子可能，劳力至省；至于去坚凝之土，则所用劳力较多。此固至浅之理也。又如御盗，村野之民，习于弛纵，故逐盗至勇；若城市之民，束身礼法，尺步绳趋，势必为盗所制。此又至浅之理也。然即此二证观之，观于前证，则知放任之政府，易于颠覆；观于后证，则知习于自由之民，易于颠覆政府。若干涉之政府则不然。试观欧美各国，民党势力盛于中国，然迟延至今仍未收革命之效者，则政府干涉力盛于中国之故也。若谓中国欲行无政府，必待新政府建立之后，抑思由新政府而为无政府者，其果由于政府之退让耶？抑果由于人民之革命耶？如曰出于政府之退让，则古今中外，不闻有此善良之政府，况于中国？则必重兴革命无疑。然当此之时，法令愈密，兵备愈强，交通机关愈备，政府之势力，足以制人民死命而有余，则于民党举动，其防范必益严。加以中国人民易于知止，不欲求完全之幸福，以为受制汉族之下于愿已足，而革命思想顿消。岂非异日之革命较之今日之革命，其难易有天渊之判乎？即曰新政府建立后，仍可实行无政府革命；然经一次大革命，其【民】残人民必不可胜计。吾人为世界生民计，奚忍睹其屡经惨劫？与其经数次之革命，而后实行无政府，曷若于初次革命后，即行无政府，为一劳永逸之计，以保全生民之命乎？此无政府革命，所由优于种族革命也；此满州〔洲〕政府颠覆后，所由不必另立新政府也。若执政府必要之说，以为无政府之制，非今日所能行，此不过希冀代满州〔洲〕握政权，醉心于功利，而故为此遁词耳。藩篱之鷃，岂足与之量天地之高；尺泽之鲵，岂能与之量江海之大？故明著其说，以宣布吾人之宗旨，并普告中国人民，使之不囿于拘墟之见。知我罪我，非所计矣！

又案：中国人民，逃于人治之外，其故有三。欧洲、日本，去封建之世，远者不出百年。处封建之世，诸侯各私其土，各子其民，于弹丸之地，所设职官以十百计，故利弊易于周知，而干涉之力，亦至为严密。欧州〔洲〕、日本人民，久处封建制度之下，惯于受制，故政府干涉之力易施。中国去封建之世，已数千年，历代之守令，习于放任，甚至千里之地，所设职官，不过数人；又苟其心思，坐待迁职，故于民间之情伪，不识不知；而下之于上，则又不以实应，以虚文相粉饰。故民生其间，得置身政法之外。其故一。凡人治繁密之世，由于居上位者，以民性为恶，故设为科条法令，以为民防。若以民性为善，必以科条法令为轻。如中国荀卿，倡性恶说，则以治民必待于圣王，非礼义法度则不治；孟轲之说，主张性善，则曰徒法不足以自行，又以省刑罚对梁王。此同一儒家而说不同者也。盖以民性为恶，必主干涉；以民性为善，必主放任。（如欧人霍布斯以民性为恶，则主张君权之制；卢梭以人民有善良本性，则主自由，亦犹是也。）中国自三代以后，既骂〔笃〕信孔子之说，轻政刑而重德礼，而于儒家之中，尤坚持孟氏性善之说，以反对荀氏之性恶。故汉代以下之儒，多醉心刑措之风，以为用德教化民，则民德自进；民德既进，则人治不必存。此固学士大夫共具之理想也。本此说而见之政治，故政治偏于放任，一任人民之自然，以俟其感化。人民因之，遂得保其无形之自由。较之白人视政法为神圣者固不同矣。其故二。中国自古迄今，多遁世之民，离世特立。如陈仲之流，无亲戚、君臣、上下；郭泰、申屠蟠、管宁之流，天子不能臣，诸侯不能友。虽身居国土之中，然已脱国家统治之范围，不为人治所圉，故其自视也甚尊。中国人民，亦钦其节概，以为可望而不可即，盖纯然特〔持〕个人无政府主义者也。又如魏晋之间，稽〔嵇〕康、阮籍、刘伶之徒，虽身列朝籍，亦以放诞相高，置身礼法之外。此亦不圉于人治者也。即古代之僧徒，亦不守国法，不为帝王所屈，与欧美教徒受国家保护者不同，与欧洲古代僧侣握权者亦不同。故中国古今史册，其所谓逸民、隐士、高僧者，其心目之间，均不知政府为何物，以行其个人无政府主义。中国而有其人，民习其风，故能逃人治之范围。其故三。有此三故，此中国人民，所由易于实行无政府也；此无政府之制，所由可以先行于中国也。著者附识。（《天义报》第六、七期，1907年9月1日、15日）

## 何　震

### 论女子当知共产主义

天下是甚么东西顶要紧？就是吃饭要紧。你们做女人的，其〔甚〕么要受人的虐待？就是要靠人吃饭了。试看现在顶可怜的女人，共总有三种：一种是做老妈、了〔丫〕头的，主人要打就打，要骂就骂，一点儿不敢抵抗；还要一天到晚的替他做事，起五更，睡半夜。这是甚么道理？就是因为主人有钱，我想靠他吃饭了。一种是做女工的。上海各处地方，丝厂、纱厂、织布厂、洗表作里面，雇的女工，不晓得多少，也是一天做到晚的，也是一刻不能随便的。弄得眼睛看不见，胳〔弯〕腰佝背。这是甚么道理？就是因为厂里有钱，我想靠他吃饭了。一种是当婊子的，天天要被龟头打，无论女〔什〕么人，要嫖就嫖，要叫局就叫局，被人看得很轻。还有上海的野鸡，三更半夜的时候，就是大风大雪，还要站在街上等客人。这是甚么道理？就是因为家里设〔没〕有钱，把自己拿出来买〔卖〕，靠这仲〔种〕事情吃饭了。这个三种人以外，还有做人妾的，无论受正室这〔怎〕样欺凌，也只好忍气，也是因为靠男子吃饭了。又有做寡妇的，有钱的人家，殉节的很少，到了一种没有钱的人家，又没有儿女，又没能再嫁，死的也就很多。这也是因为没有饭吃。就是有饭吃，过的日子也很苦，所以就自己寻死了。就是种田养蚕的女人，他也是非常的苦。他甚么一定要做呢？也是因为混饭吃。又如既嫁男人以后，也有为男子打骂的，也有为男子不理的。他甚么不敢大闹呢？并不是看男人的面子，实在是看饭碗的面子。所以做女子的，因为想这碗饭吃，不晓得受了多少苦，也不晓得吃了多少亏。你们做女子的，不要恨男子，只要恨没有饭吃。为甚么没有饭吃？就是因为没有钱不能卖〔买〕饭。为甚么没有钱？就是因为有钱的人，把财产掠夺了去，所以弄得多数的人，穷的没有饭吃。你看各衙门、各公馆里面，做太太做小姐的，何等阔气！他也不愁没饭吃，为甚么你们天天都愁饿死？穷的也是人，富的也是人。你们自己想想，也应该生出一点不平的心出来了。

现在有一种人，说做女人的，只要有一件行业可做，就不怕没有饭吃。譬如中等的人家，把女儿送进学堂，学一点儿普通学，或是学一点儿手工，就是嫁人以后，也可以出去做教习，不至靠男人过活。又如那种很穷的人家，无论女儿、媳妇，把他送到工厂里做工。好在工厂一天多一天，不怕没有安身的地方，也不至再当老妈、了〔丫〕头、婊子了。这一句话，也有点儿道理。但就我看起来，学堂是人家出钱办的，到里面做教习，就是靠开学堂的人吃饭；工厂也是人家出钱办的，到里面做工，就是靠开工厂的人吃饭。既然靠他吃饭，就一点自由都没有了，共从前男靠〔靠男〕人吃饭、受他的压制，也差不多，那哩〔里〕可以叫独立呢？况且靠学堂、工厂吃饭，如若学堂、工厂关闭，或是他嫌人多，被辞了出去，或是才具没有人要，可不是还是没有饭吃呢？所以靠人吃饭一件事，说到末了，都是非常的危险，决不是个顶高顶上的好法子，就是俗语说的"脚面上支锅"了。

我现今有一个好法子，叫你们不要靠人，自然就有饭吃。这是甚么法子呢？就是实行共产。你想天地间的东西，不是天生出来的，就是各人做出来的，为甚么有钱就可以买，没钱就没能买？就是因为世界上用钱的缘故，就是因为各人把钱买的东西当作私有的缘故。如若做女人的，个个人晓得钱这样东西，是个顶坏不过的。大家齐心起来，同男人家合在一起，把在上的人同有钱的人，一律废尽；随复把钱这样东西，也废了不用。无论甚么东西，都不准各人私有，凡吃的、穿的、用的，都摆在一个地方。无论男人、女人，只要做一点工，要那样就有那样，要多少就有多少，同海里挑水一般。这就叫做共产制度。到那个时候，不独吃饭不要靠人，还天天都有好饭吃，还可以有好的穿、好的用、好的顽。你们想想，这个日子，好过不好过呢？况且我这句话，并不是骗你们。只要大家齐心，照着这个法子做，自然有这个好日子教你过。你们不必疑惑。俗语说道："好日子在后头。"就是今天所讲的这句话了。（《天义报》第八、九、十期合刊，1907年10月30日）

## 女子非军备主义论

今中国愚昧之流，不察欧美、日本人民之困苦，徒震于彼国国势之强，由是倡强兵主义，以尚武之说相提倡，人人以军国民自诩，此实至荒谬之说也。而一二为女子者，亦侈然以木兰、梁红玉自期许，此尤无意识之尤。吾今特故反其词，诠明女子非军备主义，试揭其说于左。

今日之世界，非军备主义已盛倡于南欧。法人爱尔威，实行非军备主义之运动，发刊小册，岁必二次，兼从事于演说。近以刊布檄文，与同志二十五人，受禁锢及罚金之刑，然檄文署名者，已达三千人以上。而瑞士、义大利、西班牙、比利时，亦盛行此说。自是以北，则德人李伯彻·巫瑞第，因反对兵备下狱，德民与表同情者，数及二千。荷兰尼酷翁·比酷依斯，亦于社会党大会时，提出《战时总同盟罢工案》。那威利氏，兼为兵役拒绝之实行。推之破坏军舰之举，见于美洲；军人脱伍之事，见于日本。此皆世界非军备主义之运动也。

夫非军备主义，所以有益于人民者，盖昔日人民革命，咸依暴动政策，筑塞而守，今则都市街衢广阔，据守甚艰，且政府军队武器，愈加整顿，以保护政府资本家，非人民所克抗。非取消极主义，解散军队，则民党未易奏功。且军人亦平民之一，乃以服从为性质，甘居奴隶，至为政府、资本家所利用，日与国内外平民为敌，而趋〔驱〕之于死，盖人类之极可悯者。故不惜竭力运动，使之自觉。是则非军备主义，所以助平民攫取自由，而因以保人类之身命者也。

今世界多数之女子，非居平民之地位者乎？非俨然人类之一乎？然即此多数之女子询之，果欲获取自由之幸福耶？抑甘于压抑，永沦奴隶之境遇耶？果欲生命之永保耶？抑甘罹祸难，以受非命之惨死耶？盖奴隶之境遇，非命之惨死，均女子之所深恶者也。既知深恶，则非军备主义，当为女子所欢迎，彰彰明矣。

夫军备为女子之害，非仅一端。试观之往史，军人之所长，不外奸淫掳杀数端。蔡文姬之诗曰："马边悬男头，马后载妇女。"此语足绘战争之况。故中国历代之战争，凡攻城掠地，所有子女〔女子〕，必悉载而归。而辽、金、蒙古之南下，于南方妇女驱入北方者，不下千百万。虽宗室贵妇，莫之克免。其有自杀及道死者，尤不可胜计。即近日洪杨之发难，湘军之献捷，亦莫不如斯。即使免囚虏之苦，然逃亡流离之苦，亦复备尝。母失其子，妻丧其夫，室家荡毁，饥寒交侵。汉王粲诗云："出门何〔无〕所见，白骨被〔蔽〕平原。路有饥妇人，抱子弃草间。顾闻号泣声，挥涕独不还。未知生〔身〕死处，何能两相完？"凄惨之况，昭然若绘。彼女子生值其际，安有幸福之可言哉？

或谓以上所言，均野蛮时代行军之制。若今日文明各国，师出以律，奸淫虏掠之祸，必逊于前。不知中日之战、日俄之战，辽东之地，凡为炮火所加、马足所蹴者，妇女、婴儿，莫不罹惨死及逃亡之祸。又观于联军之役，北京附近之妇女，死者实烦有徒。且近日台湾女子，多为日人之玩物，则因其地为日本所掠取。若安南妇女，日受法人之虐待。据《安南亡国史》所言，于良家妇女，往往诬为不贞，迫为娼妓，以抽取其捐。此非由于其地为法人所取乎？夫劫夺人国，由于军备。是则台湾、越南妇女之受辱，均受强国扩张军备之影响者也，可不叹哉！

或谓以上所言，均战败之国。若果能提倡尚武，使国势日强，则本国妇女，不至罹军备之苦。不知现今之日本，非俨然强盛之国乎？非俨然战胜中国及强俄之国乎？然自近岁出兵以后，国中卖淫妇，其数日增。其故何哉？盖因全国壮丁，多战死于外，恤抚之费，所得甚微。而妻丧其夫，女丧其父，生计益艰，不得不出于卖淫之策。故今日所谓"卖淫妇"者，半属军人之家族。是则用兵之国，无论胜败，其影响所及，均为妇女之不利。此则确然有据者也。

且生民之幸福，不外安乐平和而已。若用兵之国，为女子者，其果能安乐平和否耶？试就中国文学家所言观之，则军人之家室，其惨况不可胜言。一曰生离之苦。江淹《别赋》云："或有边郡未和，负羽从军。辽水无极，雁山参云。闺中风暖，陌上草薰。日出天而曜景，露下地而腾文。镜朱尘之照烂，袭青气之氤氲。攀桃李兮不忍别，送爱子兮沾罗裙。"杜甫《兵车行》云："车辚辚，马萧萧，行人弓箭各在腰。爷娘妻子走相送，尘埃不见咸阳桥。率〔牵〕衣顿足栏〔拦〕道哭，哭声直上千〔干〕云霄。"又《新安吏》云："中男绝短小，何以守王城？肥男有母送，瘦男独伶俜。白水暮东流，青山犹哭声。莫自使眼枯，收汝泪纵横。眼枯即见骨，天地终无情。"《新婚别》云："结发为君妻，席不暖君床。暮婚晨告别，无乃太匆忙。"又曰："君今往死地，沉痛迫中肠。"由此数语观之，则军符初下之日，室家话别，心肠中摧，牵衣顿足之惨，均妇女所备尝。二曰久别之苦。《邠风·东山》篇，备咏征人思绪，兼述室人望远之怀。读"果赢之实"以下数言，惨苦之情，匪言可罄。又曹植《杂诗》云："妾身守空闺，良人行从军。自期三年归，今已历九春。飞鸟绕树翔，周口〔嗷嗷〕鸣索群。愿为南流景，驰光见我君。"王粲《从军诗》云："征夫怀亲戚，谁能无恋情？……哀彼东山人，喟然感鹳鸣。日月不安处，谁人〔人谁〕获常宁？"王徽《杂诗》云："思妇临高台，长想凭华轩。弄弦不成曲，哀歌送苦言。箕帚留江介，良人处雁门。讵忆无衣苦，焉〔但〕知狐白温？"梁〔梁〕元帝赋云：

"妾怨回文之锦，君思〔悲〕出塞之歌。相思相望，路远如何？"又唐高适诗云："少妇城南欲对〔断〕肠，征人蓟北空回道〔首〕。"由以上所言观之，则征人家室，望远情殷，书函迢隔，膏沐谁施？惕魄惊情〔魂〕，肠若毂转，此又妇女之恒情矣。三曰战死闻耗之苦。淮南王安《谏伐闽越书》引秦事云："未战而疾死者过半，亲老涕泣，孤子啼号。破家散业，迎尸千里之外，裹骸骨而归。悲哀之气，数年不息。"唐李华《吊古战场文》云："其存其没，家莫闻〔闻〕知，人或有言，将信将疑。目眴〔悁悁〕心目，寤寐见之。布奠〔奠〕倾觞，哭望天涯。天地为愁，草木凄悲。吊死〔祭〕不至，精魂何依？"由以上所言艰〔观〕之，其凄惨之况，为何如乎？观又〔又观〕汉陈琳诗云："边城多健少，内舍多寡妇。"唐杜甫诗亦曰："一男付〔附〕书至，二男新战死。存者且偷生，死长〔者〕长已矣。室中更无人，惟有乳下孙。孙死〔有孙〕母未去，出入无完裙。"观于此言，则国家用兵之际，死别生离之惨，毕集于女子之一身。非惟为爱情之公敌也，且将陷女子于贫困死亡之一境。即使出师以后，奏凯生还，然此胜则彼败，战败之国，死者必众。盖死者既为他国之平民，则困苦者，亦为他国平民之家室。吾辈既以救济同胞为目的，岂忍寡他国人民之妻，孤他国人民之子女，以逞国家虚伪之光荣哉？盖战争一事，与妇女均有直接之不利，乃女子所首当反对者也。

不惟此也，近日世界之女子，所以沦为工女之阶级，而日从事工场之生活者，则以生计困难之故。至生计困难之故，虽非一端，然综其大要，则物值踊贵，及租税增加之故耳。此二原因，均军备扩张之所致。试观现今各国，其财政预算案，恒以国防费为大宗。英国当一千八百九十八年，其海陆军费，数达四千万磅之上。中国各省摊派之款，舍偿还外债而外，以贴补陆军部为大宗。即厘金诸税，亦因往昔用兵而增。由是而推，则军备日增，人民担任之税额亦日增。此横征暴敛之政，所以接踵行于世界也。况军备日充，则民之为兵者亦日众，由生利之人，易为分利之人。军人而外，制造军械者若而人（如炮兵工厂是），制造军服，及修理国防（如筑炮台是）若而人，此皆昔日长地财、辨民器之人也。今也舍固有之业，营害民之具，则生产之额，不足供人民所求，此又物值踊贵之一原因也。税额日增，物值日贵，则一人之所入，不足供仰事俯蓄之资，数口之家，饥寒交迫。为女子者，不得不俯应赁银制度，从事工场之操作，给事富民，博取衣食。其下也者，则又陷身于仆婢娼妓，莫之或脱。呜乎！女子之陷于此境，果孰使之然哉？则贫穷为其原因也。而扩张军备，又为人民贫穷之原因。兵备一日不废，吾恐女子因贫穷而陷身危苦者，亦永无解脱之望矣。（又汉主父偃《谏伐匈奴书》引秦事云："男子疾耕，不足于粮饷；女子纺绩，不足于帏慕〔帷幕〕。白〔百〕姓敝靡〔靡敝〕，孤寡老弱不能相养，道死者相望。"此语足达用兵时代生民困苦之情。中国历代战争之世，罔不若此。杜甫《兵车行》谓："汉家山东二百州，千村万落生荆杞。纵有健妇把锄犁，禾生陇亩无东西。"则用兵一事，为括民财、荒民业之根，较然明矣。）

　　且女子所应知者，犹有一端。自古及今，男女之权利，所以不能平等者，则以男服兵役，女子独否。故尊卑阶级，亦援是而区。且上古之男子，所以夺掠女子，视为俘虏，而行多妻之制者，亦以用兵之故。盖男子富于勇健之精神，其强力足以制妇女。故为女子者，屈服于男子之下。积时既久，遂以服从为性质，而仰男子之指挥。此实男女不平等之原因也。故男女不平等之制，亦由用兵而生。且今之禁遏女权者，犹执女子不服兵之说，以证女子权利，不能骤与男相平。是则男尊女卑之观念，亦由服兵而后生。然男子服兵，既历数千年之久。女子欲分任其责，必非旦夕所能平。若实行非军备主义，使男子解服兵之役，退与女平，既不能执保国之空名，以傲女界，复不能逞其强力，而强女子以复〔服〕从，此实男女平等之权舆，亦女子脱男子羁绊之初桄也。故为女子者，不欲言男女平等则已；如欲实行男女平等，则舍非兵备主义外，决无运动之方。此固不易之理也。

　　要而论者〔之〕，非军备主义者，弱种平民女子之大利也。非军备主义行，则弱种泯强种之侵凌，平民脱国家之压制，为女子者，亦可脱男子之羁绊，以博自由之幸福。此实世界和平安乐之先声也。吾深愿世界妇女其〔共〕明此义，实行非军备运动，则济民救世之功，伟然与日月争光矣。（《天义报》第十一、十二期合刊，1907 年 11 月 30 日）

## 经济革命与女子革命

　　上古之强权，凭腕力而存者也；中古以降之强权，凭金钱而存者也。故上古之女子，受制于腕力；而中古以降，则受制于金钱。此实世界相同之公例也。试观太古之初，人民于共产制度外，兼行共夫共妻之制，未尝以财产为私有，亦未尝以女子为私有。及人民欲望渐萌，欲取他人之财产为私有，并欲取他部妇女以为一己私有物。其好色、好货二念，渐以扩张。凡强武有力者，则征服他部，于掠夺财产而外，兼掠其丁男壮妇，男以备设〔役〕（使之从事生产，处于供给之地位），女以承欢。此则记载于各国古史，而为一般社会学家所共认者也。是女子私有制度之起源，与奴隶制度之起源同一时代，均共产制度破坏之时代也。故群婚制度与共产制相伴而生，掠夺结婚制度与奴隶制相伴而生。乃凭腕力之强弱，而区为主治、被治二阶级者也。凡男女腕力之弱者，均为力强之男子所压制。由此以降，生产之职，属于奴隶。弱者尽其力，强者享其成，而贫富之级，遂以愈严。贫富之级既严，由是男子由奴隶之制，进为农奴之制；由农奴之制，进为今日雇工之制。女子由掠夺结婚之制，进为卖买结婚之制；由卖买结婚之制，进为今日一夫一妻之制。然要之劳民及女子，均处于弱者之位置。则以中古以降之富民，均沿用奴隶制度之风，使他人为之生产；复出其无用之金钱，以诱惑劳民及女子，使之不得不降志服从。故由腕力之强权，易为金钱之强权。而究之今日雇工之制，无异农奴，均奴隶制之变相；今日一夫一妻之制，无异于卖买结婚，均掠夺结婚之变相。试述其故如左。

古代掠夺结婚之制，由于欲私女子为己有也；今日结婚之制，亦仍然私女子为己有。其所以克私女子为己有者，则以男子握金钱之权，可以制女子之死命。故现今之结婚，均金钱上之婚姻也，谓之财婚，亦非过论。欧州〔洲〕文豪伊布心民〔氏〕，所著《海之女》小说曰："近世之结婚，毕竟女子卖身与男子，以脱其终身之困厄，为立身之计。男子则量其经济状况，以买女子，与之结婚。所谓'买卖'是也。"由此言而观，则男女之关系，均由经济之关系而生。试以此意证之中国，其所得之证如左：

一、凡父母为女择配，必先询其家产之若何。此何故哉？所以为女子终身计，果能受男子之赡养否也。（亦有询其才貌者，然亦以财〔才〕貌卜其能升官发财与否。盖以男子能升官发财，则女子嫁彼后，可以足于衣食也。）

二、凡贫家之女或无父母者，则未婚之前，多寄养于夫家，名曰童养媳。日受舅姑之虐待，或至于惨死，则以衣食仰给于夫家之故也。

三、男子之富裕者，末〔未〕冠即娶。赤贫之民，或终身不聚〔娶〕；或壮年以后，始有妻室；又或既聘以后，延期不娶，致外有旷夫，内有怨女。至于乡僻之地，则有兄弟数人共一妻者。岂非以聘娶之费，养赡之费，非贫民所能供给哉？

四、富家之女，饶于才智，于贫家之子优于才貌者，爱情甚笃，而父母兄弟，则百计阻其谋，或坚夺其志，致为女子者，愤激自杀，或为私奔之行。岂非以嫁女于贫民，虑其衣食不给，不得不拂其爱情哉？

五、贫家之女，优于才貌，则富室无赖子弟，强与结婚。女子虽矢志不从，而父母兄弟，则贪富室之贿赂，以压力相迫，致为女子者，或陷于自杀，或于既嫁之后，终身寡欢。岂非亲族为金钱所诱，致陷害其女而不顾哉？

六、富室子弟，私谤贫家之女，强与奸通，而亲族莫敢禁。其原因略与前条同。

七、男女婚约多由幼年时所定。既定之复〔后〕，或夫家贫困，则女子之父母，背弃婚约，或另与他姓约婚，即俗话所谓"嫌贫爱富"也。各省之讼狱多由此起。

八、近日女校各生徒，有艰于学费者。轻薄之男，恒出资相助，而迫其订婚。有所诱不仅一人者。

九、既嫁以后，夫妇之间，薄于感情。为女子者，往往含恨饮泣，莫敢离异，甚或自促其天年。则以一己之生活，恃男子之养赡，不得不出于饮忍也。

十、男子既死，妇女恒为殉节。此非笃于爱情也，则以仰其生活之故，不得不以死相殉。且夫死以后，失养赡之人，将陷于困穷之境，不若一死之为稍愈也。（或以殉节为囿于风俗礼法，此固有之。然此事所由为习俗所共认者，则以既嫁之后，受夫赡养，故迫女子终身守节，以答其恩。然终身守节，苦于无资，乃出于殉节。此普通之恒情也。若因爱情殉节，则占少数。观富室之妻殉节者少，而殉节之妇，均出于无恒产之家，可以知其故矣。）

由是观之，则金钱之为物，乃爱情之公敌也。凡奸通情死之祸，均由金钱而生，征之各小说戏曲，可以知其一班。不惟为束缚女子之桎梏也，且为残杀女子之刀锯。故中国现今之女子，莫不受制于金钱，且受制于援金钱而生之强权。

且金钱之为物，不惟使婚姻失自由之乐也，且将陷女子于卑贱。夫富民蓄妾，多者十余，小〔少〕者数人。彼女子岂果降心相从哉？不过为一己衣食计，或父母为博取财物计耳。至于巨室土豪，挟多资以蓄爪牙，于民间妇女有姿色者，无论其既嫁与否，公行劫夺。即父母讼之官署，彼复使用金钱，以结官吏，使之判为诬告。又或殷富之家，雇使婢女，凡未嫁之女，有夫之妇，均任室主之奸淫；若或不从，则以酷刑相迫。即亲族知其情，亦不敢宣言于众，以撄彼怒。近则奸通工女之案，日有所闻。其尤下者，则父母兄弟，冀簿女子卖身之钱，鬻为娼妓。故贫困为卖淫之根，富裕为淫欲之根。金钱愈富，则所淫之女愈众。男子之视女子，不过视为金钱所购得之一物耳；女子之于男子，不过日居买卖之场，以待男子之购买耳。凡男女之结合，谓之人身之卖买可也，谓之金钱之关系亦可也。观现今奸淫之案，鲜出于儒素及中人之家，非生于殷富之室，即起于赤贫之门。盖富室为饶于金钱之人，贫室为乏于金钱之人。饶于金钱，故出其余资，以为买淫之用；乏于金钱，故不得不以卖淫为业，以筹生计。是卖淫之事，均由经济不平等而生也。昔清初女子邵飞飞诗曰："为问旧时亲阿母，卖儿还剩几多钱？"观于此诗，则知女子之陷于丑贱者，非女子之罪，均金钱之罪也。且非惟陷于丑贱之女子为然，即为妻为妾之妇女，因受男子之养赡，以肉体供其玩弄，亦不啻男女之间，结为契约，以卖淫报其生活之恩。特卖淫之高等者耳；特典质其身于男子，以守久远之赁银制度者耳。故吾谓中国现今之婚姻，非感情之婚姻，均含有"女子卖身于男子"之性质者也。金钱一日不废，经济一日不平等，则男女之婚姻，决无自由之望。此非今日之所可预决者乎？

今日欧美各国，其习俗已与中国稍殊，乃男女互相卖淫者也。推其原因，盖有二端。一由女子财产相续法。如父死无子，其财产悉与其女。非若中国父死无子，必以族人之子为嗣，而享有其财产也。一由女子职业独立。如比国女子，或为警察员；芬兰女子，或为代议士；法、美女子，或从事驱车力农。而各国女子，身执教师之业者，其数尤众。即工女一端，美国当一千九百年，万人之中，约有女子一千七百二十二人；日本当明治三十三年，工女之数，达于二十五万四千七百九十人。均女子职业独立之证。有此二因，故男子有希图女子之资，而甘卖身于女子者，与女子希冀男子之资，而向之卖身者，其数正复相等。试举其例如左。

一、凡富家之女，拥有巨资，则青年男子，争集其门，谄媚互〔百〕端。此冀其挟财产以嫁己者也。此例最多。

一、富家之女，慕者不仅一人，则男子因嫉妒之心，互相残害。则以女子若属于他人，则财产亦为他人所有也。欧美谋杀案，半由于此。

一、青年男子，欲结婚富族之女，虑其憎己之贫，则百端借贷，从事华奢，以博女欢。此由欲诱骗女子之财产也。如英莎士比《吟边燕语》所记英人向犹太人贷金是。

一、贵族之贫乏者，其亲族恒冀其结婚富室，以补助财政之穷。则男子对于他女，虽有爱情，亦必中格。如英哈慕德《迦菌〔茵〕小传》所记亨利母妹，迫其与爱妈〔玛〕结婚是。又近日美国富豪女子，思嫁欧州〔洲〕贵族，而欧州〔洲〕贵族，亦冀得其巨金。如前日美国女子，有名克兰底斯·恩比尔者，挟资一千二百万弗，下嫁匈牙利贵族之细奥的奥尔伯爵。美人肆哈斯氏（市俄古选出之国会议员）以为："背于本国共和之精神，忘平民本位，与外国贵族结婚，势必资财外溢，虚荣心日增。非课以重税，不能禁止。"乌因氏（亦议员）亦曰："欧州〔洲〕贵族，特鹅鸟耳。（晋人之语，与日本'马鹿'同）今与结婚，是亦家畜类耳。"此亦贫乏贵族与富室女子结婚之证。

一、中级男子，结婚富室之女。既婚之后，女子恒骄奢淫佚，不安于室，或加男子以诟辱，或与他人通奸，而男子亦莫敢谁何。此由贪其财产，不得不含怨忍辱也。（如英女王维多利亚与马夫奸通，其确征也。）

一、寡妇挟有资产者，无行男子，多与奸通，致忘婚娶。此由欲得其财帛故也。近美国速利州之科伦比亚市，既寡之妇，多拥厚资，以诱未婚之男子，致风俗坏乱；而未字之女，恒愆嫁期。市会议员，乃提议抽取独身税，凡男子达壮年未娶者，岁课百元，以为禁止奸通之计。其确证也。

以上所言，均男子贪女子之财，而与之结婚者也。恒〔衡〕其实际，则不啻女子挟其资财，而迫男子以卖淫耳。男子因贪财之故，至卖身于女子，此与中国北京之优伶奚异？盖中国男子，尚以得妇家财产为羞（俗语谓之"吃裙带饭"）；至于欧美，则男子与富室结婚，亲戚交游交相庆贺。实则此等男子乃娼妓之化身，谓之男娼，谁曰不宜？其可羞孰甚焉！试更即欧美贫女卖身男子者，约举其例如左：

一、富豪子弟，对于贫女，迫与奸通，亲族莫敢谁何。此由畏其金钱之力也。

一、贫女饶于才艺者，或立志甚高，而富室无赖子弟，迫与结婚，其亲族复迫之甚切。致有饮恨终身或出于自杀者。此由亲族为金钱所诱，不暇为女子审择利害也。

一、富豪之年迈者，或再婚三婚，而所婚均少女。则以贫家之女，冀其多资，欲嫁彼以图衣食也。此例美国最多。

一、富豪与贫女结婚，稍违其意，即以离婚相要挟，而女子亦莫敢谁何。此由虑离婚以后，经济不克自由也。

一、田主对于佃民，恒奸淫其妻女，以俄国为尤甚。佃民敢怒不敢言，则以衣食系于田主之手也。

一、工厂所雇女工，屡为富商及工师所奸淫，美州〔洲〕最盛，日本亦有此风（今中国亦有之）。此由为贫所迫，俯就赁金制度，故不克免此奇辱也。

一、富豪所雇下婢，给以微薄之金，即向雇主卖淫（日本尤甚）。

一、贵族或中流女子，因贫乏之故，甘与卑贱之富民为婚（如《迦菌〔茵〕小传》中之爱伦是）。

一、富民或于结婚以后，私娶贫女，行秘密之结婚。由此视贫女为至贱，不复以正式之礼相待也。

一、贫室妇女，无论既嫁与否，恒私以卖淫为生。

一、各都市之地，倡寮日增，以美国纽约为尤甚。

以上所言，均女子贪男子之财而向之拾〔舍〕身者也。衡其实际，则不啻男子挟其资财，而迫女子以卖淫耳。女子因贪财之故，至卖身于男子，此无论其为娼妓与否，均谓之卖淫妇、丑业妇可也。况复中国女子，尚为礼法所拘，有所谓"饿死事小，失节事大"者。此语虽背公理，然女子因贪财而卖淫者，遂占少数。若欧美女子，礼法之严，又逊于中国，故卖淫之事，不复以为可羞。据最近美国之调查，则女子之最易结婚者，以看护妇、速记者、下婢、店番女、女工为最，女教员次之，电话交换手、裁缝师又次之。则以看护妇、下婢、店番女及女工，均系贫女，故急于结婚，以冀男子之养赡。（为速记之业者，入款既多，才艺恒美，故男子诱之者众。此与男子卖淫者同例。）若教员诸业，则入款较丰，不必仰男子之鼻息，故鲜为男子所诱，而结婚亦较迟。是则女子愈贫，则男子诱之愈易，岂非因得财而卖淫者乎？又吉〔去〕岁美国纽约市，富豪之妻，有名的布尼者，向夫要挟，谓每岁当给以十万元，以为衣服料。其夫所给不足，即与离婚。岂非因金钱之多寡，以定婚姻之离合者乎？此则女子之羞也。

夫现今之时代，即定为男女互相卖淫之时代矣；然互相卖淫，非男女之罪也，实金钱之罪耳。盖今日婚姻不自由之弊，多由经济不平等而生。经济既不平等，由是贫者欲博富者之金钱，苦无可施之计；富者既身居佚乐，复进求快乐之扩张。至其结果，则富者出资以买淫乐，贫者卖淫以博资财。谓之男女之关系，不若谓之贫富之关系也。《礼记·礼运〔经解〕》篇有云："婚姻之道〔礼〕废，则夫妇之道苦，而淫佚〔辟〕之罪多。"吾今即其语而反之曰：金钱之制行，则夫妇之道苦，而淫佚之罪多。蔽以一言，则今日之婚姻，均非感情上之婚姻，乃金钱上之婚姻也。中国古籍，以财婚为夷虏之俗。至于今日，则财婚之制遍于世界，致一切之感情，均为金钱所妨碍，可不悲哉！

处现今之世，欲图男女自由之幸福，则一切婚姻，必由感情结合，即由金钱之婚姻，易为感情之婚姻是也。然欲感情之发达，必先废金钱。金钱既废，则经济平等。一般男女不为金钱所束缚，依相互之感情，以行其自由结合，则凡压制之风，卖淫之俗，均可改革于一朝。故女界革命，必与经济革命相表里。若经济革命，不克奏功，而徒欲昌言男女革命，可谓不揣其本矣。

吾今以一语遍告世界女子曰：尔等不欲要求解放，以实行女界革命，斯亦已耳；如欲实行女界革命，必自经济革命始。何谓"经济革命"？即颠覆财产私有制度，代以共产，而并废一切之钱币是也。

今一般论者，又以男女之爱为讳言。不知爱情发于天性，乃出于自然者也。惟由金钱而生结合，则为卖淫，无论男女，均为大羞。以其诱于金钱，因伪物而生伪爱，非出于天性所发之感情也。若处经济革命之后，则结合均生于感情。感情之婚姻，乃世界最高尚、最纯洁之婚姻也，夫何弊害之有哉！

◎［附录］马尔克斯、焉格尔斯合著之《共产党宣言》一节。

家族制之废止，虽持急进说者，亦以共产党人，为此不名誉之主张，因生愤激。虽然，现今之家族制，乃绅士之家族制也，乃以资本及私利为根基者也。虽此等制度，发达至于完全，然亦仅行于绅士阀之间。若平民家族，则实际已归消灭，或以娼妓横行之事，为其完成之要件。今欲娼妓消灭，则绅士之家族制，亦当消灭。而此二者之消灭，又当与资本之消灭同时。

在绅士阀之视其妻，特拟之于生产机械之一耳。彼于生产各机械，既闻公同使用之说，则对于妇人，亦或由斯旨推断，而知妇人亦将不免于共有。此时或群起而呼曰：然则汝之共产党，特欲创始妇人共有制度耳。

然共产党之目的，则以往昔之视妇人，拟之生产机械之一，欲改除其形式，固非彼等意料所及知也（此彼等指绅士）。

虽然，彼绅士之诬共产党，以为欲希冀妇人共有，始发此义愤，甚可嗤也。夫妇人共有制，固不待共产党之创设，而久行之于远古者也。

即如彼等绅士，于普通娼妓，固不待言。即平民归其统治者，淫其妻子，犹不满足。其尤甚者，则交互诱取他人之妻，以为快乐。是现今绅士阀之结婚，其实际所行，亦妻女共有之制度。果尔，则共产党所主张，即如彼等所言。然其所以向彼等非难者，不过欲以公然合法之制，而代彼等伪善阴密之妇人共有制耳。

总之，共产党人，欲禁止现今之生产制度者，所以禁绝由此制所生之妇人共有制也。质而言之，即禁绝公娼私娼是。

案：马氏等所主共产说，虽与无政府共产主义不同，而此节所言则甚当。彼等之意，以为资本私有制度消灭，则一切私〔公〕娼私娼之制，自不复存。而此制之废，必俟经济革命以后，可谓探源之论矣。故附译其说，以备参考。（《天义报》第十三、十四期合刊，1907 年 12 月 30 日）

## 褚民谊

## 无政府说（书《民报》第十七号《政府说》后）

### 作书后之缘起并论主张主义之是非

读《民报》第十七号之《政府说》后，甚不满意，欲作《无政府说》以论正之。未就，以吾之大意告吾友。吾友曰：不可，既同为革命党，何多生议论之冲突，反致有意见而不能联络，甚有碍于革命之前途也。吾应之曰：不然，君误矣。吾作此《无政府说》，非仅对于《政府说》而发，实欲开展吾所主张之无政府主义，使其界说分明，不致人误会。且吾以主义之是非立说，本于公道、真理，而无所偏与私也。作《政府说》者名铁铮，吾不知其何许人也。各以所主张之主义相辩难，毫无意气之攻击，纯然是非之驳论也。苟以其说发自吾党，为不可辩难，是知有党派，而不知有是非也。吾之于人说也，惟以公道、真理为衡，观其立说之是非，不问其党派之异同，尤不问其作者为何如人也。苟不尔，不观其立说之是非，而惟以党派之同异是问，是为私。更有甚者，只考其人之何如，或以其人之历史，或以其人之与吾之交际，而并是或非其所主张者，是私之又私也。夫所主张者主义，主张主义者人，主义自主义，人自人。主义之是非自有一定，而人之见地则不同。故其所主张者，亦随其见地而易，昨之所主张者甲，今之所主张者乙，后之所主张者又丙。如丙较是于乙，乙较是于甲，则其人所主张为进化。如丙较非于乙，乙又较非于甲，则其人所主张为退化。如乙较是于甲，而丙反较非于乙，则其人所主张为反覆。第一说：昨之所主张者为非，今之所主张者为是，至明日则今之所主张者又为非矣，不可以昨之非而并非今之是，尤不可以后之是而并是今之非也。第二说：昨之所主张者为是，今之所主张者为非，至明日则其所主张者更为非，不可以昨之是而是今之非，尤不可以今之非与后之更非而并非昨之是也。第三说：昨之所主张者为非，今之所主张者为是，而后之所主张者又非，不可以今之是而是共昨之非，尤不可以后之非而同非今之是与昨之非也。世人不察，都以主义之是非随人而易，盖以是非为无定论也。故谚有之曰：一卦勿准，万卦勿灵。此固为无理之俚言，然亦足证人之观察是非之谬误也。观察是非之谬误，在于不得比较；或得比较，而不知其底蕴，无从比较；知其一而不知其他，更无比较。鱼吾所欲，而熊掌亦吾所欲，非遇二者得兼，不能决吾之取舍也。鱼无熊掌之比较则鱼未必不可取，然而不知鱼与熊掌之比较，二者虽得兼，亦无从决其取舍。苟仅知鱼之为美，而不知熊掌之为更美，则必取鱼而舍熊掌者也。故深知鱼与熊掌之比较，然后可决其取舍。主义之是非，由比较而定，岂独异于物之取舍在得兼而决耶？苟吾见一说之非也，以同党故，不加辩难，是欺吾党，且欺天下人。设使其说为尽善尽美而无有能非之者，则世界之进化力将穷矣。然而旧而新，新而又新，新新不已，固世界之进化无穷也。彼主张主义之非者以为是，吾乌可是其非者。即使其人今之所主张者与前不同，而吾亦必辩别其非，非可含糊也。况人之说只足代表一时代人之思想，而反为尽是而不非，有是理乎？推进化之理，察是非之源，吾之不能已于言也明矣。知其非而不言，失知；言其非而不明，失言。失知，失吾之思想自由也；失言，失吾之言论自由也。吾不欲失吾之思想与言论之自由也，则此书后之作，非为意气之攻击，可无疑矣。而君期期以为不可者，何哉？岂君尚不知公道、真理之愈辩驳愈显著乎？明白如铁铮，当知此言。各以其所主张之主义以畅论之，论者自论，驳者自驳，其真是非自有观者之定评。彼之论未必尽非，而吾之论未必尽是，是非参互之际，非多发议论以辩别之，真是非何日可见？西谚曰：谬论者，真理之母。则今之双方谬论，未必不可为他日真理之母也。吾之大意如是，书后告毕，尚求君一读，然后知吾之对此主义之感情，而必不以吾言为徒生议论之冲突，致有意见也。铁铮见之，尤喜吾之驳论也。

**绪言**

吾为此《无政府说》，岂徒好放言高论，以斥人之非哉？抑岂妄立党派，以争立门户哉？实欲开展无政府主义，使其主义昌明于世界，不解悟者解悟，解悟者更解悟。吾虽不学，不能尽道其主义，然拾一二师友之唾余，参以己意，以伸论之，非敢望其说之为尽善也。惟其不尽善，惹起多数人之辩驳，或商确，或非难，更得一层进化，而此主义愈昌明矣。愈辩难愈昌明，则实行之期愈近矣。呜呼，无政府主义大矣深矣，不学如吾，岂能言其万一哉！徒以不肯放弃思想与言论之自由，故不能于读《政府说》后，而默然无语也。世之知道明理者，务必以公道、真理，衡人之立说之是非。

吾之措词，不加修饰，专以达意为主。如意不尽善，而词更牵强矣，然阅者断不可以吾说之非，不加研究，而并非此主义之是也。今特录全说之目次于下，续期论之。如阅者不满意吾说，尽可赐论辩驳。此主义虽发明有年，而无确当之正鹄。盖议论与实行，自有甚大之差别也。

（一）政府之始终有无

（二）政府之所以可无

（三）无政府之所以合于公道真理

（四）无政府与有政府的革命之比较

（五）无政府与有政府之名实

（六）无政府之于革命与教育

（七）无政府之为社会组织之进化

**（一）政府之始终有无**

凡事自然有始，亦自然有终也。始之则为有，终之则为无。其始之也，必有其所以可有之故；其终之也，亦必有其所以可无之因。然而其使之始、使之终之界说以何定，而后有可有之故、可无之因？使之始、使之终之界说无可定，厥惟定以是非。是非以何衡？厥惟衡以公道、真理。有之以为合于公道、真理也，则始之为是，而终之为非，反是则始之为非，而终之为是。无之以为不合于公道、真理也，则终之为非，而始之为是，反是则终之为是，而始之为非。于原人时代，人各无自助自治之能力，以致涣散而乏互相扶助之心，且兽性未脱，战斗力甚大，终日相杀，而无已时。有人焉，创立有政府主义，以团结人民。凡事大者，一人之力所不能为，则政府任之。内则助人民自营力所不逮，外则防人民自由权之被侵。众望所托，可使自助有余力者助人，自治有余时者治人。互相治助，而战斗心自稍杀，兽性自稍脱矣。于此时也，以有政府为合于公道、真理，则必始之，虽欲不始之，而亦不能不始之也。既始而有之，久而生弊，其能力亦渐失。虽经多番之改革，由酋长而封建，由封建而郡县，郡县为专制矣，又由专制而立宪，由立宪而共和，至共和而政府为末路，可以使之终矣。可以使之终，而不欲使之终，强而使之始，而终不能使之始之合于公道、真理，则不当使之始而始之也，则始之为非，明矣。何者？盖政府所以有可有之故者，以人民乏自助、自治之能力，而使政府有特权，一以禁压一般人民之举动妨害他人者，二以扶助一般人民之柔弱受欺于他人者。以第一义，则政府实有监督人民之侵人害人之权；以第二义，则政府实有提倡人民之自助自治之责。善用其权，能尽其责，则必良为政府矣，其使之始也亦宜。然而良政府安可多得？既有特权，则特权可滥用，而责可不尽。人民之侵人害人，有政府禁压之；苟政府之自侵人自害人，谁禁压之？人民之彼〔被〕欺于他人，有政府扶助之；苟政府自欺之，谁扶助之？且政府有特权大责，骑虎难下。适政府失责，人民以真理相诘者，反目为大逆不道；侵权，人民以公道相抗者，反目为扰乱和平。虽共和之最为美政，尚不肯稍与人民以完全之自由，而况立宪与专制国乎！故其弊也，非惟不能助人民自营力，而反窒之；非惟不能防人民之自由权，而又自侵之。则有政府，不如其无政府。政府而不合于公道、真理也，则其终之有可无之因，其终之也亦宜。

　　由以上言之，则政府之始也、终也、有也、无也，皆有其可有之故与可无之因，而始有始之与终之为是也。故政府者，（甲）为世界进化之过渡，而又为公道、真理之阶梯也，骚客之谓公道、真理以时间而易者，即此之谓也。（乙）为人民之客体，而非为人民之主体也。可始之于可有之时，而可终之于可无之日，其非固有也明矣。故人民之有政府，非可以人之有心（即脑，借用）为譬，尤不可以宇宙间之森罗万象，大而恒星，小而微尘之相引相吸，行动不息，为有主宰以命令之也。心为人之主体，不可一日无，且心之于手足，痛痒相关，非丧心病狂者，必不肯伤其体肤，损其筋骨，为快于心也。政府之于人民则不然。其待之也，尤甚继母之虐待其子，其压之也，尤严于姑婆之苛压其媳。非为继母与姑婆者本无良心，亦非以虐待苛压之当施之于其子与媳也，各皆以地位而易其用心，薰染社会之恶俗，而习以为常。为继母、姑婆者，忍加虐待苛压，而为子与媳者，亦甘受其横暴。一则良心渐失，一则行为尤劣。社会之败德恶俗，养成于不知不觉之中。政府之虐待苛压人民，何独不然！以赏罚毁誉，导人民于不正当之地步；以功名利禄，养成人民自私自利之心。共和政体，尚不能免此，至专制政体，其惨淡黑暗，更无论矣。故政府之恶，为万恶之源。真民谓："官无良心。"官为政府之一肢体，一为官便无良心，非政府之为大恶炉，有以鼓铸之使无良心乎！以（甲）断语之，则政府以时间而易，不合于公道、真理也。以（乙）断语之，则政府为人民之客体，可无之也，且为万恶之源，尤不合于今之公道、真理也。则始之为非，而终之为是。世有以公道、真理衡是非，以是非定事之始于可有之故，终于可无之因者乎，则政府有可无之因，其可终之矣。

## （二）政府之所以可无

所以有政府者，欲其助人民自营力所不及，而又欲其防人民自由权之被侵，前节已言之矣。推其意，岂不以养成人民有自助、自治之能力之教育而责诸政府乎？然则政府之不能助人民之自营，亦不能防人民之自由，非惟不能助，而反窒之，非惟不能防，而又自侵之者，自有政府以来，所演之历史尚在，彰彰可证者也。有政府而反害人民之自治、自助，使其有不能自营、不能自由之大原因者，则何取乎政府之有哉！政府者，不过集少数人据特权而成立者也。少数人俨然居民上，享尽安乐，而贻一切困苦与大多数人，大多数人供其驱策如牛马。驱策于公益，犹为不当，驱策于助纣为虐者，尚可言乎！自助者，不依人亦不依于人之谓也，平等也。自治者，不侵人亦不侵于人之谓也，自由也。自由、平等者，公道、真理之正鹄也。而人民一日立于政府之下者，即终一日不能得自由、平等也。古之人所最崇仰者为仁政。所谓仁政者，不过保民如赤子耳。原人时代，固为人民赤子之时代也，故不可一日无政府，犹言婴孩之不可一日无父母之教养也。然而婴孩非永远为婴孩，即人民非永远为赤子也。父母之于其子女，于幼稚时，督责之甚严，欲其知为人之道也。及其既长，固不可仍以幼稚时待之，一举一动，可听其自主，然后可立于自由、平等之地位，而不失其人格。苟不尔，动加干涉，非惟不能养成其自治、自助之能力，而反养成其有奴隶服从之性。以若所为，则为子女者，终不得自由、平等之幸福，而失其为人之乐趣矣。甚者，受此奴隶服从之教育，而转展相传，如瘟疫之传染，全社会遍受其害。故婴孩得遇贤父慈母，父母与以解悟力，而使其知为人之道，何者为合于公道、真理，何者为不合于公道、真理，其子女不丧心病狂，则必领略其语，而将尽其所能，以为社会上一二公益事业。父母不加干涉，子女不受依赖，各完人之自由、平等之权，此非合于公道、真理者乎？世有贤父慈母，而得善良子女者，不乏；所谓仁政者，不得一见。何者？其必政府之对于人民，非同于父母之对于子女也，所处之地位异耳，利害相关，终不能两相调和也。政府既有特权，安肯旁落，非有万不得已之故，终不肯与人民以丝毫之自由、平等。今之要求立宪者，花言巧语，欲蛊惑执政者稍与人民以参政权，其目的为一己之求进身计也，吾有何言？苟真心为人民伸自由，求平等，而徒出于要求立宪，何其愚耶！要求而可得参政权，则革命之事业可不出现。然而纵览世界之历史，革命为社会进化之不可缺者，彼徒知要求立宪即可得参政权者，多见其不知量也。今之民权稍伸之国，如英、如法等，无一不经一大番革命，然后可稍得政治上之自由、平等，君权顿减，而民权遂伸。君主立宪、共和法度者，固较专制独裁为善良矣，然而减君主之特权而分授之于各部，伸民之参政权而委之于议员，权限定，法律行，独夫民贼不得擅权而作威作福，奈少数执政者之蹂躏人权，大多数仍不得自由、平等之幸乐何！少数执政者之于独夫，五十步与百步之间，所差甚微。特权尚在，政府犹存，多数人之受压制仍如故也。不善教导之而专事压制，恐善教导之不利于政府，不如压制之而得延政府之残喘，政府之用意如此。以此用意，而欲求其养成人民有自助、自治之能力者，犹南辕而北其辙也。知为皇帝之贵者，断不肯为立宪国徒拥虚名之君；为立宪国之君者，断不肯为共和国七年五年一任之大统领。特权既分，牵制者多，不能任所欲为也。专制国君权万能，生杀之权，决于喜愠，荣辱之分，定于笑怒。立宪共和国则不然，人民可干涉政府之所为也。然而可干涉无紧要之事，不然，政府可托于少数人所定之法律，而以兵力加之，禁之，监之，刑之，皆有所借口。有权势者，得政府之助，尚可假借，而贫弱者，终困苦矣。所谓民权者，不过表面上一好名词，其实在相去其真义远矣。不观乎法国乎，自由、平等、博爱三字，无不大书特书于公建筑上，学堂也、学会也、县署也、宫邸也均以此三字或漆书、或金写、或凹刻、或凸雕于大门上，表其为共和国，尤夸其为世界独一无二之美政体也。初不知其底蕴，后疑其名实不称，及过监狱，亦大书此三字于门首。噫，其果何意乎？抑监之于狱，为自由；辱之为犯，为平等；责之以刑，为博爱乎？吾不禁睹此三字而仰天太息不已曰：所谓自由、平等、博爱者，不过如是！其真自由、真平等、真博爱，将于何日见之？吾始疑之，继重思之，而信政府一日不去，真自由、真平等、真博爱一日不能见也。

　　吾推政府所以不能使人民有自治、自助之能力者，其大原因在于不施正当之教育，而徒崇尚赏罚毁誉。正当之教育（详见六节《无政府之于革命与教育》），专以公道、真理为正鹄。彼不施正当之教育者，非不能也，不肯也。既崇尚赏罚毁誉，则法律也、军备也、宗教也，皆同声一气，而日长政府之恶。吾前作《普及革命》，内有反对者五，而反对法律、反对军备、反对宗教三则，皆绝对的攻斥其所崇尚之赏罚毁誉，使政府无立足地步。盖法律也、军备也、宗教也，皆由赏罚毁誉四字而来，此四字亦得借法律、军备、宗教三项得深买人心。数千年以来，政府之所以有立足地步而不动摇者，在此；而其所以不能使人民有自治、自助之能力者，亦在此。彼政府固初以为以赏罚毁誉，亦能教人民有自治、自助之能力，且较之正当之教育更为简便容易，盖以公道、真理开导人民，何异于对牛弹琴，不若劝惩之以赏罚，激励之以毁誉。人莫不有贪生恶死，喜功畏罪之性。赏善者，则善者自劝；罚恶者，则恶者自惩。是者誉之，非者毁之，则人各有勉励之心。其初用意未可厚非，然而善恶是非最易混和，不本于公道、真理而末于赏罚毁誉，则善恶不参差，是非不颠倒者，未之有也。本于公道、真理，而施赏罚毁誉，亦失人之自主之心与其人格，尚不为正当，而况专尚赏罚毁誉，而弃公道、真理哉！所赏者尽善，则善者多矣，未必尽赏；所罚者尽恶，则恶者众矣，未必尽罚。善而不赏，恶而不罚，则赏罚之效力穷矣。推而及之，所赏者未必善，所罚者未必恶，善而受罚，恶而受赏，则反使人民无所凭借。于是邀赏避罚者载道，而真知道明理者反若晨星。盖皆趋于赏罚毁誉一方面，而裹足于公道、真理之方面也。夫人各有善恶是非之心也，其能辨别之，一若物之轻重长短。然而善恶参差、是非颠倒者，非不能辨别也，实有所蒙蔽耳。力足以举百斤者，不能举一薪；明足以察秋毫之末者，不能见一舆。一薪之不举，为不用力焉；一舆之不见，为不用明焉；善恶是非之不能辨别，为不用心焉。然力足以举其所举者，不能知其轻重；明足以见其所见者，不能知其长短。物之有形，尚赖权然后知轻重，度然欲〔后〕知长短，则善恶是非之无形，安可以不以公道、真理为衡，而即能辨别其善恶是非哉？故现今社会之不正当，皆为赏罚毁誉蔽人之心，而不能辨别真善恶真是非也。吾观现今社会，父母之教其子也，亦尚赏罚毁誉，或恐吓之，或引诱之，天神鬼怪，遁于口吻，而实用卫生之学及为人之道，反不讲求。其他学堂、学会等，无不崇尚虚伪，以致宗教之迷信深入人心，遂与政府并行其恶。社会之不能改良，与人民之不能自治、自助者，皆政府有以致之也。谬者不察，而尚以政府能为社会治安，甚而谓无自治、自助之人民，断不可无政府，苟无政府，则内不能策励本族，外不能竞争外种，彼以政府策励全国来，而吾无以应之，则未有不国亡而种灭者也。为此言者，只计利害而不计善恶是非，吾不能止其言。苟真为社会改良、人民治助设想者，自当以公道、真理，行正当之教育，岂可容政府之所崇尚赏罚毁誉哉！赏罚毁誉不可容，则法律、军备、宗教无所用，政府其可无矣。政府无，人民始有自治、自助之能力；非人民有自治、自助之能力后，而始可无政府也。盖政府有不能与不肯养成人民有自治、自助之能力之故也，闻者疑吾言乎，请注意于政府对付人民之所为，自当了然于心矣。

**（三）无政府之所以合于公道、真理**

最动人之容者，赏罚毁誉也；最易人之心者，利害也。赏而乐、罚而忧、毁而怒、誉而喜者，必无知识者也，俗称常人是也。见害而避、见利而趋者，稍有知识者也。于事之未来，而能先定避趋，此所以加常人一等也。夫同为人，而有常人与加常人一等之分者，徒以知识之高下而定其人格耳。人非生而智，亦非生而愚，设受适当之教育，其知识必可同等。然而今世界人之知识，可以金钱购之。人非生而知之者，必学而后知之，始可有知识也。金钱之不平等，即知识之不平等之所由生也。吾见责无知识者重于有知识者，谓其愚笨，而应受贫贱之苦楚也。今不暇纵论及此，第论稍有知识者，即计利害者也。

人之于事物，常有二种见地：（甲）为知；（乙）为不知。知亦有二种：（一）以公道、真理相绳，而确定其真相，是也、非也、善也、恶也，了然于胸，富贵不贪，威武不屈，利不能动其心，即害不能却其志，是为真知。（二）为外界所引诱，而附会之，是为假知。不知亦有二种：（一）其知识足以知之，而为利害所夺，不肯承认，是为假不知。（二）其知识不足以知之，如盲瞳瞎目之不能见物，是为真不知。真知与真不知，各立于绝对的地位，然其心术无偏无私，知之为知之，不知为不知，是知也。所可恶者，假知与假不知也。知其然而不知其所以然，尚不为知，而况不知其然乎！知其然，而深察其所以然，虽不能立时知其所以然，后当知之也。惟不知

其然而为知其然，或知其然而不肯承认为知其然，其心术之狡猾奸诈，不
待智者而后知之也。今之谈革命者，众矣，一若深知革命，而确为心中目
中之最紧要事业者。然而叩其所以主张革命者，无非为功名利禄，一言一
语，不脱乎自私自利。新政府之大统领也，开国之元勋也，皆为其生前之
目的；铜像也，穹碑也，皆为其死后之希望。故其运动革命也，亦皆以不
正当之手段。己为利害所夺，而又以利害动人。以若所为，求若所欲，此
岂能望革命之愈趋正当哉！有异于约法三章者，几何！是为知革命，孰不
知之！实行革命者，如是；反对革命者，亦如是。红顶花翎、高冠礼服者，
其知识非较寻常人下也，然而所处之地位，不能不与公道、真理相背者也。
心知革命为社会进化之不能免，徒为境遇所羁，利害相形，无不趋利而避
害也。不革命吾之富贵功名可保，一革命而吾之现存利禄抛于云雾。公道、
真理固不可背，无如吾之不能不计利害何！呜呼！灭尽人道，丧尽良心者，
其假知与假不知之所为也。革命之事业，不得正当，其皆以利害之见而夺
人之心也。世无公道、真理，岂自今日始哉！特以现今之所演，皆趋于利
害一方面为多，此公道、真理之所以至今日尚未显著于全世界也。原夫利
害之见，起于彼我之别，故气小识浅者，计利害最深者也。苟无彼我之
别，则人利即吾利，吾利即人利，人害即吾害，吾害即人害，利害可不必
计，此以全社会设想者也。惟其有彼我之别者则不然，只可吾利而不可人
利，人利即吾害也，可人害而不可吾害，吾害即人利也。故有计一身之利
害者，宁可吾负天下人，不可天下人负吾；有计一家之利害者，忍一家哭，
何如忍一路哭；有计一乡之利害者，重桑梓之谊也；有计一国之利害者，
祖国主义也；有计一种族之利害者，民族主义也。一身、一家、一乡、一
国、一种族者，皆有彼我之别也。对于彼身，而有吾身；对于彼家，而有
吾家；对于彼乡，而有吾乡；对于彼国、彼种，而有吾国、吾种。其计利
害，常与其所对于彼身、彼家、彼乡、彼国、彼种而定。计一家之利害者，
一身之利害为之小也；计一乡之利害者，又一家之利害为之轻也；计一国、
一种之利害者，一乡之利害又为之微也。然则计全世界之利害者，一国、
一种之利害又为之微也。然而计一身、一家、一乡、一国、一种族之利害
者多，而计全世界之利害者未之前闻也。宁买〔卖〕国欺种而荣一身、肥
一家者，之与宁杀身破家而不肯辱国羞种者，其计利害同，而其所以计利

害则大异。计之大小，公私之所由分焉。盖所计利害之范围愈大，其心术愈公。爱国保种者，固不可与爱身保家者同日语也。然爱国保种者，对于一国一种则为公，对于世界则仍为私。能利吾国而不得不害彼国，害彼种而不得不利吾种，公于一国一种而不能公于世界，不得谓之至公。世之所以多故，而纷扰不息者，皆以有彼我之别，计利害而不计是非善恶也。惟其有彼我之别，故以无政府之至公，而不能信为合于公道、真理。革命尚有利害可计，无政府不计利害也。不计利害则假知无政府者寡，而假不知无政府者更多于假不知革命也。反对无政府者，常以利害相辩驳，辄谓主张无政府者皆为中国人，他国人皆口无政府而心尚强权，用以欺骗而侵人之国也。故有议无政府者：（一）可亡国灭种者也；（二）适以巩固满政府者也；（三）阻碍革命之运动也；（四）无提纲絜〔挈〕领，无以应敌也。静观各方面之议论，皆以无政府为甚不利于中国，其大旨即谓时运不到，习俗不宜。吾对于此，千头万绪，竟无从与言。吾今借此《无政府说》，而下简单数语以释论者之疑曰：无政府主义，全世界之知道明理者公认为至公之主义。提倡此主义者，各国皆有其人，实行者尤众。以日本之新造国，其兵力战胜强俄，以论者之心度之，必无无政府党而皆尚强权者也，然而主张此主义者，多于中国。苟论者为日本国民，吾不知其目幸德秋水辈为何如人也。论者误认各国之政府之所为皆全国人民之所为也，各国之反对政府者，日盛一日，而论者未之过问也。羡各国之强，而欲立新政府，以驾陵之；恶各国政府之横暴，而及其人民。羡之恶之，皆利害之见使之，可无疑也。总之，吾辈主张此主义者，非为外界所引诱而附会人说，尤非为好高尚而徒托空论，实为良心发现而确定其为最合于今之公道、真理也。其大原因，即无彼我之别，而利害之见灭绝。无论一事一物，不合于公道、真理，即反对之，不必为利与害于吾身、吾家、吾乡、吾国、吾种，而始定反对与否也。论者皆以利害而议无政府，故终不得其真相。盖计利害，未有不背公道、真理者也，亦未有计是非善恶而反于利害者也。利少害多，则为害；害小利大，则为利。一身、一家、一乡、一国、一种之利害，其间多少大小，往往昏于一时，不能辨别，贪小利而贻大害，畏小害而败大利者，比比皆是。此所以计一身一家者多，而计一国一种者便少，至计世界则更鲜矣。由是而知，计是非善恶，即利害包于其中。事是而善，必无害于大多数；事非而恶，必无利于大多数。此可断言也。故计是非与善恶，足矣；苟不尔，忽是非善恶，而仅计利害，则使一般人尽趋于不正当之地步，公道、真理将无显著之日也。呜呼！今之所以计利害而不计是非善恶者，以政府在也。有政府，则国界种界不得破，彼吾之别不得去。苟无政府，则无国界种界，更无彼吾之别，无利己害人，此真自由、真平等、真博爱能见之日也。此无政府之所以合于公道、真理也。

**（四）无政府与有政府的革命之比较**

呜呼！革命！！革命！！！自有世界以来，无年无月无日无时无分无秒无革命。革命者，直前不息，勇往不倦。质言之，大千世界进化之大关键也。物质之聚散，生物之变化：由粗而精，由旧而新，由简单而繁复，由野蛮而文明，由不尽善而至为较尽善，此皆革命之效力也。谓革命胚胎新世界，殆无不可。何以故？以世界之事事物物，旧由革命死，新由革命生故。

革命之进行，勇往直前，其催促世界之事事物物之进化也，如风动云，如潮动水。云得风而腾益速，水得潮而流益急，事物之得革命而进化益疾，一也。革命之腾流于世界，东起西伏，南出北入，一若风之动于太空，潮之动于洋海。是之谓革命之风潮。革命之风潮，无时或息。风潮烈，则革命之进行疾；进行疾，则世界之进化迅如霹雳。快矣哉！风潮！！快矣哉！革命之风潮！！

风潮乃革命之作用也。其所以使作用有效力者，其义也。革命之义大矣，世界之所演者多矣，吾向者作《就社会主义以正革命之义论》略言之矣。大抵今之主张革命者，皆能明其大义，固无容吾之喋喋也。然而冒公行私者，不乏其人；为功名所惑，利害所动，心戚戚焉于革命后之高官厚禄，常想像于梦寐中，前节谓此等人为假知革命，殆不虚言也。吾于前者，可无异义，同心相印，自有一定之目的也；吾于后者，吾自不能己言。今不遑论革命后之希望，惟当论革命前之目的，至于手段，可不必问也。苟抱正当之目的，其心术必真诚，则手段无论如何，皆得为正当与真诚。盖手段不能合一，各凭其所着力处，随时随地随势随事，本其心术，而各异其手段。手段虽千差万变，而欲达其一定之目的无不同。急激也，平和也，各尽其所能；行远也，登高也，各取其所便；小也，大也，各凭其观念；

速也，迟也，各视其运动。同归而殊途，即此之谓也。

心术之真诚与否，在于人之观察力之强弱而定。观察力不强，常为外界所战胜。功名也，利害也，无不惑动于心。欲其所不当欲，而不欲其所当欲，心失其明，万事皆颠倒矣。夫人之观察革命之大义不明，犹带色眼镜者之视万物，红也，绿也，蓝也，皆随其眼镜之色红、绿、蓝而定，究不能睹万物之本色，故其对物之观念不能确定。主张革命者之心术之不真诚，而无正当之目的者，其观察革命大义之不明致之也。欲使视者观念之确定，必去其色眼镜。色眼镜去，无眼病者，必能视物之本色也。欲使主张革命者心术之真诚，必破其功名之心与利害之见，然后非丧心病狂者必能明革命之大义也。

社会由革命之作用而得进化，革命由社会之进化而得为正当。故社会愈益进化，革命愈益正当。昔之所谓革命者，非今之所谓革命也，昔时革命之大义不昌明，故所演之革命，皆不得为正当，昔之所谓革命者，寡人之革命，少数之革命也。今之所谓革命者，多数人之革命，全体之革命也。前者，谓之政治革命；后者，谓之社会革命。

其他，如两民族以上栖息一政府下，不得同一之权利而革命者，谓之种族革命。一国隶属于他国，不愿受其节制，欲独立而革命者，谓之国家革命。

政治革命可分析者：由封建而一统，谓之专制革命；易朝改姓，谓之帝皇革命；由专制而立宪，谓之立宪革命；由专制或立宪而共和，谓之共和革命；由数邦而联一，谓之联邦革命。

社会革命可分析者：贫富悬隔，人民之生计困苦，欲废私产行共产而起革命，谓之经济革命；政府横暴，人民不堪其压制，欲去政府而求个人完全之自由而革命，谓之平民革命；苦乐不均，人民疲于工作，所获反不能生活，欲工作自由、享受共同而革命，谓之劳动革命。

总以上所言之革命，可大别为二类：一为有政府的革命；一为无政府的革命。其所以然者，一为不出乎政治之范围，一为出乎政治之范围。今列表于下，然后可得比较而详论之。

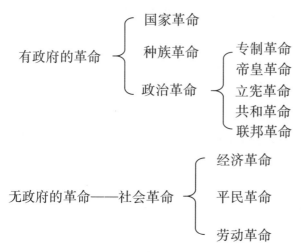

观以上各种革命，其大异者，有政府与无政府之别也。今不暇论其枝派，惟详论其本体，即有政府的革命与无政府的革命之比较也。

同为革命，而有有政府的、无政府的之大别，其关系于中国前途之革命甚大。主张革命者，不可不深辨革命之大别，而定其目的也。

目的之正当与否，在于主张革命者心术之真诚与否。吾不能谓主张有政府的革命者，皆无真诚之心术，特其心为利害与功名所惑动，乃致其观察革命之大义不明。而心术不真诚，自无正当之目的也。利害之见，前节（三）已言之详矣，今不赘论。兹所论者，功名之心也。苟能打破其利害之见与功名之心，自能了然革命之大义。心术得以真诚，目的得以正当，自不待言也。

于吾本报第二十号作《问革命》一篇，即问主张革命者何为而革命，而从中察其心术也。吾以吾之所闻，而为甲、乙、丙、丁、戊、己六种之答。甲、丙所主张者，属于国家革命；乙、丁所主张者，属于种族革命；戊、己所主张者，属于政治革命。吾以其所答不当，已斥为非。盖于今日公理显著之世界，当以最正当之社会革命，竭力鼓吹传达，以速其实行，自不当以昔日之种族革命、国家革命、政治革命，为救亡存灭、排外排满、振顿内政、恢复外交为独一无二之法门也。察今日中国之社会，其民情之困苦，风俗之腐败，决非仅行有政府的革命所能改良其社会也。欲廓清而辞辟之，舍行无政府的革命末由。

无政府的革命与有政府的革命，于实行时，固无所冲突，同抱倾覆政府之方针。所异者：一为于倾覆政府后，不立政府，社会上一切制度阶级，含有有政府之性质者，皆革除之，婚姻也、财产也、家庭也、国界也、种界也，俱欲一扫而荡平之，始可见较为尽善较为正当之社会；一为于倾覆政府后，立新政府，社会一切制度，仍旧或加改良，最重政治之机关，大加振顿，内以治民，外以应敌。前者之观念，后者所不注意；后者之观念，前者所不乐为。后者之所注意，惟注意政治之机关；后者之所乐为，惟乐为社会之改良。一为社会自治，无中央集权；一为政府统辖，无地方自治。此有政府的革命与无政府的革命之比较之大概也。推主张革命者之所以多主张有政府者，其利害之见与功名之心，有以蔽其明也。羡各国之强盛，而恶满政府之衰颓，欲希冀代满政府握政权而争雄于世界，此为利害之见。时以不正当之革命运动法，以鼓吹传达革命，其目的所在，在于生前为新政府之大统领或开国之元勋，其希望所在，在于死后得铜像之峨峨与穹碑之巍巍。吾对此等不正当之目的与希望，吾不能重言其罪恶。吾读《史记》，至鲁仲连义不帝秦，吾不得不叹其行之正而言之贤也。彼言曰："所贵乎士者，为人能排患释难，解纷乱，而无取也。即有取者，是商贾之事也。而连不忍为也。"乌乎！今之不以革命为商贾之事者，鲜矣！吾以其目的及其希望可足证吾之言也。乌乎！今之主张革命者，果有斯目的，斯希望乎？何陋陋若此！污革命之事业，而侵其大义，其心术为何如哉？不然，无斯目的，无斯希望，于革命后，惟恐以涣散之民族一无政府，将致纷乱至不可思议。且谓今世界，无一国无政府，无政府，则必劣败；故必立一政府以对待之，己以避嫌故，可不入政界，毋宁处于政府下而受其节制。果有斯志乎？何奴隶若此！己或以救亡之功而得保其完全之自由，忍令一般人民仍受政府之压制乎？何忍心若此！古之所谓明哲保身者于彼得焉，无如社会不得改良，真自由、真平等、真博爱不得见何！是所谓革命者，为少数人求幸乐之革命，而非为大多数人及全体之幸乐而革命也。吾甚不解彼等何陋陋若此，何奴隶若此，何忍心若此，以主张此有政府的革命为也！今日已入二十世纪矣，二十世纪之革命，固不可以二十世纪以前之革命相混和也。彼等果为斯目的、斯希望而革命，吾劝彼等不若于满洲政府将亡未亡之秋，运动得一大官，即使大官不可得者，小官亦何乐而不为。吾闻西人有言曰："为中国一县官，其荣耀仿佛为欧洲一国之君。"然则彼得为一县官，不啻值他日新政府一大统领也。若或为功成身退之思想，未可非，其比拟华盛顿甚当，然为一身计则善矣，为多数人计则不可也。如欲为多数人计，则非主义无政府的革命不可。

今之社会，自私自利之社会也。自私之社会，不正当之社会也；自利之社会，不公平之社会也。呜呼！致此不正当不公平之社会者，非一朝一夕之故，其所由来久矣。自古迄今，社会之黑暗，如深夜无星，加之以风霜露雪，其惨淡悲苦为何如哉？辨尊卑，殊贵贱，分贫富，别强弱，论智愚，而苦乐遂不均矣。人生之无道，莫此为甚。纵言之，社会之组织失当也；横言之，社会之措置勿平也。人各勇于自私自利，而忽于社会公益。争私利如观火，图公益如望洋，甚之损社会之全体，而私利一部分一分子者，此社会所以不正当不公平也。

人各有其所私而有其所利。身家也，国界也，种界也，皆私之畛域也，彼我之见由此而生。只知吾身、吾家、吾国、吾种，而利吾身、吾家、吾国、吾种，吾身、吾家、吾国、吾种之外非所应问闻也。人各如是，则社会遂不可设想矣。譬如于一乡有一井也，井水之多少，全乡之人同受其利害。苟井水足以供全乡人有余也，尚不许一二人之无故多汲，恐惹起多数人之效为，则井水立涸。然则于有限之水之井，尚不足供全乡人之饮，岂可领一二强悍无理者徒为一身一家之滥用，而使全乡人受渴之苦哉？今之帝皇及资本家与爱身、爱家、爱国、爱种者之害民生，括民脂，伤人身，败人家，亡人国，灭人种，有以异于强悍无理者之任意汲水于全乡人所赖以活命之井，而不顾人之渴乎？无以异也！故婚姻之仪式，财产之继续，家族之制度，国界之分立，种界之辨别，适严私之畛域，固彼我之见解，而所利者遂不出吾身、吾家、吾国、吾种之外也。此非社会组织之失当，措置之勿平，有以致之乎？吾不得不大声疾呼曰：废婚姻！废财产！毁家庭！破国界！破种界！何以故？以婚姻、财产不废，家庭不毁，国界、种界不破，则私之畛域终不灭，彼我之见终不脱故。

夫社会之成，成于人。人之有男女，犹电之有阴阳，地之有南北，植物之雌雄，动物之牝牡也。电无阴阳，不能运用；地无南北，不能转旋；植物无雌雄，不能结果；动物无牝牡，不能生育。此万物自然之组织，各有其发达之机体，而得无限量之进化之力于大千世界，以生以存。今之重男轻女者，以男为尊，女为卑，男为贵，女为贱，男为强，女为弱，男为智，女为愚，一若女子为社会之赘物。此甚背万物自然之组织，而逆其发达之机体也。夫男女同为人，固无尊卑、贵贱、强弱、智愚之可分。脑力相等，惟昔之不教育女子，故女子之知识不能同于男子，此智愚之所由分也。男女身体之结构同，所异者，惟生育之机体耳。每月二三日不能动作过劳，受孕必有三四月不得畅快，分娩必有半月一月之体养，乳儿必有一年半载之牵累，此女子之弱于男子之点也。野蛮时代，俱以力争，适女子于月经或受胎或分娩时不能力战也，则女子为男子所征服，或男子为女子而战胜他人也，则女子为男子所保护。征服者尊，被征服者卑，保护者贵，被保护者贱，此女子生理上弱于男子，而尊卑、贵〔贱〕遂由此定矣。女子处于被征服与被保护之地位，一举一动，皆仰男子之鼻息，此女子之属于男子之由也。女子既属于男子，一男多女，多男一女，各欲得美女子而不免于争，既争而得，恐为他人所夺，于是欲解决此问题，遂不得不以婚姻之制而定男女之配合。然而婚姻者，即断定某女子属于某男子，而不得……也。试观今日之社会，女子所处之地位为何，指上臂上所约束，头上所饰，身上所挂，皆为古时代被征服者之刑具与被保护者之记号。呜呼！女子之受悲惨，可云其矣久矣！男子之自私自利，亦云备矣密矣！以人类本平等，而妄分别若此，此非无人道，乏人理极者乎？此婚姻之应废，一也。

　　世界之所以终不能免为惨杀世界者，以竞争时多，而互助时少也。人谓世界无竞争，则无进步。吾更言曰：无互助，则更无进步，且欲竞争而不能。今之谈天演学者，动辄曰：生存竞争，优胜劣败。彼徒见社会一方面之竞争，而即武断之曰：生存必赖竞争。昔有甲、乙二人，立于一铜像之左右，争论铜像所持之盾为金为银。甲见盾之金方面，故为〔谓〕盾为金；乙见盾之银方面，故谓盾为银。各执所见，而相持不下。噫！盾果为金乎？抑果为银乎？实为金，亦实为银也，惟甲、乙所处之地位不同，故随盾之一面金、一面银而异其所见。苟有第三人见盾之两面，无不笑二人之瞎闹也。今之谓社会为竞争的社会者，何以异是！夫生存未必赖竞争，竞争未必有进步。所以赖以生存，生存而有进步者，在互助而不在竞争也。虽然，互助而不竞争，则偏于太柔；竞争而不互助，则偏于太烈。太柔，则不及进化之效力；太烈，则过进化之作用。不柔不烈，相遇得当，无过无不及之患，是谓最得进化之大道。

竞争与互助，各有消长之时代，随万物之机体之发展而定其计度。兽与人较，则兽之竞争长于人，其互助消于人。野蛮人与文明人较，则文明人之互助高于野蛮人，其竞争低于野蛮人。此不易之理也。生存在于进化。进化者，由劣而优，由优而更优也。故粗而精，旧而新，物质之进化也；简单而繁复，野蛮而文明，不幸乐而至较为幸乐，生物之进化也。苟进化专赖竞争，优固胜，劣固败，胜者存，败者灭，则只有优者之进化，而无劣者之进化也。如优果必胜，劣果必败，则何必待竞争而后见？必待竞争而后见胜败者，则优者未必有其必胜之势，而劣者未必有其必败之理也。苟优者有必胜之势，则优者可不言进化也。何者？遇劣者必胜也。劣者有必败之理，则劣者尤可不言进化也。何者？遇优者必败也。惟其不然，劣者免为优，优者免为更优；优者胜，劣者亦胜。同胜而存，则优劣俱进化矣。万物并育，而不相害。相害者，竞争；不相害者，互助。互助与竞争之关于生存，一相害，一不相害，其差别如斯。重竞争而轻互助者，可不慎乎战！

吾今下生存之定义曰：

（甲）互助，则优劣俱胜。

（乙）不互助，则优劣俱败。

（丙）竞争，则优胜劣败。

（丁）不竞争，则优败劣胜。

（甲）为并进，（乙）为同退，（丙）为单进，（丁）为只退。

私同而攻异，物之常情也，故同则互助，异则竞争。同而不互助，则优劣俱败；异而不竞争，则优败劣胜。此天演之淘汰也。惟竞争其所当竞争，虽同亦竞争；互助其所当互助，虽异亦互助。并进单进，各随其所宜。此自然之进化也。天演之淘汰与自然之进化，皆生存之大道也。

自有生物以来，论于天演之淘汰者多，出于自然之进化者少。盖皆重竞争而轻互助也。互助其一小部分，而竞争其全体，此世界之所以至今日尚为惨杀之世界也。

人之竞争，不外数种：以力争，则强弱分焉；以才争，则智愚分焉；以利争，则贫富分焉；以名争，则荣辱分焉；以理争，则是非分焉。古时仅以力争，故勇者常胜。继以才争，有勇而无谋者败，有谋而无勇者半胜，惟勇而谋者全胜。继以利争，富者虽不勇而无谋亦胜，贫者虽勇而多谋亦败。至于以名争，以上三种时代兼而有之，好胜即名争也。以理争，自才争时代，稍有萌芽，至今日其力量尚不为大，盖为名利所蔽也。今不追论力争、才争与名争，亦不预论理争，惟论利争。盖今日之社会，利争之社会也。力争、才争、利争与名争之时代，皆为不正当之竞争。过此以后，为理争得力之时代，互助与竞争并重，社会自此正当矣，自然之进化自此发达矣。

利争之社会，昏天黑地，吾于《金钱》篇已言之矣。人谓今日为黄金世界，又曰黄金万能，此皆言金钱之力量也。有金钱，何事不可成。然今世界，恶人多，善人少，恶人借金钱之力量而任意作恶，善人不借金钱力量而不得行其善，于是恶人反占优胜之地位。此利争之结果也。

有金钱，则功名声色，一举便得，故今之大资本家，其享受过于帝皇。即就暗杀而论，欲击死俄皇、德皇者，决非为利，纯合乎公道、真理也。千思万想，千计万策，千辛万苦，至今不就。苟有人悬极大极大之赏格，以购俄皇、德皇之头，吾可断言曰，不数月，必有能购之者，或即为俄皇、德皇之心腹人也。盖利之动人，力量最大，无知识者无不昏于利也。故满洲政府，亦用此以利昏人之策，肯出十万金之赏格，欲得孙文之头也。

此不过举一事譬而言之，金钱之力量无限：一人无金钱则死，一家无金钱则倾，一国无金钱则亡，一种族无金钱则灭。如畏身死、家倾、国亡、种灭者，必得金钱而可免。于是专尚利争，而不顾社会之公益。捷足先得，能垄断者，便得为大资本家。一大资本家之财产，值数万人之财产而有余。无财产者，劳而苦；有财产者，逸而乐。以人类本平等，而苦乐不平如斯，此非无人道、乏人理极者乎？此财产之应废，二也。

阅《天义报》四号，有《毁家论》一篇，今特录之，以省吾之泛论：

"社会万事，赖人而成，人之孳生，实由男女。故今日欲从事于社会革命，必先自男女革命始，犹之欲改造中华，必先逐满洲，而后众事克举也。否则不揣其本而齐其末，顾此失彼，鲜克有济矣。顾一言及男女革命，则群疑众难因以横生。然我辈既提倡此事，亦不可不筹及拔本塞源之计。其计维何？则毁家是已。盖家也者，为万恶之首，自有家而后人各自私，自有家而后女子日受男子羁縻，自有家而后无益有损之琐事因是丛生（今人动言家务累人，其实皆是自寻烦恼。今既无家，则此等琐事亦随而俱无矣），自有家而后世界公共之人类乃得私于一人（婴孩为人类之孳生，关系于社会全体，而有家者则以之私于其父一人矣），自有家而后世界公共之婴孩乃使女子一人肩其任（婴孩之生，既关系于社会全体，则宜公共鞠养。若有家室，则男子必迫女子鞠养，而以之续一己之祭祀矣）。略举数端，而家之罪恶已如铁案之不可移易矣。试更即中国字义考之。考《说文》：'家，居也，从宀，豭省声。'段注：家字'本义，乃豕之居也，引申假借，以为人之居。字义之转移多如此。牢，牛之居也，引申之而罪人拘系之所为牢。家字庸有异乎？盖豢豕之生子最多，故人居聚之所，借用其字。'夫欲取聚处众多之义，而必以豕为喻，得非含轻贱之意耶？况段注所谓'豢豕之生子最多'一语，尤耐人寻绎。考今之俗语，谓结婚曰'成家'。盖家之起点，即以夫妻二人成之，渐次而女子乃有生育子息，渐次而丁口遂众，岂非与豢豕生子之多可为比例耶？然则家字之义，尚含有以女子喻畜之微意矣。试问女子甘受之乎？况今后世界大同，人人行踪自由，必不能如上古之世老死不相往来。且人类平等，断无强女子守家之理，亦无用奴婢守家之理。则人生逆旅，无往非家。土地属之公有，无此疆彼界之分。是家之一词，实应消毁，无可疑也。矧既有家，则男子之纵欲者，必聚女子于牢笼，而强之为姜媵，供其淫欲，或取他人之子，攘为己嗣。今既毁家，则彼无所凭借矣，故自家破，而后人类之中乃皆公民无私民，而后男子无所凭借以欺陵女子。则欲开社会革命之幕者，必自破家始矣。"

亲疏之分，由于家庭。故爱吾家而不爱他家，私利之心全注于此。以人类本平等，而亲疏不一如斯，此非无人道、乏人理极者乎？此家庭之应毁，三也。

人之所以异于他种物者，以衣食住之外，尚有所谓道德也者。道德，全本于行为。行为而真诚公正，则裨益于社会者不少，否则，妨害也。此道德之正真与虚伪之别也。

道德纯乎自然，无边无涯，知识愈益发达，道德愈益真正。知识由鄙塞而开展，道德由虚伪而真正。此亦进化之理也。

昔之言道德者，皆拘以极小之范围，如蚕在茧，处处束缚。无他，以无边涯之道德，而认为有界限之道德，此所以愈讲道德而道德范围愈小也。《大学》有意诚，心正，身修，家齐，国治，天下平等语。夫道德之大义，固不尽乎此。然既有身、家、国、天下之分，则道德之范围遂不形而定。末流拘泥太过，范围日缩日小，此言道德不慎之咎也。

何谓虚伪之道德？虚伪之道德者，君礼，臣忠，父慈，子孝，兄爱，弟敬，夫贤，妇贞，长幼有序，尊卑有别，贫贱在命，富贵在天之谓也。中国数千年以来，无数圣人贤士，所注意、所提倡者，不外于斯。故其所崇拜者，礼君，慈父，爱兄，贤夫，知天命者也；所裁〔栽〕培者，忠臣，孝子，敬弟，贞妇，有序有别者也。故可一言以蔽之曰：三纲五常，中国惟一之道德也。

夫道德之为用大矣，而圣人贤士所注意、所提倡、所崇拜、所裁〔栽〕培者，不过如斯，是可为道德矣乎？韩愈所谓："道其所道，非吾所谓道也；德其所德，非吾所谓德也。"

何谓真正之道德？真正之道德，不外二种：（一）对于己身之道德，（二）对于社会之道德。对于己身者，谓之私德或小德；对于社会者，谓之公德或大德。一拓都，一阿顿之别也。定名固不可不谨慎，而定义尤不可不确当。诚意、正心、修身，对于己身之道德也；齐家、治国、平天下，对于社会之道德也。对于己身之道德，意诚未有心不正，心正未有身不修。三者分言合论皆可。何者？同为一身也。至于对于社会，不宜有家、国、天下之别，始道德无所偏依，不然，家齐而国不治，国治而天下不平。贤人硕士，纷论此问题者，屡矣，而其结果，卒以治国为止。无他，以对于社会之道德，而又分为家、国、天下之别也。

克己慎思，诚意也；审问明辨，正心也；敬事笃行，修身也。对于己身之道德，古人言亦何异于今人。大旨重为人之道，不自暴自弃，俨然立于世界上，不失其自由、平等之权，与时进化而已。至于对于社会之道德，隐而不言，仅言对于家及对于国之道德也。有家而后有国，故对于家之道德先立。爱家，道德之一种也。惟以亲疏故，只爱吾家而不爱他家。前节已证明其应毁，此可不赘。

爱国，亦道德之一种也。爱家以亲疏，爱国以利害，吾于《普及革命》博爱篇中已详言之。夫国固可爱也，有可爱之实，则爱之有何非？吾国他国固可不问。惟不问有可爱之实与否，而只问吾与他，吾国虽无可爱之实则必爱之，他国虽有可爱之实而亦不爱，是则爱国之偏之非，有不可胜言也。爱身爱家之偏，尚有知其非者，惟爱国之偏，鲜有知其非者。盖以国为界，国之外无论如何终不能动其爱也。侯官严氏译斯宾塞所著《群学肄言》国拘篇中云："今使有人自为而过，将人人皆知其不仁，甚或深恶痛绝之。独至爱国而过，则谓之失德者，未之前闻也，又使有人焉，自讼其尤悔，抑自言其才德之所短，则闻其言者，谓之谦逊，未尝不以为懿也。独至有人焉，自讼其国之不谊，抑所以待其邻敌者之不仁，则闻者大哗，目之为丧心，而以其言为背本。方敌之与我争也，使吾取其所为，而为之讼直，将通国清议，其不以我为奸民，而与乱贼者，几何？方且目我为鸱枭，自覆巢毁室，而取厥子。而究之无他，不过责善于同种，而于他族有恕辞耳。故同之私也，于自为之过，则知之；于爱国之过，则不见。"由是言之，爱国未有不偏者也。爱国而偏，非道德也，实一种癖耳。大所谓道德者，仁爱之谓也。仁之起点，即推己及人。爱之极端，即视敌如友。然则今之待他国之不仁，对己国之过爱，其去道德也远矣。

不宁惟是，爱国而偏，其流弊甚大。扬己抑人，其大原因也。己国之所曲者，必认为直；他同之所是者，必斥为非。同一事一物也，己国有之，虽不善而亦以为善；无之，反是。他国有之，虽不恶而亦以为恶；无之，反是。总之，各处于形格势禁之地步，利害相形，则其所爱者遂不出于吾国之外也。故其所爱者，即其所私之别名也。世之所以多故，而常演种种悲惨残酷之事者，皆私之一字有以致之也。欲免此，则必破利害之成见。利害之成见，由于有国界。有国界，则曲直误认，是非颠倒，善恶莫辨，有己无人，视人如敌。无他，爱憎不一也。以人类本平等，而爱憎不一如是，此非无人道、乏人理极者乎？此国界之应破，四也。

爱种与爱国，同一癖也。爱国即爱种，爱种即爱国。所差异者，不过随历史之感情，与国际之交涉耳，前者由于恩仇，后者由于利害。苟有世仇，国同而种异者，则趋于民族主义（如满汉等）；种同而国异者，则趋于国家主义（如中日、英美等）。有世恩，种异而国同，则祖国观念生；国异而种同，则种族感情起。至于利害，则有异乎斯。同利害则相爱，不同利害则相妒，今日唇齿，明日吴越，同国而异种，同种而异国，皆不问也。无他，有彼我之见，则恩仇与利害遂不能不辨，而有所私于己也。以人类本平等，而恩仇与利害不一如是，此非无人道、乏人理极者乎？此种界之应破，五也。

今之社会，一阶级之社会也。其现象，宛如一高塔，婚姻为其基础；财产也，家庭也，国界也，种界也，递为塔层；为其顶者，实政府也。其他如宗教、法律、军备等不过为建筑高塔之材料耳。吾前作《普及革命》篇中言："欲毁家庭，必自废婚姻始。""欲破国界种界，必自废财产始。"吾始以为去政府，必先废婚姻，废财产，而使家族不得成，国界种界不得定也；吾乃今然后知非先去政府，不足以语他也。盖政府之成，固由种界国界，种界国界，固由家族、财产、婚姻，造政府必先自有婚姻，犹建塔必自有基础也，然欲破坏此塔，必自顶始。否则，于基础处或他处横敲竖冲，亦能破坏之也，或较迅速亦未可知，然一旦基虚而高塔颠倾，则甚危险也。倾于左，则伤左方之人；倾于右，则伤右方之人。不若从顶处下手，顺次拆去塔层，非惟无大危险，则收效甚大。是故无政府革命者，扫荡社会一切之阶级也。无政府革命后，则社会惟人耳。配合自由，婚姻无矣；享受共同，财产无矣；老吾老，天下皆吾老也，幼吾幼，天下皆吾幼也，无父子、夫妇、昆弟、姊妹之别，家族无矣；土地公有，特权消灭，国界无矣；人类平等，种色莫辨，种界无矣。于是无尊卑之辨，无贵贱之殊，无贫富之分，无强弱之别，无知愚之沦，无亲疏，无爱憎，无恩仇，无利害，营营而作，熙熙而息，团团以居，款款以游，是非大同世界乎！吾想念之，而神驰之。欲见人类之真平等、真自由、真博爱，吾不得不提倡无政府主义，鼓吹无政府革命，以速达此境。吾更不得不正言告主张有政府的革命者曰：诸君所主张的革命，不脱身、家、国、种之观念，不脱功名之迷信，而无政府的革命，无丝毫权利之可图，出于真诚也。夫吾辈生于世界，不宜为损人益己之事。损人，无爱也；益己，不仁也。无爱，不仁，不合公道、真理也。苟诸君欲为合公道、真理之事，则舍主张无政府的革命末由。无政府，则无身、家、国、种之畛域，无功名之成见，社会便较公平、较正当矣。不然，竞争无已，互助不得，恐后此茫茫，更觉惨淡也。诸君自扪心深察社会之现象，自不以公道、真理为敝屣也，吾今不欲多语此。无政府与有政府的革命之比较，其大略吾已言之。吾不能尽吾言，诸君自有良心，当以公道、真理而权衡之。其亦以无政府的革命为较合公道、真理乎？吾可已于言也。

### （五）无政府之于教育与革命

宇宙，一生灭之修罗场也。不知经几亿万次生灭，而始有太阳系；又不知经几京垓次生灭，而始有地球。地球之生也，不知何日；其灭也，不知何时。盘旋于其上者，亦随进化之理，而乍生乍灭，乍灭乍生。由死物演进而为生物，由猴属演进而为人，其间之生灭之数，不啻如恒河之沙，如银河之星，终不能以今之人力所能计算也。惟其如是，故能演成今日繁华灿烂美丽活动之世界。生存于此世界，森罗万象，而人最占优胜。斩棘伐荆，驱禽逐兽，人趾所至，而景象即更。故可直言曰：今之世界，实人之世界也。恃其较万物最灵之智识，最敏之能力，尤能使演进加速。更阅数年，数十年，数百年，将不知为何一种之世界也。今日梦想他日，决不能得其实在情形。盖演进之速度，如几何级数之加增，愈进愈速，不能穷也。是故生灭者，实进化之功用；苟无生灭，则进化之力或将穷，而太空或几息矣。

治数学者，必明加减之理，然后知正负之性，计位画式，而应用无穷。治化学者，必明分合之理，然后配合解析，任所欲为，而变化无极。数学之加减，化学之分合，即生灭之微理，而演进之发端也。至于生物，其生灭之情尤彰明，而演进之迹更较著也。

数学无加减，则账目之粗算且不能，而代数、几何、三角中之正负之应用，无论矣。化学无分合，则辨别无机物之原子且不能，而有机物之解析之试验，更无论矣。生物无生灭，则无演进，而人类之来自猴属，尤无论矣。

由是言之，万理万物，俱不能脱生灭。惟其不脱生灭，所以能进化无穷。故生者，积极的进化；而灭者，消极的进化也。人谓不生不灭者，徒指物质而言，而物体固有生灭也。起于此，即伏于彼；伏于此，即起于彼。生于此者，即合灭于彼者之数种原质，或他原质而分。故对于物质而言，无所谓生，亦无所谓灭，且不增，亦不减也。对于物体而言，则有生灭，且有增减。虽然，犹有对于一部分与全体之别也。人对于己，则有生灭，而对于人类全体，则不生不灭也。盖生者，吾一人，灭者，亦吾一人，吾为人类之一分子，一分子之生灭，于全体无足重轻也。犹于一身也，一身之分子，时更刻移，一日中不知有多少生灭，然固无碍于身也。其他人类之于众生，众生之于世界，世界之于太空，亦犹是也。推之于极，不生不灭，亦生亦灭。不生灭者质，生灭者体。故生即灭，灭即生，生生灭灭，灭灭生生，而万象为新。吾略物质而详物体，故断言曰：生灭者，进化之功用也。

生灭既不能逃，则随生灭之理而言进化可也。万物之生灭，其时间不一，有久暂迟速之不同，要之，其机体之合于生存与否之差别为断。其苦乐之计度，则随其知觉而定，知觉愈灵，感苦乐愈切。矿物之知觉则最少，生死于地中，几不能辨。植物之生也，吸受膏液以根，吐纳空气以叶，其自营自卫者较矿物多多矣；其死也，枝枯叶落，根萎干折。惟借其内界之消息，以生以死，其有知觉亦云微矣。至于动物之生也，饥则求食，渴则求饮。下等者，求而得则生，不得则死，其苦乐无甚差别也。稍高等者，求而得则游焉息焉，不得则相争。其稍有知智识者，略知如是而后可得饮食，不如是则不得，盖其感生死之苦乐，而不得不然耳，然必如何而后能如是，如何而后不如是，则非动物所能知也。最下等之野蛮人，其生活之情形，殆亦尔尔。至于人，至于文明人，则有异乎万物，于饮食之外，尚欲研究种种事物，战胜天然界，而力求进化。盖其智识最为发达，感苦乐最切，稍不合意，即求改良。知腕力之有限，则思代以机械；知步行之不便，则思代以舟车，其他一切目之所见，耳之所闻，口之所味，鼻之所臭，手之所持，皆求便利玲珑。游于欧美者，见巴黎之街，伦敦之市，纽约之屋，无不惊人之进化力之大也。

夫人之进化力之所以大者，非徒有生灭而已也，别有所谓事业也者，迥异于植物动物之生活也。植物动物之生活，不过循天演之公例，而于生灭之外别无所见，故其进化也微。生灭者天然之进化，而人于天然之进化外，尚有人力之进化，而与天然之进化并行。

天然之进化，形体有生灭也；人力之进化，事业有兴革也。是故天然之进化既有积极与消极之分，而人力之进化亦必有积极消极之别也。

何谓积极的人力进化？教育是也。

何谓消极的人力进化？革命是也。

请论其详：

形体有生灭之天然进化，不过生理上之问题耳。人生而少，少而幼，幼而壮，壮而老，老而死，亦即为进化之理也。万物俱不能逃生灭，则人之生死，岂独能逃之哉？且人之机体之结构，合原质而成，取之于太空，非人固有也明矣，决不能于一结构后而永不分散也。况人于结构分散之际，尚有数十寒暑之生涯，言论行事，固可自由，苟善用其时间，竭尽其心力，何患其生涯之短，而忧其不足济于事哉？一己之能力所不能及者，则合群力；一身之生涯所不能济者，则继群生。一己之能力有限，而群力无限也；一身之生涯有限，而群生无限也，以客观言，人生固逆旅也；以主观言，人生实进化也。生为暂合，死为暂分。一生一死之间，固无容流连，而独怪夫世之贪生恶死者之多，诚大惑不解者也。惟不当死而死（不终年，染疾病而死），不应死而死（染疾病不得医药而死，为庸医误药而死，过保养而死，过逸乐而死，其他死于饥寒，死于掠夺，死于……），是不可也。为人利用而死（当兵），为人引诱而死（殉名，殉利，殉欲），为人凌侮而死（刑罚，虐待），为人惨杀而死（战时），皆不可也。当死而死（争理，仗义，成仁，殉道），该死而死（民贼独夫之被刺），应死而死（老而死），愿死而死（知道明理者之暗杀，大起革命之倒政府），是亦可也。吾今不能以其详兼论及此，盖非本说之范围所及，当另著论详之，兹从此止。

事业有兴废之人力进化，乃关于道德之问题，即本节之要论：教育与革命也。道德本于行为，行为本于心理，心理本于知识。是故开展人之知识，即通达人之心理也；通达人之心理，即真诚人之行为也；真诚人之行为，即公正人之道德也。教育者，开展人之知识也。欲培养人之有公正之道德，不可不先有真诚之行为；欲有真诚之行为，不可不先有通达之心理；欲有通达之心理，不可不先有开展之知识。是故教育者，实人力的进化之原动力。凡欲研究社会之进化者，不可不深加注意于此也。

虽然，教育之有造于社会之进化者，固足多矣；而革命之有力，岂可隐而不言乎！今之言社会之进化者，多归功于教育，而言革命，不过为过渡时代之作用，而非如教育之永久也。吾初信之，继重思之，而深察社会之进化之由，不得不以彼言为有所偏也。夫吾辈放眼于二十世纪之世界，无论一事一物，谓皆得力于教育，殆无不可。虽然，教育者，积极之进化耳，苟无消极的进化之革命相并行，则今世界之能为今世界，未可决也。盖事理只有积极而无消极，则反欲积极而不能矣。譬筑室也，积极为建设，而消极为破坏也。苟建设不已，愈建愈多，筑室之地位无限，则亦已耳；以有限之地位，建设无限之室，则必至无可建为止。且旧者皆为不适宜不便当之室，筑室之地位无限，尚欲破坏之，以清眉目，何况于有限之地位，不破坏旧者，焉能建设新者。是故欲建设新者，必先破坏旧者。建设者，建设其所宜；破坏者，破坏其所不适。新者宜，而旧者不适也。就宜而去不适，理之固然也。取新而舍旧，事之必至也。此教育与革命之所以必并行，而人力的进化之所得以无穷尽也。

吾作《普及革命》篇后，屡欲作《普及教育》篇，以完全人力的进化之义，辄以己非教育家，恐所论不得尽其要领，而中止者再，不能如念。无何，得吾友来片，亦论及教育之不可不重，其言曰："……社会主义，以无政府冠其前，亦非根本之名词，因能使无政府者，惟教育之力也（科学的教育）。故苟不专重教育，即去军队、法律、宗教种种，亦不过如野蛮国之法律，以屠戮之法而靖盗贼，岂根本的办法哉？此等学说，成于生长强权国内之人，故措辞命意，均不脱强权气息。政府不好，不要政府，固言之直捷痛快；若推究政府何以不好，如何便可无政府，则必想到教育矣。以某之所见，当如下表：

吾久欲复此片，以词意繁杂，不克即答。今借此节之题，而总论之，一以答吾友，一以了吾念。社会主义，以教育的三字冠其前，而又注以重科学的字样，固觉为根本的名词与办法，然教育二字，亦甚含糊也。今世界之教育，亦重科学也，谓为非教育不可，盖彼等自以为一种之教育也。以彼等自以为一种之教育为教育，而望政府之可无，岂可得耶！必欲以教育望政府之可无，则此教育者，实无政府之教育，而决非彼等自以为一种之教育之教育也。夫教育者，必有其教育之目的，使其所教育有着力处。今之所谓教育者，有政府之教育也。有政府的教育，不正当之教育也。欲教育之正当，必先定一正当之目的。彼等自以有政府的教育为一种之教育，目的已不为正当，则其所谓教育者，岂能望其为正当也耶？失之毫厘，差以千里，目的一失，以后之种种，遂不可设想矣。

今之教育既以有政府为目的，则军队也，法律也，宗教也，皆为达目的之要著。科学愈发达，政府之气炎愈盛：枪炮之猛利，适以增军队之横暴也；交通之灵捷，适以显法律之作用也；理化之发明，适以饰宗教之弱点也。而吾友以为专重科学的教育，则军队、法律、宗教皆可无。不知今之教育，其目的为有政府，故利用科学，而达其不正当之目的，此所以科学虽发明有年，而其效力皆为政府所用也。吾辈今日既知政府不好，不要政府，则所主张之教育，必非以彼等自以为一种之教育为教育，明矣。吾今更换吾友所列之表，即再以无政府三字冠其前，则所教育之目的，似较为正当确实矣乎？

无政府教育的社会主义　（教育必重科学，故可不赘注）　军队可无　法律可无　宗教可无

闻者犹疑吾言乎？请再述有政府的教育之为不正当，而不可不以无政府冠其前，以明示其目的之所在也。

惟其教育之目的为有政府也，故不得不重军队。军队者，保富者之权利，而侵贫者之生计；助强者之恣肆，而夺弱者之自由也。对于本国，则施之无形，增捐加税，刮民脂民膏于不知不觉之中，人都不知其为患。然今沪上各报，亦痛非增海军费为殃民矣。对于外国，则暴戾凶悍，无所不至，居征服者之地位，视之以为寻常，且以为应该。为被征服者，亦熟听强食弱肉之不平公例，而甘受劳苦者有之，抵抗之者甚少，非其力量所不及，而居征服者之利用科学以逞其野心也。吾谓天下之最可怜者，惟一般之知抵抗而受强者之压制不能抵抗。人常以"人道主义亦为狭小。人类可平等，而禽兽不可平等。人力车之不合人道，非之者大有其人，而牛车马车等非之者便少。何厚人类而薄牛马耶"相责，吾为之默然者久之。今应之曰：苦乐之感，随知识而分，前节既言之矣。苟无知识以感苦乐，则人怜之者亦甚无为也。如驾马乘车长驱远驶于赤日炎天或冰天雪雨中，马之

感苦乐逊于人，人不能耐而为〔马〕能耐也。马能耐，而耐其所能耐，则人之驾马，未可遽为残酷。惟不能耐而强使之耐，痛鞭乱策，诚不可也。此稍有物情者，便不忍为也。吾尝独步于通衢大道，见汽车电车虽日多一日，然牛马之劳苦于转运，未能即免，深以为憾。然观牛马之实情，终日奔走，或多或少，或远或近，自不为劳，饲之以草，亦颇自得。苟人怜其奔走之劳而不用，则牛马必自寻食，食而不作不为，亦不合情理。且牛马之长，惟长于奔走，人利用其所长，而求进化，则何残酷之有。苟牛马果以奔走为劳苦，不愿为人用，出而抵抗，此时也，人犹多番压制，而必强之以供奔走，以此为残酷，诚残酷矣：盖自知抵抗者，其知识足以感奔走之为劳苦也。有知识而思抵抗，则抵抗方为正当。譬今日男子之对于女子，亦犹是也。提倡女权者，出自女子，研究如何抵抗男子之法，则诚善矣。为男子者，扩张其说，助其抵抗，亦善矣。苟一惟主张解放女子，则女子今日尚为能力薄弱之时，其所主张之解放女子，适类帝皇之颁宪法，于实事毫无裨益也。吾辈之主张革命，亦何独不然。革命者，抵抗帝皇之强权、资本家之强权也。平民之于帝皇与资本家，犹女子之于男子也。苟吾辈不知抵抗，而为帝皇与资本家者怜吾辈之困苦，而让吾辈稍自由，与吾辈稍利益，此事也，观者以为何如？吾谓无济于吾辈，反缘饰帝皇、资本家之横暴，而以小恩小惠买平民之心也。吾辈之所应有，不得什一，而抵抗之心反为之杀也。是故抵抗者，必出自抵抗者之实心实力，而可达其目的也。惟抵抗者之实心实力，而不足以抵抗所抵抗者，更遭惨杀虐待，实最可怜也。吾又谓一般之扶强锄弱、助富凌贫者固可恶，而莫可恶于强人服从，阻人抵抗者也。今夫帝皇与资本家所恃为保障，而强迫一般人之不甘于服从，与压制一般人之敢于抵抗者，惟军队耳。军队者，非惟扶强锄弱，助富凌贫已也，而又强人服从，阻人抵制也。无军队，为帝皇者不能纵其横；无军队，为资本家者不能恣其肆。惟有军队，日长帝皇之横暴，而增资本家之放肆，是则不得不痛心疾首于军队之为人道之敌也。吾辈主张无政府主义，而必欲反对军国主义者，可以思其故矣。然而大多数不承认，虽主张革命者，亦多军国主义，谓可以诛人道之贼，而为革命之作用也。吾前详辨之矣。今考其所以多军国主义之故，不外乎传染有政府教育于不知不觉之中，而自以铁血的主义、尚武的精神为可贵也。试观各国之国文教科书，始教其迷信祖国，继授其军国主义。恐人民有博爱之心，不利于政府也，则养成其爱国心。政府得以保其安乐，催捐收税可得借口。苟人民有非之者、抵之者，缓其词则曰：欲巩固国基，不得不振顿海陆军；急其词则曰：祖国尚不要爱，非丧心病狂而何？甚而禁之以监狱，罚之以重款。此皆政府不可无军队之明证也。政府对于军队，设立专门大学，以培植海陆军人员，特别大厂，以制造枪炮战舰，岁之所入，大半作为兵费。且收罗青年壮士，使耗费其光阴于无意识之中。一旦人民起而反对强权，而政府之驱策兵丁，如使令猎犬。呜呼！政府之所以括民脂民膏，以养兵千日者，冀收征服平民于用力一朝之效也。而军队之扶强锄弱，助富凌贫，与强人服从、阻人抵制者，非天下之最可恶者耶？或曰：无政府之反对军备，得无偏于尚文乎？体育不讲究，人种不得改良；军队固不合人道，然其操练人体，以使壮健，未可厚非也。应之曰：不然。体育归于卫生，而与军队之意味，大不同也。吾以中国之拳术与泰西之体操相比较，而下定评曰：拳术用以攻人，而体操用以健身，其目的不同，故其操练之法亦异。吾曾习拳术矣，亦习体操矣，深知二者之分别：一以操练筋骨，如何破人之来攻，如何伤人之不备；一以操练筋骨，如何可以运动血脉，如何可以活泼机体。故拳术所操练者，身中之数部分，苟无用于破人伤人之处，则可不操练，操练之处固强，而不操练之处仍弱。强弱不均，身有所亏，以致受伤而病或死者甚多。至于体操，则不然，运动全体，无论一肢一节，都使其转展如意。故体操者，改良人种，健强人身。而拳术者，习之不慎，反害卫生，且好勇斗狠，以致不寿者，比比皆是，稍有知识者都知为召祸之举，诚不虚也。军队之害于卫生，与拳术相仿，而其流毒更大。斫丧己身不足，而戕贼他人；杀人以梃不足，而以刃，以刃不足，而以快枪利炮。盖军队之所以操练者，杀人之术，而与卫生适成绝对的反对。医者之所研究，使病者愈，死者复生。而善战者之所研究，使健者伤，生者死。吾诚不解夫彼等之何忍于出此也！不独此也，科学所发明者，大半为战争擅用，而寻常实用，反不注意。一飞船之发明也，不思为人类增一交通机关，而必认为战争之要物，他日空中战斗，又别开一生面，无辜而死者或较今尤多。至于海军，战斗舰之巨，巨于邮船数倍。一木一铁，苟为战争用，则必精而求精，以冀能多杀人，此其故何耶？非有政府教育之结果乎？训练督责，伟大其身体，而必驱之死于战场，何哉？卫生乎？蹈死乎？

尚文固非反对军备，而彼尚武者，徒增其私己排外之心。父兄教导之于家庭，师长训练之于学校，歌词也、诗赋也，皆崇拜军人，提倡尚武。受数年数十年之教育，虽重科学，然其目的既为有政府，安得以军队为可无耶？必以军队为可无者，必反对军备者也。实施重科学的教育而反对军备，则其教育之目的为无政府的而非有政府的也，明矣。无政府教育者，无强权之教育，平等之教育也。吾友遽谓重教育，便可无军队，未免太含糊。此吾所以必加无政府三字于其前，以明示其教育之目的也。

惟其教育之目的为有政府也，故不得不重法律。法律者，保强者之权利，而侵弱者之生计，固富者之乐利，而制贫者之生命也。阅《天义》第十一号，有《道德与权力》一篇，与本节之用意同，附录于下：

"（道德与权力）自古及今，安有所谓道德哉！道德者，权力之变相也。专制之朝，为君者虑臣之背己，又欲臣之为己效死，则以忠君为美德，以叛君为大恶。为夫者虑妇之背己，又欲妇之为己守节，则以从夫为美德，以背夫为大恶。盖道德者，定于强者之手者也，又强者护身之具也。而道德之效力，则约于权力同。今之恒言，犹以守国家法律为美德。夫今日之法律，何一而非强者之法律？迫以实力，使之不敢不从。又诱以虚名，使之不得不从。愚民不察，又从而和之曰"道德道德"。稍有与之相背者，则斥之为非。夫所谓是非者，强者所定之是非也。强者之对于弱者，凡权力所能制者，制以权力；权力所不能制者，制以道德。权力制人于有形，道德制人于无形，使无量之人屈服于空理之下，莫敢抗己。强者何其智，弱者何其愚，此真所谓空理杀人矣。试观中国理学之儒所倡诸说，何一而非服从？其尤甚者，则谓君虽不仁，臣不可以不忠；夫虽不贤，妻不可以不贞。天下惟忠、贞二字最便于专制之人。非君权男权盛昌之世，决不至定此讹名。乃腐儒俗子，复从而为之词，合理与势为一谈，即以权力为合于道德。由是权力之外无道德，舍理论势，以势为理，习俗相沿，不以为异，非所谓暗无天日者乎！欲扫荡现世之权力，必先扫荡现世之道德。无论道德法律，均视为刍狗，则世界之公理必有复现之一日。处今之世，如有凭现行之道德，以决是非者，吾则视为强者之奴。"

最不公平者，法律也。非法律不公平，乃定法律者之不公平也。苟法律而公平，则无所谓法律。各人之良心即法律，世界之公理即法律，安劳一般定法律者之一番苦辛而强制硬定哉？原人时代，无法律也，各人举动不文明，以致争夺斗殴，无有宁日，于是以无法律为忧。有法律，则争夺殴斗者稍有所制，不复如前之野蛮，而居民上者之借端作弊，冒公行私，反有所赖，于是以有法律为患。一忧一患，皆本于知识，各有所见到处。而力求世界愈趋于文明，社会愈趋于公正，岂可以人治法、法治人为与天地相终始者哉？于人类知识幼稚时代，无正当之教育以开民智，固可言非有一二人驾御于上，则百事难举，虑人民无自治之能力，则必借法律之效用以劝惩之。故古之圣人硕士，俱以法律为不可侵犯，推其意，岂不以一服从法律，则所言所行，皆有条理秩序乎？殊不知无法律，固有无法律之害；有法律，亦有有法律之患。彼不先开展其知识，而徒先束缚其思想，不先通达其心理，而徒先范围其观念。以此欲裁〔栽〕养道德，无论人民自治力之有无，何异于揠苗助长？欲求道德之真诚，岂可得耶？法律云，法律云者，徒增人之恶观念，非惟无裨益于人之言行，而反有妨碍也。

野蛮时代，只知有习惯，习惯即法律也。稍文明，则有所谓法律，然其法律大半来自习惯。至真文明，惟有公道、真理，而无法律与习惯也。习惯之力甚大，为人第二天性。知识幼稚，莫不溺于习惯，且一溺便不能脱，非有大学问大魄力终必为习惯所困矣。至于法律，其始则虑之，终则安之，一安便成习惯。无意识者，拘泥太过，固执不变，大有碍于进化；而根器薄弱者，趋于机巧一方面为多。借法律而阻进化者，俱一般稍有知识，而图自私自利者也。初以一二人之才能，足以驾御万民，故一切惟帝命是听，无所谓法律，朕意即法律。以后逐渐进演，民知渐开，帝皇之狡计不足以欺人民也，于是少数人起而代之。其感〔威〕作福，有时亦类似专制独裁之政体，然政治之特权，非一二人私擅，固不得逞其野心，而妄加横暴于人民，如帝皇之所为也。虽然，以帝皇一人之特权，而授之于少数人，安保少数人不自私自利，而为民患乎？法律者，即此辈少数为民患者所定也。以少数心术公正者所定之法律，而使大多数人守之，尚为不可。盖一法律苟有不便于一个人，则侵一个人之自由。少数人所定者，便于少数人，而强大多数人守之也。纵使最大多数人所定者，而强最少数人守之，亦为不可。何况此辈自私自利者，挟其狼心狗肺而定之乎？各人自有自由，固不能强，强而行之，是失人之自由也。法律者，一言以蔽之曰：自由之敌也。

余少时睹乡里私斗，而曲直恒以胜败为定，常退而思之，苟吾有千人之力，出而打一抱不平，以分曲直，岂非快事。后愤国事之不振，而外侮迭乘，欲学陆军，（以武）以泄吾愤。不就，继欲学法律，（以文）以冀为一大律师，则社会不公平之事，亦可凭吾之三才〔寸〕舌以辩护之。及深察律师之所为，心窃疑之，何是非之颠倒，竟不能换回耶？后阅克陆泡特金之《告少年》，然后知世之不公平者，断非借律师之力，所能展移也。根本之问题，不能解决，则社会种种，终不得正当。所谓根本之问题者，则社会组织之问题也。今以有政府为社会之组织，故军队不可不强，法律不可不严。前者为帝皇富绅之保障，而后者为其护符也。吾直言以断之曰：法律者，公平与正当之反面也。

人之进化，随知识与时代之感化而生。知识有增无减，时代常移不息。今日之所为，决非昨日所可比；而明日之所为，决非今日所可范也。昨日者，过去之今日；而明日者，实未来之今日也。过去者，过去，是也、非也、善也、恶也，已有定论。未来者，未来，是非不定，善恶不明。人常处于现世界，过去与未来之中。保守者，偏于好古，只知有昨日；而中立者，拘泥于现世界，不知有明日。此皆乏进取思想者也。惟知有明日者，为进取，斯可与言进化之道矣。进化之道，随时随势而变迁。鉴昨日之故迹，证今日之实验，而力求有明日之改良。然其间议论办法，千差万别。各尽其所能，凭良心而衡世事之是非善恶于公道、真理中，是则言之，非则不言，善则为之，恶则不为，固不可以不合学理之法律而规定之也。必欲以法律而规定之者，其结果不为刻舟求剑，便是胶柱固瑟。以商鞅之知识，处于太古野蛮之世，尚知不法古不循例；然则处今二十世纪，进步之速，瞬息千里，尚欲以法律规定人之言行哉，持阻人之进步耳。法律者，一言以蔽之曰：进化之障也。

法律愈定愈严，借科学之所发明，得新知识新学理，反济其奸，而浸公益，其为患，较不知不识者为酷。其所以然者，皆向政府一方面，而定其方针耳。虽政府对于人民，有本国与外国之别，然其用心，特为保全少数人之乐利计，故不得不利用之，以牺牲其财命，岂其真心而独厚于本国人民哉？特人民堕其术中而不悟，是大可悲叹也已。法律既证明为自由之敌，正当、公平之反面，进化之障，然则犹不以无政府为教育之目的，以力挽其敝，将后之法律，不知如何严密苛刻。岂得曰，重科学的教育，则法律便可无耶？

惟其教育之目的为有政府也，故不得不重宗教。宗教者，愚人而非智人也，卑人而非尊人也。盖宗教所以有立足地者，必以其教主为至圣，人莫能及其万一也，其才力，全知全能，其知识，先知先觉。故崇拜教主之成见，不期然而生。此非信仰者自愚自卑，实宗教有愚人与卑人之性质也。

教育之教，非宗教之教，而教化之教也。世人不察，常以教育与宗教并论，恐授以知识，而不以宗教范围其观念，则适济生奸。故吾友自日本来片，谓宗教道德未可遽然破坏者（见本报四十二号来片原文），虑社会主义有不完全之处，而思以宗教之道德以补其缺点耳。吾友燃君已代答之，吾再于此略置辨之。

某君非宗教家，而所论者，不脱宗教之成见。彼以吾之反对宗教一节（见本报第十八号），与彼意相左，屡欲作辨论，以迫于校课，日不暇结，不克着手，兹先告大意，俟春假时当有大著寄下。吾今不及待，即以来片相商确，再将宗教痛诋一番，未知吾友更将以为何如也。

苟吾友以社会主义，为可资研究，足以造就人格，养成道德也，自不以宗教之道德，常介介于心，为不可破坏也。夫水之素为轻，盐之素为绿，糖之味甘，梅之味酸，火之性以热，冰之性以寒，万物各有其特素特味特性，而成一独立物。故取出水之素轻，则不为水矣；提出盐之素绿，则不为盐矣；糖而不甘，则近于粉矣；梅而不酸，则类于李矣；去火之热，火无力矣；去冰之寒，冰不坚矣。盖所以名为水、盐、糖、梅、火、冰者，以其各有特素特味特性，而与他物迥不同也。宗教者，亦有其特素特味特性也。宗教之素者，鬼神也；其味，迷信也；其性，虚伪也。以重科学、凭公理之社会主义较，何啻霄壤之隔。而吾友期期以为不可遽然破坏者，岂非宗教之成见，深入于脑中，作梁氏启超之议论，谓欲改良宗教，以造就人格，欲造就人格，则舍宗教之道德末由乎？不深究其实在，徒观其议论，未始不可为圆满，然不本于学理，则所谓圆满者，未必能为圆满也。吾友不信鬼神矣，即稍受文明思想者亦不之信矣。迷信无论矣，各有其自由之思想，皆知趋于近真之一方面，断不致随俗俯仰也。虚伪更无论矣，科学一发明，则一切虚伪妄诞扫地矣，不能试验、不合学理者，则斥之于科学之外。然则无鬼神，不迷信，绝虚伪，则宗教不为宗教矣。吾友不言乎："虽古时宗教之道德，未必合于现今之社会，然皆是我辈提倡之责。"夫道德固非宗教之专有品，我辈既有提倡道德之责，则必研究一种适于现今社会之道德。然则研究一种适于现今社会之道德，何必求之于宗教中而始可得？求之于宗教中而始可得者，未必合于现今社会之道德也。适于现今社会之道德者，现今社会之道德，而非宗教之道德也。非宗教之道德，而必附会于宗教，吾诚百思不得其故者也。

所谓宗教之道德者，平等、博爱之谓乎？迷信宗教者，动辄以平等、博爱为宗教夸。夫平等、博爱，乃天地间一种之良德，凭各人之心理，互相感化而发生，岂得谓宗教所能独私之耶？吾友燃君干某氏来稿（见本报第三十七号）末之按语，言之甚当，诚不含糊也。平等、博爱，既为天地间一种之良德，宗教家讲之，吾辈主张无政府者亦讲之，虽讲法不同，其实在亦异，然其为道德之名则一也。不可以同一道德之名，而遽谓宗教家所讲者属于宗教一方面，而主张无政府者不可讲也。譬人之饮食也，彼之所饮者某酒，所食者某肉，不可谓某酒某肉为彼所独有之酒肉，他人不得饮食之也。吾之于某酒也，或温而饮之，或冲他流质而饮之，吾之于某肉也，或烹而食之，或杂他园蔬而食之，岂可以吾之所饮食者属于彼耶？世人不察，动以万物属人，故帝皇与资本家遂生掠夺垄断之心，皆由私利主义所发生也。惟其有是观念，所以吾于作此说之首详言之矣（见本报第三十一号）。平等、博爱固为良德，然为宗教之一小部分，而大部分之有鬼神、重迷信、贵虚伪尚在也，岂可以其小部分之可取，而并其大部分之不可取而亦取之乎？谚曰：两利相形，必取其重；两害相并，必取其轻。宗教中所可取者，已为社会主义所包含，而其所不可取者，当于淘汰之例，而可消灭于社会主义发生之日也。且社会主义所讲者，皆凭公理，重科学，其有裨益于世人者足多。谚曰：取法乎上，仅得其中。以社会主义之至公无私，光明正大，犹恐界说不明，为一般自私自利者所利用，趋于不正当之地步，故以无政府三字限其定义，始无丝毫私利之可图。然则以宗教之言鬼神、重迷信、贵虚伪，为能与教育并行，以导民于正当之路乎？吾未见其有济者也。宗教之言鬼神，以恐吓人民也，使其勉善绝恶，恐生前之赏罚有时或穷，故借死后之祸福，劝惩于无形。少时受欺于家庭，长受欺于社会，壮而老以所欺欺人，辗转相染，而遂酿成一鬼神世界。有鬼神而不重迷信，则等于无鬼神。欲人民迷信，必使之服从，欲使人民服从，则必以虚伪怪诞耸人之听，使之有所忌惮而生崇拜之心。夫服从真理，犹可言也；服从怪诞，不可言也。以怪诞导人，愚人也；以服从教人，卑人也。宗教者，愚人也，适与科学反对也；卑人也，尤与人道不合也。

宗教之愚人卑人，大有利于政府也，故政府之视宗教，如夜之有司更，常于不知不觉之中，制压人民之行为。故法虽国教分离，而妇人女子之信教者仍多，而政府不加意，不肯施绝对的反对者，为己留一后步也。苟法政府果为绝对的反对宗教，则己先立于被反对之地位，不将随宗教同归于尽乎？政府与宗教同一鼻孔出气，非实施无政府教育，则宗教必不能消灭。而吾友以为不可遽然破坏宗教之道德者，何厚于宗教以援政府，至于斯极耶！

以上三段，分论军队、法律、宗教，俱为有政府教育之所重，以述其为不正当，非实施无政府教育，则军队、法律、宗教断无可无之理。无政府教育者，以公道、真理为正鹄。故非强权之教育，而平等之教育也；非压制教育，而自由之教育也；非私利之教育，而博爱之教育也。兹不过论教育之目的，其办法如何，当另著论详之，不兼及。

欲教育之正当，不可不以无政府为其目的；欲革命之正当，亦然。无政府云者，排强权、去压制、绝私利之谓也。己受强权，则排之；人受强权，则代排之。非排强权后而转施强权于人，非代排强权后而己又重施之。视受应制，图私利，亦然。故己不愿受强权，而亦不忍强权人也，是谓平等；己不愿受压制，而亦不忍压制人也，是谓自由；不欲人之私利，而亦不欲私利一己也，是谓博爱。

教育与革命，既同以无政府为目的也，则所主张者同为平等、自由与博爱，而所排除者同为强权、压制与私利也。不过教育者，积极的办法，而革命为消极的办法也。办法虽不同，而所事常相济，盖皆同有正当之目的，心理自通达，行为自真诚。一事业之兴革，关于社会之进化，辨别是非确当，而道德之公正乃见。主张教育者，应居社会若干分；而主张革命者，亦应居社会若干分。教育而不革命，则所教育者，总无新象；革命而无教育，则所革命者，总无良果。吾谓人力之进化之所以必有积极的教育与消极的革命并行者，此也。此无政府之于教育与革命之所以也。

### （六）无政府之名实

天下无无名之事物，而亦无无实之事物。名者，本事物之原因性质，而名以立；实者，察其结果作用，而实以定。故事物之名为体，而其实为用。名实与体用之甚有关系，可断言也。盖有其名，必有其实。名而不实，其必出于假借，而名实于是乎有变迁。是故有名实相符、名实不相符、名不符实、实不符名之四种大分别。至再以分数而分析之，则数以千万而亦不能穷其变相也。今姑论此四者之异点，然后可以知无政府之名实也。发于心，出于口，行于事实。思必慎，言必信，行必果。一事之来也，感于心，而深思其理，合于公道与否，平心研究之，是非昭然，而无所蒙蔽，如何为我之所欲也，如何为我之所为也，则名正言顺，毫无欺骗，毫无手段。常衡以公理，故归于正当，则存诚求是，无假借，无所偏倚。苟非是，则皆为不公正也。今之言民权者众矣，然彼等能解民权之定义乎？得一纸上之宪法，有制限之选举权，而谓为民权矣。是生于其心，害于其政，而非名正言顺也。不研究民生休戚，而徒托要求立宪，开设国会，叩其目的则曰伸民权也。是发于其政，害于其事，尤非存诚求是也。究其所以要求立宪、开设国会者，无非为一己之功名利禄，伸民权不过一名耳，初非审思慎言于民权也，特为运动政府之初步耳。欧美之假社会党，与中国之要求立宪党，皆是。专用手段，以欺骗一般平民，一旦功成、名就、利得，则向所谓如何如何者，皆抛之于九霄云外。是之谓名不符实。

人类之所以有特别之进化，而能得最趣味最幸乐之生存者，徒以有知识耳。孔子生于二千年以前，尚以智为先，彼固知仁勇者，微借智，断不可以启发之也。故徒仁不足以相互助，徒勇不足以尚生存。根本一谬误，则何往而不谬误。今之爱国保种者，徒震人国之强，尚勇而薄仁轻智，以至专尚争战，而必欲实践野蛮之自相残杀，谓之生存竞争。呜呼，是亦不思而已矣。夫欧美日本之强，岂徒尚勇而已哉？政府之兵队尚强，不过各守国界，各保私产耳。他日无政府主义普及，主张之者达于多数，则政府之兵队，自当消灭，无待言也。人智发达，则学术日进；人仁发达，则公德日昌；人勇发达，则公益日增。故智也者，非徒自矜而骄人，自私而愚人，实以之研究实用学科，发达种种工艺。仁也者，非徒施小恩小惠，保民如赤子，实以之维持人道，平等众生。勇也者，非徒自胜而败人，自存而亡人，实以之猛进公益，力求进化。故二十世纪之文明，实知识使之然也。举欧美日本之人民，与中国之人民相比较，其缺点惟在智耳。夫智发于学问，学问归于教育。中国人民之无知识，是教育不普及之故也。人民无常识，岂可相与研究精深之学问，发明新灵之器械？国以是而贫弱，人民以是而困苦。然而其贫弱也，不贫弱于无强兵富民，而贫弱于民愚；其困苦也，不困苦于无沃土肥田，而困苦于民蠢。民蠢而愚，一举一动，则皆无知无识。以今二十世纪科学昌明时代，求知识为人生之大要事，而尚有目不识丁之人民，岂能望其得有趣味有幸乐之生存哉？终溺于贫弱困苦而已。其不即灭亡者，恃天然之生产，而甘于野蛮简单生活之"俭"与"朴"而已。自庚子一大创后，人民亦鉴于求知识之为紧要，于是留学外国者渐有其人，近数年来，游学者甚众。外界之激刺，固能触内界之奋发也。中国人民将来能得文明之生活者，其以此为导线乎？日本留学以数万计，欧美以千百计，何其勃兴如是耶？自表面观之，固可为人道贺，然究其实在，所学何科，学为何事，真令人神倦气索。一般速成者，固无论矣。其学专科者，能否为社会谋公益，而进于文明乎？呜呼，教之适以害之。人而不学，谓之自暴自弃，犹可言也；学而害人，可得言乎？学而未就，而速为仕；道而不问，而先求名；民情不顾，而惟高官厚禄是问；将来不计，而贪目前之快乐为是。呜呼，智之而不以德继之，反殃社会，害人道。人以智兴盛，彼以智堕落；人以智而进文明，彼以智而反野蛮；人以智而高尚，彼以智而腐败。中国之留学生，直狗彘不食，盖其实在，惟求利禄。是谓实不符名。

为古之政府者，尚可托言为民任政；为今之政府者，不可言也。古时人民思想简单，知识幼稚，固不可一日无君。待人民渐有自治力，而政府反忌之，时施阻抑，以消灭之，则政府可以永存，然而大势不许尔尔。十九世纪民权澎湃，有君而殃民，不如无之之为愈也，民主政体，共和制度，于是乎立。顾君无而政府仍存，则政府之为民患，岂逊于有君？不过稍有制限，不如专制之任帝意也。是故政府者，无论为君主、民主、立宪、共和，皆同轨一辙，为民之蠹、之蝗、之蛇蝎、之虎狼也。以是故，故政府之名为不正，而其实为不当。是谓名实不相符。

无政府者，无政府之谓也。无现今恶劣之政府，而亦非重立一完善将来之政府也。有政府，则终不妥当。盖政府以少数人组织之，则所谓完善者，究属空谈。苟以多数人，则逸居民上者众，徒增衣之者食之者之分利，又何为哉？故无政府者，决非现今政府之有形式组织，必立首相与百官等名目，以贫弱社会之全体也。

然而无知者惊无政府之名，以为政府者，社会之组织，人类之机关，万不能无，即使能无，可去其名，而不能去其实，彼之主张无政府者，焉能去政府之实耶？是则不知无政府之名，而更梦想不到其实之迥异于政府也。

（甲）无政府者，无强权也。政府借军备。而行强权，无政府尚人道，而反对之。故无政府以无强权之名，反对军备，而行人道之实。

（乙）无政府者，无制限也。政府借法律．而施制限，无政府尊自由，而反对之。故无政府以无制限之名，反对法律，而行自由之实。

（丙）无政府者，无阶级也。政府借名教，而定种种阶级，以致有贵贱，而社交不平。无政府贵平等，而反对之。故无政府以无阶级之名，反对名教，而行平等之实。

（丁）无政府者，无私产也。政府借资本，而分种种区别，以致有贫富，而苦乐不均。无政府主共产，而反对之。故无政府以无私产之名，反对资本，而行共产之实。

谬于无政府之名，而误其实者，辄咆哮其为不仁，想像其必为杀人放火，而扰乱无有宁日也。呜呼，其然，岂其然乎？即使无政府为杀人主义，则杀杀人之人，而非如政府之借兵队而任意杀人也。即使无政府为放火主义，则放火于民贼之宫室官署，以焚尽恶巢，而非如政府之借赋税，资本家之借私产，有形或无形、间接或直接以火民田民宅也。

总之，无政府自有其名实，公平而正当，可因名而思义，因义而得实，便得以上四者之名实。是谓名实相符。

观于此，而知无政府之名实也，吾可已于言。苟不尔，吾将换言以说之，终不肯含糊，以使人误会。或以吾之说为不足取也，则欧文之著名无政府党之著作遍书肆，购而阅之，自当了然于无政府之名实也，尚何喋喋于主义之有哉？（《新世纪》第三十一至三十六、三十八、四十、四十一、

四十三、四十六、四十七、六十期，1907 年 1 月 25 日至 8 月 15 日）

## 吴稚晖

## 与友人书论新世纪

　　吾侪之主张社会革命者，多受人疵议。虽有志之青年，亦不无加之以白眼。悉谓诸君之议论诚是也，惜不合于中国目前之时势。虽欧美如是之文明（欧美虽不似中国野蛮之甚，若云真文明则未也），尚不能达此目的，何况中国哉？子与人言公理人道，而人以兵力威压之。不说社会主义，而吾国（如此称呼，一望而知是一个文明义和团）尚有一隙可保。不然，此言一出口，不转瞬间，吾四万万同胞（种族革命者之口头语），殆将尽为他人之奴隶矣（不知为奴隶已数千年），吾为诸君不取也。余闻是言，余欲哭。哭其受压制已数千年，为奴隶已数千年而不知，尚斤斤焉谓将为人奴隶。余尝非其说，以社会之真理解释之。不料屡次言未终，而目前已满两手摇摇之怪象，耳际已充啧啧之贱声。不曰厌世，即曰保王（社会主义，正立于厌世、保王之对面）。（社会主义主博爱，厌世主义主为我。社会主义求众生之幸福，保王主义惟求少数人之私利。厌世主义主清静无为，社会主义主牺牲己身，以伸公理。保王主义主保全王位，社会主义求扫除一切帝王，以及政府。社会主义与厌世及保王主义，如水火之不相容，昭昭可见矣。真注。）虽然，余何敢因此而灰心。唇虽焦而舌仍未烂，吾言终不能已。将社会革命之议论，久聒于诸君之耳中。余敢言诸君若稍留意，研究此伟大之社会主义，恐他日必与吾侪表同情。曰君者，昔日亦仅热心于种族革命党，常主以上诸君之见解。（凡吾辈今日主张社会革命与大同主义者，昔皆曾主张种族革命与祖国主义。此二主义非相反，惟今之主义较昔之主义为进化耳。吾辈之革命，惟以伸公理为目的，使较不文明之社会，变而为较文明。若取昔者个人自私主义，以与种族革命及祖国主义较，自种族革命及祖国主义较为光明。故吾辈于未明社会主义之前，曾取种族革命及祖国主义，乃公理良心使然。既知社会主义之后，乃知其较种族革命与祖国主义，更进正当。故即取社会主义，亦公理良心使然。总之由个人自私主义，而进至种族革命与祖国主义，由种族革命与祖国主义，而进至社会主义，同为公理良心之进化。所异者先后小大耳。是以凡真主张种族革命与祖国主义者，皆可望其主张社会革命与大同主义。由进化公例而知之也。真注。）今见其致友人之书，喜其进步之速于我辈，而吾道为不孤，故急录其书如左。（一人跋）

示我留学德国情形，多感，来示又征我对于《新世纪》报所持主义之意见，夫吾不学无文，或不足当子一笑。虽然，子既有命，吾毋敢隐于子也。《新世纪》之大旨，曰众生（专指人言）一切平等，自由而不放任，无法律以束缚钳制之，而所行所为，皆不悖乎至理。为善纯乎自然，而非出于强迫也。唯然，故无所谓武备，更无所谓政府。无所谓种界，更无所谓国界。其卒也，并无所谓人我界。含哺而嬉，鼓腹而游，无争无尤，无怨无竞，怡怡然四海皆春，熙熙然大同境象也。夫《新世纪》之目的，之志愿，乃如此宏大高明，安得不绝叫而拜祷之也。子则何如？且夫《新世纪》既以此为主义，则必有实行之方法。其方法为何：

（一）书报演说，以化吾民之心。

（二）强硬手段，以诛人道之贼。

刚柔并用，则其收效自速矣。

非难者曰：今者祖国危如累卵，岌岌不可终日。比者英、日、法、俄四国之协约，与夫德国归还山东之举，其野心真所谓人人皆见者也。子虽日昌言无种界、无国界，无如诸国政府，持国家主义、自利主义者，偏欲以腕力，实行大凌小、强兼弱之宗旨，而与子言种界与国界，子将何以御之？亦束手待毙而已。且清廷之手段尤辣，自卫之心至盛，率宁赠朋友之身手，以临吾民，压制之不遗余力，其直接虐吾民，有百倍于英、日、法、俄、德、美诸国者。今不思实行种族革命，以逐腥膻，令吾民重见汉天，实行政治革命，以强吾国，使四邻莫敢余侮，不此是务，乃呶呶以无国界无种界教民，使其爱国尚武精神，销归乌有，吾敢曰亡中国者此主义也。

夫非难者之言，如是日日聒于吾耳。忆曩者子曾以是相诘，彼时予无以应。今请应之曰：政治革命者，社会革命所必由之。何也？善乎《新世纪》之言曰：言排满不如言排王。吾亦曰：言种族革命，不如言政治革命也。

梁启超之君主立宪，亦政治革命也。《民报》之共和，亦政治革命也。请申
其说。夫《新世纪》之论，言排满不如言排王也，以为使满人而自知天命。
游心揖让之美，去王冠帝冕，而为纯粹之平民也，则大善矣。吾方且讴美
之不暇，奚用排之？安可排之？如其不能也，则排王实与《民报》之排满
暗合也。且使今日俨然据帝位者为汉人也，则吾人遂不排之耶？决不然也。
而奈何以排满自小也。故曰言排满不如言排王。吾之论言种族革命，不如
言政治革命也，亦如是。盖使满人而甘心听吾人为纯粹的社会主义之政治
革命也，则大善矣，安用种族革命为？如其不能也，则政治革命亦即《民
报》之种族革命，是二而一者也。设使汉人，或英、德、法、美、日、俄
人，于吾之政治革命生阻力也，则我遂不敌之耶？否否。而奈何以种族革
命自小也。余故言种族革命，不若言社会主义之政治革命也。然则吾人之
昌言无种界无国界，亦非与种族革命及政治革命相背而驰也，但规模较大
耳。彼所谋者不过一国之幸福，若我辈之所谋者，则世界之幸福耳。至若
英、日、俄、德、法、美诸国，苟不以理而以强力临我。若是，则人道之
敌耳，我等固以诛除人道之贼为目的为宗旨者也，安能容之？若是，则我
等虽不言保国固种，而以反对人道之敌为主义，则国自保种自固矣。且夫
彼提倡爱国尚武，此只能自保，不能禁人之不来也。曷若主持反对人道之
敌者为能抑其野心，而不言保国而国自保，不言固种而种自固，驯至于无
种界无国界，不亦善乎？

非难者又曰：子之社会主义，固反对尚武精神者也。设一旦敌恃武力，
横以非道加诸我。我只能赤手空拳，口谈指讲，岂遂能却敌乎？

应之曰：吾人之反对武器，诚有如子所言者。虽然，我辈暂亦主张扩兴
武备。然非自私自利，以为争城得地之用。实用以诛除人道之敌，冀收兵
一用而永弭之效耳。是故我辈之主张扩兴武备也，为实行弭兵之计也。于
表面亦知于社会主义上有悖，而实则吾道一以贯之也（待商）。或又有谓
社会主义无种界国界，则当以何地为着手处乎？吾国主张此主义者，如此
其稀。设一旦尽瘁于他地，而不得收效于祖国，后无继者则奈何？莫若在
己国之内，由种族革命而政治革命，而社会革命，再以世界之社会革命为
后图。

吾应之曰：为此言者，仍由于种界国界之见未除去净尽也。盖我既以

社会主义，着手于他地而尽瘁焉，则彼同志亦能为我尽瘁于我父母之邦也。且四海之内皆同胞也，又何彼此之有？若各能于其产生之地，谋社会革命，诚善矣。如其不能，则曷若共选一容易着手处而试行之乎？故必在祖国着手之言，为不成问题也。至若国民程度之问题，则《新世纪》及《民报》辨之详矣，不赘。（《新世纪》第三号，1907 年 7 月）

### 谈无政府之闲天

无政府三个字，乃世间最吉祥的名词。俗语有所谓"无皇帝好过日子"，此赞美辛勤、慈祥、高尚、纯洁的一种人物。此所谓"无皇帝"，其意即谓此种人无需治之以法律，确确凿凿，即为无政府之别名。

然而辩者必哗然。以为此种人，世间曾有几个。

然抄近一点，请教请教看，请问教育愈文明，则此种人愈多，便拿欧洲比中国，想亦为哗然者所承认。

如此，可以不必烦言，说来说去，总不过"寿星唱曲子"几句老调。

总而言之：

主张有政府者，则以为世间人，毕竟是狗贪忘八，少不得一根鞭子。

主张无政府者，则以为现在的一般有政府党，虽然浑蛋到十分，然他又时常在那里吹牛屄，讲什么普及教育，若教育是靠不住，便直捷爽快，有了裁判官，同着警察所，再加着一点兵队，可以算政府的能事已尽。何必再撑那教育的空场面？若教育是靠得住，果能使人之不能者，而进于能，不善者而进于善，则无政府之为期必不远。

然辩者必又哗然，以为如借教育之力，可达无政府之一境，则今日教育普及之国，勉强亦可算已有一二，何以观其人民去可以无政府尚远？

我则捧腹大笑曰：今日之所谓教育，除十分之二，略予之以智识外，其余十分之八，无非所谓道德。道其所谓道，德其所谓德，如中国之忠君尊孔等之狗屁名目无论矣；即所谓文明国者，如"爱国""尚武""急公""守法"种种主义，一言以蔽之，保障政府是矣。故今日之学校教育，质言之，可曰：政府党在那里明目张胆，发布传单，传达宗旨也。欲世界之无政府，乃授之以政府之教育，岂非南辕北辙乎？

故就现在之教育，无政府党居然发生，而且人数日日锐增者，乃教育小部分，予人以智识之力。然反对无政府者，尚居多数，则因教育大部分，全为有政府之道德也。

果其互相消除国界，即最粗浅之一端，各舍其万有不同之文字，公用一种文字，用其全力之七八，予人以科学之智识，更用其二三，教以无政府之道德；行如是之教育，课将来之效果，虽欲不"无政府"而不得。

无政府者有"道德"而无"法律"。惟"各尽所能"，而不可谓之"义务"；惟"各取所需"，而不可谓之"权利"。人人"自范于真理、公道"，而无"治人与被治者"，此之谓无政府。

若胸中有清净无为，返于原人时代之见解者，是背乎进化之公理者也。

至于反对者之意见，以为无政府者，不过裂冠毁冕，奸淫邪盗，杀人放火，如是而已。乌乎！乌乎！彼其人之胸中，果存有如是许多之龌龊名词在内，吾亦不与多辩，止哀其陷溺于政府教育过深耳。

现在我们谈闲天，谈些什么呢？

我们且讲，一旦无政府的时代已到，私产制度，自然一切废除。于是先说到人人各有所需之当取。

人类之所需者，即衣、食、住三者为最要。于是人人各尽所能，先布置此三者。

第一，先将地球上的地势，相度一番。何处宜于建造住居之宇舍，何处宜于展辟游观之园林，何处留为牛羊之牧场，何处留为禾稼之耕地。许多通晓地理气候等学之专家，先乘着新归公的野蛮轮船、汽车，各处调查，函电纷驰，互相商定。此时此事，悉委于调查之数十百人，并无人从旁掣肘。因各人办事，如今日之办私事，更无欺诳不尽力之虞。（以后凡有所举动造筑皆同。）调查此等繁重之事，在今日虽经百年之调查，尚有不实不尽之虑者；在彼时则三个月可以讫事。因到处非但无阻力，且人人踊跃帮助也。

凡可以造宇舍，供吾人住居之处，必使全世界处处相接。每三里五里，即建一居宿处，废一切都会、省府、村町之名词，仅定园林、牧场、制造厂、耕地数名目。此外如今之城邑村町者，概名之曰：居宿处。举世界所有之园林、居宿处等，皆冠之以数目字，以为志别。

　　现在世界所有可怜之草舍、土窟、荜门、圭窦，固当铲除净尽，即现在一切壮丽之宫室、宏大之寺庙、丰碑高塔、兵垒坟舍，皆当一一拆毁，但留其材料，以为新建筑之取用，不可苟且留存，涂饰修改，有碍无政府时代合宜之布置。

　　大约每居宿处，与别一居宿处，相距或三里，或五里，中间联以长林之广衢、繁花之野圃。往来交通，除远道之旅行，别为电车、飞船之途径，另有组织外，凡此广衢之专供人行者，地底皆有机关，路面造以极厚橡皮之类之物。每三五十丈为一截，终日终夜，循转不息。人但于两面相续处，略一举足，由此面换向彼面，如是而已。如此，则数里内随便交通，并可废除摩托车、电车诸物。不过留存脚踏车等，以为园林中游戏体操之具而已。

　　凡一居宿处，有憩息睡卧室之组织，有饮食所之组织，有游戏谈笑室之组织，有读书通信研究室之组织，有工作所之组织，而养病室则组织于居宿处之外。

　　所有一切宇舍，皆建一层楼，或建平房，位置于前花后木之间。其高大登眺之建筑，皆在园林。凡居宿处之宇舍，皆不需划定为何人所居。人爱远出，每到一居宿处，欲憩息睡卧，或欲饮食游戏，各就其处。欲留则留，欲行则行。

　　至于衣食服用之物，另有牧场、耕地、制造场，尽各人之所能，自由工作。分运一切应需之物，分贮于居宿处之供给所。故世界既无都会、村聚等之分别，亦并无市场、店铺等之构造。

　　其时学问之研究，最普通者，首为一切交通利便之工程，求与海底气界，自由往来。余则改良野蛮肉食之品物，及精究卫生与医理，使年寿加增。至于理化、博物种种进化之科学，当时既以文字简易画一，器量整齐精备，加以不必撑持门面，借矜大博士之身分，则艰深繁碎、纡绕之陋习皆除，而讲解、指示、试演，百出其新法，以求易知而易解，园林清游时，可以随便在花间树底，口讲而指画。道途间与绝未见面之人相遇，亦可姑出其所学于夹袋中，问难而质证。如此，其时即十许龄之童子，已能共有现在科学家之智识。今日之统计，则曰某国某年平均计算不识字者，约有百分之几；彼时之社会比较表，止有记载一条曰：某年全世界，尚有因患最复杂之遗传废疾，不能治专科之学者，居百分之几，近数年已减至百分之几。

×曰：唯用如此夹杂不净之旧见解，谈快心之闲天，虽谈一万年，亦恐穿凿附会，涂泽敷衍，铺张之而不能尽。报料一期已够可以阁笔，下次空了再谈。惟吾所欲为阅者之第三人说明者，如子之所言，真不过最肤浅之最近进化新现象，曾无几时，可以必到。若吾胸中之无政府境界，其美善幸乐则更有进。（《新世纪》第四十九号，1908 年 5 月 30 日）

## 无政府主义可以坚决革命党之责任心

请不必泛言世界之革命，姑专言中国之革命，中国之革命，以民族主义为号召，或以共和主义为号召，二者固皆有其理由，而且二者皆能得势。

就民族主义言之。种族之成见，实为数千年遗传而来，故其根性坚不可拔。鄙语所谓鞑子做皇帝，无论革命党忿然作色也，即鄙幸如李莲英、宠要如袁世凯、顽旧如张之洞、无赖如康有为，彼夜气清明之时，亦必偶生其不平。故以民族主义为号召，乃一甚得势之理由也。

惟民族革命，乃为一复仇之革命。满洲政府之必当推倒，实则有人欲复仇，固不可免，非有人复仇，尤不可免。然若革命党纯以民族主义为主帜，即有一种之鄙夫，匿去满洲政府必当推倒之理由，遂借排斥复仇革命，掩饰其希图富贵之丑。此即康有为、梁启超等开明专制之议论，有以簧鼓于天下，而天下曾暂受其惑。所谓责任心云尔者，决非对诚心主倡革命者自己而言。因革命发于自力，即一旦心意推扩，由民族革命而进为共和革命，由共和革命而进为无政府革命，必愈进而推倒满洲政府之责任心愈坚。责任心而犹忧其减杀者，必指受革命党运动之人言之也。既指受革命党运动之人而言，即以一梁启超为比例，彼亦几几乎受民族主义之感化，稍有革命之责任心矣。然未几而反对复仇之论一出，即全失其责任心。此欲以民族主义，求革命党责任心之不减杀者，未为完全之理由也。

又就共和主义言之。执政既归平民，则推倒满洲政府，已不言而喻。盖不必言民族革命，而民族之革命，自包其内。故凡主义之推广，止有相包含，决无相妨碍者。即民族革命，与共和革命之比例，可以见矣。满洲政府之应倒，民族之不同，是其一因。而政治之无望于改良，尤为其一大因。故中国之人民，必有能为平民政府之资格，始有改良中国政治之能力，其论实圆满周匝。决非杨度等要求而得一"无人格"之议会，能达改良政治之希望。故以共和主义为号召，是一最得势之理由也。

惟囿于共和之范围，而不能审量于世界进化之程度，自必误认世间之国界，将巩固而无疆。则一切言治之界说，欲求不畔于以往政客之陈言，于是好发异论者，挟种种之习惯，必有历史之比较、教育之比较，以及一切之比较。谓某国之政治，尚握于小部分之手，某国之人民，尚未适于平民之政治。此种之异议杂出，虽欲牵引而入于满洲君主立宪，其立宪固无人格，不难片言排斥，然惴揣焉虑中国不可一日无君。心知鞑子固必不可为新中国之君主，但汉人谁可为皇帝，亦无人敢为此推戴。于是其心摇摇如悬旌，觉左右有为难之处。此即今日大多数之中国人，中心实甚不惬于鞑子之立宪，然而未敢毅然附和革命者，无非甚不安于共和革命之究合于程度否耳。此欲以共和主义求革命党责任心之不减杀者，尚未为至完全之理由也。

庶几乎急急广传无政府主义，使知世界之人民，不久有大同之革命，而国界且将消灭，故共和政治，已止为不得已之过渡物，断不容世界尚有皇帝。盖无政府党欲毁灭世界之政府，固尚未能确定其期日。因政府虽为强弱相制之机关，然亦为人民相互之机关。无政府时代虽决无统治之组织，而亦不能无关连之组织。欲取关连之组织，以代统治之组织，非一时可臻于完备。至于无政府党先欲铲除君主、消灭国界，此实行之期，必不在远。君主之应当铲除，先于道德上被认为无有尊贵之名分（五伦中君父同尊，人知其谬），复于政治上被认为无有责任之资格（此立宪党之所能言）。故一经无政府党起而为彼等直接之对头，断然可望其绝迹于二十世纪之中。苟使中国人而洞知此义，则君主一层之理障，可以全撤。于是推倒满洲政府，固当毫无迟回。即建设共和民政，自必目为平常矣。所以欲坚决革命党之责任心者，莫若革命党皆兼播无政府主义。

乃有人反曰：无政府主义，能减杀革命党之责任心。是无异言共和主义，能减杀民族革命党之责任心矣。此实不合于主义进而益上，止有相包含，决无相妨碍之大例者也。

　　况在今日中国革命党，希望为平民政治者之心中。彼所谓平民政治，必求较良于法美之民政。所以尚不能去统治之组织者，即亦苦于代用之关连组织物，或未能即得于短时间之革命以后。然果抱此苦衷，使其人甚热于无政府之运动，则经彼假定之平民政治，必且统治之性质愈少，而关连之性质较多。则我辈同立第三人之地位评论之，凡新旧主义之相代，其间必有过渡之一物，此亦进化之定理。故以进化之历史言之，可曰：今之假社会党，即法美民政与中国平民政治之过渡物。中国平民政治，即假社会党与真社会党（即无政府党）之过渡物也，则心乎革命者如能悬无政府为己所必赴之鹄，而让不得已者，以平民政治为一时之作用，庶几乎乃不背革命为促进人类进化之大义矣。

　　至于言者每谓：中国如其共谈无政府，而各国则有政府，必为各国所夷灭。此实不合于理论。一即无政府党为抵抗强权之健者。中国能造成志力薄弱之四百兆祖国党，尚信能支持而存立，岂有造成四百兆抵抗强权之健者，反见夷灭。一论者既确信欧人之程度，高于华人，岂有中国四百兆人，已变为无政府党，而西洋反尚有完全之祖国党，能如今日之同心，出而夷灭世界之人类。要知今之所谓强国，亦不过恃其国中之无政府党，尚为少数。故有税可征，有兵可募，俨然若有夷灭他人之资格耳。如其本国之人民，已过半变为无政府党，则无政府之革命将起，彼国且已消灭，何处复来夷灭中国无政府党之军队。故无政府革命者，乃大同之革命。各国无政府党，止需皆有其二三部分，已足万国集合，以倾覆不能集合之政府。如其政府亦能集合，此时固已无所谓国界。世界止有有政府与无政府之两党，复何来一中国之名目，有独见夷灭之事？如谓：每有其人，挟甚高之主义，以抵制他人之实行。此即所谓责任心减杀之实状。则应之曰：此实有之。然此等人所谓无心肝者，即使之卑而不为高论，谈要求满洲政府之立宪，彼亦必生一种委蛇之腐败。此乃就个人之公德心而言，不足以之轻重于无政府主义。亦无人敢下断语，谓共和革命，独能改易此等人之公德心，而使之独强于责任心也。此实人类之蟊贼而已，尚何某主义某主义之可言乎？（《新世纪》第五十八号，1908 年 8 月，署名"四无"）

## 无政府主义以教育为革命说

革命者，破坏也。以革命之思想，普及于人人，而革命之效果自生。或者以为但以空言激起感情，如不经教育之养成，不惟感情之发，随起随灭，而且有破坏而无建设，易生种种之恶果。

应之曰：此误以向来之政治革命，概论于一切之革命矣。政治革命，以抗争权利为目的，为多数与少数之相互，其公德则归向于国权。故往往革命一起，易生革命党之暴徒，始则夺权于少数强权者之手，继则互相争夺，肆为屠戮。其彼此挟以间执人口，而自以为不敢显然逾越者，惟在保爱祖国、护持国权，若国权以外，即无所谓公德。公德者，乃教育之极则，有教育与无教育之分别，即可以毫无公德心与富于公德心为断。彼提倡政治革命者，本止以权利为诱导，感情之激起，即激起于权利，权利者，又适为公德之反对。是革命与教育离而为二，故其恶果必有所不可逃。（政治革命中之要求立宪，尤卑鄙不自讳，纯以权利起义，如所谓政权可得，则强权之皇室可存，是实无异言。及吾之生，我辈之政党可成，议绅可充，好官可作，即人民之疾苦，可因碍主尊之无上权而不理。故所得之恶果，乃尽丧其民之公德心，虽强以奴隶教育，头痛医头，脚痛医脚，然扶了东边西又倒，终陷人道于马牛。故说者每欲侯〔候〕教育既盛，再求进步，而不知彼之所谓教育，正与进步相背驰，更有何物可再求乎？）

若无政府之革命则不然。无政府主义者，其主要即唤起人民之公德心，注意于个人与社会之相互，而以舍弃一切权利，谋共同之幸乐，此实讲教育也，而非谈革命也。革命者，不过教育普及以后，人人抛弃其旧习惯，而改易一新生活，乃为必生之效果。故自其效果言之，欲指革命前所实施预备革命之教育，即谓为提倡革命，亦无不可。

所以无政府主义之革命，无所谓提倡革命，即教育而已。更无所谓革命之预备，即以教育为革命而已。其实则日日教育，亦即日日革命。教育之效果小著，略改社会之小习惯，即小革命，在中国人近日习惯之名词，不以为革命，止曰改良，或曰改良社会。教育之效果大著，骤然全体争改易其旧习惯，即大革命，在中国亦以为革命，不曰社会革命，即曰某某革命，如目的在无政府，即曰无政府革命。然以新世纪人之观念评断之，直无所谓革命有告成之一日。真理、公道，日日倾向于进步，即教育须臾不可息，亦即革命无时可或止。惟教育必有效果，效果即革命，经一革命，即人类之公德心加扩。

故除以真理、公道所包之道德，即如共同、博爱、平等、自由等等，以真理、公道所包之智识，即如实验科学等等，实行无政府之教育，此外即无所谓教育。

若如近今浅人之意，以革命教育，分为两事，而以激起无意识暴动之感情，目为革命。复以近日教育家行于学校内之劣秩序，及奴隶教育，为教育，为能养成公德心，徐为有意识之革命。岂知此乃愈养愈离，故教育之公德心，养之终于不成，而偶起革命，亦终为无意识之暴动。此乃全未知教育者，即教育其革命，革命者即表显其公德心也。故全以公德心为革命之教育者，惟近日较进步之无政府主义为较完。

然则无政府主义之空言，能愈推而愈广，即无异建设无数养成公德心之学校，亦即养成革命之学校。谁谓尚别有所谓教育，可以养成公德心，而后徐言革命乎？则浅人所谓人民之公德心未足，不能以空言提倡革命，则请问空言者何言乎？革命者何事乎？此所谓似是而非，极支离之邪说，闻者偶未思索，亦误以教育与革命为二事，则彼所谓公德心者，其言美而甘，遂不觉随其所云亦云耳。

况彼厚诬人民，所谓公德心之不足者，仅指一二细故以为信：如共同之地，任意作践也；然诺之言，任意违背也。此似振振有词矣。无论此等之公德心，正欲以革命之公道与真理，稍稍说明之，便可顿改其习惯，即论者之诟詈人民，亦几以大盗讥小窃，而不自知。盖彼之殉师友学说，不惮率全体为奴隶。（如梁启超、杨度、蒋智由等，皆灼知排除满洲政府为必要。因效忠于师友，而自撑门户，遂改易初志。）乐于大政治家、大政党、大外交家等名词之自誉，遂欲开狗窦以求小试。（如今日一般之留学生，欲卑之无甚高，即就满洲政府，以试其历史上人物之手段者，比比皆是，而不知彼所谓人物，自今以后，亦惟有于历史上腾臭。况以满洲政府为试验品，犹之见沙之白，如粉之白，将蒸炊而作饼，徒见其妄想耳！）则己之公德心，究安在哉？

故谓中国人之公德心未足，诚如论者之言，然即论者欺谬其议论，首为无公德心者之一人。公德心者，以各个人自尽之心，凑合而成，倘论者首先以公道、真理，主张最良之革命（如无政府），不自画于妄自菲薄之程度，则己之公德心完，则人类者，最富于进化之模仿心者也。所谓人之欲善，谁不如我？而全体之公德心皆完，亦即革命之效果必生。

乌乎！言有似道而实伪者，最足以祸世而害人。此即离教育与革命为二，而目正当革命之空言，诬之为非教育也。然则我辈之同志乎，务推广其革命之书报，即以教科书赠人也。勿因邪说目之为空言，而因之自疑也。（《新世纪》第六十五号，1908 年 9 月，署名"燃"）

## 朱执信

### 德意志社会革命家列传

#### 绪言

社会主义学者于德独昌，于政治上有大势力，而他政党乃却顾失势仰其佽援焉。盖自俾士麦当路以来，言德国政治而不数社会党之势力者，未尝得为知言也。然溯其始事之际，上有暴力，旁无奥援，二三私人，力征经营，颠沛败亡，壹不为意，乃稍稍得集，今日得握区区之政权，亦犹非社会学者所以为期也。继此以往，欲树卓绝之功名于社会间者，正亦不患无着手处。然而借强力，倚声援，易以有为，视初之孤诣独行者盖远矣。

社会革命与政治革命殊科。政治革命者，第以对少数人夺其政权为目的耳，然则敌少而与者众也。社会革命，则富族先起为阻，而政府又阴与焉，务绝灭其根株，以谋其一己之安。有政权与有资财者合，则在下之贫民无以抗也。夫彼其猜疑于社会党者，固已大谬。然而持之坚，畏之甚，非说谕之所能解也。抑又甚远之不欲闻其论，惟思熄之耳。故方马尔克之始创说也，窘迫无所投。是非惟政府之专横然，亦一般有势力者无不深恶之使有此也。夫倡之于众莫敢应之秋，亦逆知其有危难，而不能徼幸。然犹竭其能以从事，抑非他有利焉，徒以己以为难而退听，则人之难之亦将如己

也，则此问题终于不解决而泯没。抑自解决矣，而使以其解决益重不幸于
烝民，则孰若己为之以希冀万一，夫宁豫计党类之众寡哉。假令是数人者
舍此不为，震世之名未必不可坐致。不为其可成，而为其不可成，此所以
贤于俾士麦辈万万也。说摈不用，固所豫期。而其学说之得流传，亦乃所
望而不敢必者。则自今日视之，欲不宗师而尸祝之，其安能也？

学说既衍而渐广，徒党亦日盛，则欲为不利焉者逾多，势不能不有所倚
恃。三十年来，社会革命家时有干谒卿相与坚相结纳者，是非诚与之，其
策略有不得不然者，而德人为尤甚。故世谓德人欲以得政权、达目的与英
法异，以此。然而政府之能力亦可睹矣。彼持阶级制以为权力之本，堂廉
不峻威严则渎之说，深入于当路者之心，故常假社会改良、劳动保护之名，
以行摧陷有志者之实，阴绝社会革命之根株。其政策正与满州之日言立宪
类。是固雄猜之主所优为者，彼德意志人，十年之间，身丁其毒，曷尝不
知之也耶！

抑尝闻之师，社会上之势力，自演而变，人与有能。然其既变也，则
政治上必因顺应焉。不然，且继以革命，区区二三人固不得久持之也。政
治上势力，不能变社会上势力，而因社会上势力以变者也。故政府之压抑，
虽处心积虑，且继之以强力，不足以为社会革命家患也。于德意志自一八
七八年至一八九〇年之间，社会党压抑之令盛行，然而社会党乃潜滋暗长，
比较于前后，社会党之发达为最速之日。其故亦可思矣。曾谓区区三数人，
遂足以抗公理，而倒行逆施无所顾忌也耶？

是故政府有猜忌之实，而无助长之能。与之为合，其便鲜，其害多。然
而德意志之社会学者不遂与之暌离，而委蛇求容者，意亦欲无多树敌。以
故苟令其组织不与社会之组织相妨，则仍之可耳。若持是，遂谓社会革命
不当与政治革命并行，则大非也。此于吾华之为革命所最当注意者也。

要之，社会的运动，以德意志为最，其成败之迹足为鉴者多。而其功实
马尔克、拉萨尔、必卑尔等尸之。故不揣颛蒙，欲绍介之于我同胞。翔赡
博洽，所未敢云。所期者，数子之学说行略，溥遍于吾国人士脑中，则庶
几于社会革命犹有所资也。

### （甲）马尔克（Marc）

马尔克者，名卡尔尔（Karl），氏马尔克，生于德利尔（Trier）。父为辩

护士，笃于教宗。马尔克少始学，慕卢梭之为人。长修历史及哲学，始冀为大学祭酒。既垂得之矣，而马尔克所学之校为异宗，他宗徒攻之，遂不果进，退而从事日报之业。时一八四二年，马尔克之齿二十有四也。

马尔克既为主笔，始读社会主义之书而悦之。其所为文，奇肆酣畅，风动一时，当世人士以不知马尔克之名为耻。而马尔克日搜讨社会问题而加以研究，学乃益进。既二年，其日报之组织稍稍备矣，而以论法兰西社会党触政府忌，无已，噤嘿而止。马尔克郁郁不自得，已无如何。俄被放逐，乃西适巴黎。

亚那尔卢叙者，巴黎之名士，马尔克抵巴黎遇之。倾盖心醉，遂定交焉，相与组织一《德法年报》。于是马尔克始研究国家经济学，而探社会主义之奥窦，深好笃信之，于《德法年报》大昌厥词。既而《德法年报》中缀，乃别发行一杂志，命之曰《进步》，痛掊击普鲁西政府。纪助（Guizot）者，法之名政治家也，素亲普，时相法，不欲以是恶之，乃逐马尔克。马尔克困顿无俚，乃北走比律悉。

初马尔克在巴黎，与非力特力嫣及尔（Friedrichs Engel）相友善。嫣及尔者，父业商，少从事焉。习知其利苦，乃发愤欲有以济之，以是深研有得。既交马尔克，学益进。马尔克既去法，嫣及尔亦从之北游，因相与播其学说于比律悉之日报间，言共产主义者群宗之。万国共产同盟会遂推使草檄，布诸世，是为《共产主义宣言》。马尔克之事功，此役为最。以压制之甚也，间关而出版于伦敦，时为法国二月革命之前十四日。

前乎马尔克，言社会主义而攻击资本者亦大有人。然能言其毒害之所由来，与谋所以去之之道何自者，盖未有闻也。故空言无所裨。其既也，资本家因讪笑之，以为乌托邦固空想，未可得薪至也。是亦社会革命家自为计未审之过也。夫马尔克之为《共产主义宣言》也，异于是。

马尔克之意，以为阶级争斗，自历史来，其胜若败必有所基。彼资本家者，啮粱肉，刺齿肥，饱食以嬉，至于今兹，曾无复保其势位之能力，其端倪亦既朕矣。故推往知来，富族之必折而侪于吾齐民，不待龟筮而了也。故其宣言曰："自草昧混沌而降，至于吾今有生，所谓史者，何一非阶级争斗之陈迹乎？"取者与被取者相戕，而治者与被治者交争也。纷纷纭纭，不可卒纪。虽人文发展之世，亦习以谓常，莫之或讶，是殆亦不可逃者也。

今日吾辈所处社会方若是，于此而不探之其本原以求正焉，则掠夺不去，压制不息，阶级之争，不变犹昔。则中级社会与下级社会改善调和之方，其又将于何而得求之也。

马尔克又以为当时学者畏葸退缩，且前且却，遂驾空论而远实行，宜其目的之无从达也。苟悉力以从事焉，则共产之事易易耳。故其宣言又曰："凡共产主义学者，知隐其目的与意思之事，为不衷而可耻。公言其去社会上一切不平组织而更新之之行为，则其目的，自不久达。于是压制吾辈、轻侮吾辈之众，将于吾侪之勇进焉詟伏。于是世界为平民的，而乐恺之声，乃将达于渊泉。噫来！各地之平民，其安可以不奋也。"于是乃进而为言曰："既已知劳动者所不可不行之革命，始于破治人、治于人之阶级，而以共和号于天下矣。然后渐夺中等社会之资本，遂萃一切生产要素而属之政府。然而将欲望生产力之增至无穷，则固不可不使人民之握有政权也。然则吾人不可无先定其所当设施，而为世界谋万全之道，以待其行之之机也。乃骤闻吾人所语设施之方者，鲜不惊怵，掩耳挢舌，惶惑无措，以谓偭于经济之原则，而不可以一日施。虽然，是固素未尝究焉，而以所习为不可隳。吾辈之所标者，亦未若其所抨击之偏反也。是乃凡社会动摇之所不可不见，而以之为革命方法，抑又欲避之而无所从也。凡是诸设施，亦不必凡国皆宜，要必善因其国情以为变。而在最进步之社会，则必当被以如下之制：

（1）禁私有土地，而以一切地租充公共事业之用。

（2）课极端之累进税。（累进税者，德语之 Progressiv abstuft Steuern 也。孟德斯鸠、卢梭等既尝倡之。而近世德之华格纳 Wagener 及康 Kon，英之麦克洛 Maculloch 等，皆主张之。而反对之者则倡比例税，为布留 Beaulieu、希尔孟 Hermam、因乃斯得 Gneist 等是也。而其反覆争论，盖有多说。要之，以为累进说〔税〕者强取于富人，而寒实业家之心。即弥勒著论，亦不免此也。弥勒《经济学原理》谓，累进税只宜加于遗产相续，他则不宜，实迷于此说者也。后世学者增加其种类，谓所得税等皆可以累进之法行之。然又谓当于其增加之率为之制限。凡此一皆虑富家之因而不利耳，未尝比较其轻重。而推其误谬之源，则在未解资本之性质也。付于此问题，当别著论明之。要之，累进税者，使富人应其财产而纳税之率增加，不但数量增加而已。即如常人税百二三者，稍富百六七，大富百十，乃至百二十。然则富者以税故渐即贫，而应其贫，税随之轻，卒至凡人齐等，无大贫富，税率亦近均一矣。所谓极端累进税者如是。不劳而富均，又无所苦，策之最上者也。近日行累进税之国渐多，于瑞士其成效尤著，抨击者日息而颂美者渐多，抑亦进步之一征也。顾其累进之率甚微，不足以抑富家。又有其制限，至一定之度，其上更不增加，故效不大见。即如日本，其所得税率用累进法，其最低额为对于三百圆税千之十，其最高额为对于十万圆税千之五十五。自十万以往，税率以千五十五为限，而其税率之增加率自四分一乃至十分一，然则其所助于均贫富者，恐微也。）

（3）不认相续权。（相续者，承继财产上权利义务之谓。古有承继户主权者，日本尚存之，而欧洲则大抵不认，但为财产承继而止，马尔克所欲废者，此也。盖设相续之理由，在使其权利有所归，而不至归于先占者幸得。其义务有代履行者，不至使权利者有大损失耳。然不认之亦决非无以处焉。盖国家相续之制本非不可行，而财产甚少，债务过多者，亦可以破产之法被之也。于是无因相续得财产者，则数十年后，且可绝资本家之迹。此主张废相续者之说也。然于实际能行否，及行之有效否，今尚为问题。至课之以税，则自弥勒以来，皆以为善法，无反对者。）

（4）没收移居外国及反叛者之财产。

（5）由国民银行及独占事业集信用于国家。

（6）交通机关为国有。

（7）为公众而增加国民工场中生产器械，且于土地加之开垦，更时为改良。

（8）强制为平等之劳动，设立实业军。（特为耕作者。原注）（所谓军者，以军队组织而从事于实业也。）

（9）结合农工业，使之联属，因渐泯邑野之别。

（10）设立无学费之公立小学校，禁青年之执役于工场，使教育与生产之事为一致。（即使为生产者，必受相当教育之意。）

马尔克素欲以阶级争斗为手段，而救此蚩蚩将为饿殍之齐氓，观于此十者，其意亦可概见。盖马尔克固恶战争，虽然，以之去不平，所不可阙，则亦因用之所不能讳者也。故其言又有曰："今者资本家雇主无复能据社会上之阶级矣，彼辈无复能使其所以生存之现组织为支配此社会之法则矣。故彼既不足支配社会。何则？彼辈使凡劳动者，虽方供役于彼犹不得以全其生故也。夫彼等既使劳动者贫困使至为穷民而不可不扶养矣。"又尝曰："于此问题当注意者有二：一者，其现以为经济上变迁之阶级对抗及阶级竞争。其二，则社会的运动（破资本家雇主之支配权、促新社会生产力树立之社会分子所编成组织者）是也。"马尔克之意可于是以觇之。

《共产主义宣言》之大要如是。既颁布，家户诵之，而其所惠于法国者尤深，时际法国革命。三月，柏林之民亦蜂起，普王以兵力压之，功遂不奏。法既毕革命，乃迎马尔克之巴黎而礼之。既而德意志之劳动者亦感于马尔克之说，起而与富豪抗。富族侧目，然无如何。马尔克寻归柏林，创报名《新来因日报》，声振一时，且斥普王之无道而赞议会之租税拒否，益逢政府之怒。一八四九年五月，复禁其发刊而放其主笔。其明年，复大索社会党，悉放囚之。

马尔克既放，乃适英，卜居焉。与嫣及尔偕，终其身不复归柏林。

马尔克既草《共产主义宣言》，万国共产同盟会奉以为金科玉律。故颂美马尔克，垢病马尔［克］者，咸是焉归。然马尔克之他述作固甚夥，常与嫣及尔共著，学者宝贵之。而其学理上之论议尤为世所宗者，则《资本史》及《资本论》也。

马尔克以为：资本家者，掠夺者也。其行，盗贼也。其所得者，一出于腺削劳动者以自肥尔。爰据于斯密理嘉图之说以为论曰："凡财皆从劳动而出，故真为生产者，劳动之阶级也。然则有享有世间财产之权利者，非劳动者而谁乎？此所谓劳动者，固亦不限于枝骸指挥监督之劳，非所不与，然而不可无别于其难易也。故数劳动之功以计廪，则不可不先劳力而后劳心。乃于实际，劳心者所受廪给，百倍劳力者而未止。此何理也？近世工业盛用机械，而需大资本。因之，大需监督者。从其末论，余亦不能以谓非然。然而，资本者，本劳动者所应有之一部，而遂全归于彼掠夺者，与循其本，吾不知其所以云也。溯而穷之，欲不谓资本为掠夺之结果而劫取自劳动家所当受之庸钱中者，不可得也，傥劳动者终末由与资本为缘（即无奖励农工贷之资本之银行抑其相类者），而循此以往，则是宜谓之资本家财务者，即为奴隶于依他人劳动以为生之一阶级富族者耳。夫今后产业所资于固定资本者正多，劳动者之地位乃将愈降而不返。是亦理之所难容者也。经济学者以资本为蓄积之结果，是阿合中等社会之意以立说者耳，不足为道。且假令诚由蓄积，宁非夺之劳动者而蓄积之者也耶？"

据理嘉图所论，凡制品之市价以产出之所必需之劳动与运致诸市之劳动而成。无问其所施技者为何材，苟价有所增，即其劳动焉赖。此如素丝盈把，织以为缯，价兼于前。是其为价，一则当于丝之原直，一则劳动之庸钱也。机械不得有加于生货之价，交易亦不得有加于生货之价也。然则使价之增，惟劳动者。食其价增之福者，亦宜惟劳动者耳。乃观其庸钱，则仅受理嘉图所谓最廉之额，而不得食所增于物价之金也。譬有人日勤十二小时，而其六小时之劳动，已足以增物之价，如其所受之庸钱。余六时者，直无报而程功者也。反而观之，则资本家仅以劳动结果所增价之一部还与劳动者，而干没其余，标之曰利润，株主辈分有之，是非实自劳动者所有中掠夺得之者耶。夫今者，彼辈日言求改良。所谓改良者，非他，节勤劳之费耳。然则职工劳动如旧，而受损益多。新机械之发明，资本家之利，劳动者之害也。工业改良益行，劳动者益困顿而已。古之奴隶不知己之程功，何时为自为，何时为为主人者也，惟命是从。今之劳动者，则何以异于是也。

马尔克此论，为社会学者所共尊，至今不衰。而马尔克所取救济之策则有两方：一为《共产主义宣言》中所举十条。一则为农工奖励银行之设置也。此种银行，专以贷资本于农工业劳动者为事，使不仰给富家之资本，则能独立不为所屈。尝以提议于万国共产同盟会，众议不谐而止。近世所谓农工银行者亦类是。然彼之志，固欲以奖励之使成资本家，非出于求锄资本扶劳动之意也。

一千八百八十三年，马尔克卒于伦敦。后数年，嫣及尔亦卒。

蛰伸子曰：马尔克之为学者所长也，以《资本论》，然世之短之亦以是。是亦马尔克立言不审时，或沿物过情之为之累也。约翰弥勒论之，以为张皇夸大，盖亦有由也。夫资本固非一切为从掠夺得，蓄积之事，往往亦自劳动。此虽经济学者之一家言，然于事实恐无以易也。谓蓄积者，必得诸人，而非用余庋置，至辩者不能言也。凡生产消费，本不必一一同符，时而有余，时乃不足。方有余而念不足，则有贮蓄之事，此于孤立经济时代已见之者也。既贮蓄而后用之，以使所生产多，是为资本之始。于是时资本家与劳动为同一人。安有如马尔克所云，自掠夺而蓄积者。故谓之夸大，亦无所辞。虽然，经济既发达之世，则不可以是论。何则？交通既繁，贷借之事乃起，而劳动者或用他人之资本矣，既乃有雇佣之制。夫雇佣者，受给而生产益多，故久且不废，然而劳动者之祸于是焉兴。蓄积由庋藏之事益少，而其由掠夺之事渐盛矣。盖方是时，其所给之资本，远不逮所获果实，而劳动者不依赖焉所得亦微，乃乐与为契约。自是以往，劳动者无息肩期矣。资本家因其所得，益扩张之，发而愈多，遂成积重难返之势。劳动者所获，仅足糊口，无从更为储蓄以得资本，此中世之形也。至于近今，则资本家益恣肆，乘时射利，不耕不织，坐致巨万。如细析其资本之所由来，恐自贮蓄者乃无纤毫也。而其岁入则大半为赢利，小半为庸钱，虽欲不谓之掠夺盗贼，乌可得哉？故马尔克之言资本起源，不无过当，而以言今日资本，则无所不完也。往者蓄积所生之资本甚微，而其得大以有今日者，以取息故。其取息之苛重，实同掠夺，此无可逶解者也。一人劳动终身，其蓄积所得者，不足以供资本家一日之费也。资本家昔所蓄积者明既费消，今所有者全非由于蓄积，特以蓄积所得为刀斧鸩毒以劫取之者耳。故马尔克目之盗贼，非为过也。

彼论者则必曰：赢利之起源，基于契约。彼被雇者始为约时，先取庸钱，后以所生产之价值为偿，加之息耳。是以雇工契约，其原理无异借贷。而借贷关系，以契约而取息者，不得谓强夺也。彼非强使必借，则不能谓劳动者被强迫而出此息也，则疑于非掠夺。是其说非无所据。虽然，有当辨之者。夫契约者合意，此罗马以来所认者也。故必两方意思俱为完全，其意思有欠缺者无效，其有瑕疵者得取消，此亦无或异议者也。意思有瑕疵，如虚伪强迫之属是。而英、美法有所谓不当权势（Undue influence）者，非所应使之权势之义，亦为意思瑕疵，而得为取消之原因。质言雇工契约所以得以至贱之庸钱，取最贵之劳动者，实缘其以不当权势故，不可以寻常契约论也。盖英美所谓不当权势者，譬属僚之对于长官，慑于其威，有所赠遗，语其中情，实无赠答之愿。一旦长官免职蒙谴，此属僚者，得直取消其赠与之行为，诉之公庭，前所赠物，悉还归属僚所有。又如贫窭之子，忽有急需，卖物富豪，直百取十。其既也，亦得取消（罗马法所谓大缺损而取消者，亦略同此）。凡皆基于不当权势者也。盖以长官之权势临以属僚，而强求其赠与；以富家之权势临于卖者，而贱买其物，皆不当者也。而有如此之行为，即推定其意思之有瑕疵。故凡离常可怪者，率得以此推定加之。苟其滥受利益之人，不能反证己之利益不由不当权势而得，即不能拒其取消。此英、美法之所特长，无訾议之者。而返观于雇工契约，则又何以异是。彼其上下不对等，犹属僚之与长官也。其程功与报酬不相当，则犹贫子之卖物也。特其习久，转以为常，众不加怪。受利益者安之若素，而被害者窘迫不知所诉焉。苟去流俗之见，而察其本源，则其有不当权势可推定，而无从以反证明也。彼挟巨资者不待约而联，以苦工人。斯密氏所尝太息痛恨者，而近今益甚。贫富离隔，譬云霞之与渊泉，祸乃愈酷，卒使劳动者无所投足，而降心低首以就至贱之庸，此亦不可掩之迹矣。然则依于法理，其契约可取消，而彼所沾丐于劳动者之泽，终不可不归诸劳动者。何得因之谓资本之得，由正当而不可夺耶？故马尔克之谓资本基于掠夺，以论今之资本，真无毫发之不当也。夫亦非谓取息必皆不当权势。顾今者欧洲息率恒百三四，而公司赢利分于股东恒百十一二，宁有说以处之，恐欲辩而无所也。因序马尔克学说，遂附论以告世之右资本家者。

### （乙）拉萨尔

拉萨尔者，名飞蝶南（Ferdinand），氏拉萨尔（Lassalle），犹太之族也。千八百二十五年生于布列斯罗（Blealau）。父商，家中资。拉萨尔生而骏发，犹太之人素以嗜利无勇为世诟，拉萨尔病之。少厌犹太人之为，长乃思有以极焉。年十六，闻打马斯加之犹太人被残戮，大愤慨，曰：忍此者非人也，宜急复仇耳。时为日记有曰："余告于彼矣，且予实信是，予乃第一流之犹太人。为救犹太人于今日涂炭凌夷之中，予愿舍身，为使彼等为高等人种，虽上断头台亦不辞也。"既渐长，乃推其爱一族之念以爱全国劳动者，爱倡社会主义及共和主义。

拉萨尔少佐父业商，复入于商业学校，进入于布列斯罗与伯林之大学，修古语学及哲学。卒业，赴来因。后游巴黎，时年二十。

时法方苦于腓立布之虐政，巴黎民气渐昌，拉萨尔居之，因得纳交于当代名人。其社会主义之思想，多受自巴黎者。

拉萨尔居巴黎一年而还。间二年，法有二月之革命，逐腓立布而建共和政。不数月，德意志之民党各地蜂起，希覆暴政府。梅特涅既被逐，诸邦宪法次第建立，普鲁士亦迫于三月伯林之暴动，开国会矣。时拉萨尔在敌西多夫，倡极端共和主义。而马尔克方营《新来因日报》，拉萨尔纳赘焉，恒出入其社。虽然，于时拉萨尔犹专醉心共和，而求政治上自由平等，未知所以谋经济上自由平等也。

四十八年十一月，普鲁士王与国会议宪法不调，卒解散国会，布令戒严，密为检索，以备非常。而各地次第声王之罪，起而抗之，不肯纳税。拉萨尔亦纠合敌西多夫之市民执兵，拒官吏之征税者，遂被捕。是年二十三。

普鲁士法廷公判以拉萨尔为有罪，而拉萨尔则辩己行之正，驳"人民执兵以抗行政官者，无论如何皆为不正之说"，且言曰："方夫国王蹴踏市民之法律，杀其子而辱其女之时，为市民者，果无抵抗彼暴横以卫己之权利耶？其谁敢应之曰然。夫谓无论何时人民执戈皆以不正论者，是犹前世界之态，而今日所不可容之耻辱也。于今日立宪之世，犹有欲存三月以前之专制者夫，当即据此高座之罪人也。"（三月指千八百四十八年三月市民之变。）

又曰："地上之法，则非已因王权而破隳者耶？夫是神圣首出之法则，乃一般自由之法则。若稍侵之，则危国家之基础，且危全市民之权利者也。而是神圣之法则，出版、集会个人之自由，参政之权利，既被王权蹂躏而破坏矣。方是时，执兵而起，是则市民之义务也，为良爱国者之义务也，余乃尽此义务者也。"

拉萨尔又诽讥国会抗拒之消极，其言曰："若王之解散国会为正当者，则抵抗之者，固不法也，且罪恶也。苟王之所为为不正者，当大反对之，且应为积极的反对，不可以消极的自划也。为保护人民之自由者，不可不掷其身命以为抵抗。"

然有司不听拉萨尔之辩，处以禁锢六月之刑。刑既毕，复放之伯林以外。然拉萨尔苦恋伯林，时微服出入。又使友人为之缓颊，久乃得许。时普鲁士钦定宪法既行，而反动大息。拉萨尔闲居无所事，因广交游，间复从事著述。拉萨尔美手仪，善词令，人多乐与游，以是名于交际场中。

普鲁士既立宪，劳动者时起为运动，思握政权。普鲁士王大索社会党而放逐之。然劳动者之运动力，实遍于全日耳曼。普鲁士王知独力不足奏效，乃与诸邦联合，务令绝迹乃止。于是普墺首倡之，而各邦景从。议定极严之律，以绳政治、社会、共产等之结社及运动。对于新闻纸及出版物，日力压制。千八百五十四年七月，其法律通过于议会。凡新闻社、出版所，以至旧书肆、新闻公览所等，率受其绳勒。凡定期发刊者，皆令豫纳金五千他力尔为保证，少有违反，辄加以处罚金。禁集会于户以外，其室中之聚谈，亦悉以警察监之。

禁令既布，凡倡共和、倡社会主义一皆匿迹抑首待时，不敢复有所宣布。政府大忻，报告于国会，谓佛兰克科久为革命之曹所群聚者，今乃无遗迹，即此属出版物，亦无在肆者，盖实情也。然其时禁社会主义之运动，独不禁组合。劳动组合乃大发达，其主持之者，则希尔孟修尔辑也。

修尔辑者，普领索逊尼人。初为法官，继为普鲁士国会议员，后入为德意志下院议员，长于拉萨尔十七年，为进步党之领袖，一大经济家。其从事劳动运动垂三十年，然而不尚社会主义，乃欲遵英国之轨，以劳动组合救下层社会之苦厄，不触资本家之怒。政府又以其不己害而足抚宁劳动者，故从而予之。

修尔辑之目的，专在小资本家与劳动者之联合；而重自助，使各自进以期完其生。以此为号召，劳动者从之者二十余万人。虽有讥其与于资本家者，然修尔辑之势力不为之少衰也。

千八百六十一年，修尔辑以其众建立进步党，普鲁士之人民皆响应。拉萨尔既久闲居，亦思乘时起，乃投身其党中。然拉萨尔所宗，固与修尔辑殊，既不得合，时时思脱去自为建树。

是时鲁王威廉第一初即位，极意扩张军备。然国会作激烈之反对，遂解散国会，更数召集之，议卒不成。千八百六十二年，召俾士麦来自法，以之为相，借其助以废豫算，强征租税供军费，谓为国计不得不然。国人大不平，讼言王违宪者四起。拉萨尔亦左政府，是年春，或招拉萨尔为演说，拉萨尔应之。

拉萨尔为演说之旨，以为宪法之条文，不过表彰国中种种威力要素，及其相互关系而已。故正当之宪法，不可不与是等势力相应。若王、若贵族、若军队既相叶，而组织密着之威力要素，则徒以纸上之空文，决无能束缚夫君主也。乃进而为之谋曰："若宪法果为威力也，则于今日之宪法问题当如何解决。普鲁士，政府之背后，倚有军队，则国会对其政府之不法，当出于何策耶？或曰，国会宜拒政费之支出云。是策也，于人民有大组织威权之英国，或得奏效，普鲁士非其伦也。然则今兹国会所当出之策，惟在不应召集而已。国会不集会，则政府所出者只有两途，非行断然之专制政治，则直屈服于民而已。然于今日，专制政治终不可得而行也。夫如是，必且旷日久持，激发全文明国民之感情，则人民之所持者可得全胜，不待龟筮而可逆睹者也。"

拉萨尔为此演说，初会未得竟，乃于次会续成之。始闻其前半之论议者，皆以为右王者也，进步党中人皆引以为辱，丑诋之无所不至；助政府之新闻纸，则皆誉拉萨尔，谓其尊王。及拉萨尔终其说，乃皆大愕失措。拉萨尔以是大触政府之忌。

亡何，拉萨尔复演说于伯林劳动协会，据哲学及历史，以明法兰西大革命以来国家社会发达进步之故。而终言千八百四十八年德意志之革命，实崇高第四级人民，而与之尊严之地位，亦犹法兰西大革命之与第三级人民以国家之重要地位也。其论殊激烈，且刊其演说笔记行于世。（所谓第四级人民者，指劳动者也。其云第三级者，指中等市民、资本家、实业家之属也。由是以王为第一级，以贵族为第二级。欧洲学者恒用是称。）

由是政府以拉萨尔为挑激国民间反目，有害公安，没收其刊行之演说笔记，且由检事起诉，求正其罪。千八百六十三年一月十六日，开廷于伯林裁判所，为公判。而拉萨尔讼言己之无罪，且谓己当痛辩之以保护科学及哲学研究之自由。普鲁士宪法第二十条曰，科学及其教授为自由。拉萨尔根据之，以为所谓自由者，不可不为绝对自由。若以此自由限于刑法范围以内，则是宪法之规定，为无用之物而已。夫在劳动协会之演说，全据哲学及历史，以研究社会之所以进步，而论革命之结果者也，非宪法所许之自由而何？

于是拉萨尔请以其演说笔记界学士会院诸博士，辨其为科学的否耶。且言曰："科学与劳动者阶级，处于社会之两极端者也。使此相反之两极端一旦而得联络，则遂可以扫荡一切文明之障碍。予实为科学、劳动者之联结，而舍身与命以为之者也。予实为文明进步计者也。如之何其以予为罪人而罚之也？

"夫曷不一回首于千八百四十八年伯林骚乱之际耶？市中之堡垒，不尝漂以鲜血欤？警察之威权，不尝坠地欤？富豪不尝悚惧战栗，有若死人欤？伯林市中，不尝一时全属于暴民之手中欤？欲罚予之法官等，其望此恐怖时代之再见也耶？

"若其不然，则宜感谢夫为沟合科学思想与多数人民之声（舆论）而献其身者。宜感谢夫为芟夷富豪与多数人民间之荆棘障碍而献其身者。宜感谢夫悉其才知以为公等暨多数人计者。是等之人，宜礼为上客，承之大飨，如之何其反以之为罪人而罚之也？"

拉萨尔之辩论，恣肆百出，判事检事等交谪诤之不能制也。检事乃请于裁判长，欲禁拉萨尔勿言。裁判长乃令停止辩论。拉萨尔曰："唯。然予就于禁予发言之事，不得不要求法廷一同之决定。且甚望余此议之见容。"检事曰："既止彼发言，则被告不能发言者也。"拉萨尔曰："否。检事误。夫予既停止辩论者也。然予今者抗拒法廷之决议者也。夫法廷于若是重大之事件，不叩予意之何许，不得决议者也。"裁判长曰："不许被告辩论。但许就辩论当停止否为发言。"检事曰："然。则其勿更言余一切事。"拉萨尔曰："佳。余不可不就于此点有所述也。"

拉萨尔且辩且复赓前论。检事裁判长欲制之，终不可得，遂听毕其词。拉萨尔既悉陈所怀而终之曰："于国民之名与其名誉，为科学之名与其尊严，为土地与其正当自由，为后世历史审判裁判结果之名，希望无罪而放免予。"于是法廷处之刑禁锢四月，及使负担裁判费用。拉萨尔直控诉于上级裁判所，卒减刑为罚金。

拉萨尔刊其公廷辩论之词而布之，其在第一审者称《科学与劳动者》，最名于时，而拉萨尔亦以是厚得劳动者之信赖。

拉萨尔居进步党，说不得伸，恒思离立，号召劳动者部勒之，被以己所梦想之制。先是裁判，已绝进步党，尝对伯林会各劳动团体之委员，语以所志。而是诸人意想不齐，不得要领而散。及是年拉萨尔益得众望，前集诸委员复相与谋，更为会迓拉萨尔，令悉倾吐所怀，以决从违。先以谘拉萨尔。拉萨尔大喜诺之。然其友多谏以为危。拉萨尔不听。尝称言曰："纵死吾精魂，支解吾体，吾决不翻复而退缩也。夫陈义无论其高下，苟不随以实行者，无何所益也。虽十断吾脱〔胜〕，吾必从事此矣。"

拉萨尔既应其求，先为公开状发表意见。其大要以为：当代劳动者，率旁皇于普通社会改良说之范围中，其所建议，甚不适于运动之徽识纲维。例如言移民自由、职业自由者，沾沾自喜。夫是问题既已久存，立法者亦蚤知之矣，何俟放论此不适于用者为？又或竞言贮蓄银行、救恤基金、共同资金之制。是亦徒益喧扰耳，未足探其本以解决社会问题。譬泛舟平谭，舟运水止，篙楫所及，不过其上际，而底自澄也。今之论者，亦犹是已。不探其本，而末之救，抑徒劳耳。欲探其本，不可不求之理嘉图之铁则论也。曷不视诸劳动之庸钱，不常降至仅足为生之度耶？修尔辑唱自助，自助诚美矣，而是垒然仅力以自糊其口者，顾安从得金而设自助之组合也。修尔辑所鼓吹者，贷付组合、原料组合等，若是者稍拥资本之小商人之属，或优为之。而进大多数之劳动者，谓之曰：汝宜为是。吾只见其惑耳。是以解决此问题之方法一而已。舍是皆无益者也。所谓一者无他。劳动者务自为生产，而其所生产之富，不可不归属于生产者。其将为是也，劳动者不可不组织生产组合。其为是组织所必需之资本，国家不可不给与之也。如是其归宿在使国家给与资本，何由使国家不能不给与资本乎？此凡人所由知以为疑者也。拉萨尔以为是无难也。将欲得是，则劳动者务自组织政党，而此政党不可不以平等普通直接选举为其方针。夫依普通选举选出其代表于德意志立法部者，所以于政治上保存其正当利益惟一之策也。其使彼等得彼等正当之立法权，则彼等得直实行其意见也。

劳动者首领得此公开状，或服或贺，不一致，于是其属别为两：一右修尔辑，一右拉萨尔。时修尔辑提挈一政党，睥睨全国。而拉萨尔无尺寸之借手，来因以外，劳动者鲜知其名，于是而欲决两者之从违，则固有所难矣。夫拉萨尔势力如何，实为人所未敢信则不轻从之，宜耳。是年四月，来布芝之劳动者复招拉萨尔。拉萨尔赴其会，益衍前之旨。劳动者感焉，然其议终未决。

后一月，劳动者乃开大会于佛兰克科美因之地，兼招拉萨尔、修尔辑，使各陈其说，相诘难。然修尔辑辞不至，拉萨尔乃独衍己说，辞绝激楚。中有曰："若诸君反对于予，若德意志劳动之多数反对予，则予当奉身而退，往从修尔辑之为适。何则？民智幼稚，不足与谋。抑为予一身计，亦甚希诸君子之不予从也。傥不予从，则方将优游学界，自吐露其所尊信，以俟后世，而予后此残身得以卒保，苦病悉蠲，何不乐为者？独是诸君子为诸君子之阶级计，失此良友，且使来者以予为鉴，裹足不前，则劳动者阶级之不祥莫大焉矣。故予向劳动者阶级之前途，致其全爱，以为诸君子告。诸君子之决议将如何，予之精魂实悬于是矣。"

辩论亘二日，劳动者大为所动，右修尔辑者皆引去。及投票决从违，则右拉萨尔者四百，反之者一而已。拉萨尔更转而莅缅司之劳动会议，右之者八百人。拉萨尔因之以设一政党，名"全德意志劳动同盟会"，于五月二十三日举始会之仪，始集者六百人，皆各地之代表也，而拉萨尔为之长。其会之决议曰："凡劳动者不可不出议员于国会，代表其意见，以除各阶级间之冲突。故我辈当以平和手段，致力于普通选举。"是会者，实今日社会民主党之权舆也。于时以来布芝为会之本据，而拉萨尔为会长，居伯林。

方是时，拉萨尔之旁为运动数四，而往往不如所望。尝干路俾土斯（亦社会主义者，时为耆硕，有盛名）。路俾土斯谢弗与。盖路俾土斯之不慊于拉萨尔者有二：一欲仍给庸钱为生产之制，一不欲以得政权达其目的也。其他运动，亦往往不见答，新闻纸尤不之助（盖其时新闻纸大抵属进步党），或且攻之。拉萨尔以强毅自将，遍游说各地。自来布芝外，若汉壁、若敌西多夫、若琐琳坚、若哀卑辉尔德，以至夫郎、来因之属，皆为所动。然后此党得立，拉萨尔稍稍发抒矣。然以劳顿故，精神为之疲劳。体魄又素不强，加以会中事务丛集，遂大困敝。始拉萨尔期以一年间，费万二千五百镑以得万人以上之会员。至是不可得继其业，乃先养疴于瑞士。

时会众不过千人，拉萨尔深忧之。虽在瑞士，不稍怠其职。恒语于众曰："吾辈今兹所运动鼓舞者，傥不得劳动阶级之多数结合，则无效果者也。故决不可不于一年以内得大多数，徒胜于道德之战者，是无能者耳。"久之，运动终无效。拉萨尔为之郁郁不自聊。于是或讽之解散，拉萨尔峻拒之。

九月，自瑞士归，直赴来因，布其说。以序演说于巴尔缅、琐琳坚、敌西多夫诸地，所至多景从。其在琐琳坚也，会方中，市长使宪兵十人偕警卒露刃入其会，强命解散，会为大扰。于是劳动者数千翼拉萨尔出，遁邮政局中，仅得免。然拉萨尔次日复出演说，不少止。来因之民，以是大重之，声援为张。

拉萨尔既历说来因各地，复归伯林，誓必集其劳动者于己会中。然伯林者，进步党之所萃也，其人士咸攻拉萨尔，新闻纸亦然。警察又数苦之，使不得集会，其发布之书檄，多为没收，卒致之法网，前后三数拘引之。自冬涉春，始愿不售，会中金钱又次第尽。拉萨尔业为此运动破家，各地取收会费又极薄，不足以继。拉萨尔外御困侮，内谋其党生存费用，焦心劳思，体为之敝。始党员之翕合，多起于一时之感。既久不见效，渐思畔去。于是拉萨〔尔〕急谋维持其党，千八百六十四年首夏，复力疾游诸各地，渐复胶结。及五月，当同盟会设立之一周年，乃开大会，会其众于郎士多夫，至者二千人。拉萨尔于此会，述其前此孤身犯难为万矢的，艰难辛苦，以得有此。今日社会不敢轻劳动者，国王犹思立法以保护之。盖丁此初期，万众犹死，呼之令苏者，实同盟会也。集者皆感。然拉萨尔于是时，业自虑不寿。乃告于众曰："予始建劳动运动之旃而兴，予固逆知予身之将为之毙也。予若死，予之同志将必起于予枯骨中。夫予死者，文明进步之国民运动未或死也。诸君子中有人一息尚存者，其必使予所燃星星之火，他日达于燎原乎。诸君子其举右手以誓是。"二千人不待拉萨尔辞之毕，皆举右手。

会既竟，拉萨尔复赴瑞士。于是时，拉萨尔体益衰，政府迹之亦益急，不南北走者必且为累囚，乃避地索居，蓄机俟时，图再举。居于瑞士之利几一月，疾少间矣。而拉萨尔惑于一妇人，欲婚焉，为之赴日内瓦。俄而不如愿，妇谋与遁，拉萨尔不可，遂请决斗于妇人之父，斗而伤腹。千八百六十四年八月之晦，拉萨尔以伤卒，归葬于布列斯罗。其友白克志其墓曰："哲人而为斗士，维飞蝶为拉萨尔，体魄则降，宅是幽宫。"

拉萨尔所以谋缮进其社会者，在使劳动阶级握国家主权。尝谓近世历史，可分三期：于千八〔七〕百八十九年法国大革命以前，国家权力在于有土之贵族僧侣等，其他阶级皆奴役耳。法革命后，国家权力在第三级之企业家、资本家，行政立法，一皆为彼等利害计也。往昔贵族所以苦中等社会者，彼还贻以苦劳动阶级。故重间接消费之税，使其主事坐困。又次则千八百四十八年以降，是实鼎新之期也。劳动者支配国家社会之机于是始显，而贵族、富豪、地主等之势力，则业过时而代谢矣。夫劳动者握政权，而支配国家社会者，实社会发达之所归极也。国民之中百之九十六为劳动者，故虽谓以一阶级，实即为全国民，其利害即国民全体之利害也。其进步，其自由，非止一阶级进步、自由之谓也。国家社会方发达以进于劳动者之国家社会，而推挽之使急进者，实吾辈所有事者也。虽然，顾今日之劳动者，则犹是资本家之牺牲与奴隶，操纵之具，所舍之货物而已。于前后革命之际，尝力言与一切人以自由，然于衣食则既无自由，他吾不知其何所取也。夫自无资本，则不能独立，必役于人。若是者惟书契约之形式或有自由耳。尚此者吾未之见也，是岂所谓自由竞争者耶？夫一自由而挟矩〔巨〕资，一不自由而家无担石储，以令为竞，是其制将何从以维久远乎？革命之起，且晚间事耳。

拉萨尔探此革命之原因，以为在于铁则。铁则者，理嘉图所倡也。以为劳动者之取庸钱，高不逾于仅自糊口之额。设其暂逾，必且复低，低过是额，则又复涨。何者？其高逾额，则劳动者生事裕而生齿随之繁。繁则劳动者增，而依供求相剂之理，致庸钱减。减之过，则劳动者生事不继，渐至寒饿死亡，以故缺乏，而其庸钱腾。如是上下不止，皆以之为标准，是谓铁则。由是铁则以桎梏劳动者，使其生活程度终无由以进。长此抑郁，则革命之起宜也。故拉萨尔在佛兰克科之演说曰："诸君子知此铁则之结果果如何乎？诸君子自视不犹俨然一人欤？自经济上视之，乃无异陈肆之货也。急其用则与庸钱以来之。至厌其多，则故抑其价，务使濒寒饿渐减退，不至于供过所求也。"又曰："饥而死者有二：无食直僵为殍者，一也。食不足以荣其体，又强役之以夭其天年，亦饥死之属也。"其意可见矣。拉萨尔以为富者利用此铁则，劳动者劳动之结果皆为所取以之自肥。饱食之余，乃出以豢养劳动者，收后日之用。资本积而愈多，劳动者愈困，则劳动者不得自有其所生产之效也。假欲救劳动者，不可不先破此铁则，使一切之富归于生产者，而工业属国家社会之共有。破之之道，在先以国家资本建生产组合。夫劳动者，有此组合，得自为生产，不仰资本家之鼻息，则铁则自无由行。其设立之始，不得遍也，则可先设一二，后以次推广，期以悠久。此其目的也。其达此目的之手段，则为普通选举运动，依于政党，求以法律，定此制。德之普通选举制，始定于千八百六十七年，拉萨尔殁既三年矣。制行而劳动者势力果张，凌进步党矣。

拉萨尔之倡说及运动，皆限于一国家中。承其流者，变本加厉，遂不肯与外国劳动者合。累居全德意志劳动同盟会长位者，又短于才，遂久不得发达。其后李卜尼希及必卑尔等，自其党中别出为一派，颇宗马尔克，倡世界主义。至千八百七十五年，乃联合而大进步，是为今之社会民主党。

蛰伸子曰：拉萨尔之言社会革命，不如马尔克言之之完也，而其鼓吹实行之功方〔力〕之多。其然则不得不专致力于一部，而后其余。故其社会主义为国家的，不足怪也。顾衍之者，排他国劳动者以自张，其亦过矣。或以拉萨尔欲得政权以达其目的，乃诬其右君权（俾士麦则然）。顾拉萨尔运动既为社会方面，政治运动其所出之策尔。即如所言，未足病拉萨尔，况其实非耶。或又短拉萨尔之情死。是则拉萨尔无所辞咎矣。然自社会言之，则拉萨尔以一身唱新说，抵死以谋其进步，后死者食其荫，拉萨尔亦可谓无负社会矣。功未成死，固可为憾。然社会革命之事业，固不为拉萨尔死败也。拉萨尔虽与彼妇订白头约，而犹申礼自防，不与其出走之谋，卒以死殉，于道德未为伤也。第自主观言，则不能为天下惜其身，使所图中道受其阻滞。借拉萨尔不死三四年，其势力正当大长，俾士麦之压制社会党法或不能施，未可知也。拉萨尔蚤自戕贼，延为社会之不幸。是则虽拉萨尔自叩精魂，而语臧否，亦不能自为解者矣。顾今日志士，有年未弱冠，不识国学何许，亦未尝肆于专科，而借口欧化，破溃藩篱，恣情快志，驯至牺牲一切，以逐其欲，其视拉萨尔又何如乎？不幸今吾国中乃多有是曹，所为伊郁不置者也。（《民报》第二、三号，1906 年 1 月 6 日、4 月 5 日，署名"蛰伸"）

## 戴季陶

### 社会主义论

社会主义为何物，吾国民不之知也，吾国民中之哲士名人亦不之提倡也。试就吾国民而质之社会主义之真意为何，社会之原质为何，吾恐能道之者万中不获一也。呜呼！吾民已矣。生于社会中，以衣以食，以生以息，而不知社会为何，不知对于社会之义务为何。呜呼，吾民已矣！吾敢大声疾呼曰：吾国民者，人类之败类也。吾民闻此言，必忿然作色，怒天仇言之无状也。虽然，今日吾国民应负之义务，应担之责任，已为政府中之无识者道破矣。吾国民尚不知，而政府乃禁之，禁之盖所以速吾民之知也，即速吾民于道也。天仇不敏，敢继恶劣蛮野政府之后，举社会主义之大纲，而略为我国民陈说之。

吾国民试思：人同此人，世同此世，而富者贵者乃高车驷马，锦衣轻裘，制平民之死命以为威，竭平民之力以自奉，彼农者工者带〔戴〕月披星，洒血汗，竭精力，而所得者乃皆以供少数人之私欲焉。呜呼！同为社会之人类，同受社会之福德，彼富贵者于社会果有特别之利益乎，果尽特别之责任乎？而苦乐如是，小民虽愚，忍堪之耶？世有英雄，更从而愚弄之，陈良之徒，鄙为迂腐。呜呼！此社会之所以每下愈况也。此犹其小焉者焉，而彼专横之君主，恶劣之政府，纨裤〔绔〕骄奢之贵族，垄断市场之市侩，更从而压制之，鱼肉之。假政治之名，遂一家之欲，借公义之号，图一己之利，大权独揽，视人民如寇仇，而美其名曰"宪政"，贵乎中央集权也。金融专制，以社会之财产供挥霍，而美其名曰"实业"，贵乎资本集中也。呜呼！社会之祸，人民之苦，不在于学问之不发达，机械之不新奇，而实在社会阶级之不平也。顾景蕃之《采桑诗》曰："长安富贵家，上锦下襦作苦不知。"呜呼！吾读此诗，吾泪欲流，吾心兹痛。最高洁神圣之人类社会中，胡为而演此惨剧也。

今世之所谓文明者，实最野蛮之别号耳。夫世界文明之中心点，非彼所谓巴黎、伦敦、钮育乎？然试观此各大都会之现状，实有令吾人不堪回首者。巴黎则淫奢绝世，钮育则金钱专横，伦敦则穷民盈市。德意志之柏林，素称有秩序之都会，而今次之大惨剧，乃为世界中所罕者。嗟乎！人之无良，于兹极矣。故今日之社会，非举此人类败类之贵者、富者、野蛮、专横而一洗之，不足以图人类之幸福也。

世界，一人类之大社会也。欲求人类之幸福，不可不求世界之平和；欲求世界之平和，不能不废此国家之竞争；欲废国家之竞争；须本人类智识。吾国民试思之，彼欧美各国人民之智识程度，岂吾国民所及其万一者也？不特智识也，吾国以若大之土地，最多之人民，而于国民之衣食住，亦不足以为养，必仰之于外人。奢侈之程度则日增，劳动之性质则日减，如是而欲求外人之以平等视我，欲使世界趋于平和，何从而由之？我之地土为生利之资，我之人民为分利之众，以是而言平和，难乎为言矣。

社会主义者，人类之福音也，除魔之天使也，社会幸福之大则也，世界平和之始基也。

凡以上所举富者、贵者之跋扈，君主政府之专横，贵族大臣之骄奢，皆于社会主义昌明后可以除之。吾国处此竞争残杀之列强漩涡中，人民则奄奄无生气，政府则为所欲为，士大夫则纵欲无度，亲贵则肆志专权，外人则割我筋肉，吮我精血。种种危险状态，皆非俟吾国民明社会之真象，知人类之大法，力起恢复之，不足以言国家，不足以言人道，不足以言幸福也。

要知吾国民今日不可不求生活之幸福，而尤不可不图社会之秩序，即不可不图人道之发展。而彼野蛮之政府乃禁之，呜呼！禁之盖所以提倡之也。天仇不敏，谨代国民为野蛮政府谢，更代世界人类为野蛮政府谢。（《天铎报》1910 年 12 月 4 日，署名"天仇"）

## 无道国

社会主义者，人道主义也，世界主义也。凡为人类，凡为组织社会之一分，苟尚有半点良心者，其对于社会主义无不赞同之。欧美各国之政府，虽亦畏之，然未闻有以残虐手段待社会党如日本政府者。

虽然，日本政府于社会主义之发达有密切之利害关系。其压制残虐，固无论矣。报纸为舆论之机关，国民之代表，人类之福音。政府有此种无道之行为，自应极力反对之。而日本举国报章皆助纣为虐，其对于幸德秋水等之死刑宣告，无不极力赞扬，谓为正当。□□日报反谓吾国报章之议论为狂妄，为助虐。呜呼！为幸德秋水等不平者，岂止吾国报章哉。

为幸德秋水等不平者，为社会不平也，为世界不平也。幸德秋水等即死，吾知日本国民中之继起者，决不止幸德等二十余人也。（《天铎报》1911 年 2 月 2 日，署名"天仇"）

## 无政府主义之神髓

无政府主义之宣传于世界，尚非远事也。世界人类中之稍有人心者，无不赞同之。其反对者，非无道之政府，则恶劣之官吏，再不然则横暴之资本家也。吾于无政府主义甚赞成之，所稍持异见者，则时势问题而已。夫政府之无道与乎政治之罪恶，不特吾国然也。世界各国，何往非是？无政府主义则唱人道之真平等真自由者也。盖政府存在一日，则恶政治一日不灭。老子所谓"圣人不死，大盗不止"者是也。虽然，今日之世界，国力竞争之世界，而吾国则又处于竞争之漩涡中者也。故吾国今日不能即无政府，而不可一日有恶政府。无政府主义虽不能即实现于吾国，而无政府主义之真理，固万不能不深印于吾民之脑筋者也。特举无政府主义之神髓，为吾民一绍介之。

### 第一　通论

无政府主义者，人类之天性所发生，非何人故意创造奇说以欺世者也。人谓枯列巴金为无政府主义之创说者。嗟乎！枯列巴金岂自愿以其身家性命供此说之牺牲者哉？盖其思想较众人敏捷，睹世界民生之疾苦，故以觉己者觉人而已。天道好生而恶杀，世界各国之暴君污吏及富焉不仁之徒，往往以一己之利益安乐，竟杀人亦不顾。甚有以夺人之财戕人之命，而反轩然自得者。嗟乎！是岂天道也哉？违天者当诛，杀人者当死，无政府主义盖代天行化者也。

托尔斯泰先生曰："挥尔额上汗，充尔腹中饥。尽尔十指能，制尔身上衣。"今世界之不耕而食不织而衣者，滔滔皆是。嗟乎！天之生人，同有手足，同有眼耳口鼻，而贵者富者不以之任事，惟夺人之财以自娱，其罪曷胜诛耶？子舆氏当曰："劳心者制人，劳力者制于人。制人者食人，制于人者食于人。"嗟乎！力能食人乎，心能食人乎？吾不得知之矣。借口舌之能，游说以惑世，破坏人道之真幸福，造成专制国之根据者，子舆氏之言也。

无政府主义者，社会主义之产儿也。其名义创自俄人枯列巴金，枯氏本贵族，又为大地主，富有资产，邃于学问，以地理历史为专门。尝隶军籍，枯列米西战争时，脱去军籍，专事学术。漫游欧西，至瑞士闻社会主义家之说，心甚佩之。枯氏向悯奴隶农夫之苦，于是益愤贵族及富者之专横无道，遂委其身于万国劳动社会党，极力反对强权，名其学说曰无政府主义。后因避捕，复遁至瑞士，办《改造报》，以恢复人权为宗旨。寻下狱六年，然其道益张，其志益坚，而无政府主义遂深入世界人类之脑筋矣。其所主张之学说，与托尔斯泰相表里，而崛强激烈过之。故无政府主义与社会主义、人道主义之名虽异，而其渊源则一也。世之持反对说者，动谓无政府主义及社会主义等皆为贫者之嫉妒词。呜呼！彼亦知托尔斯泰与枯列巴金之皆为贵族乎？义之所在，有仁心所皆当服膺而实行之者也。

### 第二　主义纲领

枯列巴金氏创无政府主义后，继其后者布鲁顿，又后则为巴布尔夫。布鲁顿之说，真切确实，其言曰："财产家者，以吾人额上之汗而致富者也。吾人苟欲得真幸福，则不可不破除现在之财产制度，使社会之生活胥趋于平，然后人类之强权乃绝。苟非然者，是甘为富者贵者奴隶，而不之耻也。故吾人对于平等之热心，应较爱惜生命尊重爱情为尤甚。"又曰："财产家者，盗贼也。旧教者，仇敌也。因有教会费而后有神。苟废教会费，则神即无矣。吾辈人类惟知有幸福而已，惟知有真实而已。"盖欧洲各国宗教制度过于限制，而法国为尤甚。凡一般人民皆有教会费之一种负担，以国民有用之资财，而掷诸虚牝。此无政府主义之所以必破除宗教制度也。

且欧洲当十五六世纪时，宗教专横，至十七八世纪，变而为主权专横。于是宗教家之所倡道，又转而为王政之伥，其弊至今未已。苟欲破除恶政府而实行社会共产主义，则万不能不先除此不平等之宗教制度也。

如佛教之于吾国亦然。夫佛之说，何尝有尊卑贵贱耶？其称众生之区别词曰"善男子善女人"。可见其对世之眼光，实为一切平等。然而世之暴君及恶政府，往往利用之以为护法，使一般人民以敬佛者尊君，以崇拜舍利者服从专制，而优婆塞、优婆夷之流，更以供养费之一名义弋取人民之血汗资，此滔滔者所在皆是也。如一般谓皇帝为佛之化身，称之为佛爷。一皇帝死，则寺庙之罗汉堂中多塑一领袖罗汉，而大雄殿之佛座下必设皇帝万岁牌。凡此者，皆君主利甩佛以愚弄人民，僧侣利用佛以弋取资财之确证也。故吾国欲改造政府，则此辈坐食僧侣绝不能不驱逐而改造之者也。夫佛理本无迹，佛法本无穷，实性理之至高而学说之至微者也。以财供佛，因利念佛，何有于理，何有于佛耶？

无政府主义之实现为何？分资本家之产业，而废除私有财产制度，焚去各种虚伪根源之证券，废除财产担保之法律是也。夫此种理想，吾国之老子早言之矣。其"剖斗折衡而民不争"之说，实与此义如出一辙者也。夫有真理，而后有言论。有言论，则必有事实。老子言之于三千年之上，枯列巴金倡之于三千年之下。老子言之于欺诈风行之列国时，枯列巴金宣扬之于专横无道之今世。夫此说既可隔三千年而同出一辙，则为真理无疑。既为真理，则必能实现，且有利于社会人类亦无疑也。实现之法为何？曰是在吾人提倡之而已，是在吾人实行之而已。枯列巴金对于苦力者之演说曰："诸君乎，曷夺富者之所有，而归之于社会公有。诸君则代占其居宅，诸君向所住之敝庐宜付之一火。私有财产者，强夺社会之富而成者也。凡人类所有之财产，皆由自他相互之劳力而生。若然，则当享有此利者，人类全体也。"闻氏此说，而无政府主义正大光明之宗旨，一以贯之矣。

无政府者，革除世界之不平等级，而非破坏社会之真秩序者也。夫现今社会最不平之事，莫过于贫富不均，于是一切罪恶皆由此经济不平而生焉。诈欺窃盗，强夺其所以造成之者，非皆原因于贫富不均乎？盖贫富不均，则生计不平，生计不平，则无所往而非罪恶。而世之所谓政府者，其所行之法律，所施之政治，所定之制度，更无一不为代表社会之等级，而酿成社会之不平者。此枯列巴金之说所由创也。要之，天地以变而运行，世界以变而进化，人类以变而文明。吾国今日无政府主义虽不能即行，然而此不平之恶政治，专横之恶政府，绝不能不革除之者，盖经一次刺激，必有一次进化也。呜呼！天昏地惨，人民之苦已深！石烂海枯，精卫之恨难补。夫在欧西文明之国，其政府法律远胜于我，而人民又恨其不平而欲革之，吾民处此专制政府之下，乃一任其鱼肉侵凌而莫之顾，岂非至可痛耶？时势者，社会心理之产儿也。吾民之心理果何如耶，闻枯氏之说，其亦将有所兴起耶？（《天铎报》1911 年 2 月 2、3 日，署名"天仇"）

# 十八、 君主立宪思想从兴盛到衰落

## 导　论

　　虽然早在维新变法时期，以康有为、梁启超为代表的维新思想家们要求兴民权，开民智，实行君主立宪，并就此做过一些宣传，但到了"百日维新"期间，他们则收起了立宪的主张，只要求设制度局于宫中。他们再次要求立宪法，设议院，实行君主立宪，则是到了 20 世纪初。先是经历了义和团运动和八国联军入侵的清政府，为了挽救其摇摇欲坠的统治，不得不宣布变法，实行"新政"，并先后采取了诸如派遣留学、兴办学堂、奖励工商、筹饷练兵等一些"新政"措施，但收效甚微。这引起了梁启超等人的不满，他们认为要真正挽救危机，就必须改弦更张，实行立宪。1901 年，梁启超发表《立宪法议》一文，率先提出立宪主张，并很快得到张謇等人的支持，君主立宪思潮开始兴起。1905 年，迫于内外压力，清政府派遣五大臣出洋考察各国宪政。次年，考察宪政大臣先后回国，他们向清政府建议，立宪有三大好处，一是皇权永固，二是外患渐轻，三是内乱可弭，因此应"立颁明诏，先定国是。以十五年或二十年为实行立宪之期"。9 月 1 日，清政府发布上谕，宣布预备"仿行宪政"，其根本原则是"大权统于朝廷，庶政公诸舆论"。清政府宣布预备立宪，进一步推动了君主立宪思潮的兴起，但也遭到了革命派的批判。与此同时，以梁启超为代表的立宪派与清政府的矛盾也日益显露和激化起来，因为立宪派希望实行英国式的虚君制立宪，而清政府心仪的是日本式的二元君主制立宪；立宪派希望缩短预备期，立即实行宪政，而清政府则坚持立九年预备不变，后虽然在立宪派发动的大规模的请愿运动的压力下缩短了预备期，但也仅仅只缩短四年，并没有满足立宪派提出的立即实行宪政的要求。1911年"皇族内阁"的出台，更使立宪派对清政府的预备立宪感到彻底失望，甚至绝望，君主立宪思潮从此走向衰落，而革命思潮则日益高涨起来，不久辛亥革命爆发，清王朝土崩瓦解。本章主要分为以下三个部分：第一，君主立宪思潮的兴起和革命派的批判；第二，立宪派的立宪诉求和国会请愿运动；第三，革命思潮的高涨和清王朝的覆亡。

# 1. 君主立宪思想的兴起和发展

## 引　言

　　1901 年 6 月 7 日，梁启超率先发表《立宪法议》的文章，明确指出"采定政体，决行立宪，实维新开宗明义第一事，而不容稍缓者也"。他依据日本明治初年宣布立宪而 20 年后才真正实行的经验认为，中国立宪至少要有 10 年到 15 年的预备期，以便为实施宪政做好必要的准备工作，并且提出了中国立宪应采取的六个步骤。也就在这一年，状元企业家张謇著《变法平议》一文，主张效法日本，"置议政院"，"设府县议会"。到了 1902 年后，要求立宪的呼声更加增多起来，这其中既有以梁启超为代表的维新思想家，也有国内民族资产阶级的代表人物，以及一些海外华侨，甚至清政府内的个别官僚。1905 年 12 月出版的《东方杂志》的一篇文章说当时"上自勋戚大臣，下逮校舍学子，靡不曰立宪立宪，一唱百和，异口同声"，以至"立宪之声，洋洋遍全国矣"。面对"朝野上下"莫不以立宪为请的压力，清政府经再三权衡，终于在 1905 年 7 月 16 日发出上谕，派五大臣分赴东西洋各国考察政治。次年 9 月 1 日，清政府发布上谕，宣布预备"仿行宪政"，其根本原则是"大权统于朝廷，庶政公诸舆论"。至于何时实行立宪，上谕只是虚晃一枪，说要"视进步之迟速，定期限之远近"，"再行宣布天下"。清政府宣布预备立宪，更进一步推动了君主立宪思潮的兴起。与此同时，清政府的预备立宪，也遭到了革命派的批判，他们认为清政府的所谓立宪是假立宪，其根本目的，是要维护自己的专制统治。

## 梁启超

### 立宪法议

有土地人民立于大地者谓之国，世界之国有二种：一曰君主之国，二曰民主之国。设制度、施号令以治其土地人民谓之政，世界之政有二种：一曰有宪法之政（亦名立宪之政）；二曰无宪法之政（亦名专制之政）。采一定之政治以治国民谓之政体，世界之政体有三种，一曰君主专制政体，二曰君主立宪政体，三曰民主立宪政体。今日全地球号称强国者十数，除俄罗斯为君主专制政体，美利坚、法兰西为民主立宪政体外，自余各国则皆君主立宪政体也。君主立宪者，政体之最良者也。民主立宪政体，其施政之方略，变易太数，选举总统时，竞争太烈，于国家幸福，未尝不间有阻力。君主专制政体，朝廷之视民如草芥，而其防之如盗贼，民之畏朝廷如狱吏，而其嫉之如仇雠。故其民极苦，而其君与大臣亦极危，如彼俄罗斯者。虽有虎狼之威于一时，而其国中实机阱而不可终日也。是故君主立宪者，政体之最良者也。地球各国既行之而有效，而按之中国历古之风俗，与今日之时势，又采之而无弊者也。（三种政体旧译为君主、民主、君民共主，名义不合故更定今名。）

宪法者何物也，立万世不易之宪典。而一国之人，无论为君主为官吏为人民皆共守之者也。为国家一切法度之根源，此后无论出何令，更何法，百变而不许离其宗者也。西语原字为 THE CONSTITUTION，译意犹言元气也，盖谓宪法者一国之元气也。

立宪政体，亦名为有限权之政体。专制政体，亦名为无限权之政体。有限权云者，君有君之权，权有限，官有官之权，权有限，民有民之权，权有限，故各国宪法，皆首言君主统治之大权，及皇位继袭之典例，明君之权限也。次言政府及地方政治之职分，明官之权限也。次言议会职分及人民自由之事件，明民之权限也。我中国学者，骤闻君权有限之义，多有色然而惊者，其意若曰：君也者，一国之尊无二上者也，臣民皆其隶属者也。只闻君能限臣民，岂闻臣民能限君，臣民而限君，不几于叛逆乎？不知君权有限云者，非臣民限之，而宪法限之也。且中国固亦有此义矣，王者之立也，郊天而荐之，其崩也，称天而谥之，非以天为限乎？言必称先王，行必法祖宗，非以祖为限乎？然则古来之圣师哲王，未有不以君权有限，为至当不易之理者。即历代君主，苟非残悍如秦政隋炀，亦断无敢以君权无限自居者，乃数千年来，虽有其意而未举其实者何也？则以无宪法故也，以天为限，而天不言，以祖宗为限，而祖宗之法，不过因袭前代旧规，未尝采天下之公理，因国民之所欲，而勒为至善无弊之大典。是故中国之君权，非无限也，欲有限而不知所以为限之道也。今也内有爱民如子励精图治之圣君，外有文明先导可师可法之友国，于以定百世可知之成宪，立万年不拔之远猷。其在斯时乎，其在斯时乎！各国宪法，既明君与官之权限，而又必明民之权限者何也。民权者，所以拥护宪法而不使败坏者也。使天下古今之君主，其仁慈睿智，皆如我今上皇帝，则求助于民可也，不求助于民亦可也。虽然，以禹汤之圣，而不能保子孙无桀、纣、以高光之明，而不能保子孙无桓、灵，此实千古之通轨，不足为讳者矣。使不幸而有如桀、纣者出，滥用大权，恣其暴戾，以蹂躏宪法，将何以待之？使不幸而有如桓、灵者出，旁落大权，奸雄窃取，以蹂躏宪法，又将何以待之？故苟无民权，则虽有至良极美之宪法，亦不过一纸空文，毫无补济，其事至易明也，不特此也。即使代代之君主，圣皆如汤禹，明皆如高光，然一国之大，非能一人独治之也，必假手于官吏，官吏又非区区少数之人已也，乃至千万焉亿兆焉，天下上圣少而中材多，是故勉善难而从恶易，其所以不敢为非者，有法以限之而已。其所以不敢不守法者，有人以监之而已，乃中国未尝无法以限官吏，亦未尝不设人以监官吏之守法，而卒无效者何也？则所以监之者非其道也，惧州县之不守法也，而设道府以监之，道府不守法，又将若何？惧道府之不守法也，而设督抚以监之，督抚不守法又将若何？所谓法者既不尽可行，而监之之人，又未必贤于其所监者，掣肘则有万能，救弊则无一效。监者愈多，而治体愈乱，有法如无法，法乃穷。是故监督官吏之事，其势不得不责成于人民，盖由利害关切于己身，必不肯有所徇庇。耳目皆属于众论，更无所容其舞文也。是故欲君权之有限也，不可不用民权，欲官权之有限也，更不可不用民权。宪法与民权，二者不可相离，此实不易之理，而万国所经验而得之也。

孟子曰：天下之生久矣，一治一乱，此为专制之国言之耳。若夫立宪之国，则一治而不能复乱，专制之国，遇令辟则治，遇中主则衰，遇暴君即乱，即不遇暴君，而中主与中主相续，因循废弛之既久，而亦足以致乱，是故治日常少，而乱日常多。历观中国数千年致乱之道，有乱之自君者，如嫡庶争立、母后擅权、暴君无道等是也；有乱之自臣者，如权相篡弑、藩镇跋扈等是也；有乱之自民者，或为暴政所迫，或为分饥馑所驱，要之皆朝廷先乱然后民乱也。若立宪之国，则无虑是，君位之承袭，主权之所属，皆有一定，而岂有金壬得乘隙以为奸者乎？大臣之进退，一由议院赞助之多寡，君主察民心之所向，然后授之，岂有操莽安史之徒，能坐大于其间者乎？且君主之发一政施一令，必谋及庶人，因国民之所欲，经议院之协赞，其有民所未喻者，则由大臣反复宣布于议院，必求多数之共赞而后行，民间有疾苦之事，皆得揭诉于议院，更张而利便之，而岂有民之怨其上者乎？故立宪政体者，永绝乱萌之政体也，馆阁颂扬通语，动曰国家亿万年有道之长，若立宪政体真可谓国家亿万年有道之长矣，即如今日英、美、德、日诸国，吾敢保其自今以往，直至天荒地老，而国中必无内乱之忧也。然则谋国者亦何惮而不采此政体乎？吾侪之昌言民权，十年于兹矣，当道者忧之嫉之畏之，如洪水猛兽然，此无怪其然也。盖由不知民权与民主之别，而谓言民权者必与彼所戴之君主为仇，则其忧之嫉之畏之也固宜，不知有君主之立宪，有民主之立宪，两者同为民权，而所以驯致之途，亦有由焉。凡国之变民主也，必有迫之使不得已者也，使英人非虐待美属，则今日之美国，犹澳洲、加拿大也。使法王非压制其民，则今日之法国，犹波旁氏之朝廷也。故欲翊戴君主者，莫如兴民权。不观英国乎，英国者世界中民权最盛之国也，而民之爱其皇若父母焉，使英廷以畴昔之待美属者待其民，则英之为美续久矣。不观日本乎，日本者亚洲民权滥觞之国也，而民之敬其皇若帝天焉。使日皇如法国路易第十四之待其民，则日本之为法续久矣。一得一失，一荣一瘁，为君者宜何择焉，爱其君者宜何择焉？

　　抑今日之世界，实专制、立宪两政体新陈嬗代之时也。按之公理，凡两种反比例之事物相嬗代，必有争，争则旧者必败而新者必胜，故地球各国，必一切同归于立宪而后已。此理势所必至也，以人力而欲与理势为敌，譬犹以卵投石，以蜉撼树，徒见其不知量耳。昔距今百年以前，欧洲各国，除英国外，皆专制也。压之既极，法国大革命，忽焉爆裂，声震天地，怒涛遂波及全欧，民间求立宪者，各国皆然，俄、普、奥三国之帝，结同盟以制其民，有内乱则互相援助，而奥相梅特涅，以阴鸷狡悍之才，执欧洲大陆牛耳四十年，日以压民权为事，卒不能敌，身败名裂，距今五十年，顷而全欧皆立宪矣。尚余一土耳其，则各国目之为病夫，日思豆剖而瓜分之者也；尚余一俄罗斯，虽国威赫赫于外，然其帝王之遇刺者三世矣，至今犹鉏麑满地，寝息不安，为君之难，一至于此，容何乐耶？故百年以来，地球各国之转变，凡有四别，其一，君主顺时势而立宪法者，则其君安荣，其国宁息，如普、奥、日本等国是也；其二，君主不肯立宪，民迫而自立，遂变为民主立宪者，如法国及南美洲诸国是也。其三，民思立宪，君主不许，而民间又无力革命，乃日以谋刺君相为事者，如俄罗斯是也；其四，则君民皆不知立宪之美，举国昏蒙，百政废弛，遂为他族夷而灭之者，如印度、安南诸国是也。四者之中，孰吉孰凶，何去何从，不待智者而决矣。如彼普、奥之君相，初以为立宪之有大害于己也，故出死力以争之，及既立宪之后，始知非惟无害，又大利焉，应爽然失笑，悔前者之自寻烦恼矣。然犹胜于法国之路易第十六，欲悔而无及也。今西方之嬗代，既已定矣，其风潮遂环卷而及于东土，日本得风气之先，趋善若渴，元气一立，遂以称强。中国彼昏日醉，陵夷衰微，情见势绌，至今而极矣。日本之役一棒之，胶旅之警一喝之，团匪之祸一捵之，识者已知国家元气为须臾不可缓，盖今日实中国立宪之时机已到矣，当局者虽欲阻之，乌从而阻之？顷当局者既知兴学育才之为务矣。学校中多一少年，既国民中多一立宪党。何也？彼其人苟有爱国心而略知西人富强所由来者，未有不以此事为第一义也。故中国究竟必与地球文明国同归于立宪，无可疑也。特今日而立之，则国民之蒙福更早，而诸先辈尸其功，今日而沮之，则国家之进步稍迟，而后起者为其难，如斯而已。苟真有爱君爱国心者，不可不熟察鄙言也。

问者曰：然则中国今日遂可行立宪政体乎？曰：是不能，立宪政体者，必民智稍开而后能行之。日本维新在明治初元，而宪法实施在二十年后，此其证也。中国最速亦须十年或十五年，始可以语于此。问者曰：今日既不可遽行，而子汲汲然论之何也？曰：行之在十年以后，则定之当在十年以前，夫一国犹一身也，人之初就学也，必先定吾将来欲执何业，然后一切学识，一切材料，皆储之为此业之用。故医士必于未行医之前数年而自定为医，商人必于未经商之前数年而自定为商，此事之至浅者也。惟国亦然，必先定吾国将来采用何种政体，然后凡百之布置，凡百之预备，皆从此而生焉。苟不尔尔，则如航海而无南针，缝衣而无量尺，乱流而渡，不知所向，弥缝补苴，不成片段，未有能济者也。故采定政体，决行立宪，实维新开宗明义第一事，而不容稍缓者也。

既定立宪矣，则其立之之次第当如何？曰：宪法者万世不易者也，一切法度之根源也。故当其初立之也，不可不精详审慎，而务止于至善。日本之实行宪法也，在明治二十三年，其颁布宪法也，在明治十三年，而其草创宪法也，在明治五年。当其草创之始，特派大臣五人，游历欧洲，考察各国宪法之同异，斟酌其得失，既归而后开局以制作之。盖其慎之又慎豫之又豫也如此，今中国而欲行之，则吾以为其办理次第当如左。

一，首请皇上涣降明诏，普告臣民，定中国为君主立宪之帝国，万世不替。

次二，宜派重臣三人游历欧洲各国及美国、日本，考其宪法之同异得失，何者宜于中国，何者当增，何者当弃，带领通晓英、法、德、日语言文字之随员十余人同往，其人必须有学识，不徒解方言者，并许随时向各国聘请通人以为参赞。以一年差满回国。（又此次所派考察宪法之重臣，随员宜并各种法律，如行政法、民法、商法、刑法之类皆悉心考究。）

次三，所派之员既归，即当开一立法局于宫中，草定宪法，随时进呈御览。

次四，各国宪法原文，及解释宪法之名著，当由立法局译出，颁布天下，使国民咸知其来由，亦得增长学识，以为献替之助。

次五，草稿既成，未即以为定本，先颁之于官报局。令全国士民皆得辨难讨论，或著书，或登新闻纸，或演说，或上书于立法局，逐条析辩，如是者五年或十年，然后损益制定之，定本既颁，则以后非经全国人投票不得擅行更改宪法。

次六，自下诏定政体之日始，以二十年为实行宪法之期。

本篇乃论宪法之当速立，及其如何办法，至各国宪法之异同得失，及中国宪法之当如何，余亦略有管见，但今兹论之，尚非其时，愿以异日。（《清议报》第八十一册，1901年6月7日，署名"爱国者草议"）

## 论立法权

立法、行法、司法，诸权分立，在欧美日本，既成陈言，妇孺尽解矣。然吾中国立国数千年，于此等政学原理，尚未有发明之者。故今以粗浅平易之文，略诠演之，以期政治思想，普及国民。篇中虽间祖述泰西学说，然所论者，大率皆西人不待论而明之理，自稍通此学者观之，殆如辽东之豕，宋人之曝，只觉词费耳。然我四万万同胞中，并此等至粗极浅之义而不解者，殆十而八九焉，吾又安敢避词费而默然也。学者苟因此以益求其精焉深焉者，则菅蒯之弃，固所愿矣。（著者识）

### 第一节　论立法部之不可缺

国家者，人格也（有人之资格谓之人格）。凡人必有意志然后有行为，无意志而有行为者，必疯疾之人也，否则其梦呓时也。国家之行为何？行政是已。国家之意志何？立法是已。

泰西政治之优于中国者不一端，而求其本原，则立法部早发达，实为最要著矣。泰西自上古希腊，即有所谓长者议会（Yerontes），由君主召集贵族，制定法律，颁之于民；又有所谓国民议会（An assembly of the Centes），凡君主贵族所定法律，必报告于此会，使民各出其意以可否之，然后施行。其后雅典之梭伦，斯巴达之来喀格士，皆以大立法家，为国之桢。罗马亦然，其始有所谓百人会议者（Comitia Centuriata），以军人组织之，每有大事，皆由其议决；及王统中绝之际，有所谓罗马元老院（The Senate），罗马平民议会（Concilia Plebis）者，角立对峙，争立法权，久之卒相调和，合为国民评议会（Comitia Tributa），故后虽变为帝政，而罗马法之发达，独称完备，至今各国宗之。及条顿人与罗马代兴，即有所谓人民总会者（Tolkmoot），有所谓贤人会议者（Witenagemote），皆集合人民，而国王监督之，以行立法之事，逐渐进化，遂成为今日之国会，所谓巴力门（Parliament）者是也。十八世纪以来，各国互相仿效，愈臻完密，立法之业，益为政治上第一关键。觇国家之盛衰强弱者，皆于此焉。虽其立法权之所属，及其范围之广狭，各国不同，而要之上自君相，下及国民，皆知此事为立国之大本大原，则一也。

耗矣哀哉，吾中国建国数千年，而立法之业，曾无一人留意者也。《周官》一书，颇有立法之意，岁正悬法象魏，使民读之，虽非制之自民，犹有与民同之之意焉。汉兴萧何制律，虽其书今佚，不知所制者为何如，然即汉制之散见于群书者观之，其为因沿秦旧，无大损益，可断言也。魏明帝时，曾议大集朝臣，审定法制，亦不果行。北周宇文时，苏绰得君，斐然有制度考文之意，而所务惟在皮毛，不切实用。盖自周公迄今三千余年，惟王荆公创设制置条例三司，能别立法于行政自为一部，实为吾中国立法权现影一瞥之时代。惜其所用非人，而顽固虚憍之徒，又群焉掣其肘，故斯业一坠千年，无复过问者。呜呼！荀卿有治人无治法一言，误尽天下，遂使吾中华数千年，国为无法之国，民为无法之民。并立法部而无之，而其权之何属更靡论也；并法而无之，而法之善不善更靡论也。

夫立法者国家之意志也。就一人论之，昨日之意志与今日之意志，今日之意志与明日之意志，常不能相同。何也？或内界之识想变迁焉，或外界之境遇殊别焉，人之不能以数年前或数十年前之意志以束缚今日，甚明也。惟国亦然。故必须常置立法部，因事势，从民欲，而立制改度，以利国民。各国之有议会也，或年年开之，或间年开之，诚以事势日日不同，故法度亦屡屡修改也。乃吾中国，则今日之法沿明之法也，明之法沿唐、宋之法也，唐、宋之法沿汉之法也，汉之法沿秦之法也，秦之距今，二千年矣，而法则犹是，是何异三十壮年，而被之以锦绷之服，导之以象勺之舞也。此其弊皆生于无立法部。君相既因循苟且，惮于改措，复见识隘陋，不能远图；民间则不在其位，莫敢代谋。如涂附涂，日复一日，此真中国特有之现象，而腐败之根原所从出也。

彼祖述荀卿之说者曰：但得其人可矣，何必断断于立法。不知一人之时代甚短，而法则甚长，一人之范围甚狭，而法则甚广，恃人而不恃法者，其人亡则其政息焉。法之能立，贤智者固能神明于法以增公益，愚不肖者亦束缚于法以无大尤。靡论吾中国之乏才也，即使多才，而二十余省之地，一切民生国计之政务，非百数十万人不能分任也，安所得百数十万之贤智而薰治之？既无人焉，又无法焉，而欲事之举，安可得也！夫人之将营一室也，尤必先绘其图，估其材，然后从事焉，曾是一国之政，而顾一室之不若乎？近年以来，吾中国变法之议屡兴，而效不睹者，无立法部故也，及今不此之务，吾知更阅数年、数十年，而效之不可睹仍如故也。今日上一奏，明日下一谕，无识者欢欣鼓舞，以为维新之治，可以立见，而不知皆纸上空文，羌无故实。不宁惟是，条理错乱，张脉偾兴，宜存者革，宜革者存，宜急者缓，宜缓者急，未见其利，先受其弊。无他，徒观夫西人政效之美，而不知其所以成其美者，有本原在也。本原维何？曰立法部而已。

### 第二节　论立法行政分权之理

立法、行政分权之事，泰西早已行之。及法儒孟德斯鸠，益阐明其理，确定其范围，各国政治，乃益进化焉。二者之宜分不宜合，其事本甚易明。人之有心魂以司意志，有官肢以司行为，两各有职而不能混者也。彼人格之国家，何独不然。虽然，其利害所存，尤不止此。孟德斯鸠曰："苟欲得善良政治者，必政府中之各部，不越其职然后可。然居其职者往往越职，此亦人之常情，而古今之通弊也。故设官分职，各同其事，必当使互相牵制，不至互相侵越。"又曰"立法、行法二权，若同归于一人，或同归于一部，则国人必不能保其自由权。何则？两权相合，则或借立法之权以设苛法，又借其行法之权以施此苛法，其弊何可胜言。如政府中一部有行法之权者，而欲夺国人财产，乃先赖立法之权，豫定法律，命各人财产，皆可归之政府，再借其行法之权以夺之，则国人虽欲起而与争，亦力不能敌，无可奈何而已"云云。此孟氏分权说之大概也。

孟氏此论，实能得立政之本原。吾中国之官制，亦最讲牵制防弊之法，然皆同其职而掣肘之，非能厘其职而均平之。如一部而有七堂官，一省而有督、有抚、有两司、有诸道，皆以防侵越相牵制也。而不知徒相掣肘，相推诿，一事不举，而弊亦卒不可防。西人不然，凡行政之事，每一职必专任一人，授以全权，使尽其才以治其事，功罪悉以属之，夫是谓有责任之政府。若其所以防之者，则以立法、司法两权相为犄角（司法权别论之）。立法部议定之法律，经元首裁可，然后下诸所司之行政官，使率循之。行政官若欲有所兴作，必陈其意见于立法部，得其决议，乃能施行。其有于未定之法而任意恣行者，是谓侵职，侵职罪也；其有于已定之法而奉行不力者，是谓溺职，溺职亦罪也。但使立法之权确定，所立之法善良，则行政官断无可以病国厉民之理，所谓其源洁者其流必澄，何必一一而防之。故两者分权，实为制治最要之原也。

　　吾中国本并立法之事而无之，则其无分权，更何待言。然古者犹有言，"坐而论道，谓之三公，作而行之，谓之有司"，亦似稍知两权之界限者然。汉制有议郎、有博士，专司讨议，但其秩抑末，其权抑微矣。夫所谓分立者，必彼此之权，互相均平，行政者不能强立法者以从我。若宋之制置条例三司，虽可谓之有立法部，而未可谓之有立法权也。何也？其立法部不过政府之所设，为行政官之附庸，而分权对峙之态度，一无所存也。唐代之给事中，常有封还诏书之权，其所以对抗于行政官使不得专其威柄者，善矣美矣。然所司者非立法权，仅能摭拾一二小故，救其末流，而不能善其本也。若近世遇有大事，亦常下大学士、六部、九卿、翰詹、科道、督抚、将军会议，然各皆有权，各皆无权，既非立法，又非行政，名实混淆，不可思议。故今日欲兴新治，非划清立法之权而汪重之，不能为功也。

### 第三节　论立法权之所属

　　立法权之不可不分，既闻命矣，然则此权当谁属乎？属于一人乎？属于众人乎？属于吏乎？属于民乎？属于多数乎？属于少数乎？此等问题，当以政治学之理论说明之。

　　英儒边沁之论政治也，谓当以求国民最多数之最大幸福为正鹄，此论近世之言政学者多宗之。夫立法则政治之本原也，故国民之能得幸福与否，得之者为多数人与否，皆不可不于立法决定之。夫利己者人之性也，故操有立法权者，必务立其有利于己之法，此理势所不能免者也。然则使一人操其权，则所立之法必利一人；使众人操其权，则所立之法必利众人。吏之与民亦然，少数之与多数亦然。此事固非可以公私论善恶也，一人之自利固私，众人之自利亦何尝非私？然而善恶判焉者，循所谓最多数最大幸福之正鹄，则众人之利重于一人，民之利重于吏，多数之利重于少数，昭昭明甚也。夫诽谤偶语者弃市，谋逆者夷三族，此不问而知为专制君主所立之法也；妇人可有七出，一夫可有数妻，此不问而知为男子所立之法也；奴隶不入公民，农佣随田而鬻（俄国旧制如此），此不问而知为贵族所立之法也；信教不许自由，祭司别有权利，此不问而知为教会所立之法也。以今日文明之眼视之，其为恶法，固无待言。虽然，亦不过立法者之自顾其利益而已。若今世所称文明之法，如人民参政权，服官权，言论、结集、出版、迁移、信教各种之自由权等，亦何尝非由立法人自顾其利益而来。

而一文一野，判若天渊者，以前者之私利，与政治正鹄相反，而后者之私利，与政治正鹄相合耳。故今日各文明国，皆以立法权属于多数之国民。

然则虽以一二人操立法权，亦岂必无贤君哲相，忘私利而求国民之公益者？曰斯固然也。然论事者语其常不语其变，恃此千载一遇之贤君哲相，其不如民之自恃也明矣。且记不云乎，代大匠斫者必伤其手，即使有贤君哲相以代民为谋，其必不能如民之自谋之尤周密而详善，有断然也。且立法权属于民，非徒为国民个人之利益而已，而实为国家本体之利益。何则？国也者积民而成，国民之幸福，即国家之幸福也。国多贫民，必为贫国，国多富民，必为富国，推之百事，莫不皆然。美儒斯达因曰："国家发达之程度，依于一个人之发达而定者也。"故多数人共谋其私，而大公出焉矣；合多数人私利之法，而公益之法存焉矣。

立法者国家之意志也。昔以国家为君主所私有，则君主之意志，即为国家之意志，其立法权专属于君主固宜。今则政学大明，知国家为一国人之公产矣；且内外时势浸逼浸剧，自今以往，彼一人私有之国家，终不可以立于优胜劣败之世界。然则今日而求国家意志之所在，舍国民奚属哉！况以立法权界国民，其实于君主之尊严，非有所损也。英国、日本，是其明证也。君主依国家之尊严而得尊严，国家依国民之幸福而得幸福。故今日之君主，不特为公益计，当界国民以立法权，即为私利计，亦当尔尔也。苟不界之，而民终必有知此权为彼所应有之一日，及其自知之而自求之，则法王路易第十六之覆辙，可为寒心矣。此欧洲日本之哲后，所以汲汲焉此之为务也。（《新民丛报》第二号，1902 年 2 月 22 日，署名"中国之新民"）

## 叶　恩

### 上振贝子书

钦差贝子大人阁下：敬禀者，窃商等旅居异域，远离故邦，瞻望宫阙，如在天际，下民喁喁之私，无由上达也久矣。顷闻贝子以天潢之贵胄，作周道之皇华，庆加冕于英京，拓游踪于美地，斯诚本朝二百余年来未有之异举也。本朝旧例，亲王不得出京师三十里外，督抚出城，虽如汉口、武昌之近，必须奏请，求其周知外国之故，洞悉民间之情，盖其难矣。而贝子独以王子之尊，出游列国，得观欧美之文明，以扩胸中之见识，商等不惟为贝子幸，且为国家庆也。

盖自通商以来，外衅屡启，属国尽弃，沿海开埠，害入腹心。甲午之役，陵寝蹂于戎马之足，庚子之乱，宗庙翻夫五色之旗。乃至宫阙泥涂，衣冠沟壑，銮舆惊而西狩，烽火达于长安。幸赖如天之福，和议就绪，得以复还旧京，渐延残喘。若斯之祸，皆由宫廷枢府，庶职百僚，数十年来，狃于祖宗之法，只以富贵为乐，不通天下之大势，不思因时而变通，始于自骄，终于误国，密于防民，疏于弭外。所谓生于深宫之中，长于阿保之手，不知稼穑之艰难，不识民间之疾苦，苟且偷安，因循度日，前辙取亡，可为太息。

然而今日之危亡，尤有甚者，请为贝子陈之。

盖国所以立，惟民是依。列邦之称富强者，不曰国君之力、国臣之力，而必曰国民之力、民族之力。西国何以称国民不称国君如是？以中国之贱士媚臣观之，岂不骇为尊卑紊乱，本末倒置也哉？然先儒之言曰，国家之本在人民；西哲之言曰，无人民则无国家。盖国家者因人民而立，人民众多，不能不公立政府以代治之，君若臣，代民治事之人也。代民治事，则国家之大事，必听于民间之公议如何，而后君若臣行之，裨益国家，于是乎有议院之设。而犹恐国基不巩固，君民之间，不相亲爱也，于是乎有宪法之立。上下臣民，悉守宪法，君不轻民，民爱其上，君臣一心，上下一体，故今日列强之国，虽谓万年无祸乱可也。

今朝廷之于民也，如防盗贼，如待奴隶，既不大行改革，授人民议政之权，而又日夜抽捐，敲膏吸髓，嚼尽其财，利则无有，害则尽归于民，乐则无有，苦则尽归于民。民虽至愚，岂其堪此！观各省纷纷告变，莫不由掊克民财所致。民不聊生，挺而走险，其事可恶，其情亦可怜矣！然而朝廷政治上，有种种之不平，殊足令天下士庶，扼腕而咨嗟者，其祸方未有艾也。何言乎政治上之不平？请一言以明之。曰满、汉之界未去，虽日事练兵，日言新政，日加警察，终亦必亡而已矣。何也？父兄防其子弟如盗贼，则其家必亡；朝廷视其人民如奴隶，则其国必亡。历览亡国之史，未之或爽者也。

本朝龙兴辽沈，入主中夏，践汉人之土，食汉人之毛。府库之财则汉人供之，劳苦之事则汉人任之，有大灾难则汉人救之，有大祸乱则汉人平之。政府安坐其上，垂拱太平者二百余年，汉人之为功于本朝，可谓至矣！然而宫庭枢府，待我汉人者尤有间焉：一则戊戌之推翻新政，一则今日之假行新政。二者皆因满汉之界未去，而不知国之安危，俱系于此。此界不去，未有能久安长治者也。

夫以戊戌之行新政也，乃以台澎既割，胶岛继之，中国土地，既日就于澌灭，大清威灵，不日增其衰颓，皇上有鉴于此，故决然排众议而行之。百日之间，百度维新，中外爱戴，列国咸以中国即强相贺，诚以强中国即强大清也。乃为贼臣所废，诬之曰，维新者保中国不保大清，与刚毅"汉人强满人亡"之谬说，恭亲王练兵以防家贼之毒谋，皆发满人之口，其伤天理害情人〔人情〕，谬妄固不待言。今试问大清在中国之中乎，抑在中国之外乎？中国是大清乎，抑不是大清乎？若中国非是大清，大清非在中国，则可曰中国自中国，大清自大清。今入汉人之中国，而反客为主久矣，因汉人之中国，改号为大清久矣，是中国大清，原无分别，汉人满人，不啻同处一室，休戚相关，不能歧异。中国保则大清亦保，中国不保则大清亦必不保，未有中国不保而大清能独存者也。乃推翻新政之案，竟以是语为题。无他，诸人皆存谬见于胸中，谓维新有益汉人，有损满人而已。商等姑不具辨。但观戊戌八月以后，维新已推，皇上既废，大阿哥既立，训政之帘亦既垂，则大清宜即强矣；乃何以武卫全军数十万之师，纵拳灭洋，一战而失津沽，再战而失京畿，两宫出走仓皇，西兵追入晋豫，大清之祚，不绝如缕也？毋亦阻止维新，妒忌汉人之故乎！

夫以阻止维新妒忌汉人之故，数十代祖宗所传之宝器，积蓄之精华，俱转入异邦人之手，邦畿首善之区，咸有洋兵驻扎，与政府驻防各省无异，与为他人之属国无异。宫庭枢府，触目既非，万寿山前之月，颐和园内之花，其有不抚景悲伤，临风惆怅者乎？窃意政府诸公，追思肇乱之由，必有泪下沾襟，痛定思痛，发奋图治，力洗前愆，以为善后之策，以服中外之心者。乃真行维新之皇上，仍然无权，首倡变法之新党，依然锢禁。其手执大柄，假行新政者，乃昔之统武卫全军、废皇上恶新政、扶拳匪灭洋人、保大清而不保中国之人也。

夫果欲保大清，则东三省者大清发祥之地也，蒙古新疆者大清创业首先归附世仆之封土也。今则今日言割东三省，明日言割蒙古，后日言割数疆，弃其祖宗所艰难手创之大清，不遗余力焉！不知出于宫庭，为保一族之计乎？抑出于枢臣，私为保一身之计乎？枢臣为一身计，而割祖宗发祥、臣仆故封之地，则是卖国；宫庭为保一族计，而割祖宗发祥、臣仆故封之地，则是弃国。盖民之所仰望而保护之者朝廷，朝廷不为实行新政，开民智，伸民权，阜民财，振民气，与万国并立是务，而徒弃其疆土，以托庇俄人宇下，以求自己一族之安，天下臣民，其谓朝廷何？是使之闻风而解体也！

夫今国基日动摇，外交日紧迫，殆哉岌岌矣！然而犹据有二万里之地，四万万之民，疆土之广，人口之众，虽欧美强大之国，未之能及焉。诚能劝垂暮之慈宫，归政于真行新政之皇上，更召用深明新政之新党，实行改革，不事因循，岁月之间，必有大可观者，十年之内，天下莫强矣。商等不解政府诸公、封疆大吏何以绝口不言，而专以卖国弃国为事！群虎耽耽，岂求一国为庇，而遂可安乎？是直招群虎入室，而求尽其骨肉而已。朝廷私求外国之庇，是先弃其臣民，臣民亦何不可求外国之庇，而弃朝廷乎？是相率而亡国耳。亡国之惨，民亦何堪！商等尤不解今日宫庭枢府，迭经大乱，而犹不醒悟，尚以园囿弦歌，嬉笑晏安为乐，假行新政以欺民人，私割疆土以求自庇，而不知危亡之在即也。昔波兰、印度、缅甸、安南，其初在上者皆以外国为亲，与民人为仇。乃今其帝王之族，下侪匹夫，所享权利，或不能望齐民，则弃民而不发奋者，又何为乎？殆其亡国为布衣乎？

且夫今日列强并立，无不以民族帝国主义为方针，故其国民团合，视国家为一体，兢兢焉与万国争强。今满汉也，皆黄种也，同一民族也，同一民族则宜团为一体，不宜歧视。为令天下各州县开地方自治议会，准其自治，久之开各省会议，又久之开议院于京师，确立宪法，汉满民族，同担义务，同享利权，则中国不数年而强，大清之统不万年而存，未之有也。若弃此不务，而徒下满汉通婚之议，以图欺饰，其情不相洽、志不相孚，如故耳，岂有济哉！况皇上无权犹昔，内外官吏，借赔款之名，抽剥民财，以饱私囊，所在皆是，天下之民苦矣，恨入骨髓矣！而政府犹是昔年纵拳酿乱之人，一切新政，伪而不行，行而不实，实以生乱，欲国之不亡，不可得已！

商等身在异邦，心怀故国，念国家盛衰兴亡之故，恻然于中。今因星轺戾止，谨举其大端，以效刍荛，异日归国，请敬告我后。诚使我国有维新之日，商等愿忍死须臾以观太平也。又华人经商各国，时有被人禁逐之惨，轰毙之惨，每岁数十计。钦差领事，从无伸理，国势不强，人民受害，言之可为寒心。然民心犹固者，则望皇上复出维新，中外推服，国基一振，民志得伸耳！不然，在国内者必受瓜分，在国外者亦遭枪毙。数年之后，贝子虽欲从容而享今日之尊荣，岂可得哉！岂可得哉！商等诚不忍见铜驼在荆棘中也。冒昧上言，不胜屏营之至，敬请钧安。

旅居美洲各埠代表人加拿大叶恩等禀（《新民丛报》第十五号，1902 年 9 月 2 日）

## 佚　名

### 论中国立宪之要义

今日中国政府，又将现出一新问题，其机已动，其端已见，其潮流已隐隐然而欲涌出者，厥为何哉？盖立宪之问题是也。夫文明之国，无不制定宪法，以维持于君民上下之间，一以顺舆情之正，一以图社稷之安。无论君主、民主，皆以宪法为立国之要素。故其国君民合德，上下一心，国乌得而不富强。我中国则向来无此观念。每语以宪法，或且斥为乱政之言，诧为不经之说，甚且与高谈革命者一例以大逆不道视之。盖其不知宪法之性质，及所以立宪之利益也。前者忽有驻法孙星使奏请立宪之举，继又有某某督抚亦以立宪为请，近来课吏校士亦有以宪法发为问题者。虽未知中国年来果能制定宪法与否，然其机已动，其端已见，其潮流已隐隐然而欲涌出，则显然可见。虽然，制定宪法，岂可以卤莽为哉。姑不论其果否制定，吾特指陈立宪之要义，以为中国政府之言立宪者告焉。

一取法宜审慎也。民主国之宪法，无庸论矣。中国不立宪则已，如立宪，必宜取立宪君主国之宪法；参观而仿效之。然而亦有难者。夫立宪君主国，英、德、日本是也，试问其三国之宪法皆相同否？盖各有一种特别之性质存乎其中。宪法分有字法（亦曰成典宪法）、无字法（亦曰不成典宪法）两种。有字法者，按其事实而规定，以垂为典要者也；无字法者，出于习惯之自然，以沿为成例者也。若英国之宪法，则成于习惯者多，他国万不能强效，而且英国虽亦为君主，究其国体之性质，与中国大有不同。至于德国，虽系君主，实为联邦，其国体既与中国殊，其宪法自非中国所宜则效。说者谓其种同、其文同、其洲同、其国政风俗与中国相去未远者，厥惟日本，中国立宪，似以取法日本之宪法为宜。讵不知中日两国，有一大相反之事，极为耐人寻味者。即日本从建国以来，一姓相承，至今未替；中国则朝代屡易，姓氏迭更。据此以观，则知日本宪法，亦非中国所可呆然取法者。中国苟终不欲立宪则无庸议矣，倘果欲立宪，则必先研究中国国体之性质及国民之习惯，以为规定宪法之基，然后再参考各君主国之宪法，以资借镜。政府之谈立宪者，不可不留意于斯焉。

一议院宜先立也。欲立宪，必有所以维持宪法而成为辅车之势者，则议院为要焉。盖议院者，实立法权之机关也。宪法之立，以国民公认为准，故必有代表国民者而会议决定之，乃可以颁行国中无滞碍难行之弊。宪法、议院二者，不能相离，各立宪国无不皆然。今略举一二以为之证。英国宪法第六十一条云："敬神明，保国安，使朕与诸侯伯之间互相和睦，故允准以上诸条，且欲永守以上诸条，使无沦替。朕今与臣民约，于英国诸侯伯内，公选二十五名，以其权势维持本宪章所许之平和与自由。即朕与大法官有犯此宪章之形迹，为人所告发时，亦可由二十五名侯伯中所选之四名议长，将此事诉于朕，或朕不在之时诉于大法官以矫正之。若此四名议长诉后四十日内，朕不矫正之，或朕不在之时大法官不矫正之，则此四名议长可与其余侯伯协议，会同人民，施种种据地、据城、占财产等手段，以掣朕肘，惟不得害及朕身与皇后、皇子之身。若诉后而朕即矫正之，则诸侯伯与人民对朕尽忠义如故。凡为施行以上诸权利之故，立誓与诸侯伯协力以掣朕肘者，无论何人，朕不得禁其立誓。"德国宪法第五条云："帝国立法权，联邦议院、帝国议院共同行之，帝国法律须两院以多数决之。"日本宪法第三十七条云："凡法律必经帝国议会之协赞。"观英国宪法第六十一条所云，则议院可以维持宪法之说也。观德国宪法第五条、日本宪法第三十七条所云，则议院为立法权机关之说也。虽然，近世政治家，对于议院，有一难决之问题，则主张两院及主张一院两派是也。主张两院之说者，其所执之理约有三端：一、议院之所以须两院者，在矫轻忽急遽决事之弊；二、为一议院时，议事有流于偏颇之弊；三、议院分为两院，能防政党之诡计，制有力者之专横。主张一院之说者，其所执之理约有六端：一、联立两院，当举行政务，甚费时日，有失政机之虞；二、为二院时，弊亦及于财政上；三、虽分两院，实际与一院无异；四、分为两院，有少数制多数之弊；五、分为两院则复杂政治之机关，有混乱政务之弊；六、设两院者，背反思想之原理。两派之论，各皆持之有故，言之成理。然中国如果立宪，吾宁主张两院之说，宜兼设上下议院。盖中国政府狃于专制之积习，民间则缺乏对于政府之信心，有两院以调和之，则法立而令行，下不至有疑虑观望之虞，上亦不至有倒行逆施之弊。此亦为中国政府之言立宪者所当研究之一问题也。

噫！吾之此论，其为睡梦之呓语，而无人听之乎？抑果为政府诸公所寓意乎？吾究不知中国果有心立宪否，如果无心立宪，则吾之此论，是真如于众人鼾声如雷之顷，而吾独自发呓语矣；如果真欲立宪，则必不宜以此论为卑贱之言而轻忽之，要知此实为中国立宪之要义，为不可或易者。不然，则互相告语曰立宪立宪，其结果但择利于朝廷政府之处，由少数之人制成宪典，如部定之各项章程。又何贵有此宪法哉！又何贵有此宪法哉！

（《大公报》1904 年 6 月 18 日）

## 觉　民

### 论立宪与教育之关系

自日本以区区岛国，崛起东海，驱世界无敌之俄军，使之复返其故都而后，世之论者，咸以专制与立宪，分两国之胜负。于是我政府有鉴于此，如梦初觉，知二十世纪之中，无复专制政体容足之余地，乃简亲贵，出洋游历，考察政治，将取列邦富强之精髓，以药我国垂危之痼疾。盛哉斯举，其我国自立之权舆，吾人莫大之幸福欤！虽然，宪政之行也，必全国人民皆具有政治知识及自治能力而后能措置裕如，秩序不紊，非可卤莽灭裂而强以行之也。彼英吉利者，非所谓宪政之母国乎？然其人民之推翻专制，要求立宪也，不知经几许时日，抛几许头颅，而后有以寒暴君之胆，褫污吏之魄，亦足见数十条之宪章非可幸得矣。盖专制者君主之护符，而宪政则人民之甲胄也。专制之君袭万乘之尊，挟雷霆之威，以侵人民之自由而夺人民之权利，于是彼人民者乃不得不出而抵抗，用图自立，此固自有历史以来，凡国之由专制而进于立宪者，所必经之现象也。虽然，此现象之所以发生，其在民智大开，民力膨胀之时乎？若全国人民，智识未开，能力薄弱，则其不视君主为神明而自甘于奴隶者盖寡，安望其出生入死，攘袂奋臂，冀还固有之权，以归之于己也哉？是故宪政也者，必由人民之要求而后得，非君主之所肯施舍者也。而人民之要求立宪，亦必在民智大启、民力大进以后，而非浅化之民所能梦见者也。

今者我国之人民，果处何等之位置乎？泯泯昏昏，蠢如鹿豕，知书识字者，千不得一，明理达时者，万不得一，家庭之中无礼教，乡里之中无团体，郡县之间视同秦越，省界一分，尔诈我虞，以如是之国民，而与之以莫大之权，使之与闻国事，是何异使蚊负山蚿距海也。虽有二三大臣，提倡于上，颁布宪法，与民更始，其如民智之幼稚，民力之绵薄何？吾恐宪政既立，而国民茫然无措，必有一举手一动足，而无往非荆天棘地之概者。盲人瞎马，夜半深池，其不贻笑于环球者几希矣。

夫此非予之酷论也。我国民之实情，确有然者。夫宪政必由于民之要求而后得，非君主之所肯施舍，人民之要求立宪，亦必在民智大启、民力大进以后，而非浅化之民所能梦见，此其理吾前不已言乎？向使我国民知识已开，能力已强，则立宪之举成立久矣。即未成立，而要求之事，亦当时有所闻。如俄民之联络全国，上书国主，纷纷罢市，要索立宪者，则宪政之行，指顾间耳，又何必待在上者之恩施，而觍颜以受之哉？不此之计，我国民之程度，殆可知矣。今者俄皇尼古拉士第二已准其人民之要求，设立国会，选举议员，从兹向受专制之俄民皆获享立宪之权利矣。而我国民乃钳口结舌，默坐以俟政府之立宪，亦知宪政之立自上者可暂而不可久，必其要求于下者，方可长久乎？甚矣，其愚也。

虽然，吾观政府之意，似已决于立宪矣。使节虽阻，启程特需时耳。而海内人士，喁喁望治，惟恐宪政之不立，而引领以欢迎之。是则宪政之于今日之中国，直如坠石危崖，走丸峻坂，虽有贲育之勇，亦莫能阻其前进。况环顾各邦，鹰瞵鹗视，神州大局，岌岌可危，若必待吾国民具有立宪之资格，而后始举行宪政，恐彼其时中国之名词，已不复存于世间，而为历史上之古迹矣。故宪政之行，诚为今日要图，不能须臾缓也。若政府果能舍其特权，分之于民，屏绝虚憍，诚心立宪，则和平之改革，日本已启其先路，我何妨步其后尘乎？至于国民知识之幼稚，能力之薄弱，则宜有术以培养而助长之，数年以后，度不难及立宪国民之程度。其术维何？则教育是已。教育既遍，国民胥智，政治上之知识，皆磅礴于人人之脑中，而后自治之能力，随在可以发挥，以之充议员之选，闻国家之事，其恢恢乎游刃有余矣。然当教育未溥之时，决不能遽行立宪，若逆其道而行之，适足以增异日之障，甚无取也。谓宜仿日本成法，先颁令于国中，以六年为期，实行立宪，庶全国人民，皆得有所预备，而不致手足无措，此万全之策也。顾论者多主急进主义而不取渐进，且谓教育普及，宜期诸立宪以后，此其说虽持之有故，言之成理，而切实按之，则不免有倒果为因之弊，吾故期期以为不可。

昔日本维新之初，福泽谕吉译卢梭《民约论》，播诸民间，于是自由平等之说，喧嚣众口。伯爵大隈重信辈竞请立宪，处士浪夫，亦附和其说。独加藤宏之以民智未开，程度太浅，遽行立宪，不见其利，特为渐进之说，而斥众说之非。厥后卒于十七年间颁布宪法，二十三年始设立议院，迄今日本宪法森然，蔚为强国，皆此六七年间大兴教育，广开民智，有以立之基也。记者不敏，窃愿采彼成法而为我国筹兴学之方，其诸大雅君子所乐闻者乎？

夫专制流毒之浸淫于中国者，二千有余载矣。其人民素受压制，丧失自由，驯至放弃义务，弁髦权利，不识国家为何物，不知自治为何事，此亦根于天演而无可如何者也。今若一旦改革旧制，取我国民所未曾梦见之宪法而移植之，有群相咋口拆舌，拘手絷足而已。虽然，通商之埠，都会之区，人文荟萃，英杰辈起，其中非无熟谙宪法、研究政治之人。窃谓宜于各省会及各商埠，分设宪法研究会，由学望兼优者，招集同志，组织团体，凡各国立宪之历史及现行之法规，靡不精研而别择之，何者行之于中国为有利，何者行之于中国为有弊，秩然厘然，无使紊乱。又于本邦律例，逐条讨论，斟酌夫地理之宜否，民俗之强弱，决其孰者宜仍，孰者应替，集其大成，编为议案，然后公举代表，提出而要求于政府，请其承认，著诸宪章，然后宪政之根柢固，而万世之长基立矣。盖政府诸公，大半丰其席履，自幼作吏，其于民情固未能洞悉，即间有来自田间者，亦以离民间日久，民之情伪无由周知，若界以议立宪法之责，难免不处处隔膜，而有倒行逆施之弊，故不如其立自于民之较为亲切也。此宪法研究会之所以亟宜设立者也。

虽然，宪法立矣，而无行政司法之材以维持而调护之，则又徒成具文，不如无之之为愈也。故开通官智，培养吏才，实为今日急务。前者修律大臣请设仕学速成科一折，已由学务处议覆奏准，通行各省，遵照办理，其所订办法，颇中肯綮，诚能循是行之，数年以后，当不难卓著成效，兹不赘述。

按各国小学，皆有国民教育一门，所以讲明国民之关系及人民生存之要素，以鼓舞儿童之爱情，提倡社会之公德，故及其长成，莫不具有国家思想。又设政法一科，采节法制，编为教科，故其国人民，法律思想最强，自治能力亦最长。今我国民之冥顽不灵者，实居最大多数，微论法律之学非所谙习，即国与民之关系，亦多茫然不知。今欲矫其弊，似宜仿各国学制，于小学课程中，增入国民教育及政法二者，方为正办。惟自小学以迄成材，必在十五年以后，而立宪之期，至迟不过六年，若必待今日小学之学生悉行成材以后，始举行宪政，未免有河清难俟之感。窃谓宜于普及小学以外，另设无数绝大补习学校，凡年长失学及农工商贾中之识字明理者皆入之，授以普通科学，以养成其普通之知识，并特设政法一门，以启导其法律之思想，三四年毕业，于立宪之事固已粗知崖略，虽不及各国民之资格，而偾事之弊，吾知免矣。至于肩挑贸易之徒，与夫作苦自给之辈，则非教育之力所能及，宜以演说与改良戏剧二者并行之。吾闻日本人民之开化，实得力于演说者多，其时国内盛开演说会，听者或数百人至数千人，遇有勋贵及知名士登坛，则听者或数千人至万余人不等。今东西各国大政令大兴举，无不倚重演说，为行政之关键，诚以演说者无智愚贤否，皆能感动，且普及较易也。今宜仿而行之，多派士人分赴各地，到处演说，使众知今日中国危弱已极，非立宪无以自存，立宪之事，非自治无以成立之故，而后有不人人思危亡之痛，人人知振作之方者，吾弗信也。至于戏剧，则其感化之力尤大，庚子拳匪之乱，识者至归其咎于戏本之不善，非无故也。今宜择各国立宪史中之事实，编为戏曲，演诸剧场，庶几儿童妇女耳濡目染，亦知立宪之为何事，而恍然大悟矣！

　　以上所陈，仅就立宪与教育之关系，约略言之。然苟能循是而行，数年之后，当不致无效可睹，慎弗以为老生常谈而河汉视之也。岁月不居，如驹过隙，今世何世，今时何时，我国民其速猛省乎！至其他于未立宪以前所应行兴革之要政，如改官制、定圜法、易服色、同律度量衡诸问题，则海内达者，论之已详，固无俟鄙人喋喋者矣。（《东方杂志》第二年第十二期，1906 年 1 月）

## 佚　名

### 论立宪与外交之关系

　　综观吾国今年一年外交界上之事，其间如改订藏约、商议俄约、开议中义商约，及与英使商禁鸦片进口，与日使提议交还营口等事，皆其荦荦大者。其他如阻止各国兵舰驶入鄱阳湖，与日使商撤东三省军政署，各国撤退京津驻兵，德撤高密防军，法人增兵粤桂边境，则事之关于军政者也。废铜官山矿约，废四川华英煤铁公司合同，索还漠河金矿，拒日使要求东三省渔业权，商废法商楚潋永等七属矿约，则事之关于实业者也。其关于交通者，则有禁止外人干涉电线电话事业，废英商苏杭甬铁路合同，拒英使要索滇缅路权，阻法人谋夺浔州航权，及中英会订广九路约诸事。其关于教务者，则有江西南昌教案，河南周家口教案，安徽建德教案、霍山教案，浙江新城教案、镇海教案，福建漳浦教案诸事。凡此各端，虽皆与吾国有密切之关系，然非比前年去年，日俄宣战、媾和，重大之关系也。而其间至大之一事，则为定立宪、改官制，此为吾国数千年未有之局，溯之往古，自洪荒草昧，至黄帝而一变；自黄帝至秦而一变；自秦至今日而一变。今岁之事，其中国立国古今之分界乎？顾其事属于内政，不属于外交。谈外交者颇忽之。虽然，吾人私见，则以为立宪之举，虽不属于外交，然吾国之立宪，实发源于外交，而其究竟，亦必影响于外交，有非可专以内政论者。其今年所见外交上一切交涉，则皆立宪不立宪问题上之支流余裔，其前途未有不可以立宪卜之者。然则论今年一年之外交大事，仍当以立宪为主脑矣。请略陈之。

中国古无宪法，故其初闻外国之政体也，漠然不以其国会为意。其后则粗知国会之为善政，而于国会之成立，及其作用，皆不及深知。当二十年前，日人哄然要求立宪之时，我人士尚不知其作何事也。其为瞆瞆，孰大于是！自后屡与外人交哄，百举而百不胜，始微有悟于外人之筹饷则输将恐后，陷阵则生死无贰，其所以致胜于我者，殆不尽由船坚炮利之故。于是进而求其故，稍知其效，为非专制所能有者。而其时外邦直谅之友，本国忧时之士，其所以强聒我政府者，亦无不此一大事因缘，不惜唇焦舌敝，效其忠告。而当轴亦自知将危，智尽能索，舍此之外，无可试进之方药，而立宪之意遂萌矣。迨日俄一战，其胜负之原，千因万果，殆非常智所能窥，而以至单简之言断之，则惟可谓之专制不敌立宪已耳。

自有此说，而言者益坚，听者益悚。今年之秋，遂有此诏。纵时论中诡，以为其间别有异因，殆不由于求治，然非本报所欲讨论也。自本社观之，则有屡次外交失败之恶因，乃有内政改良之善果。是谓中国立宪，其实发源于外交。

至论立宪之影响，何以将及于外交，此可分两事论之：一宪政成立之影响，一宪政不成立之影响。此二事者各有其因，各有其果。何者弃至，今日尚未能决定也。

外国将合纵以瓜分中国之说，腾布五洲，中国人闻而悚息，亦有年矣。然自今日微窥之，觉瓜分中国之说，外人虽确有此意，然未必即见诸实施。数年之内，彼族殆秣马砺兵，以听吾人之自取，其进退初无成见也。吾国而自强耶，彼将为我友邦，必不生吞活剥，以蹈不测之险。（其间恐不能无阻，我自强之举，然必不致无敌而用兵耳。）吾国而不自强耶，彼岂天予不取，反受其咎者？盖即欲不动而不能矣。而吾国自强、不自强之机，则断然取决于立宪。此其相关之故，闳深茫杳，发挥其故，则属专家，非本报所能尽。质而言之，则当今日竞争剧烈之世，乃举国与举国相竞，非皇家与皇家相竞。非以国家为亿兆之国家，则讲学兴工、筹款练兵，百姓皆将视为朝廷之事，与己无涉。一旦有事，以我之一家，敌彼之一国，相遇即靡，理之常耳，平时商战，更无论焉。我之不胜，皆坐此也。故吾国而能立宪，则根本既坚。今日教案、路约、矿约之事，一经收回治外法权，即可永不复见。倘其不然，则此等之事，行将日甚一日，必至举国无一人一事，非挂洋牌不可。至此之时，国虽不亡，实已惨于亡矣。是谓中国立宪，其影响必及于外交。

至于宪政之能立不能立，则不系乎政府，而系乎国民。且并不系乎今日之国民，实系乎先民之政教。先民政教中，其犹有善因耶，则宪政必立，而吾国必强；其竟无善因耶，则宪政必不立，而吾国必亡。强之与亡，非今人之功罪也。言至此，则已抉外交内政之源，而其事精微，亦非圣哲不足以与知矣。（《外交报》第一百六十七期，1907 年 1 月 18 日）

## 薛　照

### 人民程度之解释

恭读本年七月十三日预备立宪之上谕，与九月二十日关于更改地方官制之上谕，均斤斤然以人民程度之差为言。而七月十三日上谕，更重言申明，视进步之迟速，定期限之远近。九月二十日上谕，则言今日民格不及，不能行地方自治。此其重视吾民，望之深而责之切者，固已至拳极殷，凡在下民，宜若何感奋以兴也。

虽然，既云程度，则必明示所程所度者以为之衡。盖一切事物，有能即有所，能所固对待而不可离。（能所二字并举，见于佛典，如佛告阿难，汝目能见，必有所见，须将能所打叠消归一致云云。吾国自唐时，已传入此术语，近时候官严几道于所译穆勒名学中，亦多能所对勘之语。）既言程度，则必指示所程所度者，以为标准。今标准不存，而但泛责以程度，泯泯胥渐之民，将安所以适从，此其问题，遂为至难解决者矣。草野疏逖之人，既无以仰窥庙算之深远，于是教育家本七月十三日诏旨晓谕士庶人发愤为学以预储立宪国民资格之意，乃遂起而承之，谓人民程度问题，为教育唯一之问题，教育普及，即为立宪之预备，其意象乃以深入于人心。夫既认为教育上唯一之问题，而谋其祈至之法，则凡企谋于教育普及者，若推广学校，若规定学区，若改良完善一切教科书，与一切校地教具，若筹此大宗经费，若明定必入学年期，与颁布强迫教育法令，宜为今日最急之先务矣。

微窥今日通国人心，于此数者之图谋，其黾敏固以无逾于七月十三日以前，则又何也？夫此教育普及之意象，中于通国人心，固为近十年来人心演进抽象所成之一公式（公式二字，借用数学家术语）。由群言淆乱之杂糅中，而得此具伦脊之统纪，今日无智无愚，由上及下，殆皆认为祈向之正鹄，不可谓非心理之进化者也。遵是不失，必有祈到之一日，但其日甚遥，而与立宪切近之因，微有不应者耳。

何者？吾国有立宪之谋，乃剥肤于敌国外患，被动所生，而非主动，此无可讳饰者也。故七月十三日之上谕，亦明宣其因由，布告于众，"我国政令，历久相仍，日处阽危，受患迫切"，"现载泽等回国奏陈，皆以国势不振，实由于上下相蒙，内外隔阂，官不知所以保民，民不知所以卫国，而各国之所以富强者，实由于行宪法，取决公论，军民一体，呼吸相通"。由此观之，则朝廷所以主张立宪者，意在救亡，实灼然于制治之旧，不足以肆应于世界大势之新，且深知今日之受祸者，由于不立宪，以致不振，而诸国之富强，乃由于能立宪也。夫此诏书所揭示者，既炳若日星，且切中于事势，虽以诸国之大政治家眼藏观之，亦未见有不然之评论。是则吾国不振为果，仍旧为因，诸国立宪为因，富强为果，固昭昭其不可掩矣。夫如是，则教育普及，必立宪后，上下心志，交孚无窒，财用整濯，周流充足，乃能演出教育普及之一境，立宪以前，断无可以自至之势，固甚明也。试观日本立宪近二十年矣，而国人之识字者，平均百人其数为八十九人；

英国宪政，行于数百年前，而百人中识字者，占九十二人；德国为厉行强迫教育之元始，百人中识字者占九十六人（以上据一千九百零三年统计）。由斯以谈，则日本百分尚缺十一，英缺八，德缺四，就其表而言，固可以云普及，实则尚有数分未普未及也。今吾外患如此其急，朝廷洞见其原，为此非常之改革者如此其勇，而因有程度不及之疑虑，教育家遂起承之，认为唯一问题，其用心固尽美而又尽善，但不悟普及之难，必立宪后，始可祈至。使吾上下之人，尽倒认其因果，则立宪实行，当在何年何月乎！

今尤不能无言者，正以人类演进，其势无涯，期望稍奢，允无慊足之日。诚如庄生所谓有极而无乎与处，有长而无乎本剽，凡在他事，莫不然也。闻者疑吾言乎？请试游心于甲午戊戌庚子以前，举其见象，以与今日絜较，则必憬然于吾言之不谬。对观于此见象，以云进步，固随在有进可言者矣。如问何以进？则上智之俦，亦有避席而莫猝答。今请为下一简切总括之语，以明所以然之故曰：凡人事臻进，必理论与事实傅合，而又能监于失败，企于祈至之的，乃有进之可言也。由此观之，欲求一事进步，必理论与事实比合。盖吾甲午以前所以顿而不能进者，正以学非所用，用非所学之痼病，贯彻于通国。而自此至今，稍有进之可言者，正以能悟前非而改国是，理论事实，能有一线之交切也。是则质而言之，人之材能，欲相宜于其事者，必借事实以磨砻也。

夫斯言也，从教育广义观之，固为教育所包函，诚以人生在世，无一日不为学也。若自学校教育之狭义观之，则今日所行者，实不足以包举上文所陈之语。矧立宪者，绝非能读傍行之书册，解异国之条文，识政家之学说，即能引用于吾而顺适无违，所施皆当也。虽其事必芘赖于教育，而今日现行之教育，固不能引为唯一之问题，恃为唯一之解决。盖今日政治之学，尚未可确名之曰科学，以其所立公论界说，常有多是之对胜，非如物理学之一是之外无余是，所治之物，其性情功效，不能逃乎既成之律令也。矧预备立宪之诏，尤有非但教育可以解决者。盖民德之隆，学术之昌，固为立宪推行之力，然既有程度之期望，则当有所程所度者，或标一的，以建其极，或指教育普及，以为之衡，于事势虽有不能，尚为示信于民，不可缺之要道也。然吾之意，固非谓预备之期，不须重教育，亦非谓教育非预备之要道，所以很很而为词费者，盖以程度不及之言，善用之，固足以鞭辟孟晋，不善用之，实足以阻塞万事，而为偷怠便己者潜身之渊，故不惮于斯言之异同，而为繁芜之言以解释之也。

记者之意，尤以为责以程度不及，而不明言所及者何在，以人事进行之无疆无休，虽再历百年千祀，而仍谓为程度不及，当之者亦且无词以自解也。夫立宪必事选举，证诸今世各国公同之已事成例，必具此乃可以云宪政。观于七月十三日预备立宪之诏书中微隐之趣，与近九月二十日宣改地方官制之上谕，谓地方自治难以遽行者，均以民格不及、程度不足为言，此无异言今日民智不足以选举以自治，质而言之，即谓下之自谋，不若上之为之谋也。夫医所以瘳疾者也，若医者但云汝疾不瘳，则安赖有医。比者之纷纷谋立宪、谋行地方自治，所以救亡也，而顾以此了之，则安用纷纷为。而记者之意，尤以为不及乃事后之判决语也。今官中参革之例，有所谓不及者，乃已试而知之词，非可用为未然之揣测也，如竟判为不及，人非病废，必有不甘受者。且以今日之我，方今日之人，诚有其不及者矣。然当二千余年以前，人之祖先，即尝萌蘖其宪政于希腊罗马，安见彼时之人，胜于今日之我，盖吾上文固言人之材能，必以事磨礲而后出，监观于败，尤前途成功之母，此如大匠运斤，巧至之日，可以不失绳墨，然方其练习之初，亦必无巧可见，不能殊于常人也。盖吾之意，以为预备云者，必预备斧斤绳墨，使民学斫学削，乃有合宜之跂及日，否则，再历十年百年，其不及者恐如故也。

今请更为简括之语，以结束此问题，欲吾国上下之人，潜心以研究之。即如铁路问题，当三五年前，吾国人未有不以财力不及自诿者也，而今日则公司之立，遍于各省，成绩彰然，未见其有不及。又更征诸昔贤学说，则重历史、重事实上征验。如孟德斯鸠之鸿哲，亦谓一国之民，固多庸众，然使界以选举之权，其智尚足以任，盖其所择者，皆己所谙悉，而耳目闻见不可荧也（见严译《法意》卷二第二章，文繁不具引）。然则虑人民程度不及，而欲延迟立宪者，可以悟矣。况夫国民资格，乃由法律认许以生，若宪法不立，而以向日怙势借权之道陵之，国民何有，资格何有，民方皇惑于恐怖之中，必无程度可言矣。（《东方杂志》临时增刊"宪政初纲"，1907 年 2 月）

## 张　謇

## 变法平议（节选）

凡礼部之事八。

一普兴学校。国待人而治，人待学而成。必无人不学，而后有可用之人；必无学不专，而后有可用之学。东西各国，学校如林，析其专家，无虑百数。前导后继，推求益精。但能择善而从，皆足资我师法。端其基础，首在正蒙。日本普通以及高等小学校，即各国乡塾；其寻常中学校及寻常与高等师范学校，即各国郡学院；陆军及各专门学校，即各国实学仕学院；大学校即太学院。其学分法学、理学、文学，其章程有初定，有改定。为中国今日计，不独当师其改定之法，亦当深知初定之意。知其初定之意，而后我无操切率易之心；师其改定之法，而后我无苟简纷歧之弊。较其次第，宜各府州县先立一小学堂于城，小学堂中先特立寻常师范一班，选各府州县学诸生，年二十至四十、束脩自爱、文理通畅者，四五十至七八十人，视学大小为人数多寡，延师范师教之，三月后试令分教小学堂学生。由地方视学官，每月会同师范师，试其学业教法之进退，而第其优绌。第二年四乡分立小学堂，府州县大者四十区，中三十区，小二十区，酌分地段，有寺庙者先借为之，分师范生优者为教习，其优而愿留堂力学者听。第一年师范生不纳膳金，试而优者，分三等给奖，最优者五圆，优者四圆，次优三圆。第二年学生纳膳金，第三年即以先立之小学堂为中学堂，仍并寻常师范学堂于内，兼教西文，而别立高等师范学堂。凡学生皆纳膳金，数随各地酌定。是为官学。若绅富私立或公立者听便。建设之始，报明视学官转报文部，给予准据。学堂教育章程及课本书与官学同，考试给凭出身亦同。第四年各省城立专门高等学堂。第五年而京师大学堂可立矣。凡第一次官立者，书籍由学堂置备，其余无论公立私立，皆学生置备。有人捐备者，由官给奖。凡各府州县公立、私立之学堂，初设及设后费用不足，由官补助。此由各府州县小学、中学循序而至高等学堂、大学堂之序也。其应特立者，仿日本学习院，于京师五城扩官学堂十区。凡宗室八旗、王公大臣子弟年二十以上或届学龄者（自六岁至十二岁，日本谓之学龄，无人不入学）入焉。其功课，普通及高等小学堂程级，与各小学堂同。毕业后以次入中学堂、大学堂，与汉高才生同学。异之者崇以特绝之礼，而动分外向上之心。同之者平其挟贵之心，而化显分畛域之见。其应分立者，各府州县警察、法理、农业、工艺学堂，高等商业学堂，女子师范学堂。其可稍缓者，高等师范、音乐学堂、盲哑学堂。凡学堂官立及补助公立私立之费，皆入豫计，各省学堂以府州县税支办。官学堂则以停止八旗兵丁口粮支办，以夺之者予之而平其怨，即以教之者养之而当于施。闻之普之胜法也，群臣相贺，其相卑士麦执小学校夏楚以示人曰：挞伐者此也。大哉斯言！考诸三王而不谬，百世以俟圣人而不惑矣。

一酌变科举。今有木焉，根柢于崖谷之间，巨石上压，气至乙然，四出其萌蘖，久之则化为丛莽矣。樵者过之，斧其三而留一。根之受气，毕由一达而益旁薄，久之森森而干矣，又久之睆崖而出其上。匠以为材，木德此樵也矣。而必以为向之斧者戕其生，不如丛莽之以不材为材也，诬材之性也哉！科举之妨学堂犹是斧其三。与科举而并妨学堂者，曰捐纳保举。捐纳停矣。辟召之奏任判任，任其人以事，必其人之所曾学，是保举犹在也，而非向之所谓保举也。是斧其二。凡应科举而工其术者，其智故学堂之上材矣。今变五百年之科举，而使天下人材，毕出于学堂之一途。天下之士，年二十五以下，天资颖异，其术能取科举者，必无不能就学堂以成一业。其二十六以上至四十之人，可学于师范学堂，习小学堂师范课本书，教授旁里，或应各府州县以下官之辟选，亦不致大违其素业。其闻变科举而色然骇，皇皇不可终日者，年四五十以上，业科举而不能自立之人，冀幸不变而有旧株可守也。然四五十以上，则有子弟矣。论者或主策论代制艺，或主习经，而减乡会试制艺之篇数。学堂主学，而科举主文。学可赅文，而文不足尽学。与其主策论制艺而翻腾于其中，不若宾策论制艺而消息于其外。年二十五以下诸生，自中学堂始，亦须十年毕业而为世用。此十年之中，年三十四十之诸生，正可取学堂文科、理科之书，如史学、哲学、地理、伦理、社会、教育、经济、财政、政治、数学、农、商十二学已译成者，令各肄业。应试之日，分为两场：第一场试以九经义一首，工制艺者，听作制艺一首；第二场以十二学各发问题试之。凡九经义、十二学占习何门，并令自报，试中者分门注籍，由考官咨送各专管之部，以凭京外各衙门辟举任用。断以十年为限，限满即停，中额减半，略依嘉道间旧例。是亦移花接木之近方、吐故纳新之渐径矣。

一学堂先学画图。山川都邑，非图不明；户籍水利，非图不清；警察，非图不灵；海军陆军，非图不行；矿山、铁路、工商，非图不营。图固变法之轨道哉！测量画图之学，本不精深，学以半年，即能成就。日本初等小学即事绘图，故虽工商出游，莫不能右握铅刀，左擎纸素，随所游览，形形貌势。今拟各府州县初立小学堂，即延测绘教习一人，专教测绘学生。地大者二十人，中十六人，小十二人。临派测量，各减其四，以留于堂，为学生或有疾病事故，或学之不精，而办事无实者，更换之备。图成由教习参合订正之。

一译书分省设局。集一裘之腋者，必猎千狐；求连城之璧者，必剖万璞，非好为是烦难也。西政专门之书，经东人列为学科者，类已逾百；而一类之中，又有新旧之本，各家之说，约计所知，大抵又五六倍焉。若西书之繁，尤不胜数。（据花之安《德国学校论》，一千八百七十一二年，新撰书二万七百余种；英国一千八百七十年，新撰书三千四百八十九种。）今中国为先河后海之谋，宜译东书；即为同种同文之便，亦宜译东书。然各省同时并立学堂，并需课书，若专倚一省，不及供求取之殷，而各省辏兴，亦虑有复沓之弊。谓宜约分门类，就江南（苏州淮南书局并入）、上海、江西、湖北、湖南、山东、四川、浙江、福建、广东十处原有书局经费，各认若干门，延致通才，分年赶译。每成一种，互相分送，全数译成，仍分各类，由宏达之士，为之芟芜薙遝，集要钩元，都为一书，以饷学者，收通力合作之效，亦即为博学详说之资。抑更有说焉：今天下新旧南北之见嚣然矣，译书事繁，雅才难得，苟胜斯任，宜破嫌疑。非特借兹实事弭衅化争而已，以爱力合群，其将由之。征诸古则宋太祖之修《太平御览》，考诸今则我圣祖之修《明史》，胡文忠之宝善堂，曾文正之忠义局，圣君哲相，神明之用，不大可思乎？

一权设文部总裁。中国教化之事，礼部任之。若开馆修书，则特派总裁，任用部、院、府、寺各官，分承编纂之事。日本官制，旧仿《唐六典》，维新后始建文部，有学务编习局。凡一切学校之事，设学之区，教育之规，必经文部审定准诺，而授课之书，不得出文部检查之外，故举国学业合辙同途。今各省普立学堂，则小学堂、中学堂、高等学堂、大学堂、大学院各科之书，必次第编辑课本。又必约准毕业年限，各家之学，不漏不繁，中人之资，可于限内毕业者。宜请特派学问赅洽、通知时事、素有声望之大臣为总裁，设局编纂。或令致仕大臣，仿书局自随故事，在外总裁自辟宾僚，设局编纂。其有私家编拟课程之书，悉由总裁审勘，奏请朝廷敕定颁行。

一明定学生出身。南北洋近三十年以来，方言馆、武备、水师、陆师学堂日益矣。就学之生，大抵中才及以下者耳，其高秀者或悔焉。学成而上不用，世不见重，不足比举人进士之荣故也。其贫无聊者，乃往往挟其学，得重资于他族。然则欲鼓舞天下之俊雄，使其家人父子，咸愿其家有一人焉，入学堂以发名成业，其必自明定学生登进之路始。凡历小学校至府州县寻常中学校毕业者，宜给凭证，作为生员。其中学校之师范高等分数多者，作为贡生。由是而文者历专门学校文、法、理、工、农、医科毕业者，宜给凭证，作为举人。又历大学院文、法、理、农、工、医科毕业者，宜给凭证，作为进士。其专科中之专科分数至多者，为学士。其武者由贡生而历士官学校毕业者，宜给凭证，作为守备。又历陆军大学校毕业者，宜给凭证，作为都司。其内堂外场各学分数至多者为游击。盖学生入学至早，而禀赋聪强者，自六七岁至成进士都司，已二十余岁。统计十七八年中，学生所费于修脯、衣食、住房、书籍者，多寡约计，每年六十圆，数已逾千。况专门学校在省，大学在京，又有舟车之费乎？士之希生员、举人、进士也，为其荣于邦，而他日足以赡其家。而鱼鱼而就试，得者仅数千百之一，而不得者屡丧其资斧，至于皓首黄馘而不悛悔。每人而计之，其数亦岂少哉！出身定，则溺于彼者又将移于此，风气所扇，云合景从，吾未见必待官为普立而学堂始盛也。

一派亲贵游历。国初定例，宗室王公不得私自出京，出京逾四十里者有罪，所以为汉民计，而纳宗人于无过之地，至仁。彼宗室王公者，亦既生而富贵矣，又不读书，亲贤士大夫，入与阉寺、圉隶、走卒、优伶，为驰马、蹴鞠、蹀躞之戏，出临婵娥之朝贵，而颐指其意向，但知阁门差使，尽于拜跪。宜其詍詍顾盼，专己自封，而曰天下之言，尽知之矣。若夫西人则不然，虽太子诸王，无不入学院，与学子同课业之级，且无不历兵官受提督钤束，有合于《周礼》师氏、保氏、大司乐合世子而教之之法。今既谓宜广设官学堂，教宗室八旗王公子弟矣。其年三十以上者，亦宜用各省年力不能入学诸生止读各科译本书例，令稍涉猎史鉴，及各国政治外交史诸书。每年春秋，朝廷更迭选派一二人，随带有文学知时务之卿贰，出洋游历，考察各事，俾涉道路风涛震恐之险，知平时叨逾非分之可惭；观各国制造、警察、教育、武备一切政治之精，知平时汰侈自大之多妄。而躬与彼诸王周旋，彼通学问而我陋，彼谙政事而我疏，彼躬陈力于军旅行伍之间而我惰，相形而绌，宜必愧奋。子产曰："安定国家，必大焉先。"宗室王公、八旗大臣稍知天下有学问之事，天下有安枕之日矣。

一省官府仪卫。今上之谕变法也，谓采彼之长，补我之短。又令中外大臣酌量当省当并，而首朝章。变法而及朝章，则治定功成以后之议也。今固不暇，且礼俗之事仍旧无碍，日本士大夫燕居之服，亦尚有宽袍博带者。窃谓惟警察、官弁、兵丁宜用西式短衣，此外惟文武官仪卫可省。本朝仪卫，一仍元明之制，执役之人，服亦元明之服，西人见官排导而过市者，尝鼻笑之，以为褴褛乞儿，伛偻错乱，蛆拥舆前，不足美观而徒费也。今宜一切裁省，其掌兵者用兵卫四人，掌警察者用警队二人。若文学、赋税、农、商官，本无所用卫，必欲从典命车旗之礼，以辨等威，则文以车舆之帷，武以樊缨之刿别之，如巾车所掌夏篆、夏缦、墨车、栈车、役车，龙勒鹄缨之意可通也。或用旗，或留一盖，以代九旗，而别其名物，司常所掌旗、旃、物、旗、旟、旐、旞、旌，画象以象事名之例可推也。宁惟沙汰虚文，昭然易变法之耳目，合计二十二行省文武大小各官岁支之役食，省费亦不少。（《张季子九录》政闻录卷二）

## 与汤寿潜赵凤昌改定立宪奏稿

奏为时局艰难，谨参考各国政史，拟请采用宪法，实行新政，以振积弱而图自强，合词恭折具陈，仰祈宸断事。

臣等窃惟日俄之争，祸连未解，要其终局，害必及我。各国明托中立为名，而英既多事于藏边，法又增兵于粤界，近日英德法美，各以大枝兵舰游弋长江，无非注目远东，以便乘机猝发，各逞其均势之权力。我若不趁此中立之时默筹抵制，势必俯首听从，祸且不测。朝廷变法自强，屡下明诏，凡百新政，未尝不渐次设施。然政体不变，则虽枝枝节节而为之，终属补苴之一端，尤当安危之大计。今环球万国，政体虽有君主、民主之不同，其主义均归于宪法。各国宪法不同，其宗旨均归于利国便民，顺人心而施政策，即合众力以图富强。

第欧美非澳各洲，种族各殊，宗教互异，党派又复纷歧，宪法即不能尽合我用。惟日本以帝国为政策，统于一尊，且与中国同洲同文，土俗民情大致不远，明治维新，当时亦由外侮激迫而成，其国势与今日中国亦复异地同揆。臣等窃考日本前内阁臣伊藤博文所纂《宪法义解》，凡为书七章，其中条分件系，纲举目张，盖历游各国，考察制度，斟酌损益，慎之又慎，经十年而后成，用以尊主庇民，巩固国势，成规具在，似可采择施行。臣等不揣冒昧，谨举宪法大益，为皇太后、皇上约略陈之。

今日大政，以理财、练兵、兴学为最急，中国自甲午庚子至今，财用困乏，节节阻滞；兵政则各省不能画一；学堂则各省不能多设。更非日本变法可比。宪法行，则全国人民皆与国家有共戚均休之义，理财、练兵、兴学其事易举。且赔款一年不结，即国势一日不定，各省摊筹赔款，其分认之难，筹措之扰，一二年间，上烦宸听，已非一端。三十九年，一有偏灾，何以应之？

日本幅员仅中国十五之一耳，上年与俄开战，其第一次国会议筹兵费一百兆，一呼而集，多且三倍。使在明治末改政体以前，安能全国人民急公如是？彼此相形，利害自见。此其一。

本朝圣圣相承，君无失德，民无叛志，而积弱至于如此，其故皆由于官吏之弊，近年如裁例案，去吏胥，剔中饱，恤民隐，屡颁明诏，民间几视为习见之虚文。宪法行，则上下志通，官吏自无从锢蔽，此其一。

中国外交，在昔日情形隔膜，受其欺蒙，在今日国势陵夷，受其劫制。宪法行，则关系重要案件，可以提议，不至使外交官一二人独当其冲突，宵旰独任其焦劳。且事事关系全国人民，各国亦稍有顾忌，不敢轻发难端。此其一。查欧美各国，大小错立，强弱悬殊，而小国皆得自行其政策，大国不敢强逞其野心，实赖宪法维持，民心固结。观日俄近事，尤为明征，是宪法行，虽至小至弱之国，亦足以图存而自立。此又其一。

中国近来无知少年，妄言革命，未始非激于积弱而然。宪法行，则若辈无可借口，自足消融其戾气，非独目前一切虚无乱党之说不足为害，且可使其中聪明误用之才，服义归仁，转为我用。此又其一。

盖宪法于安上全下，靖内攘外，有百利而无一弊。论者或以君权稍替为疑，查宪法精义，在万几决于公论一语。伏念中国圣经贤传之所诰诫，本朝列祖列宗之所贻谋，莫不以违背公论为兢兢，即近年皇太后皇上遇有大事，何尝不咨询在廷，诏求说论？是宪法所谓公论，不过变咨询之少数为多数，且仍决之于上，是君权转因之益尊。

中国历史，一姓享国之久，至多者不过数百年，宪法果行，则以外邦经验之良规，成中国创行之新政，千载一时，适于皇太后皇上廓宏规而开景运，我大清亿万年有道之长，可以预卜。臣等参考各国政史，其最善而可经久者，莫如宪法。近年东西之留心政法者，亦言中国处此地步，非于政体有所更动，别无治标之策。

现在事机已迫，若俟日俄战事了结，万一有外人干预改革之事，更虑难于措手。诸王大臣公忠闳亮，忧国如家，所见救时之要，与臣等当复相同。拟请皇太后皇上密饬议复，断自宸裁，仿照日本明治变法，五誓先行，宣布天下，定为大清宪法帝国。一面派亲信有声望之王大臣游历各国，考察宪法，按照日本初行宪法章程办理。臣等悬揣实行之期，已须数年以后。为目前救急计，但求速宣明谕，则政体先立。外而眈眈环伺之列强，内而狡焉思逞之匪党，皆当改易视听，革面洗心。日本壤地褊小，改行宪法仅十余年，遂跻强大。中国地广民众，苟及时为之，必能事半功倍。且民志大定，所有用人行政，措手较易，不俟实行宪法之期，当已稍睹其效。臣等迫于宗社安危大计，不敢缄默，谨联名合词，冒死上陈。伏乞皇太后、皇上圣鉴。(《赵凤昌藏札》)


## 与王同愈上学部书

中堂大人钧鉴：

敬肃者：窃謇、同愈先后奉大部奏派为江宁、江苏议长，闻命以来，夙夜祗惧。谨查大部定章载，学务公所议长一人，议绅四人，佐提学使参画学务，并备督抚咨询。议绅由提学使延聘，议长由督抚咨明学部奏派。

又，提学使办事权限内载"议长、议绅应常川驻省赞画学务，其人品、学识亦由提学使密陈督抚转咨学部察核"各等语。謇、同愈就任事后之经验及体察宁苏两属之程度，以议长、议绅所处之地位与委任之方法有不得不为大部缕晰陈者。

夫朝廷裁学政改设提学使于所属之学务公所及劝学所，亦既分别委任绅衿。视从前学政延聘幕僚，必须咨明督抚，并无籍隶本省以达于部者迥异。盖科举暗中摸索，惟恐关节之通，故必非籍隶本省者为之佐理，所以防弊也。教育意主普及，惟恐机关之窒，故必籍隶本省者为之赞助，所以集益也。

自朝政更新内外官制，大部创设最先，近又迭颁谕旨，各省设谘议局。而直隶、江苏风气开通较早，饬即先行试办宪政，权舆属在，草茅同声欣忭。謇、同愈顾名思义，以为议长、议绅为参画学务并备督抚咨询而设，不得谓非谘议局之萌芽。

查东西各国上下议院，其当选者无不投票公举，则所负之责任即为公众之代表。又任期或一年至三年，届期更举，连举连任，一切营私恋栈俱无从羼列其间。而其人既受公众之委托，即不能不顾惜一己之名誉，深合古者与众共之及国人皆贤之意。视吾国积弊，拜爵公庭、受恩私室者其利弊至为不同。

謇于视事之始虽系宁属公举，而任事期限未定。同愈则已蒙奏派，未及公推，觑任斯职，尤为疚心。按之事实殊多未安，姑析言之。

定章议长一人，议绅四人，不论省分大小，而拘以人数，有无窒碍，尚不敢知。即以一人、四人言之，一省之中或人材辈出，何以确定此一人可为议长？此四人可为议绅？不由公众选举而仅由个人委托，提学使将何从延聘？恐蹈从前延聘幕僚之故辙。此未安者一。

提学使之延聘，或仅取一二人之荐剡，而荐剡之人即诚皆贤，然在地方办事，断不能尽人而悦，稍有与之龃龉，贤者必引避之不遑，尚何所施其赞画？其下者位置私人，则赵孟能贵赵孟能贱矣。此未安者二。

从前在籍绅董往往把持盘踞，为地方之患。其敢把持盘踞者，任事无期限，历时愈久则巢窟愈固，致成专断欺罔之渐。而人民又不知有所谓选举，以舆论予之者仍可以舆论夺之。今议长、议绅亦无任事期限及任满更举之明文，与从前屡憎于人之绅董者何异？此未安者三。

有此三者，知为地方任事必由选举，而议长、议绅其尤亟也。謇、同愈任事几及一年，苏省习惯如教育总会、商务总会及上海总工程局，凡所谓会长、议董皆严定资格投票选举，一年一任。自应仰体朝廷锐意振新庶政，公诸舆论之至意，拟恳俯赐咨明督抚饬知提学使，以后议长、议绅改由选举，仍定一年为期。其余视学官及课长各员，如果风气开通，亦应斟酌情形分别选任，于地方学务大有关系。

謇、同愈既有所见，敢献刍荛，伏希大部采纳施行。曷胜屏营待命之至。（《申报》1907 年 10 月 7 日）

## 为设立预备立宪公会与郑孝胥等致民政部禀

王爷、大人钧座：

敬禀者，窃孝胥等寄居沪上交通四达之区，商工辐集，时受外界之激刺，悲忧日积，群相晤晤，每至流涕。愚者千虑，皆谓非实行立宪无以救危亡。爰于光绪三十一年集合同志，讲求宪法。

三十二年七月奉上谕："我国政令积久相仍，日处阽危，受患迫切，非广求知识、更订法制，上无以承祖宗缔造之心，下无以慰臣庶治平之望。及今惟有使绅民明悉国政，以预备立宪为基础。着各省将军督抚晓谕士庶人等'发愤为学，合群进化，以预储立宪国民之资格'等因，钦此。"益用奔走相庆，破涕为笑。旬月之间，薄海内外，欢呼庆祝之声动天地。

孝胥等上承诏旨，下察舆情，感动奋发，不能自已。伏念立宪之恩命必出自宫廷，立宪之实力必望之政府，立宪之智识必责之人民。人民之智识，何由而进，则非得士农工商四民之中，撮集几许有智识之民，以发愤为学合群进化之旨，为之提倡，无以答宫廷宵旰之忧劳，无以承内外官司之训令。爰将此意，转相传播，闻者感奋，争愿为中国立宪国民之前导，因即名斯会曰预备立宪公会。期年之间，入会者计一百五十三人，皆士农工商四民之中，较有智识，有志倡导国民以仰承朝廷德意者也。前者组织未奋，此百数十人，果能实力倡导与否及如何倡导之法，皆未有成规，故未敢轻渎大部，率请立案。

近数月来，倡导之法渐可推行，并闻革命风声远近哄起。孝胥等愚昧，以为天下希望立宪之良民多于鼓吹革命之乱党，何啻千倍。但希望立宪者多和平，和平故隐没而不彰。鼓吹革命者多暴烈，暴烈故喧嚣而易动。流风所煽，世患方滋。故为大局计正宜利用多数希望立宪之人心，以阴消少数革命之患气。重以王爷、大人仁慈闳达，爱国则思立亿万年有道之基，布政则思饮亿万众和平之福。区区愚忠，益思自效。

旋又伏读本年八月二十三日上谕，饬令臣工"亟筹教育、普及地方自治并申明君主立宪政体等因，钦此"。仰见朝廷孜孜求治，实行立宪之至意。用敢渎陈钧座，仰恳察核奏明立案，俾希望立宪之人心迎机而大畅，鼓吹革命之患气不遏而自熸，似于立宪前途不无小补。敬将会中所编地方自治应用各书及本会章程等汇呈钧鉴，伏希察核立案施行，不胜屏息待命之至。肃禀。恭请钧安，伏维垂鉴。

敬再禀者：本年八月二十三日，奉上谕："着学部通筹教育普及善法、编辑精要课本，以便通行。并着民政部妥拟自治章程，请旨饬下各省督抚，择地依次试办。务使议员资格日进高明，庶议院早日成立，宪政可期实行等因，钦此。"窃维预备立宪公会所编书籍三种：一曰《地方行政制度》，《一曰地方自治纲要》，皆取之日本，可为中国试办自治之根据者；一曰《公民必读》，则依据法理参以中国惯习及现行制度，以便各地方宣讲之用者。似尚切于时用，拟恳大部审定。如蒙甄录，即祈饬发通行，为增进人民智识之一助。是否有当，仍候钧酌。伏希察夺，再请钧安。环叩崇闳，诸维垂鉴。

预备立宪公会职员

郑孝胥　张謇　汤寿潜　伍光建　李钟珏

王清穆　张元济　沈同芳　陆尔奎　胡琪

李厚祐　白作霖　刘垣　黄继曾　李家鳌

高凤谦　孙多森　狄葆贤　王震　刘树森

徐庆沅　孟昭常等谨禀（《中华民国史档案资料汇编·第一辑》）

# 严 复

## 论国家于未立宪以前有可以行必宜行之要政

往者甲午中东之役，英人威公使妥玛犹在。此公于中国载籍颇有研究之功，知黄人教化本源之盛大，归国后，于泔桥国学主华文讲席。闻其事，蹶然曰："此近世莫大之战争也，此非中日之战，乃泰西东新旧二教化之战也。"已而东果胜而中果败。自兹以降，维新之说遍吾国中焉。近者甲辰日俄之战，知微之士闻之，亦曰："此非俄日之战也，乃立宪专制二治术之战也。"自海陆交绥以来，日无不胜，俄无不败。至于今，不独俄民群起而为立宪之争也，即吾国士夫亦知其事之不容已。是以立宪之议，主者愈多，远猷辰告，始于出使诸公，继者乃有疆吏，而今枢臣亲懿之中，亦稍稍持其说矣。

夫中国自三古泊兹，所以治其国者，虽道揆法守，运有污隆，固无一朝非为专制。而专制之治，又非泰西之所未行也。国小民儇，行之不胜其弊，以千余年之蜕化，乃悉出于立宪之规，而国以大治，称富强焉。夫政治之界，既专制先有，立宪后成，则可知立宪乃天演大进之世局。列邦异种，林立地球，优者以顺天而独昌，劣者为自然所淘汰，此非甚可惧者耶！由此言之，将无论中国民智幼稚如何，国家旧制严立何若，一言求存，则变法立宪不可以已。非不知情形之异、程度之差也，第立宪矣，塞者可期于渐通，缺者犹可以徐完，日讨教训，庶几二三十稔之间，于彼泰西，有孟晋迫群之一日。若仍因故辙，将彼之社会，日益休明，而我抱残守缺，处不可终日之危局，虽延缘二三十年，至彼而后言立宪，将其情形之异一如今日也，程度之差一如今日也，坐费数十载之光阴，国势依然瞠后，只有愈难，何由易耶？

是故今日之事，方其为变也，所当计者法之宜变否耳。抑使一时勿变，能长此终古否耳？假令不能，而终出于必变矣，则与为因循以惕时，无宁断决而作始。夫曰程度未至，情形不同，此皆畏难苟安者延宕之淫辞，夫非火屋漏舟，急起自救之义明矣。以此故立宪之议，为鄙陋所极表同情者。非敢谓以吾国今日之人才，处从古未有之变局，但曰立宪，遂能为之而皆合也；亦非谓国家有意振兴，但遣大臣四五辈，周游列邦，如汉唐人远求梵典者然，遂足以得其要领也。所冀以名始者，将以实终，方针既定之余，将吾国上下之人，亿兆一心，以求达其目的耳。

且立宪之所以救亡者，非其名也，实也。必以其名，恐虽议院沁涅特、地方自治、法权独立，与夫西人一切之法度，悉取而立之于吾国之中，将名同实殊，无补存亡，而徒为彼族之所腾笑。（本年正月《泰晤士报》有论中国将立上议院，议员以内之尚侍九卿，外之督抚为之。语极讪笑，以为驴非驴、马非马云。）苟为其实，则立宪固善，而宪法未立之顷，其所谓当务之急何限，有不待再计而宜急急行者。此则鄙陋所欲借前箸，以代当国诸公，筹其一二者矣。无曰老生常谈，天下为众意之所同，而行之无后患者，皆老生常谈也。

…………

一圜法不可以不立也。孟德斯鸠有言："圜法非文明之民不能有，非文明大进之国不能精。"往者希腊有海舶遇风，漂入绝岛，但见海岸沙痕，有圆、方、三角诸形，即狂叫大喜，以为所至必文明程度同于希腊之国。圜法之善不善，其诸一国盛衰贫富不遁之符欤！且圜法之精审，与一国之富强，吾不知其孰为因果也。非富强之国，其圜法不能精；又非圜法之精，其国无由富。必求因果，则后说近之矣。且其物之良楉，所系于民德者尤深。此何必外国，诸君试察今日各省所造银、铜两元，其廉胂精好，雕镂深明，而成色分两较为完足者，必其省之督抚较贤，其吏治较为不污者也。下此则舍其一隅，莫之行用，一国之内，无殊异邦。此其为商界民生大梗，而损失于无形，不待智者而后见也。

是以今日欧美诸邦，大者如美、法，小者如瑞士、荷兰，皆视此为国民荣誉之所关，商业盛衰之所系。其于圜法，皆谨之又谨，不许几微奸窦，得伏其间。其公例曰："凡为国家制币，其名实两值，必使相符。"夫制币名实相符者，譬如一元之银，熔而为块，持以入市，其得价亦必一元，不增不减。圜法至此，乃为至善。且其能持此而无失也，不仅为之刑罚禁奸而已，且有术焉，使奸无由生。如造币之局，无论人持若干金铤，求转金元者，定期来取，所得之币，与原金之重相等，不加火费，此其所以为救弊塞奸之术者也。

夫国币之说繁矣，或取单行本位，如英如德；或取双行本位，如美如法；或主用金，如俄如日；或主用银，如墨西哥，如往者之印度。吾国之交于各国也，有形如赔款，无形若通商，出入之间，关系綦巨。他时定法，将仍以银为本位乎，抑以金为本位乎？将使金银两行，而以法定其相当之率乎？将姑先用银，而以转用金准为目的乎？凡此诚甚大之问题，必有专长之家，极数岁调查讨论之功，细权利害，而后有可以决行之政策。

惟今不佞所欲言者，则本位之定，姑可徐徐，而国之圜法，必不可以不一律。将欲使国币独行，而一切中外他币，举不得用者，诚莫若于后某年某月为始，定制以一两为银元，以银九铜一为成色，设国家银行于京师，设支店于各直省，而立造币之局于南北洋，统计所以流通者，每省应用若干兆元，一律由其铸造，及期转布，散入市廛。如此则圜法可以整齐，而钞币亦可得而办矣。且所尤宜加意者，将在于补助之铜元，必宜立法偿限制。如数逾一两以上者，单用铜元，许人不收。设若今日各省所为，但睹铜元利厚，以五文之铜，而当十文之值，所名倍实，地方仰此以待用，主者缘此为私肥，并力鼓铸，若无纪极。此诚漏脯救饥，他日民间，必受其敝，而官中所仰机利，亦将渐化虚无。穷其效果，但使吾国益贫而已。此诚不可不预为防患者也。

若夫行用金准，期诸异时，则此时银号、币局二者，余利所收，不可指拨他用，应藏储之，以为逐渐收金之资。又于塞外蒙古、满洲各处金矿，择要兴办，产归官收，庶他日改用金准，不致为外人所持。顾中国制币本位，诚为极大问题，虽在财政专家，且难即今预定。观于北美前事，可以知之。彼至今所犹未昌言以金为本位者，盖此令朝行，将通国五百兆银圆，夕存半值，此其所以迟迟，而犹用双行之说者也。然则改用金准，于吾国岂易言哉！

…………

一曰改良听讼之方，以达刑狱改良之目的也。西人之言政治者，皆云国之大事在刑与兵。盖民生为群，自其原理言之，相养相生，本无所事于政府；而所有事于政府者，以外之有邻敌之侵陵，内之有强黠之暴横也。御邻敌以兵，治强黠以刑，唯此二者，必得政府为之统率，为之平亭，而后及事，至于他政。其在程度甚高之国民，往往为之于下者，其事较行之自上者为尤愈，故曰无所事于政府也。唯以兵刑之莫能废，是用各出赋税以立国家，而国家亦以是二者为最重大之天职。操柄不慎，则乱亡随之，此西国政治家之公言也。今中国于兵刑二者，固皆有变法改良之意矣。夫兵非此篇之所论，则请独言刑。

比年以来，朝廷尝敕有司为修改刑律之事。其所改最合于天理人情之至者，莫逾于除刑讯之一端。今夫一狱之起，逮捕多人。自公理言，使案情未得，判词未加，两曹之民，实皆无罪者也。羁留其身，置之讼系，离其业次，寝食不安，既已甚矣，然犹曰此事势所不容已者，即甚不便，无如何也。顾奈何以有所疑，乃径取黑白不分、良莠未定之民，遽加三木，甚且施之以天下至酷之荼毒，必使承认吾意之所疑者，以求合于国家之文法。夫使如是而可，则当两曹既具之顷，问官但凭胸臆，定谁罪谁否可耳，尚安所用其虑囚折狱，而多此一番敲扑为哉！是故吾国听讼之不仁，为数百年五大洲人人所共詈，而当日订议各邦条约，所不得享地法相尽之主权，而至今治外法权，终为交涉之大梗者，正坐此耳。

嗟乎！国于天地，即与人交绥而败，非大辱也。而所谓大辱则有二焉：一曰国境以内有他国之兵队也，一曰人游国中为吾法所不得治也。此诚弥天大诟，而惟吾国则具有之。有此而不急图所以祛之，猥曰吾与外国之人，帝王同为帝王，官吏同为官吏，人民同此人民，一切平等者，但见其无耻而不知愧耳。将以祛之，则刑律改良，诚无疑义之第一事，而不容更缓者也。

虽然，除刑讯矣，而试察国中司法之所为，则犹之未除也。或曰：必欲除之，彼官吏将无以为讯鞫之术，而定谳无从。于是佥谓吾国民情刁狡，故外国治狱可无事此，而吾国不能。此其说如论监牢然，佥谓西国监牢，可以整洁便安，而中国监牢，非酷毒黑暗，无以警众威民者，实同为诐辞邪说，野蛮之尤者也。

然而彼所称无以为讯鞫之术者，则未尝无说。盖西人之治狱也，有辩护之律师，有公听之助理，凡此皆襄谳此狱者也。而吾国则高坐堂皇县官而已。彼县官什九之中为何如人乎？其出身有由于八股者，有由于八成者，吏道杂而多端久矣。求其中有熟于三尺法典，而周知下民情伪者有几人乎？夫以如是之法官，而又无辩护、助理者为之襄助，则其听狱，舍刑讯而无术也固宜。然则吾国将于司法之权，而为清源正本之计者，非大变听讼之制必不可矣。将必有公听之平民为之助理，而原被两造亦宜许各倩辩护之律师。而所尤重者，在裁判之法官与辩护之律师，皆必熟于国家之律例，与夫本地之风俗旧章。然则一言刑律改良，其事又非学堂不为功矣。

比者颇闻京师伍侍郎有特设法律学堂之请，而直隶陈廉访亦有特开律馆之言。愚亦谓此事宜分两部：一曰司法学院，专教各省候补人员，与日后将有司法之柄任者。此可就各省之仕学院课吏馆而为之，其中当以本朝法律例案，为最重专科，而略兼外国律学，格致西文西语之类，悉为无取，以归严洁。此一部也。一曰国律学馆，以专课通国之举人，使之学正音、学律例于其间。学成与以法学博士文凭，以为受倩辩护之资格，一切如西国律师体制成法。为人办事作证者，例得受犒，使其人廉明公正，而谙晓其业，将其延请者必多，往往足以致富。近者科举已废，诏书有为筹出路之言，若使为官，岂能遍及？惟使为律师，与夫中小学教员，乃真出路耳。

一各省地图不可不详行测绘也。夫为政用兵，讲求商务，为之浅譬，有若奕〔弈〕棋，未有方罫不具，路数不明，而能为奕〔弈〕者也。噫！今之为政用兵，讲求商务，皆不具方罫，不明路数，而高坐谈奕〔弈〕者耳。使知一切之政，皆基于地，必舆图明具，而后有从容措理之可言，则兴办此事，岂待再计！若夫用兵，非图不行，此当为愚智所共知者，不必赘论。顾即言路矿，可无图乎？地方自治，可无图乎？清查户口，丈量地亩，举非为之至密，则立宪之制，皆成空谈，尤非善图，无从下手者也。诸君试思，假使今日有精明强干之督抚，受事之后，思欲端本清源，厉意实行，一切为可大可久之画，其于一方之地，非成竹在胸，了如指掌，有此效乎？

今者五洲之地，凡属文明国土，莫不有至精之图，所不精而难用者，独吾辈所居国耳。且图之有裨于为政用兵诸大事者，以其所详审者，不仅道里远近，山川起伏而已。天时之不齐，地势之扼塞，民物之蕃凋，商旅之孔道，某水何处为湍，何处可涉，某村所出多少糗刍，某墟某集交易何物、会聚何时，凡属精图，无不载说。故舆图为物，非曰一行测绘，便可永永宝用也，且必以时修改，乃可据依。故各国测绘地图之费，颇亦不訾。如往者印度官图，其费以镑计者，至于数兆。闻其起测底线，乃以特制钢条，衔接至数十里，高下平均，且定其寒热涨缩差数，其精严不苟如此。夫岂徒供考订玩赏，而为是劳费也哉！

夫其物之不可一日无也，如此顾吾国上自政府督抚，下至州县，乃视之等于不急之务。即往者用兵大帅，如胡、曾、左、李诸公，其所操持省阅者，亦不过至粗之旧绘。此其故有可言也。盖图之为物，不独测绘之者非学莫能，即读图用图，亦非素不讲求者能得其益。今之官吏将帅，所谓能读图者有几人乎？得地图一幅，不过睹细字如牛毛，螺纹为山，蛇行为水，如斯而已。大势而外，匪有所知。其能持两足之规，以求鸟道之远近者，已不数觏，况其深焉者乎！则其置之而不知重也固宜。虽然，吾国地图所关于变法求治者至巨，不得以官吏之不能用而忽之。况读图亦非甚难之学，略与讲释，当无不知。然则所苦乃在测绘者之无人。此事既不可延用外人，则所以造就此才者，舍求之学堂，更无他法。但求诸学堂矣，尚有二法：一曰专设学堂，使之治测绘察地之学术也。次则不专设学，而即取之于陆军、铁路二校之中。所幸测绘尚非甚深之术，已具数学根柢者，累月之间，理法当皆谙熟，亦无俟于学习西文。其数学所资，则由九章几何，至于平三角足矣。（若测候天度经纬，则须兼通浑弧，但经纬于京师测定之后，他处便可以积算推知，无烦另测，即欲另测，亦惟经度较难；至于北极出地，高与纬度相等，其测算具有成法，亦极无难。）惟若其人熟于史事，或能旁通地质地文之学，则其图说自较可观，而有益于社会更大。此事之在吾国，若由州县分办，总以省局，又以各省分局总以京局，所费亦非浩繁。其繁重者将在仪器，至于薪费，固属无多。果能督之以勤，责之以实，持之以渐，又必有人焉主其合拢，纠其疏谬，大抵五六年间，吾中国至精之图出矣。文治武经，一切云为，得此而后有真实下手之处。中国有真心变法者，自必以鄙言为然也。

一治外法权不可不图所以渐收之术也。案"治外法权"四字名词，始于日本。其云治外，犹云化外；其云法权，即权利也。盖有土有人之国，其中莫不有治理之主权，他国之民，身游其境，即应归其国之治下，一切与人交际所遵用者，即其国之法律。其有作奸犯科，听其狱者，此国之吏也，加其身者，此国之刑也，不得远引所生之国法与所居之国异同为辞。此在公法，或又称地律相尽，而其义则一而已。

且不仅刑罚也，即在典礼，亦从主人。此大地各国，自有交通以来，莫不如此。而吾国三代封建，往来朝聘，此义尤明。是故《礼》称"入国问禁，入里问俗"。而春秋滕薛朝鲁，终长滕侯，皆明证也。至于近世，国际公法所稍与上古不同者，则二等以上使臣，例得独用本国刑礼，使馆以内，理同国中，接待来宾，皆从本俗。而使者即冒犯科条，亦不得径以所使之国刑律加之，逮问讯鞫，事皆不可；不如此者，即为破犯公法，此治外法权义所由起，而享有治外法权者，国使而外无余人也。

惟我中国之事不然。道咸以前，海禁未开，国威尚盛，当此之时，远方旅人，待以化外，其资格且不得与内地齐民齿。然以来者寡徒，故亦不闻冲突。至于叩关求通，疆吏枢臣狃于故见，驾驭失术，白下、天津诸约，有同城下之盟。约中载明某国之民倘有犯法情事，其裁判刑罚均归本国所设各口领事官办理。嗟嗟！此诚交通条约中向所未有之创例，而自此约成，中国之各口无安土，居民无宁岁矣！而在当时奉旨议约诸公，方且以其事为莫须有，其所莫能争，而亦其所不知争者也。今夫一国所有之主权，质而言之，亦兵与刑已耳。吾国往日交涉之不幸，实举兵与刑二者而两弃之，如此虽驯至于不国，不可谓非人谋之不臧也。孔子曰："惜乎不如多与之邑，唯名与器不可以假人。"夫名器且不可，况刑罚之实权乎！然使吾国所交通者，止于一国，犹可忍也。乃大地之中，五十余国，各援最优之例，利益均沾，则是一境之内，数十种之法令，庞然交午其中。此虽管、商、亮、猛复出于今，且犹不给，况当世之官吏乎！是以中国之民不幸而与外人涉讼，甚至无辜被戕，辗转号呼，什九无由得直。而无良狡黠之徒，又因为利，则有悬挂洋旗者矣，又有羼入属籍者矣。此诚民德之凉，顾不可谓非前约为鹯獭之驱也。且君若吏之临民而民服者，非积威不亵为之乎？乃今逮捕罪人，而某领事某教士某洋行为之坐索，匍匐而来，扬长而去，耳目昭著，庸众羞颜。谓其对此官长犹怀敬畏感情者，真欺人语耳。是故居今之日，不独云尊重主权也，即策国内治安，亦必以收此治外法权为第一义。

然而其事有至难者，难不必在国势之不强，武力之不竞也。而在刑狱二者之未改良，果使吾之司法如故，监狱如故，即使他日我武维扬，于近者之日本，而云收回治外法权者，吾有以决外人之不从也。故欲收治外法权，必于刑狱急求改良而后可。于是不得已而求其次，则窃谓国家宜于此时遣使之便与各国议，由中国延请各国法律名家，约在十人以上，于京师特开议律之馆，敕其厘订交通专律。律成以后，即由各国会派法官一员，或一正一副，专办欧美客民在华狱讼，与夫华洋交涉之讼案。所期权归统一，而罢各国领事各主词讼之权，并许我国专派知律大臣与之会理，几年一换，划著定章。如此则国家固有主权，纵未全部收回，亦资得半之道，事在情理，当为各国所允从。而他日吾国刑律改良，著有成效，再议全收，宜亦较易为力。此举于中国前途，所关极巨，其中利害，明眼者宜共了然，无俟鄙人覼缕者矣。（《中外日报》1905 年 9 月 20 日至 10 月 4 日）

## 宪法大义

按宪法二字连用，古所无有。以吾国训诂言仲尼宪章文武，注家云宪章者近守其法。可知宪即是法，二字连用，于辞为赘。今日新名词，由日本稗贩而来者，每多此病。如立宪，其立名较为无疵，质而解之，即同立法。吾国近年以来，朝野之间，知与不知，皆谈立宪。立宪既同立法，则自五帝三王至于今日，骤听其说，一若从无有法，必待往欧美考察而归，然后为有法度也者，此虽五尺之童，皆知其言之谬妄矣。是知立宪、宪法诸名词，其所谓法者，别有所指。新学家之意，其法乃吾国所旧无，而为西人道国之制，吾今学步取而立之。然究竟此法，吾国旧日为无为有，或古用而今废，或名异而实同，凡此皆待讨论思辨而后可决。故其名为立宪，而不能再加分别者，以词穷也。

宪法西文曰 Constitution，此为悬意名物字，由云谓字 Constitute 而来。其义本为建立合成之事，故不独国家可以言之，即一切动植物体，乃至局社官司，凡有体段形干可言者，皆有 Constitution。今译文宪法二字，可用于国家之法制，至于官司局社尚可用之，独至人身草木，言其形干，必不能犹称宪法。以此推勘，即见原译此名，不为精审。译事之难，即在此等。但其名自输入以来，流传已广，且屡见朝廷诏书，殆无由改，只得沿而用之。异日于他处遇此等字，再行别译新名而已。

以上所言，乃推敲宪法二字名义。今将论宪法实事，自不得不从原头说起。案西国分析治制之书，最古者莫如雅理斯多德。其分世界治体，约举三科：一曰独治；二曰贤政；三曰民主。至孟德斯鸠《法意》出，则又分为三：一曰民主；二曰独治；三曰专制。而置贤政，不为另立。雅理氏之为分，专以操治权之人数立别，自系无关要旨，是以后贤多弃其说。孟氏之分，不嬺嬺于人数，而兼察精神形制之殊，较雅理氏为得理。其二三两制，皆以一君托于国民之上，其形制固同，而精神大异。盖专制自孟氏之意言之，直是国无常法，惟元首所欲为，一切凭其喜怒；至于独治，乃有一王之法，不得悉由己意，此在吾国约略分之，则为无道有道。此独治与专制之大殊也。至于孟氏之民主，亦与雅理氏民主不同。雅理氏之民主，以一国之平民，同执政权，以时与议者也。孟氏之民主，有少数多数之分。少数当国，即雅理氏之贤政；多数当国，即雅理氏之民主。而二者为有法之治则同。自孟氏言，民主精神高于独治。民主之精神在德，独治之精神在礼，专制之精神在刑。故前二制同为有道之治，而专制则为无道。所谓道非他，有法度而已。专制非无法度也，虽有法度，其君超于法外，民由而已不必由也。

　　则由是立宪之说始滥觞矣。民主、独治二制，虽执政人数多少不同，而皆有上下同守共由之法，如此者谓之立宪政府。其所守所由，荦荦大经，必不可畔者，斯为宪法，惟专制无之。诸君须知生当今世，政治一学，最为纠纷。言政治者，不可但举其名，且须详求其实，乃得言下了然。即如立宪一言，本有深浅精粗之异，自其粗者、浅者、普通者而言之，则天下古今真实专制之国，本不多有。而吾国自唐虞三代以来，人主岂尽自由？历代法律，岂尽凭其喜怒？且至本朝祖宗家法，尤为隆重。蚤朝晏晏，名为至尊，谓之最不自由之人可也。夫如是言，则吾国本来其为立宪之国久矣，即《法意》所称之独治，西语所谓蒙纳基是也。夫使中国既为立宪，则今日朝野纷纷，传言五大臣之所考查，明诏所云预备，若必期于久道而后化成者。其所黾勉求立之宪，果何宪耶？可知今日吾人所谓立宪，并非泛言法典，亦非如《法意》中所云，有法为君民上下共守而已。其所谓立宪者，乃自其深者、精者、特别者而言之，乃将采欧美文明诸邦所现行立国之法制，以为吾政界之改良。故今日立宪云者，无异云以英、法、德、意之政体，变中国之政体。然而此数国之政体，其所以成于今日之形式精神，非一朝一夕之事。专归其功于天运，固不可，专归于人治，亦不可；天人交济，各成专规。且须略言其变迁，于其制乃得明也。

制无美恶，期于适时；变无迟速，要在当可。即如专制，其为政家诟厉久矣。然亦问专此制者为何等人？其所以专之者，心乎国与民乎？抑心乎己与子孙乎？心夫国民，普鲁士之伏烈大力尝行之矣。心夫己与子孙，中国之秦政、隋广尝行之矣。此今人所以有开明专制最利中国之论也。且立宪之形式精神，亦有分殊差等。姑无论异国之不同，如法、美同民主，英、德、奥、意同独治，具〔俱〕不可同而论之，无殊鸡鹜之异体。诸君他日治其历史，当能自见。即以一国之前后言，如英伦为欧洲立宪模范之国，二百年以往，其权在国王；百年以往，其权在贵族；五十年以往，其权在富人；直至于今，始渐有民权之实。是故觇国程度而言，法制必不可徇名而不求其实。夫苟以名，则试问古之罗马，今之瑞士、威匿思，北美合众与墨西哥，此五者皆民主国，而岂有几微相似之处？称为民主，不过言其中主治之家，非一姓之世及，即异观同，如是而已。

卢梭之为《民约论》也，其全书宗旨，实本于英之洛克，而取材于郝伯思。洛克于英人逐主之秋，著《民政论》，郝氏著《来比阿丹》，二者皆西籍言治之先河也。然自吾辈观之，则卢梭书中无弃之言，皆吾国孟子所已发。问古今之倡民权者，有重于"民为重，社稷次之，君为轻"之三语者乎？殆无有也。卢谓治国务明主权之谁属，而政府者，主权用事之机关也。主权所以出治，而通国之民，自其全体诇合而言之，为主权之真主；自其个人一一而言之，则处受治之地位。同是民也，合则为君，分则为臣，此政家所以有国民自治之名词也。政府者，立于二者之中，而为承宣之枢纽，主权立法，而政府奉而行之，是为行法。又有司法者焉，以纠察裁判，其于法之离合用此。外对于邻敌，为独立之民群，此全体之自由也；内对于法律，为平等之民庶，此政令之自由也。居政府而执政者，谓之君王，谓之官吏，使一切之权集一人之藐躬，而群下之权由之而后有者，如是谓之独治，谓之君主之国。若出治者居少数，受治者居多数，此制善，谓之贤政之治，以贤治不肖者也。不善，名曰贵族之治，以贵治贱者也。又使多数之民合而出治，如是者，谓之民主。虽然，卢梭之所谓民主者，直接而操议政之权，非举人代议之制。故其言又曰：民主之制，利用小国，犹君主之制，利用大邦，是故有公例焉，曰：至尊出治之人数与受治人数之多寡为反比例。由卢梭之说言之，吾国向者以四万万而戴一君，正其宜耳。

然而卢梭又曰：尚有他因果，宜察立制之道，不可以一例概也。

代议之制，其详具《社会通诠》中。国大民众，而行宪法，代议所不能不用者也。顾卢梭氏则不甚喜此法，故尝谓英民自由为虚语，除六七年一次更举议员之时，其余时皆伏于他人权力之下。真民主制，人人自操立法之权，不由代议；然又谓其制过高，非寻常国民程度所可及。盖不用代议，必幅员褊小，户口无多，民人大抵相识，而风俗敦厚简易，开口见心，民之地望财产相若，而不足以相凌驾者而后能之。其论独治之制，所必逊于民主者，以民主之国，民略平等，威惕利疚之意较微，当其合词举人以当行法，常取正士哲人以为愉快；至于人君在上，往往谗谄面谀之众，骄伪倾巧之夫，易邀宠眷，而邦国之事，乃以荒矣。故曰：独任之易于失贤，犹众举之易于察不肖，此两制优劣之大凡也。至少数治众，其类有三：一以武力相雄长也；二以令德而被公推也；三以世封而役其众也。第一为草昧时代有之。第二最美，斯为贤政。第三最劣，其腐败虐民，往往而是。观于《汉书》诸王之传，可以见矣。政治目的，万语千言，要不外求贤事国。立宪宗旨，亦犹是耳，无甚深难明之义也。

言宪法制度之大体，诸公欲知其源流本末，求之《社会通诠》《政治讲义》二书，十可得八九。今夕匆匆，恐不能细言。其大较，则一须知国中三权之异。三权者，前已及之，立法权、行法权、司法权也。中国自古至今，与欧洲二百年以往之治，此三者，大抵不分而合为一。至孟德斯鸠《法意》书出，始有分立之谈，为各国所谨守，以为稍混则压力大行，民无息肩之所。顾考之实事，亦不尽然。如英国今日之行法权，乃以首相为代表，而各部院地方辅之，通为一曹，由于一党。然宰相实亦领袖，议院立法之权有所更革厘定，宰相发其端，而议院可否之。大议而否，是为寡助，寡助之相，即行告退，而新相乃入而组织新政府矣。

立法权，以法典言，凡遇有所议立，贵族平民两院，分执议权，议定而国王可否之者也。故论者谓英立法权鼎足而立，缺一不可。虽然，至于今日，则英立法之权，因缘事变，已为下议院所独操。凡事之经下院议定者，上院虽有此权，未尝议驳，犹国主之权，虽可准驳，而亦悉可无否，此已习为故常，殆难变易；易之，将有革命之忧。故立法权自英制言，实总于下议院，其国民权之重，可想见矣。

　　自国主下至于百执事，皆行法权也。英制宰相独重，大抵国民举议员，而议员举宰相，由宰相而用内外百执事，是为政府。是非有议院大众所崇拜推服之党魁，其人不得为宰相也。虽然，院中之员七百余人，不尽由于一党。常有反对之员，与为对待，即以稽察现行政府之举措。宰相有一建白，而为议众多数所不赞成者，则有两种办法：一是奉身而退，让反对者更举彼党之魁，立新政府，此常法也；一是请国主之命，解散现有议院，使国民更举新员，用以更议所建白者，此不常用之法也。盖宰相欲行第二法，须深知通国意向，与院中议众之旨已有不合而后可；不然，则新集之众，依然与之反对，只自辱耳，无所益也。

　　至于司法之权，立宪所与旧制异者，立宪之法司，谓之无上法廷。裁断曲直，从不受行法权之牵掣，一也。罪有公私之分，公罪如扰害治安，杀人放火，此归孤理密律，国家不待人告发，可以径问；私罪如负债、占产、财利交涉，此归司域尔律，原告兴讼，理官为之持平裁判，二也。讼者两曹可以各雇知律者为之辩护，而断狱之廷又有助理陪审之人，以可否法官之所裁判者，而后定谳。故西国之狱，绝少冤滥，而法官无得贿鬻狱枉法之事。讯鞫之时，又无用于刑讯。此立宪司法之制，所以为不可及，而吾国所不可不学者，此其最矣。

　　立宪治体，所谓三权之异，具如此。顾所言者，乃英国之制，演成最早，而为诸国之所师。至于法、美诸国，所谓民主立宪，德、意诸国，所谓君主立宪，皆有异同，不尽相合。诸公他日治学，自然一一及之，非今夕所能罄尽。但以上所言，犹是立宪之体式。至于其用，则以代表、从众、分党三物，经纬其间，其制乃行。夫此三者之利弊短长，政家论之审矣。顾法穷于此，舍之则宪法不行。即如朋党，本吾国古人之所恶，而君上尤恨之，乃西人则赖此而后成政。且宪法英之所以为最优者，因其国中只有两党，浑而言之，则一主守旧，一主开新。他国则不尽然，有主张民主、王制、社会诸派，宗旨既异，门户遂分，而国论亦淆而难定，此其所以不及英也。

　　诸公勿视立宪为甚高难行之制。笃而论之，其制无论大小社会，随地可行；行之而善，皆可以收群力群策之效，且有以泯人心之不平。今欲诸公深明此制，则请以本安徽高等学堂为喻。今此校立有年矣，其中有监督，有教、斋、庶三长，有管理者，有教导者，中聚学生二百余人，有本籍、有客籍。此下尚有听差、厨役人等合成团体，以共为此教育之一事，故曰此亦一社会也。是一社会，则必有制度机关，而后可以存立，其制度机关奈何？则现行章程规则所云云是已。虽然，是现行之规则，为何等制欤？曰：其制非他，专制之制也。何以知其为专制耶？曰：学生人员在受治之位，章程非学生所议立。先有立者，而全校受之。监督意有所欲为，则随时可以酌改颁行，以求全校之公益，非以利己私，故虽专制，犹得为开明之专制，则如此校是已。假今后本校日益发达，学生人数日多，且人人皆有学费，而欲改为民主立宪，则其事将何如？曰：此无难。学生人数既多，不得尽合而议也，则人人有选举代议员之资格；丁役人等，无选举代议员之资格也。且本籍客籍权利不同，各成一众，以举议员，分为两厅，此则犹外国之有两议院矣。英国有两议院，其初亦非定制。英有二，大陆诸国有三，而瑞典则有四，僧侣也，世爵也，城邑也，乡农也。民之品流难合，则其议众辄分，英之为二，亦偶然耳，非定制也。议众既立之后，则公举管理全校之监督，为之年限以任之。所以为之年限，恐所举而误，权难猝收，故为之期限焉。使其势之有所终极也。监督既立，则用其所知者，以为教习管理诸员，而厘定一切治校之规则章程。每有所立，则付之两厅而公议之。其许可者，即垂为法。方监督之为大家拥戴也，则有所置立，大众将莫不赞成矣。使其反此，则凡所欲为，众将反对。若循英制，监督即同宰相，势须退避，以让他贤为新监督。自监督三长以下，则皆此校行法之权，而诸生所设之两议厅，则立法权之地，独有司法一权，尚未议及。今设以本校之监学官，为司法权，则学生有过，果否与章程违背，量其轻重，分别记过行罚，皆监学官之事。监学裁判之后，移其谳语于斋务长而行之。何则？斋务长乃行法之权故也。此为吾辈学堂之立宪，言其大略，如是而已。有何甚高难行之有哉！

君国自三古以来，所用者为有法之专制，县官以一体而兼三权，故法制有分部、分官而无分柄。设庶职资选举，以招天下之人才，即以此为与民公治之具，其法制本为至密。言其所短，则其有待于君者过重，其有待于民者过轻。假使吾国世世皆有贤圣之君，其利用可谓无匹，而无如其不能也。是故民才以莫之用而日短，国事以莫或恤而日隳。自海禁既开，持此以与彼族群扶之国相遇，日形其短，无怪其然。乃今幡然而议立宪，思有以挽国运于衰颓，此岂非黄人之幸福！顾欲为立宪之国，必先有立宪之君，又必有立宪之民而后可。立宪之君者，知其身为天下之公仆，眼光心计，动及千年，而不计一姓一人之私利。立宪之民者，各有国家思想，知爱国为天职之最隆，又济之以普通之知识，凡此皆非不学未受文明教育者之所能辨明矣。且仆闻之，改革之顷，破坏非难也，号召新力亦非难也，难在乎平亭古法旧俗，知何者之当革，不革则进步难图；又知何者之当因，不因则由变得乱。一善制之立，一美俗之成，动千百年而后有，奈之何弃其所故有，而昧昧于来者之不可知耶！是故陶铸国民，使之利行新制者，教育之大责，此则仆与同学诸子所宜共勉者矣。（《严复集》第二册）

## 别　士

### 刊印宪政初纲缘起

读西方之史，其一篇之中，三致意者，莫大于国会之立仆，宪章之举废，几若此事之外，无一足以为国家之纲要者。即日人之言本国近世史，亦无不举宪政之原委，以贯澈〔彻〕其他一切诸事。宪法之于国家，其关系不亦重哉！中国自古无宪法之制，亦未有宪法之说，仅有宗教训辞稍以为全权君主之栏柙。历史所书，一家之兴替而已，无民族全体之史也。宪政之史，更无论矣。惟其已无宪法，所以亦不以人之立宪不立宪为重要。五口通商以后，西方各国，孰为有国会之国？孰为无国会之国？我固未为深考。即二十余年前，日本以国民要求立宪之故，举国骚然，泰西报纸，无不日为讨论。而我与之咫尺，士夫顾寂然无所闻知，知尚不能，况于预备！虽然，此未可为中国病。盖其为物也大，则感动必迟；抑其建国也古，则守旧必笃。积笃与迟，则其立宪居万国之终，自然之理，无足怪者。天下之人，有奋起独迟，而成就独早者，固不能谓中国之必非其人。我国之知立宪专制之别，大约不过十余年。甲午之后，论者惊叹于日人之上下一心，相与推原，乃稍稍语及宪法。甲辰以后，则以小克大，以亚挫欧，赫然违历史之公例，非以立宪不立宪之义解释之，殆为无因之果。于是天下之人，皆谓专制之政，不足复存于天下；而我之士大夫，亦不能如向日之聋瞶矣。舆论既盛，朝议亦不能不与为转移。自五大臣出洋起，至下改官制之上谕止，其间相去才足一年，而世变已如此。自古立宪之迟，莫如中国，自古立宪之易，亦莫如中国。后奋起早成就之说，不其信耶！此中国之可一雪友邦之谤者也。然而，兹事体大，良不易言，以今日而观，宪政之成，似较他国为易，而人事靡常，俄顷百变，将来之事，正不可测，安知不又较天下万国为独难？且即以近事观，亦有足见其甚不易者。五大臣之受命也，有谓其实非考察政治者，及其归也，有谓其实非主张立宪者。召对矣，公然有所论列矣，尚有谓反对势强，改革必终无所成就者。即至明诏已下，官制已改，而举国论者，不以为国民程度，必不能堪，勉强行之，必有流弊；即以为党人之局，已成水火，变灭之后，一切摧拉。今日吾人随足之所至，倾耳之所闻，尚纷纷其不一致也。综此诸时期间，诸所言说，固不免出于疑忌之怀与悠悠之口；然其所持，亦颇有实事实理，不得谓之全杳茫也。惟其非全杳茫，而吾人乃大觉其可虑。以前各节，幸而通过，不致折于半途。而来日大难，祸机已伏，其间有天事，有人事，能否排百难而达本旨，亦惟有俟中国之福命已耳！夫精深幽渺之理，固非尽人所当知，而其事实，则尽人所当听闻，苟不知之，且有碍于世局。今年立宪一事，其草蛇灰线之迹，虽逐日见于各报。而各家所载，详略互殊，一事所书，时日间隔；欲其贯澈〔彻〕原委，洞晓首尾，则非专留意于此事者不能。今日之势，万端蜂起，人生其间，日不暇给，岂能各辍其可宝贵之时间，以钻研此过时之报纸哉！知此事之本末者少，则扞格与淡忘者多，而立宪之阻力遂日大。推其究竟，殆非细故。本社同人，有见于此，爰仿近世旬报通行临时增刊之例，刊为《宪政初纲》一册，凡此次立宪之事实论议，其荦荦大者，略具于是，开卷即得，无俟推寻。未知其事者，可以得其涯略；已知其事者，可以留备检查；其诸立宪之一助乎？吾知此为中国宪法史之椎轮大辂也。（《东方杂志》临时增刊《宪政初纲》，1907年2月）

## 立宪纪闻

### 中国立宪之起原

吾国之言变法，盖数十年于兹矣。自甲午中日一战，而吾国以东海大邦，见败于扶桑三岛，知微之士，乃冥心孤往，探索其由，始有见于强国之道，不在坚甲利兵，而实以修政立教为本原。政府诸公，有鉴于此，于是更新庶政，振兴教育，凡彼邦之所赖以富强者，莫不举而措之于国中，以为自强之道，在于此矣。然补苴罅漏，本实先拨，行之数年，而效仍未睹也。及甲辰日俄战起，识者咸为之说曰，此非日俄之战，而立宪专制二政体之战也。自海陆交绥，而日无不胜，俄无不败，于是俄国人民，乃群起而为立宪之争，吾国士夫，亦恍然知专制昏乱之国家，不足容于廿襟清明之世界，于是立宪之议，主者渐多。时孙府尹宝琦适奉使于法，首以更革政体为请。疆吏如署江督周制军馥、鄂督张制军之洞、署粤督岑制军春萱又以立宪为言。而枢臣懿亲，亦稍稍有持其说者。乙巳六月，直督袁制军世凯奏请简派亲贵，分赴各国，考察政治，以为改政张本。朝旨俞之，特派载公泽、戴尚书鸿慈、徐尚书世昌、端制军方四人，游历各国，考求政治，以期择善而从，时六月初四日也。二十五日，续派绍左丞英会同载、戴、徐、端前往考察。七月中旬，廷议派定载、徐、绍赴日、英、法、比等国，戴、端赴美、德、义、奥等国，分途前往，冀省时日。十九日，两宫召见，谕以切实考求，为将来实行立宪之预备。二十六日，轺车启行，抵车站，为吴樾炸弹所阻，五大臣受重惊。时政府大老以党人横行日下，非严行讥察，无以保全治安，乃议设巡警部，以徐为尚书，使当戒备之任，而出洋考政之事，遂暂置弗举。九月，驻俄使臣胡星使惟德奏称，俄已公布宪法，我国亟宜仿行，以期上下一心，共御外侮。至九月二十八日，朝命改派李星使盛铎、尚方伯其亨，以代徐、绍，偕泽、戴、端前往考察。五大臣既奉命，调员筹资，至十一月十五日，始部署讫事，载赋皇华。分两道：泽、李、尚为一道，戴、端为一道，仍前议也。自此以后，薄海人民，咸知朝廷实有与民更始之意，而希望立宪之情，乃益切矣。远猷辰告，始于出使诸公，继之者乃有枢臣疆吏。驻英汪星使大变则因各国盼望立宪而奏请速定办法；驻美梁星使诚则因华侨要求立宪而奏请速定宗旨；学部尚书张尚书百熙、礼部侍郎唐侍郎景崇、暨署粤督岑制军春萱、黔抚林中丞绍年等，亦纷纷奏请立宪。而士夫于立宪之事，亦知详加研究，以牗启国民。不数月间，立宪之议，遍于全国。盖至是而中国立宪之机，直如火然泉达，有不能自已之势焉。

### 考政大臣之陈奏及廷臣会议立宪情形

五大臣历聘诸邦，舟车所经，考其政治。至丙午六月，方及岁周，始考察告毕，分道回国。不期月而即奉明诏，宣示立宪。海内外人民，咸开大会，举祝典，喜可知矣。虽然，立宪之事，为吾国创局，哲臣达士，知时势所迫，不得不出于立宪，其竭力赞成，固无容疑，而顽固者流，多为之说，以蛊惑圣听者，岂遂无人。吾闻之，四大臣（李已赴比使任，故未归国）之回京覆命也，两宫召见泽公二次，端大臣三次，戴、尚两大臣各一次，垂问周详，皆痛陈中国不立宪之害，及立宪后之利。两宫动容，谕以只要办妥，深宫初无成见。于是顽固诸臣，百端阻挠，设为疑似之词，故作异同之论，或以立宪有妨君主大权为说，或以立宪利汉不利满为言，肆其簧鼓，淆乱群听。泽、戴、端诸大臣地处孤立，几有不能自克之势。幸两宫圣明，不为浮言所惑，谕令详晰指陈，冀备采择。故泽公又上一折，敷陈大计，力言今日国势民情，均非立宪不可，且请破除满汉意见，于向分满汉界之事一并除去。又谓近来反对此事者，未免只顾目前，不睹久远。又谓满人之言立宪不利者，实专为其一身利禄起见，决非忠于谋国，使行其排汉之政策，必至自取覆亡等语。两宫览奏，大为感动。端大臣亦具奏三次，第一折敷陈各国宪法，第二折言必须立宪，第三折则请详定官制。而军机大臣亦各有所陈奏，徐尚书世昌请采用地方自治制，以为立宪预备，荣尚书庆谓宜保存旧制，参以新意；瞿中堂鸿禨则参酌二者之间。盖至此而枢臣与考政大臣之意见，已渐归一致，反对者虽众，亦无所施其技矣。于是朝廷立宪之意始决，命廷臣会议，并派醇亲王载沣，军机大臣、政务处大臣、大学士、暨直督袁世凯等，公同阅看考政大臣回京奏陈各折件，请旨办理。旋于七月初八日开第一次会议，先将发下之泽公及戴、端两大臣各折，以次传观。以折文甚长，逮传阅毕，时已暮，遂不及议而散。次日，军机大臣退值后，复与诸王大臣先后至外务部公所会议。庆邸先言：今读泽公及戴、端两大臣折，历陈各国宪政之善，力言宪法一立，全国之人，皆受治于法，无有差别，既同享权利，即各尽义务。且言立宪国之君主，虽权力略有限制，而威荣则有增无减等语。是立宪一事，固有利而无弊也。比者全国新党议论，及中外各报海外留学各生所指陈所盼望者，胥在于是。我国自古以来，朝廷大政，咸以民之趋向为趋向。今举国趋向在此，足见现在应措施之策，即莫要于此。若必舍此他图，即拂民意，是舍安而趋危，避福而就祸也。以吾之意，似应决定立宪，从速宣布，以顺民心而副圣意。孙中堂家鼐即起而言曰：立宪国之法，与君主国全异，而其异之要点，则不在形迹而在宗旨。宗旨一变，则一切用人行政之道，无不尽变，譬之重心一移，则全体之质点，均改其方面。此等大变动，在国力强盛之时行之，尚不免有骚动之忧；今国势衰弱，以予视之，变之太大太骤，实恐有骚然不靖之象。似但宜革其丛弊太甚诸事，俟政体清明，以渐变更，似亦未迟。徐尚书世昌驳之曰：逐渐变更之法，行之既有年矣，而初无成效。盖国民之观念不变，则其精神亦无由变，是则惟大变之，乃所以发起全国之精神也。孙中堂曰：如君言，是必民之程度渐已能及，乃可为也。今国民能实知立宪之利益者，不过千百之一，至能知立宪之所以然而又知为之之道者，殆不过万分之一。上虽颁布宪法，而民犹懵然不知，所为如是，则恐无益而适为厉阶，仍宜慎之又慎乃可。张尚书百熙曰：国民程度，全在上之劝导，今上无法以高其程度，而曰俟国民程度高，乃立宪法，此永不能必之事也。予以为与其俟程度高而后立宪，何如先预备立宪而徐施诱导，使国民得渐几于立宪国民程度之为愈乎。荣尚书庆曰：吾非不深知立宪政体之美，顾以吾国政体宽大，渐流弛紊，今方宜整饬纪纲，综核名实，立居中驭外之规，定上下相维之制，行之数年，使官吏尽知奉法，然后徐议立宪，可也。若不察中外国势之异，而徒徇立宪之美名，势必至执政者无权，而神奸巨蠹，得以栖息其间，日引月长，为祸非小。瞿中堂曰：惟如是，故言预备立宪，而不能遽立宪也。铁尚书良曰：吾闻各国之立宪，皆由国民要求，甚至暴动，日本虽不至暴动，而要求则甚力。夫彼能要求，固深知立宪之善，即知为国家分担义务也。今未经国民要求，而辄授之以权，彼不知事之为幸，而反以分担义务为苦，将若之何？袁制军曰：天下事势，何常之有？昔欧洲之民，积受压力，复有爱国思想，故出于暴动以求权利。我国则不然，朝廷既崇尚宽大，又无外力之相迫，故民相处于不识不知之天，而绝不知有当兵纳税之义务。是以各国之立宪，因民之有知识而使民有权，我国则使民以有权之故而知有当尽之义务，其事之顺逆不同，则预备之法亦不同；而以使民知识渐开，不迷所向，为吾辈莫大之责任，则吾辈所当共勉者也。铁尚书曰：如是，则宣布立宪后，宜设立内阁，厘定官制，明定权限，整理种种机关，且须以全力开国民之知识，溥及普通教育，派人分至各地演说，使各处绅士商民，知识略相平等，乃可为也。袁制军曰：岂特如是而已。夫以数千年未大变更之政体，一旦欲大变其面目，则各种问题，皆当相连而及。譬之老屋，当未议修改之时，任其飘摇，亦若尚可支持。逮至议及修改，则一经拆卸，而朽腐之梁柱，摧坏之粉壁，纷纷发见，致多费工作。改政之道，亦如是矣。今即以所知者言之：则如京城各省之措置也，蒙古、西藏之统辖也，钱币之画一也，赋税之改正也，漕运之停止也，其事皆极委曲繁重，宜于立宪以前逐渐办妥，诚哉！日不暇给矣。铁尚书曰：吾又有疑焉，今地方官所严惩者有四，劣绅也，劣衿也，土豪也，讼棍也，凡百州县，几为若辈盘踞，无复有起而与之争者。今若预备立宪，则必先讲求自治，而此辈且公然握地方之命脉，则事殆矣。袁制军曰：此必须多选循良之吏为地方官，专以扶植善类为事，使公直者得各伸其志，奸慝者无由施其技，如是，始可为地方自治之基础也。瞿中堂曰：如是，仍当以讲求吏治为第一要义，旧法新法，固无二致也。醇亲王曰：立宪之事，既如是繁重，而程度之能及与否，又在难必之数，则不能不多留时日，为预备之地矣。于是诸王大臣之意见，大略相同。遂于次日面奏两宫，请行宪政。至十三日，乃始涣发大诏，宣示立宪。计自四大臣归国以迄宣布立宪，才足一月，其间大臣阻挠，百僚抗议，立宪之局，几为所动。苟非考政大臣不惜以身府怨，排击俗论，则吾国之得由专制而进于立宪与否，未可知也。故说者谓此次宣布立宪，当以泽公等为首功，而庆王、袁制军实左右之，洵然。吾知他日宪政实行，则开幕元勋之称，如日人之所以赞美伊藤博文者，固将舍是莫属矣。

**更革京朝官制大概情形**

立宪要端，首在集权中央，设立议会。然今日法律未修，民智未启，若操切从事，徒饰空文，则未见其利，而害已形矣。朝廷有见于此，故决定入手之方法曰更革官制，而又以廓清积弊、明定责成二者，诏示臣庶。夫设官分职，治国之大本也。更革官制，关系綦巨。苟非上稽本国法度之精，旁参列邦规制之善，则欲其推行尽利而无扞格之虞，盖有难言者矣。故两宫郑重其事，于七月十四日特派载公泽、世中堂绩、那中堂桐、荣中堂庆、载贝子振、奎尚书俊、铁尚书良、张尚书百熙、戴尚书鸿慈、葛尚书宝华、徐尚书世昌、陆尚书润庠、寿尚书耆、袁制军世凯等，公同编纂。并着端制军方、张制军之洞、升制军允、锡制军良、周制军馥、岑制军春萱，各派司道大员至京，随同参议。又派庆亲王、瞿中堂鸿禨、孙中堂家鼐，总司核定。编制大臣等旋于十六日开第一次会议于颐和园，十八日，设编制馆于恭王府之朗润园。以孙府尹宝琦、杨京卿士琦为提调。金邦平、张一麔、曹汝霖、汪荣宝，为起草课委员。陆宗舆、邓邦述、熙彦，为评议课委员。吴廷燮、郭曾炘、黄瑞祖，为考定课委员。周树模、钱能训为审定课委员。其他京曹预议者：吏部则有长顺、刘元弼；户部则有李经野、程利川、林景贤、傅兰泰；财政处则有陈邍声；礼部则有端绪、刘果、聂献琛；兵部则有王维翰、庆蕃；练兵处则有哈汉章、良弼、王士珍、朱彭寿；刑部则有曾鉴、胡彤恩，工部则有郭庆华、潘慎修。疆臣所派，两江为勎光典、俞明震；两湖为陈夔麟、曾广镕；两广为于式枚；四川为刘学谦、徐樾；陕甘为熙麟。编制各大臣先奏陈厘定官制宗旨大略五条：

一此次厘定官制，遵旨为立宪预备，应参仿君主立宪国官制厘定，先就行政司法各官，以次编改，此外凡与司法行政无甚关系各署，一律照旧。

一此次厘定要旨，总使官无尸位，事有专司，以期各有责成，尽心职守。

一现在议院遽难成立，先就行政司法厘定，当采用君主立宪国制度，以合大权统于朝廷之谕旨。

一钦差官、阁部院大臣、京卿以上各官，作为特简官。阁部院所属三、四品人员，作为请简官。阁部院五品至七品人员，作为奏补官。八、九品人员，作为委用官。

一厘定官制之后，原衙门人员，不无更动，或致闲散，拟在京另设集贤资政各院，妥筹位置，分别量移，仍优予俸禄。

奏上，奉谕旨：即按照陆续筹议，详加编定，先由起草课撰拟草案，次由评议课评议之，再由考定课加以考核，经审定课审定后，呈由编制大臣等一律署诺，然后送往总司核定处删改具奏。其所拟官制，大抵依据端制军等原奏，斟酌而成。首内阁，设总理大臣一人，左右副大臣二人。各部尚书均为内阁政务大臣，参知政事。下设提调一，副提调一，置局五：一制诰局，一庸勋局，附设文官考试处，一编制局，一统计局，一印铸局。各部则设尚书左右侍郎各一人（惟外务部仍设管部大臣一人），下设承政厅、参议厅，及参事、郎中、主事、七品小京官、录事等员，视各部事务之繁简，以定额缺之多寡。是为各部通则，凡陆海军部、吏部以外各部，皆通用之。至各部之名称次第，则首为外务部；次为民政部，以巡警部改设，并将步军统领衙门所掌事务及户、礼、工三部所掌有关民政各事并入；次财政郁，以户部财政处改设；次陆军部，以兵部练兵处及太仆寺裁并改设；次海军部，暂归陆军部办理；次法部，以刑部改，并以户部现审处所掌事务，并归覆核；次学部，仍旧；次农工商部，以商部、工部归并设立；次交通部；次理藩部，以理藩院改；又次吏部，殿焉。此外并改政务处为资政院（各院设官办法详见官制草案，兹不赘述），尊礼部为典礼院，改大理寺为大理院，而都察院则仍旧贯。又设集贤院、审计院、行政裁判院及军谘府等。共计十一部七院一府。嗣经庆亲王等公同筹议，以财政部改为度支部，交通部改为邮传部，而罢设典礼院之议，仍用礼部名目。行政裁判院、集贤院，亦经删去。视编制大臣原拟之制，颇已不同。及九月二十日上谕，宣示官制，则内阁之设，亦作罢论，而仍军机处之旧。各署名称，略与总司核定处所奏相类，至其次第先后，则已大有移易。自军机处外，为外务部、吏部、民政部、度支部、礼部、学部、陆海军部、法部、大理院、农工商部、邮传部、理藩部、都察院等。其资政院、审计院、军谘府，则均以次设立。编改京朝官制之事，于是告竣。说者谓此次厘定官制，原以预备立宪，而立宪国之内阁，实为行政之总机关。盖以一国政事，至为殷繁，非有分司之官以各任其责，则丛脞必多。而庶政之行，尤贵画一，非有合议之地以互通其情，则纷歧可虑。故其中央政府，即会合各部行政长官而成，名曰内阁，其制本甚善也。今乃仍设军机处，而罢设立内阁之议，得毋于预备立宪之道相背驰乎？虽然，是无妨也，有其名而无其实，何如求其实而异其名。上谕不云乎，军机处为行政总汇，雍正年间，本由内阁分设，取其近接内廷，每日入值，承旨办事，较为密速。相承至今，尚无流弊，自毋庸编改，内阁军机处一切旧制，着照旧行。其各部尚书，均着充参预政务大臣，轮班值日，听候召对。是则军机处之名，虽异于内阁，而各部尚书，出则为各部长官，入则为参预政务大臣，与外国内阁官制，其精神固无异也。所差者，彼设总理大臣一人，故得事权专一之功，而吾则有四军机，虑滋推诿之弊耳。然诚能顾名思义，协力同心，秉承圣谟，翊赞机务，则厘百工、熙庶绩之效，未必不可于此收之。矧法度非一成不变之物，察运会之所趋，循秩序以渐进，随时修改，俾臻至善，当议会未设以前，吾不得不有望于政府诸公矣。

### 编改外省官制办法及各疆臣之意见

京曹官制，既已厘定，则外省官制，自宜参仿其意，以次编改，庶京朝与行省，上下相维，有指臂相承之效，无枘凿难入之虞。而其大要，则在明权限，去隔阂，通朝野之情谊，专官吏之责成，期有合于立宪国行政机关之制。若夫立自治之权舆，许人民以议政，则尤要中之要，原中之原也。故编制大臣致各省督抚之电曰：亲民之职，古今中外，皆所最重。我朝承明制，管官官多，管民官少，州县以上，府道司院，层层钤制，而以州县一人，萃地方百务于其身，又无分曹为佐，遂至假手幕宾，寄权胥役，坏吏治，酿祸乱，皆由于此。今拟仿汉唐县分数级之制，分地方为三等，甲等曰府，乙等曰州，丙等曰县。现设知府，解所属州县，专治附郭县事，仍称知府，从四品。其原设首县，即行裁撤。直隶州知州、直隶厅抚民同知，均不管属县，与散州知州统称知州，正五品。直隶厅抚民通判及知县，统称知县，从五品。每府州县各设六品至九品官，分掌财赋、巡警、教育、监狱、农工商及庶务，同集一署办公。别设地方审判厅，置审判官，受理诉讼。并画府州县各分数区，每区设谳局一所，置审判官，受理细故诉讼，不服者，方准上控于地方审判厅。每府州县各设议事会，由民选举议员，公议本府州县应办之事。并设董事会，由人民选举会员，辅助地方官办理议事会所议决之事。俟府州县议事会及董事会成立后，再推广设城乡镇各议事会、董事会及城镇乡长等自治机关。以上均受地方官监督。仍留各巡道，监督各府州县，宜体察情形，并按地方广狭，属县多寡，酌量增减，并分置曹佐，由各省督抚酌量推行。至省城院司各官，现拟有两层办法。……仿国朝各边将军衙署分设户、礼、兵、刑、工各司粮饷各处办法，合院司所掌于一省，名之曰行省衙门。督抚总理本衙门政务，略如各部尚书，藩臬二司，略如各部丞，其下参酌京部官制，合并藩臬以外司道局所，分设各司，酌设官，略如参议者领之，以下分设各曹，置五品至九品官分掌之。每日督抚率同属官，定时入署，事关急速者，即可决议施行，疑难者，亦可悉心商榷，一稿同画，不必彼此移送申详。各府州县公牍，直达于省，由省径行府州县。每省各设高等审判厅，置审判官，受理上控案件。行政司法，各有专职，文牍简一，机关灵通，于立宪国官制，最为相近，是为第一层办法。其次则以督抚经管外务、军政，兼监督一切行政、司法，以布政使专管民政，兼管农工商，以按察使专管司法上之行政，监督高等审判厅；另设财政司，专管财政，兼管交通事务，秩视运司，均酌设属官，佐理一切。此外学、盐、粮、关、河司道，仍旧制。以上司道，均按主管事务，禀承督抚办理，并监督各该局所，以专责成而清权限，此为第二层办法，云云。由是观之，则外省官制，虽未议有端绪，而其中要旨，固已于此电尽之。闻各省督抚自接电后，皆已陆续议覆。今滇督岑制军春萱则主张第一层办法，力辟种种阻止说之非。奉天将军赵留守尔巽亦主第一层，请于十年以内，各省一律遵办。卸任黔抚林中丞绍年前后凡二电，第一电主变通铨选州县法，第二电主变通官制阶级。黑龙江将军程留守德全主张第一层办法，惟以财力不足为言。吉林将军达留守桂亦主第一层，而以人民程度未及自治为言。粤督周制军馥不决第一第二两层办法，惟以合署办事为然，赞成司法分立，反对设财政司直隶度支部，主分别国家用、地方用款项。署黔抚兴中丞禄主第二层办法，并采用第一层合署办事之说。鲁抚杨中丞士骧主第一层与第二层参互酌核，举人才筹款定律为难，又举议事会及董事会为难。湘抚岑中丞春萱以第一层办法为然，且于州县之官，三致意焉，然以人民程度未及自治为言。秦抚曹中丞鸿勋主第二层办法，惟言地有不齐，当分别办理。川督锡制军良亦主第二层办法，而以司法独立为难，以无财为虑。苏抚陈中丞夔龙亦主第二层，并请于院署设议政厅。皖抚恩中丞铭于两层办法，均以为然，惟以不得人为虑，且反对设立地方会。调任黔抚庞中丞鸿书主先由第二层入手，再用第一层办法，惟亦以无人才为言。浙抚张中丞曾敔不主第一层办法，而以财力人才为难，且以同署办事为不便。汴抚张中丞人骏则未定第一第二两层办法，惟以三事为言，一财力、二司法独立、三合署办事。署闽督崇留守善主第一层，如有不足，则用第二层，惟举三可缓为辞，一财政、二司法独立、三同署办事。晋抚恩中丞寿则依第一层办法，以薪费无着为词。疆抚联中丞魁亦主第一层，而以新疆人民程度太低，尚无自治资格为言。署赣抚吴中丞重熹亦主第一层，而以先养人才预筹的款为言，且斤斤以民权发达为可虑。新授闽督丁制军振铎则用两说而执其中，余均语涉题外。陕督升制军允则全行反对，请俟各省举行后再议。鄂督张制军之洞亦全行反对，不主更张。综各电观之，大抵主第二层办法者，多于第一层；主第二层办法而请缓行者，多于速行，以编制局两层办法为是，而以财力不足程度未及为言者，尤居多数。其中电覆速者，必赞成之意多而反对之意少；电覆愈迟者，必反对之意多而赞成之意少，电覆之词愈长者，则其反对也愈力；平日不得志于政府，而欲乘此得政府之欢心者，其反对也亦愈力；前此不得与闻立宪之事而素负开通之名者，则其反对也亦愈力。虽然，编纂官制各大臣固已成竹在胸，将来编拟外省官制草案，其与前次电文，必无大相出入之处，可断言也。

（《东方杂志》临时增刊《宪政初纲》，1907 年 2 月）

## 清末筹备立宪档案

### 出使各国考察政治大臣载泽等奏在日本考察大概情形暨赴英日期折

臣载泽、臣尚其亨、臣李盛铎跪奏，为具陈在东考察大略情形，暨由东起程赴英日期，恭折仰祈圣鉴事。

窃臣等到东呈递国书，业经专折陈报在案。查日本维新以来，一切政治取法欧洲，复斟酌于本国人情风俗之异同，以为措施之本，而章程、法律时有更改，头绪纷繁，非目睹情形，不易得其要领。连日率同参随各员赴其上下议院、公私大小学校，及兵营、械厂、警察裁判递信诸局署，详为观览，以考行政之机关，与其管理监督之法。又与彼政府各大臣，伊藤博文、大隈重信诸元老，及专门政治学问之博士，从容讨论，以求立法之原理，与其沿革损益之宜。大抵日本立国之方，公议共之臣民，政柄操之君上，民无不通之隐，君有独尊之权。其民俗有聪强勤朴之风，其治体有划一整齐之象，其富强之效，虽得力于改良律法，精练海陆军，奖励农工商各业，而其根本则尤在教育普及。自维新之初，即行强迫教育之制，国中男女皆入学校，人人知纳税充兵之义务，人人有尚武爱国之精神，法律以学而精，教术以学而备，道德以学而进，军旅以学而强，货产以学而富，工业以学而巧，不耻效人，不轻舍己，故能合欧化汉学镕铸而成日本之特色。虽其兴革诸政，未必全无流弊，然以三岛之地，经营二三十年，遂至抗衡列强，实亦未可轻量。至其法令条规，尤经彼国君臣屡修屡改，几费切磋，而后渐臻完密。臣等于其现行条例，勒为成书者，自当慎为选译，而诸人之论说，则随时记录，各署办事规则，亦设法搜求，总期节取所长，以备将来之借镜。此在东考察之大略情形也。兹定于二十日由横滨乘坐美国公司轮船，取道美洲，前往英国，仍酌留参随等员专驻日本，详细调查。

除俟编辑有成，另行咨送考查政治馆外，所有臣等在东考察大略情形，及起程赴英日期，理合恭折具奏，伏乞皇太后、皇上圣鉴。谨奏。（光绪三十二年正月二十日，军录）

光绪三十二年二月十八日奉朱批：知道了。钦此。（《清末筹备立宪档案史料》上册）

## 出使各国考察政治大臣戴鸿慈等奏在美国考察大概情形并赴欧日期折

出使各国考察政治大臣户部右侍郎臣戴鸿慈、闽浙总督臣端方跪奏，为敬陈在美考察大概情形，并赴欧日期，恭折仰祈圣鉴事。

窃臣等于光绪三十一年十二月二十九日行抵美京华盛顿，曾将呈递国书日期奏明在案。臣等于谒见美总统后，即由美廷派员导观各处，自公署、学堂、议院，下及商肆、工厂，排日考求。又至美之东境纽约、费城、波士顿等省，阅视一切。所至各处，该国士民无不倾诚相告，又得驻美使臣梁诚会同考核，尽心讨论，诸事更易周悉。计在美境一月有余，未尝片刻安暇，其有不及调查者，并派参随各员分途前往，冀收兼听之效。又于美国行政各部索取现行章程，酌派参随学生摘要译出，以资参考。虽时日较促，智虑不齐，而于美国大要情形；已可略知梗概。大抵美以工商立国；纯任民权，与中国政体本属不能强同，然其规划之周详，秩序之不紊，当日设施成迹，具在简编，要其驯致富强，实非无故，借资取镜，所益甚多。至于商业之发达，工作之精良，包举恢宏，经营阔大，一学堂一工厂建造之费，动逾千百万金，不惟中国所难能，抑亦欧洲所叹畏。盖美为新造之国，魄力正雄，故其一切措施难以骤相仿效，而太平洋之商业航利，则我与美实共有之。此又中国所急宜注意竞争刻不容缓者也。现就所得情形略加衰辑，容俟欧洲考察事毕，择其可资取法者，据实汇陈。臣等即于本年正月二十二日乘轮放洋，取道英、法，前赴德国，并酌留参随一二人在美考察，以竟未尽之务。

除俟到德后，再将考察各情陆续奏报外，所有在美考察大概情形，及赴欧日期，谨缮折具陈，伏祈皇太后、皇上圣鉴。谨奏。（光绪三十二年正月二十三日，军录）

光绪三十二年三月初十日奉朱批：知道了。钦此。（《清末筹备立宪档案史料》上册）

## 出使各国考察政治大臣戴鸿慈等奏到德后考察大概情形暨赴丹日期折

出使各国考察政治大臣礼部尚书臣戴鸿慈、闽浙总督臣端方跪奏，为恭报到德后考察大概情形，暨起程日期，恭折仰祈圣鉴事。

窃臣等于光绪三十二年正月二十二日自美国纽约放洋，道出英、法，因各登岸游历，旋于二月十三日行抵德京柏林，适值德皇有事出游，一时未能入觐。当与该国首相及外部接谈，请其先为派员引导，俾免旷时废事，即经该国派令水师提督盖洛、上海总领事克纳贝随事照料。所有应看官署、学堂、工厂，均由该员排日导观，仍一面督饬参随购买书籍，择要分译，一如在美办法。嗣德皇归国，定期觐见，臣等于二月三十日恭赍国书，呈递如仪。德皇接见之顷，首先敬问皇太后、皇上安好，并经设筵款待，亲与皇后入坐献酬，慰问殷勤；交谊极形辑睦。德皇论及中国变法必以练兵为先，至于政治措施，正宜自审国势，求其各当事机，贵有独具之规模，不在徒摹夫形式，其言至为恳切，业将当时大略情形撮要电陈圣鉴。臣等即于觐〔见〕之后，前赴克虏伯炮厂及德国西境各省阅视兵操，调查工矿，又兼旬始毕。计在德国一月有余，驻居柏林之日较多，而在外博览周谘，所到之区，其官商之优待欢迎，均与美洲相等。

查德国以威定霸，不及百年，而陆军强名，几震欧海。揆其立国之意，专注重于练兵，故国民皆有尚武之精神，即无不以服从为主义。至于用人行政，则多以兵法部勒其间，气象森严，规矩正肃。其人民习俗，亦觉有勤俭质朴之风，与中国最为相近。盖其长处，在朝无妨民之政，而国体自尊，人有独立之心，而进步甚猛。是以日本维新以来，事事取资于德，行之三十载，遂致勃兴。中国近多歆羡日本之强，而不知溯始穷原，正当以德为借镜。至于德皇所论，适自明其强盛之由，在中国虽不必处处规随，而其良法美意行之有效者，则固当急于师仿不容刻缓者也。

此次所译之书，因德文繁重难通，译材太少，恐不免于挂漏，唯有多购书籍回国以待研求。驻德使臣荫昌，于德国情形最为熟悉，语言尤极谙练，正值料理交卸，在德京则尚可考究，在外省则无暇览观，深惜少一讨论之助。现在考察事竣，定于三月二十五日起程，遵旨先赴丹国游历，仍回柏林，再赴俄、奥各国，以期路途省便。

除俟到丹后再行奏报外，所有抵德考察大概情形，理合恭折具陈，伏乞皇太后、皇上圣鉴。谨奏。（光绪三十二年三月十六日，军录）

光绪三十二年闰四月初六日奉朱批：知道了。钦此。（《清末筹备立宪档案史料》上册）

## 出使各国考察政治大臣载泽等奏在英考察大概情形暨赴法日期折

臣载泽、臣尚其亨、臣李盛铎跪奏，为具陈在英考察大概情形，暨由英起程赴法日期，恭折仰祈圣鉴事。

窃臣等抵英日期及缓递国书缘由，业经专折具报，并先后电达外务部在案。查英吉利为欧洲文物最著之国，一切政治规模与东方各国大有异同，考其政治之法，实数百年积渐修改，条理烦赜，仓猝未易洞悉源流。连日率同参随等员赴其行政各局署、海陆军营、公私学校、大小工厂，以及议院、警察、裁判、监狱、市会诸所，详加观览，以略考其机关，复延请彼国政法专家博士分门讲说，以深求其原理。大抵英国政治，立法操之议会，行政责之大臣，宪典掌之司法，君主裁成于上，以总核之。其兴革诸政，大都由上下两议院议妥，而后经枢密院呈于君主签押施行。故一事之兴，必经众人之讨论，无虑耳目之不周，一事之行，必由君主之决成，无虑事权之不一。事以分而易举，权以合而易行，所由百官承流于下，而有集思广益之休，君主垂拱于上，而有暇豫优游之乐。若夫外交、军政关于立国之要图，枢府间有特引之权衡，以相机宜之缓急。此行政之规模也。至其一国精神所在，虽在海军之强盛，商业之经营，而其特色实在地方自治之完密，全国之制，府分为乡，乡分为区，区有长，乡有正，府有官司，率由各地方自行举充，于风土民情，靡不周知熟计。凡地邑民居，沟渠道路，劝工兴学，救灾恤贫诸事，责其兴办，委曲详尽，纤悉靡遗。以地方之人，行地方之事，故条规严密，而民不嫌苛；以地方之财，供地方之用，故征敛繁多，而民不生怨。而又层累曲折以隶于政府，得稽其贤否而奖督之，计其费用而补助之，厚民生而培民俗，深合周礼之遗制，实为内政之本原。惟其设官分职，颇有复杂拘执之处，自非中国政体所宜，弃短用长，尚须抉择。此在英考察之大概情形也。臣等在英留驻瞬将一月，拟于本月二十五日起程前赴法国，欧土往来甚便，舟车需日无多，俟英主归后，再行折回呈递国书，以免虚延时日。

除将考察诸务编辑成书，随后咨送考察政治馆外，所有臣等在英考察大概情形，及由英起程赴法日期，理合恭折具陈，伏乞皇太后、皇上圣鉴，谨奏。（光绪三十二年三月二十四日，军录）

光绪三十二年闰四月二十日奉朱批：知道了。钦此。（《清末筹备立宪档案史料》上册）

### 出使各国考察政治大臣载泽等奏在法考察大概情形并再赴英呈递国书折

臣载泽、臣尚其亨、臣李盛铎跪奏，为具陈在法考察大概情形，恭折仰祈圣鉴事。

窃臣等由英至法及呈递国书日期，业经专折具报，并先后电达外务部在案。查法兰西为欧洲民主之国，其建国规模非徒与东亚各国宜有异同，即比之英、德诸邦，亦不无差别。臣等至法京后，连日率同参随等员至其行政各局署详加参考，复延请彼国政治名家悉心讨论，又因法政府之请，远赴该国南北各境，里昂、都隆、哈富等处察看商务制造，阅视船坞、战舰，而复知其立国之体，虽有民主之称，统治权实与帝国相似。条规既整齐完密，精神尤固结流通，遗其粗而撷其精，可以甄采之处，良亦非鲜。

大抵欧洲各国政治，悉根原于罗马旧制，言政法者必先言罗马，犹中国学者必首推周秦。罗马为古昔强国，其立法之原，最富于统治之力。法国地近罗马，政法实得其遗传，而又经拿破仑第一之雄才大略，综揽洪纲，以沉毅英鸷之资，手定立国治民之法，公私上下权限分明，数十年来虽屡经变革，卒易世及为选举，而其理法条目遗意相承，无或稍异。是其所变者，官家之局，其不变者，立法之精，故观其现行成法，大权仍集于政府，居中驭外，条理秩如。其设官分职，则三权互相维系，无轻重偏倚之嫌，其地方自治，则都府秉成中枢，有指臂相联之势。比之英吉利，一则人民先有自治之力，而后政府握其纲，一则政府实有总制之规，而后人民贡其议，施之广土众民之国，自以大权集一为宜。且法自大败于德以还，凋丧之余，不三十年复臻强盛，其作民气以培国力，实根于政治之原理，良非幸致。至其学术之精实，工业之良巧，蒸蒸日进，与英、德本并驾齐驱。惟汰侈之风，自路易十六以来，相沿未革，习俗使然，无关政治。此在法考察大概情形也。

顷接驻英使臣汪大燮来电，英主现已回国，臣等考察完毕，定于本月十六日自法赴英，订期呈递国书，届时另行奏报。

除俟编辑成书随后咨送考察政治馆外，所有臣等在法考察大概情形各缘由，理合恭折具陈，伏乞皇太后、皇上圣鉴。谨奏。（光绪三十二年四月十五日，军录）

光绪三十二年五月初六日奉朱批：知道了。钦此。（《清末筹备立宪档案史料》上册）

## 出使各国考察政治大臣戴鸿慈等奏到俄考察大概情形折

出使各国考察政治大臣礼部尚书臣戴鸿慈、闽浙总督臣端方跪奏，为恭报到俄大概情形，恭折具陈，仰祈圣鉴事。

窃照臣等前在奥国，准驻俄使臣胡惟德函称：俄国现开议院，民气正嚣，请早日前往考察等语。当将奥国应办各事赶紧办完，即于光绪三十二年四月二十四日启程赴俄，二十六日行抵俄京森彼得堡。二十八日觐见俄皇，恭递国书，俄皇及皇后均敬问皇太后、皇上安，并即设筵款待，赠送宝星。此行所带参随，无论随观与否，亦经一律普给二三等宝星，情谊实形周洽。考察各事，臣等在德国时即经遴选参随、翻译四员，先日驰往，分门调查，并函请驻俄使臣胡惟德随时指导，俾期详尽。该驻使在俄已届三年，于俄国政界情形，平时本即留心，此次尤属热诚帮助。

现在俄国内乱未靖，所有学堂、工厂人数稍众之区皆已停办。臣等抵俄后，所见之事亦止陆军马步各队，及未经停工船厂、枪炮厂数处，其余全赖该驻使所译各件，以资稽核。且现值俄国政府组织宪政之时，中国尤应格外注意，已属该驻使于此项条议不厌详求。查俄国幅员最广，素以雄力横视环球各国，猜忌之萌，已非一日，其政体久以专制著称。从前兵力盛强，民间虽怀有迫求立宪之心，尚不敢存暴动非常之想，战败之后，始有种种要求。当时迫于事势，不能不由政府允许，近则筹借国债，增练新兵，政府威权又稍稍复振，而议院所求各事未能事事允行，是以上下相持，颇滋疑沮。臣等曾与该国前首相维持接谈，据称该国预备立宪已逾百年，究之民间知识犹未尽开，一时甚难合度，大抵此次宣布，在政府不能不曲从舆论，而断不能满其所欲，深虑乱事难以消泯。此俄国现筹立宪之实在情形也。

至于该国虽经败乱，武备经营尚复不遗余力，自借巨帑后，训练益勤。此次所见陆军即新募之众，俄皇亲加简阅；军容亦颇雄整。俄国本有船厂，现正增造军舰，有重至一万七千吨者，其余他国代造代修之船所在多有，他若枪炮、子弹购造之数尤夥。臣等所至各国，凡有枪弹各厂，俄国多半有定购之品，并派兵官监督制造，是其补苴筹借，正复谋虑周详，实有未容轻视者矣。臣等现将诸事办毕，即于闰四月初四日启程前赴荷兰游历。

所有到俄大概情形，理合恭折具陈，伏乞皇太后、皇上圣鉴。谨奏。（光绪三十二年闰四月初四日，军录）

光绪三十二年五月二十八日奉朱批：知道了。钦此。（《清末筹备立宪档案史料》上册）

## 出使英国大臣汪大燮奏会同载泽等考察英国政治事竣折

出使英国大臣、二品顶戴外务部右丞臣汪大燮跪奏，为遵旨会同考察政治事竣，胪陈大略，恭折仰祈圣鉴事。

窃臣伏读上年八月二十日军机处电传谕旨：前有旨，特派载泽等分赴各国考察政治，该大臣每至一国，着各该驻使大臣会同博采，悉心考证，以资详密。钦此。仰见皇太后、皇上宵旰忧勤，孜孜求治之至意，钦佩莫名。臣以樗材谬膺使职，夙夜祇惧，陨越时虞。履任之初，前使臣张德彝业将简派大臣来英考察政治一事照知外部，故与彼都人士往来接见之际，率以如何考察，有何宗旨为问。而各处报章持论，每疑我国遇事敷衍，将为掩饰外人耳目之计，真意不存，最易启列邦轻视之心，由轻生骄，而国际受其影响，事虽一端，其所关系者大也。臣前以兹事体大，贻书各大臣先事商榷，聘定美国有名政治教习一人，将英国各部院暨其地方自治事务、警察、刑狱、市政、商会一切有关行政治事之法，排定日期，到时依类讲解。今日所述，明日往观，质疑征信，期于表里贯澈。并以海陆军别具专门，非一政治家所能包举，复商其该管部员，各派一人详陈精义，更以余力阅看学堂、机厂等处。布置略定，载泽等于二月二十八日莅英，适值英主出巡，归期无定，未克呈递国书。英外部遣员导迎，谆嘱弗候英主，并为知照各处襄助考察，约及一月，大致粗毕。三月二十五日遣员往告外部暂赴法国巴黎，嗣因英主言旋，经臣电法，载泽等复于四月十六日重至伦敦，十七日臣循例偕同载泽等赴北钦咸宫谒见英主，英主慰劳赞美，言辞恳切。英议院绅及英相皆设宴款待，而英渥斯福、谦伯利两大学皆赠载泽等以博士称号。宴谈之顷，无不翘跂我国指日振兴为言，并谓我国文化最先，民物殷富，倘能提纲挈领，一变至道，实可为全球各国之冠。盱衡时局，中国安则天下之民举安。凡可以敦崇友谊裨我郅治者，英国人人皆愿引为己任等语。词意真挚，迥异恒言，酬酢往还，更阅十有七日。载泽等遂以闰四月初二日告辞，初三日前赴比国。此考察政治大臣两次莅英大概情形也。

臣窃维英以旧邦发明新政，方今列强政要，大都取法于斯，推为鼻祖。区区三岛，辖属乃遍五洲，而精益求精，不自满假之意，尤足发人深省。其立国既早，而习惯相沿之政事，有似复杂，深求其故，则凡所以相维相系者，靡不同条共贯，各寓精义于其间，洵非可以枝枝节节求之也。

近数十年来，彼以国势民风日臻上理，致治保邦之外，更无他求，惟期寰宇太平，则人民生意盎然自足。其与我虽非唇齿之依，要有腹背之应，故其祝我自强，言根于心，亹亹然不能自已。我国比年锐意图治，外人将信将疑，久已观听并集。此次考察政治大臣认真探索，彼得见闻互证，舆论因而一变，而载泽为皇室懿亲，尤能令人起敬。故其朝野之间，同声相庆，而两大学为英执政及议员人材所自出，全国意向视此转移；是其推崇之殷，正其责望之殷。外人殷望若是，则所为设施以满其望者，自无待言，而由此邦交日固，民气日振，国运日隆，必有可以计日而程功者。

微臣待罪是邦，外情注目所在，不敢壅于上闻，至一切政治纲要，亦经博采图书，用资编纂。除应由考察大臣汇总具奏外，所有遵旨会同考察事竣，胪陈大略缘由，理合恭折具陈，伏乞皇太后、皇上圣鉴。谨奏。（光绪三十二年闰四月二十五日，军录）

光绪三十二年七月十六日奉朱批：知道了。钦此。（《清末筹备立宪档案史料》上册）

## 考察宪政大臣达寿奏考察日本宪政情形折

奏为恭报考察日本宪政情形，具陈管见，仰祈圣鉴事。

窃奴才于上年十月，恭荷恩命，出使日本考察宪政，迄今半载，觇其经国治民之规模，叩其学士大夫之议论，随时记录，积有成篇，业经缮写清本，分订成册，进呈御览。惟时日短浅，所得无多，而综此半年考察之情形，参以奴才管蠡之窥测，有不能不为我皇太后、皇上缕晰陈之者。

数年以来，朝野上下，鉴于时局之阽危，谓救亡之方只在立宪。上则奏牍之所敷陈，下则报章之所论列，莫不以此为请。朝廷亦既宣布诏书，明定立宪期限，此真非常之功，震铄前古，薄海内外，感戴同深。然则我国家将来之必为立宪政体，无可疑矣。虽然，立宪之为利为害，不可以不明，期限之宜短宜长，不可以不审。苟其本源之未澈，必至议论之多歧，挟成见者固可以危辞而惑圣聪，昧大局者又将以目论而败至计，盈廷聚讼，一是莫衷，此则不可以不辨者也。夫世运未有不由鄙野而进于开明，国家未有不由弱小而臻于强大，而求其致此之故，则端在于政体之改良。故万车连轨，不能容一乘之退行，列国争强，不能听一邦之终弱。苟其外与世运对逼，必召阴谋，内与民意相违，终成暴动。东西历史，具有明征，缅前事而堪师，实近今之宜法。奴才窃愿我皇太后、皇上今日所宜综览时势亟仰宸断者，有二事焉，一曰政体之急宜立宪也，一曰宪法之亟当钦定也。政体取于立宪，则国本固而皇室安。宪法由于钦定，则国体存而主权固。此皆有百利而无一害之事。敬为我皇太后、皇上剀切陈之。

夫所谓政体者何也？政体云者，盖别乎国体而言。所谓国体者，指国家统治之权，或在君主之手，或在人民之手。统治权在君主之手者，谓之君主国体，统治权在人民之手者，谓之民主国体。而所谓政体者，不过立宪与专制之分耳。国体根于历史以为断，不因政体之变革而相妨。政体视乎时势以转移，非如国体之固定而难改。例如日本，君主国体也，一姓相传，已历千载，而维新之明治，虽尽变其历古相承之制度，究之大权总揽，仍在天皇，故政体虽尽其翻变之奇，而国体实未有毫发之损。我国之为君主国体，数千年于兹矣。《易》曰：天尊地卑，乾坤定矣。《春秋》曰：天生民而树之君，使司牧焉。五伦之训，首曰君臣。此皆我国为君主国体之明证也。国体既为君主，则无论其政体为专制，为立宪，而大权在上，皆无旁落之忧。盖国体者，根于历史而固定者也。政体者，随乎时势而流动者也。世或以政体之变更，而忧国体之摇撼，于是视立宪为君权下移之渐，疑国会为民权上逼之阶，犹豫狐疑，色同谈虎，此皆大误者也。

国体、政体之辨既明，然则奴才所谓政体之必宜立宪者何也？考欧洲宪法之发生，其渊源有二：一由于历史之沿革，一由于学说之阐明。而其结果，皆为人民反抗其君，流血漂杵而得者也。欧洲中古，本为封建制度，各私其土，各子其民，威福日增，渐流横暴。其在英也，则有英王约翰、英王查理斯、英王威廉三次之革命，遂订权利法章、准权大典、权利请愿三次之宪章。其在美也，则因英国赋敛殖民之虐，遂起脱离母国之心，十三洲逼而称兵，华盛顿举为领袖，糜财巨万，血战七年，卒开独立之厅，遂定成文之法；统领由于公选，政治取于分权。其在法也，则其宪法之完成，实经三次之革命，为祸最烈，流血独多，影响遍及欧洲，蔓延及于列国，斯固未有之奇祸也。考法兰西第一次之革命，实由路易十四世而发生，暴横甚于嬴秦，残酷浮于桀纣，观其朕即国家之语，实背民为邦本之经，于是三级人民大开会议，自《人权宣言》之发布，实立宪政体之初基。后以路易背约，更逞阴谋，通款外邦，欲引回纥而平安史，大招民愤，乃合孟津而誓诸侯。此第一次之革命也。其第二次之革命，则因查理斯十世解散国会，压制平民，废印刷之自由，削议会之权利，于是报馆学生及劳动者，集一万之众，建三色之旌，占据市街，攻毁牢狱，全城鼎沸，举国驿骚，卫人起逐其君，厉王出奔于彘，史家所称巴黎七月大革命者是也。其第三次之革命，则因人民要求改正选举法而起。其时适当二月二十二日，学生、劳动者集众数万，会于广场，高唱改正万岁，大收武器，直逼王宫，逼王退位，别立新君，以临时政府之委员，革民主共和之宪法，统领之任，定为四年，选举之方，取于直接，帝政既倒，民权益张。史家所称巴黎二月大革命者是也。法西既有第三次之革命，而影响所及，遍于普、比、奥、意诸邦，如火燎原，不可遏抑。其在普也，则有柏林三月之变，柏林六月之变，其后普王虽钦定宪法，采用民权，而当国会修政之时，正君民争权之际，几经协议，仅乃成功。其在奥也，以梅特涅为宰相，实专制界之巨魁，鞫狱之酷，过于张汤，法网之严，甚于罗织，禁同偶语，剥言论之自由，律等挟书，夺出版之权利。然而丈水决防，自然泛滥，同盟虽圣，终乃无功，避朱泚而幸奉天，罢林甫以谢天下，乃颁钦定之宪法，意欲修好于国民。大乱初平，王又背约，后因一败于意，再败于普，王乃鉴外交之逼迫，悟民意之难违，终发布宪法焉。其在意也，则有加富尔、加里波的、玛志尼等共谋建国，统一诸州，转战数年，乃告独立。党名烧炭，终扬罗马之光，人慕自由，共奉沙王为主，颁布宪法，行之到今。其在比也，则始因人种问题，久思脱荷兰之轭，继受巴黎影响，乃谋兴革命之军，悉逐防师，一清境土。是时荷兰请援于普，比亦请援于法，然普为封建之制，其应募者尽属佣兵，法乃共和之邦，其来援者全为义旅，卒之兵未交战，胜败已分，经五国之调停，许比人以独立。欧洲宪政，其渊源于历史之沿革者既已如是，而所谓渊源于学说之阐明者何也？自十八世纪以来，欧洲人士竞谈新学，所谓权利、自由、独立、平等诸说，次第而兴，当时之君固亦视同妖言，斥为邪说，其后大势所趋，终难钳塞矣。英国首采其说，叠次改正宪法，如臣民权利自由之保障也，裁判官之独立也，国会参与立法议决预算也，征收租税必依法律也，国务大臣负责任也，君主无责任也，凡此荦荦大端，莫非创始于英国，而实以学者之议论，为之先河。其后法人孟德斯鸠，考究英国政治，著《法意》一书，创三权分立之论。而卢梭又著《民约论》继之。三权分立者，谓行政、立法、司法三权，宜各由特别之机关，独立对峙，互相节制之谓也。而民约论之大旨，则主张天赋人权，谓人本生而自由，不受压制，惟当共结社会契约，以社会之总意，分配权利于人民，人民对于总意，受其拘束，此外悉可自由。此二氏立论之大概也。自孟德斯鸠之书成，而欧洲列国之政体，咸以是为基础。自卢梭之论出，而拉丁民族之国体，咸因此而变更。盖学说之力足以激动人心、左右世界者，有如此矣。考之历史则如彼，征之学说则如此。本理论而遂生事实，借争斗而乃得自由，观其数十之条文，实捐万民之身命，缅怀列国，真可寒心，而于是日本之睦仁天皇乃应运而起矣。

考日本昔为封建制度，幕府专政，垂数百年，历代天皇，虚拥神器，其去东迁之周室，末造之炎刘，殆无几也。自美舰东来，要求开港，幕府既与结约，遂失民心，守蛙见而始欲攘夷，咎戎首而转思覆幕。迨至将军归政，王室复兴，志士尊王，列藩奉籍，于是朝廷之上忽分二党，即王政复古党与王政维新党是也。其主张复古者，即前之攘夷派也。其主张维新者，亦前之攘夷派，后知夷不可攘，乃思应时会而亟谋变法者也。复古党以国粹为重，误以变更政体为有碍名分之尊。维新党以国体自存，今即百度更新，实无损秉乾之治。卒赖天皇果敢，英断独抒，先酌古而斟今，决从人而舍己，乃遣其臣木户孝允、大久保利通、伊藤博文等，先后驰赴欧美，考察宪政。当其瓣香告庙，特颁五誓之文，戒旦临朝，未许万机之暇，求贤等于饥渴，图治同以励精，上下同心，君臣一体，其如火如荼之气象，觇国者早决其必强矣。虽然，民心犹水，就下之势难防，时运如花，向春之苞难遏，当豫备立宪之日，正民权最盛之时，守旧者方执口实以訾朝廷，维新者欲凭威权而谋镇压，鹿儿犯命，藩士伏尸，江户陈书，党人下狱，斯时日本之国势，盖岌岌乎殆哉。然而人民之于君，犹赤子之于父母也，索饼饵而遽施以夏楚，则啼哭愈以不休，请权利而转以威棱，则叫嚣决其益甚。于是御前会议，乾断独裁，缩短发布宪法之期，亟定开设国会之限，诏书一下，万姓欢呼。乃于明治二十二年布宪法，二十三年开国会焉。盖自伊藤博文等考察宪政归朝以来，相距不及七年耳。于是一战而胜，再战而胜，名誉隆于全球；位次跻于头等，非小国能战胜于大国，实立宪能战胜于专制也。

综观以上之所陈，则世界立宪之大概，与日本立宪之情形，可以得矣。而奴才顾谓立宪可以固国体者何也？今天下一国际竞争之天下也。国际竞争者，非甲国之君与乙国之君竞争，实甲国之民与乙国之民竞争也。故凡欲立国于现世界之上者，非先厚其国民之竞争力不可。国民之竞争力有三：一曰战斗之竞争力，一曰财富之竞争力，一曰文化之竞争力。备此三者而后帝国主义可行。帝国主义者，聚全国人民之眼光使之射于世界之上，高掌远蹠，不为人侮而常欲侮人，不为人侵而常欲侵人，故军国主义者，即战斗之帝国主义也。殖民政策也，势力范围也，门户开放也，利益均沾也，关税同盟也，即财富之帝国主义也。宗教之传播，国语之扩张，风俗习惯之外展，即文化之帝国主义也。今之列国，或于此三主义中取其二焉，或并取其三焉，而要以战斗、财富为尤重。大抵欲行帝国主义者，咸以财富、文化为先锋，而以战斗为后盾，此为今日世界列国之公例。循是者兴，反是者亡，无可逃矣。立宪政体者，所以厚国民之竞争力，使国家能进而行帝国主义者也。何以言之？中国古时锁国闭关，独自为治，其所称为外患者，不过沿边之小部落，而又以越国鄙远为戒，故其时常重内患而略外忧。虽得君如秦皇、汉武、唐太宗、元世祖，得臣如张骞、甘英、房、杜、耶律楚材等，而文化只及于域中，武功终屈于海外，何也？盖无国家主义之竞争，无国民主义之行动，只须一二之贤君相指挥号令于上，而是时之民不过作君相之机械而已。今也不然，八宇交通，万国并峙，其竞争也，常取于国家主义，其行动也，常取于国民主义。苟其国家国民依然只有机械之资格，则欲以一君一相最少数之人，而与五洲万国无量沙数之人对抗，以云斗力，不啻莛之撞钟，以云斗智，汤武其犹病之，此固可以断言者矣。

然则立宪政之所以必能厚国民之竞争力者则又何也？夫立宪之国家，其人民皆有纳税、当兵之义务，以此二义务，易一参政之权利，君主得彼之二义务，则权利可以发展，国民得此一权利，则国家思想可以养成。斯时也，君主又为之定宪法为臣民权利之保障，而臣民又得于国会协赞君主之立法，及监督国家之财政，上下共谋，朝野一气，一休一戚，匪不相关，如家人父子者焉。夫如是也，以云战斗，则举国团结一致，为对外之举，所谓臣三千惟一心者是也，而战斗力足矣。以云财富主义，则平日君主政府常借国力以奖励其殖民，保护其贸易，战时则以国家之信用，募集内国之国债，而人民因欲保其身命财产也，不得不先割其财产之一部，以应国家之要需，所谓百姓足君孰与不足者是也，而财富充矣。以云文化，则教育之事，地方可以各出财力以自谋，政府常为监督而奖励之，义务教育既易于普及，则进而上之，为文学、为宗教、为道德、为风俗、为言论，发挥其固有，镕铸其新知，圣学逐渐以昌明，异端无庸于置喙，浸假行于全国焉，浸假行于各藩属焉，浸假行于本洲焉，所谓声教迄于四海者是也，而文化盛矣。夫战斗、财富、文化既为帝国主义之要端，而是三者则断非不立宪之国所可以梦想而幸获。何也？不立宪，则其国家之机关不完，其在上也，不能谋国民之发达，而下之国民，亦因被上之拘束，不能自谋其发达。夫国民之不能发达，则其竞争力不厚，竞争力不厚，则不足以立于国际竞争之场，而于此独谓能行其国家主义者，此地球之上未曾有也。昔奥大利曾谋久以专制立国，结神圣之同盟，卒之一败于意，再败于普。俄国为世界著名之专制大国，一遇弹丸黑子之日本，竟至丧师。今则普、奥二国既先后立宪矣。普自胜奥胜法之后，铁血宰相之政略，久足以慑寰球，而俾士麦则亟亟于发布德意志帝国之宪法。日本自幕府归政以来，版籍奉还，废藩置县，中央集权，日形巩固，亦何尝乐于立宪哉？然外有国际竞争之剧烈，知非立宪而谋国民之发达，则不足以图存，盖大势所趋，终难久抗，只因其见机之早，故不必如欧洲列国之革命流血，竟告成功，此诚其大幸者也。夫日本之立宪，距今将二十年矣。此二十年来，世界列强政局又屡变不一，而今日之亚东大陆，适为环球视线所趋，当此之日，纵使宪政即行，而事既后于日本二十年，机又危于日本数十倍，将来成败，犹未可知，况乎兵欲渡河，犹作宋人之议论哉？

以上所陈，皆立宪可以固国本之说也。而奴才更谓立宪可以安皇室者又何也？夫专制之国，其皇室每与国家相牵连，故往往国家有变，其影响必及于皇室。日本从前亦复如是。观其大宝令之所载，可以知矣。自维新以后，大改制度。凡于人民发达有直接关系之事，则移诸国家，而于天皇有直接关系之事，则归诸皇室。皇室、国家之划分，纯以责任为标准。有责任者，天皇使国务大臣负之，无责任者，则命宫内大臣任之。盖政治之事，依于国民之状态而时有变迁；国务大臣随其变迁而达政治上之目的。而皇室之事，则关系天皇，永无改变，并无责任之问题，故以宫内大臣掌之。日本宫内省官制，凡涉及国家之事，宫内大臣与国务大臣协议而行，而令国务大臣负其责任。所以然者，盖恐宫内大臣若对国家而负责任，一有不慎，或贻皇室之忧，以是之故，宫内大臣之职务，全超然于国家政治之外。宫中官吏有时被选为贵族院议员者，则只许其择就一职，所以防国家政治上之风波，影响及于皇室也。凡此区分，名曰间接政治。间接政治者，谓依据宪法以组织施行之机关，由此机关间接以行政治也。盖君主国体，皇位本为世袭，其间难保无一二失德之主，若非行间接政治，则施发号令一拂民情，便危皇位，故一夫不获，时予之辜，万方有罪，罪在一人，在昔方引为美谈。而其实以君主一人自任天下之重，苟非尧、舜，则未有不危殆者。吾国自汤、武以来，征诛之局成为惯例者，大率以此。而现今立宪国，则内阁旦夕有更迭之事，君主万年无易位之忧，责任所关，可以睹矣。或谓若行间接政治，则君主所管者只有皇室事务，而国家事务全在大臣之手，如是，则君主不将徒拥虚位，而大臣不将窃弄权柄乎？斯言也奴才窃亦疑之，及详细考究而知其不然。试引一例以言之。今有一商人，其先第就家室之内经营商业，久之家政与商业相混，于是家之存亡，一系于商之赢绌。后知其法之不善，乃别设公司于外。公司之中，有理事，有株主，商人出居公司；则居于理事长之地位，入居家室，则居于家督之地位，公司有公司之章程，家室有家室之规矩，家政商业，两不相关。如是，则公司虽有亏折之虞，而理事、株主人人有责，彼商人之家室固毫无影响也。惟国亦然。皇室者家室也，国家者公司也。君主对于皇室所处之事务，亦犹商人对于家室所处之事务。君主对于国家所处之事务，亦犹商人对于公司所处之事务，商人经营公司，可以居理事长之地位。君主创业垂统，自当握总揽之大权，皇室则愈见安全，权力固未尝减少。考诸宪法之实际，足以征信而无疑。

旧时宪法之精神，在于三权之分立。三权分立之说，在昔孟德斯鸠本有误解，彼之所言，谓国家立法、行政、司法三大权，宜各设特别之机关而行使之；互相独立，不受牵掣。是说由今观之，不能无弊。何也？夫所贵乎国家者，以有统治之权力也。统治权系惟一不可分之权，若其可分，则国家亦分裂矣。故譬分国家主权为三事，而使分任之者，各自为其权力之主体，此种理论，实为国权统一之原则。大抵近今立宪国家，固以孟氏之论为基础，然舍美国实行分权制度外，余则未有不曲加改良者。其在日本，则如司法之裁判所，其法律本为君主所定，裁判官特以君主之名，执行法律，故裁判官直辖于天皇，不受他机关之节制，以此谓之司法独立。非谓裁判所别有法律，虽天皇不得干预其事也。此司法独立之未尝减少君权者一也。至于立法之议会，在日本议会，不过有协赞立法之权耳，其裁决与否，属天皇之大权。至法律案关系重要者，政府犹得用种种之方法，操纵议员，以求其通过，而最终尚有命其解散或停会之权。其议会提出法案，虽亦宪法所许，然其议决上奏者，天皇可下内阁审议，内阁若以为有碍政府施政之方针，则不奏请裁可，于是议会提案，遂以未经裁可，不得成为法律。此立法独立之未尝减少君权者二也。若夫行政之内阁，则尤为完全属于天皇施政之机关。自表面观之，内阁大臣事事宜负责任，其权似较天皇为尤大，而实际则不然。日本宪法，国务大臣之负责任也，非对于议会负责任，实对于天皇负责任，故天皇有任命大臣更迭内阁之权。而关于皇室国家之事务，其应如何区分，一任天皇自由之判别，天皇对于皇室之事，固可自由处置，而对于国家之事，苟其不背宪法之条规，皆得以命令其内阁。内阁大臣对于国家之事务，苟其稍涉重大，则无一不宜奏请而后施行。夫英国，议院内阁也。其内阁大臣权力，宜较大于日本矣，然千八百五十年，宰相巴氏因未经奏闻，擅认拿破仑三世为帝，女王维多利亚遂罢免其职。英国如此，日本可知。此行政未尝减少君权者三也。君权未尝减少，而此间接政治，既可以安皇室，又可以利国家，元首为其总揽机关，皇室超然于国家之上，法之完全，无过此者。以上所陈者，皆立宪可以安皇室之说，奴才所谓政体急宜立宪者此也。

所谓宪法之必当钦定者何也？考宪法制定之历史，有东西各国之不同。就形式以为言，有三种之区别，即钦定宪法、协定宪法、民定宪法是也。钦定宪法出于君主之亲裁。协定宪法由于君民之共议。民定宪法则制定之权利在下，而遵行之义务在君。大抵君主国体未经改革，或改革未成之国家，其宪法仍由钦定，如日本与俄是也。已经改革，或经小变乱，而未变其君主国体之国家，其宪法多由协定，如英、普、奥是也。既经改革，而又尽变其君主国体，或脱离羁绊，宣告独立之国家，其宪法多由民定，如法、如美如比是也。宪法制定之形式既有三种，而政治运行之实际，亦遂不同，即学者所称大权政治、议院政治、分权政治是也。大权政治者，谓以君主为权力之中心，故其机关虽分为三，而其大权则统于一。其对于内阁也，得以一己信任之厚薄，自由进退其大臣。其对于议会也，则君主自为立法之主体，而议会不过有参与之权，议会虽有参与之权，而君主实仍操裁可之柄。其对于裁判所也，其裁判权虽寄于裁判所，而大赦、特赦、减刑、复权之事，仍属天皇之自由。此大权政治之大概也。议院政治者，以议会为权力之中心，立法之权既全归于议院，而行政之权亦间接而把持。君主行政，必须内阁大臣之同意，而内阁大臣之进退，又视政党意见之从违，盖立法行政之权，皆混同于议会之内矣。此议院政治之大概也。分权政治者，其大统领则有行政权而无立法权，其议院则只知立法而不问行政，界限分画，两不相侵。此分权政治之大概也。虽然，后之三种政治，实与前之三种宪法有因果之关系焉。何也？盖宪法由于钦定者，未有不取大权政治者也。宪法由于协定者，未尝不欲行大权政治，其终未有不流于议院政治者也。宪法由于民定者，则大权政治、议院政治皆所不取，盖皆行分权政治者也。故日本之宪法，钦定也，而大权政治生焉。普国之宪法，协定也，而不能行大权政治。英国之宪法，亦协定也，而议院政治生焉。法、美之宪法，民定也，而分权政治生焉。

考此三种之政治，不能卒断其短长，倪持国体以为衡，实以大权为最善。而欲行大权之政治，必为钦定之宪章。夫宪法之中有大端，即君主、臣民、政府、议会、军队是也。此五大端者，皆无害于国体，而无损于主权。然宪法苟非由于钦定，则此五者皆不免为流弊之滋。何则？查欧洲各国君主，虽亦称为皇帝，实不过其历史相沿之敬称，而未必即为握有主权之元首，例如德国君主，亦皇帝也，而其实际，乃联邦最高之机关，皇帝与帝国议会、联邦议会，实立于同等之地位。比利时宪法，认主权出自人民，故其国王大权每为宪法所制。其他法兰西诸国，系君主之地位，大抵与比利时相同。推其原因，皆其宪法咸出于协定，咸出于民定耳。惟日本宪法由于钦定，开章明义，首于天皇，而特权大权，又多列记。匪特列记已也，即其未经列记之事，亦为天皇固有之权。今试就其列记者言之：一曰裁可法律之大权，二曰召集议会及开闭解散之大权，三曰发行法律敕令之大权，四曰发行政命令之大权，五曰定行政各部官制及任免文武之大权，六曰统帅海陆军、定其编制及常备兵额之大权，七曰宣战媾和及缔结条约之大权，八曰宣告戒严之大权，九曰授与荣典之大权，十曰恩赦之大权，十一曰非常处分之大权，十二曰发议改正宪法之大权。凡此大权，皆为欧洲各国宪法所罕有，而日本学者尚谓有漏未规定时启疑问之端。中国制定宪法，于君主大权，无妨援列记之法，详细规定，既免将来疑问之端，亦不致于开设国会时为法律所限。此钦定可以存国体而巩主权者一也。

　　至于臣民之权利，规定于宪法内者，实自美国始，而法国继之。自后欧洲、日本制定宪法，皆专设为一章，如所谓身体自由、居住移转自由、信书秘密自由、信教请愿自由、言论结社自由、住所不可侵、所有权不可侵，不知者方谓其民权之伸张，已达极点，充其所至，实可贻犯作上乱之忧。而岂知日本宪法，其揭载臣民权利自由者，莫不限之以法律。如言论出版、结社集会之自由也，则归于法律范围内有之，是则出乎法律范围外者，可以禁止无疑矣。如所有权之不可侵也，则解之曰认为公益必要之时，当依法律所定，则是必无关于公益必要者，方许以不可侵之权无疑矣。其他如住所、如信书秘密，亦必以无反法律之所定，方许其为不可侵。信教自由，必限以无背义务，无害安宁。请愿自由，必从别定之规程，守相当之敬礼，而际战时及国家事变之顷，犹有不得碍天皇施行大权之明文。据此而言，则臣民权利自由，实不过徒饰宪法上之外观，聊备体裁，以慰民望已耳。何也？臣民之权利自由，必间接而得法律命令之规定，非可由宪法上直接生其效力也。且立宪国家未有不重行政之命令处分者。当行政权行使之时，臣民未尝不负服从之义务，故臣民权利，受其限制者极多。英国，民权发达之国也，而治安判事，尚兼行政司法裁判之职权，遇有违反行政规则者，得行其强制之力，所谓强制权者是也。而日本之行政执行法，亦于明治二十三年以法律敕令明定之。此国家对于臣民有强制权之明证也。强制权之外，又有所谓非常权。非常权者，谓人民苟以暴力抵抗命令之时，事小者用警察，稍大用宪兵，再大者用军队，尤大者，天皇可以宣告戒严焉。当施行戒严令之时，则举其平日归于司法行政所保护之臣民权利自由，一切置诸军队处分之下。以民权最大之法国，犹为此戒严制度之滥觞，是后各国，从而仿之。此国家对于臣民有非常权之明证也。或疑中国人民，本来安静，一言权利，未免嚣张。不知欧洲各国之宪法，或协定，或民定，其人民权利既无制限，而义务亦多自由。日本为钦定宪法，苟不规定臣民权利，既违宪法之原则，亦何以责其纳税当兵之义务乎？且其所谓权利者，如居住，如转移，如言论，如信教等，皆中国所视为固有之权利，而日本皆定宪法之中，其操纵之意可知矣。虽中国制定臣民权利不必尽如日本，而操纵之法，则必使出于上之赐与，万不可待臣民之要求。此钦定可以存国体而巩主权者二也。

政府者，政治之府也。在立宪国之政府，必置国务大臣，又以国务大臣组织内阁，而国家行政上之机关乃备。自表面而观，国务大臣之权似为甚大，而不知立宪政体之妙用即在此焉。盖君主神圣不可侵，既为宪法上之原则，倘万几自负责任，则苟有违宪之事，必为指摘所归，故日本宪法明定国务大臣有辅弼天皇之责任，而一切命令，均副署焉。盖不明定于宪法，则责任不能专，责任不能专者，政府即不能成立，而在上或不免专断之失，而在下者更难免委卸之心矣。且国务大臣虽为辅弼君主之重臣，而君主毫不受其拘束。英国，议院政治也，而凡内阁决议之事，一切均须上奏。美国，分权政治也，而任免大臣之权，仍操于大统领之手。比利时宪法纯为民定，而比王对于宪法上所定大权范围之内，尚得自由行其方针，如国防也，海外贸易也，殖民政策也，皆自选英贤，询以大计，而内阁向不与问。夫以议院政治、分权政治之英、美、法、比等国，其君主对于大臣，犹有莫大之权，而所谓大权政治之日本，益可知矣。日本之国务大臣，不对议会而负责任，乃对天皇而负责任。大臣失政，则天皇自由罢免之，大臣奏事，则天皇自由准驳之。其所以异于专制国者，则大臣若以天皇所下命令有背宪法，不敢担负责任，可以拒其副署，不经大臣之副署，则天皇命令终不得施行。此则所以防专制之弊者也。虽然，不经凤阁鸾台，不得为敕，我国自古封还诏书及署纸尾之事，已数见而不鲜，史家皆传为美谈，明主亦乐其献替，可见中西制度，不谋而同。今日若设内阁，不过复中书省之旧制而已，岂有损君权于万一哉？此钦定可以存国体而巩主权者三也。

大凡君主国体而取大权政治者，其国会与民主国体取分权政治或君主国体而取议院政治者，判然不同。英国国会实握有立法、司法、行政之三权，故有万能议院之目，名为立宪，实则国会专制之政治也。如美、如法、如比利时，亦皆以国会种种之权，列诸宪法之上，而有未曾列记者，亦视为国会固有之权。盖民主国以主权在民，故以代表人民之议会为主权之主体。而君主国则主权在君，人民实居于客体，虽以代表人民之国会，亦不得不居于主权之客体焉。且也欧洲各国，其国会恒与君主立同等之地位，共握有立法权者，亦各其历史之关系，余波流衍，以至于今，故君主与国会，犹平分其立法之权利。英国如是，法美可知。苟其国体向为君主，则国会之权限，万不能与君主相侔。昔普鲁士因预算案一事，议院欲上奏弹劾政府，普相俾士麦扬言于议场曰：国会苟以此上奏，是要求普鲁士王室举其宪法上之权利，让于国会也。此亦可以见普国国会之权限矣。日本国会权限，舍宪法上所规定者外，别无他权，其所定于宪法上者，一则协赞立法权，一则议决预算案。其余如上案，如建议，如受理请愿，虽属国会之职权，而其采纳与否，权在天皇，非国会所得以要挟也。法律案之提议，国会虽亦有之，而裁可仍听之天皇。至于改正宪法之权，解释宪法之权，亦全操于天皇，非国会所能置喙。盖天皇统治权之行使，为国会所参与者，实不过法律与预算而已。若夫开会、闭会、停会、解散、紧急命令、独立命令，无一不属于天皇之大权。若非纯粹钦定宪法，安得有此？世或有疑国会可以侵君主之权，掣政府之肘者，诚知其一而不知其二矣。此钦定可以存国体而巩主权者四也。

夫国家之不能无军队，此其故亦无待烦言矣。虽然，军队之经营，国家之经营也，军队之行政，国家之行政也。行政之事属于政府，行政责任属于国务大臣，而国务大臣之职守，与军队之目的，乃常生扞格之势，何也？国务大臣之职守，以发达国民为目的，务在省其经费，以轻国民之负担，而军队所需之经费，则务在求多。此扞格一也。国务大臣之职守，以力图国内生产为目的，故凡可为生产之要素、全国壮丁，募集务求其多，而军队目的，则常欲厚其兵额以固国防。此其扞格二也。抑国家事务无论大小，其责任皆国务大臣负担之，而协赞、预算之权，亦专属于国会，此二者，立宪之大原则也。今苟以军队行政权属于国务大臣行政权之下，则军队之势力，必有流于薄弱之忧，如美如法，是其例也。若以军队统帅权置诸国务大臣管辖之外，苟其常备兵额漫无制限，而预算所系，又安能以责任委诸国务大臣？故欲定两者关系之何如，其问题实为最困难矣。查美国之制，文武不分，大统领以文职统帅陆海军，陆海军之将校，亦皆文职，其平时兵额不过六万，犹不及日本警察官之总数，且其兵为义勇，介于雇佣之间，非视为国民当尽之义务，以是之故，美之兵力最为薄弱，倘遇战争，易败难胜。其所恃无恐者，则因财力雄厚，虽经一二挫败，犹可以为持久之谋。法国自定共和政体以来，军队之权属于行政权之下，其大统领虽有统帅权，常令陆海军大臣当指挥之任，于是统帅事务亦属之国务大臣，故其军人反对此等制度，而国会则赞成之。且恐国家多启战争，增长军队势力，以为苟又有拿破仑之雄主，则难保不改弦易辙，重其统帅之权，以覆共和之政体也。英国军队本属王家，自克林威尔内阁以来，乃以军队置诸国务大臣监督之下。自古利米亚战争以后，议院又有特设调查军队之委员，于是军队又间接而受议院之监督矣。以上代国王统率之司令官，犹须隶属于国务大臣职权之下，故层层掣肘，全失军队行动之自由。要而言之，英之宪法由于协定，万能国会常揽大权，其统帅权之不能独立者，实受议院之监督也。若美若法，民定宪法，其用意更别有在。日本之宪法，钦定者也。故其宪法第十一条曰：天皇统帅海陆军。第十二条曰：天皇定陆海军之编制及常备兵额。第十三条曰：天皇宣战媾和及缔结各种条约。观此三条，则知日本军队统帅之权，全握于天皇一人之手，盖以国家事务与统率事务互相独立，而使戴同一之首领，以调和联络于两者之间。其军队之行政事务，虽属于国家事务，而天皇则本为国家之元首矣。其军队之统帅事务，不可以附丽于国务大臣也，而天皇则实为军队大元帅矣，维持二者之权衡，联络二者之关系，立于国家元首之地位，则行其国家行政之大权，立于军队大元帅之地位，则行其军队统帅之大权。而又恐文武兼裁，力有未及，于是置国务大臣、枢密顾问以辅文治，设军事参议院、陆军参谋本部、海军军令部以佐戎机。本其万乘无对之尊，立于补助机关之上，下则分途共治，上则挈领提纲，界限分明，事权统一，此其制度之善，实为各国所无，日本之所以克强者，全在乎是矣。夫我朝兵制，超越前古，统帅之权，本在皇帝，而军队行政，分寄之部臣疆臣，不独前代藩镇之弊可以扫除，即日本宪法所谓天皇有统帅海陆军大权者，我列圣天锡智勇，固已开之先例矣。自咸、同军兴，曾、左、胡、岑诸臣，督师剿匪，而疆臣间掣其肘，遂以兵权委之督抚，其后遂成惯例，循此以往，则统帅权与行政，必致两相混淆，蹈美、法诸国之弊。今若采邻邦之新制，复列圣之成规，收此统帅之大权，载诸钦定宪法，则机关敏捷，既足征武备之修，帷幄运筹，实可卜国防之固。此钦定可以存国体而巩主权者五也。

抑奴才尤有请者，宪法者，国家之根本法也。是一言国家而皇帝亦包括在内，故欧洲各国凡关于皇室之事，或详定于宪法之内，或不见于宪法之中，此由国体不同，故制定之法亦异。日本参酌二者之间，宪法第二条，止载皇位继承以皇男子孙之一语，而继承之法，以皇室典范另详之，皇族之事，以皇室令规定之。盖以皇位为国家之主体，亦即宪法所由来，不将皇位明定于宪法之中，即不能划分皇室于国家之外。其分于国家之外者，所以保皇室之安宁，其存于宪法之中者，所以明国家之统绪。故日本臣民对于皇室典范，与日本宪法同视为国家根本法者此也。中国自禹、汤以来，已开家天下之局，故国家之治乱，即为皇室之安危。日本国体，旧与中国相同，而其皇室未尝改移者，实以大权之不在君主。及明治废藩，大权独揽，似乎可仍前例矣，乃因内鉴于本国诸侯之兴替，外观于各国皇室之永存，毅然决然，改从新制，此其故可深长思矣。国家制定宪法，则皇室之事自应与宪法同时制定，以为国家之根本法，或详载于宪法之内，或如日本，另以皇室典范规定之，非奴才所敢妄议，惟兹事重大，国本攸关，拟请慎择廷臣，多设顾问。又开皇族会议，原本我朝之家法，参酌列国之新章，损益因时，折衷至当，恭候我皇太后、皇上钦定，垂为典要，与宪法同尊，则我国家万年有道之长，岂止比隆周、汉也。

奴才身受厚恩，躬膺宠命，简书在畏，本未敢以怀归，邦国所觇，亦有闻而必录。情既通乎彼己，事每较其短长，确知非实行立宪，无以弭内忧，亦无以消外患，非钦定宪法，无以固国本而安皇室，亦无以存国体而巩主权。大权政治，不可不仿行，皇室典章，不可不并重。伏愿我皇太后、皇上，览此国家多难之时期，深维祖宗创业之匪易，大施英断，咸与维新，措天下于治安，与黎民而更始。

所有奴才考察日本宪政情形，恭折具陈，伏乞皇太后、皇上圣鉴。谨奏。（光绪三十四年七月十一日）（《清末筹备立宪档案史料》上册）

## 出使各国考察政治大臣载泽等奏请以五年为期改行立宪政体折

窃臣等伏读谕旨，特派亲贵大臣，分赴东西各国考求政治，本年八月二十日钦奉上谕：前有旨派载泽等分赴各国考察政治，该大臣等各至一国，着各该驻使大臣，会同博采，悉心考证，以资详密。钦此。伏维我皇太后、皇上，励精图治，奋发为雄，薄海臣民，固已庆鸿业之有基，冀幸福于无既。而海国士夫，亦以我将立宪，法令伊始，必将日强，争相走告，臣等耳闻目见，尤不觉忭庆逾恒。

窃维宪法者，所以安宇内，御外侮，固邦基，而保人民者也。滥觞于英伦，踵行于法、美，近百年间，环球诸君主国，无不次第举行。窃迹前事，大抵弱小之国，立宪恒先，瑞典处北海，逼强俄，则先立，葡萄牙见迫于西，则次之，比利时、荷兰，壤地褊小，介居两大，则次之，日本僻在东瀛，通市之初，外患内讧，国脉如缕，则次之。而俄罗斯跨欧亚之地，处负嵎之势，兵力素强，得以安常习故，不与风会为转移，乃近以辽沈战争，水陆交困，国中有识之士，聚众请求，今亦立布宪法矣。最强之国，所以立宪最后者，其受外来之震撼轻，故其动本国之感情缓。然而强大如俄，犹激动于东方战败，计无复之，不得不出于立宪，以冀挽回国势。观于今日，国无强弱，无大小，先后一揆，全出宪法一途，天下大计，居可知矣。

且夫立宪政体，利于君，利于民，而独不便于庶官者也。考各国宪法，皆有君位尊严无对，君统万世不易，君权神圣不可侵犯诸条，而凡安乐尊荣之典，君得独享其成，艰巨疑难之事，君不必独肩其责。民间之利，则租税得平均也，讼狱得控诉也，下情得上达也，身命财产得保护也，地方政事得参预补救也。之数者，皆公共之利权，而受治于法律范围之下。至臣工则自首揆以至乡官，或特简，或公推，无不有一定之责成，听上下之监督，其贪墨疲冗、败常溺职者，上得而罢斥之，下得而攻退之。东西诸国，大军大政，更易内阁，解散国会，习为常事，而指视所集，从未及于国君。此宪法利君利民，不便庶官之说也。而诸国臣工，方以致君泽民，视为义务，未闻有以一己之私，阻挠至计者。

我国东邻强日，北界强俄，欧美诸邦，环伺逼处，岌岌然不可终日。言外交，则民气不可为后援，言内政，则官常不足资治理，言练兵，则少敌忾同仇之志，言理财，则有剜肉补疮之虞。循是以往，再阅五年，日本之元气已复，俄国之宪政已成，法国之铁道已通，英国之藏情已熟，美国之属岛已治，德国之海力已充，梦然交集，有触即发，安危机关，岂待蓍蔡。臣等反复衡量，百忧交集，窃以为环球大势如彼，宪法可行如此，保邦致治，非此末由。惟是大律大法，必须预示指归，而后趋向有准。开风气之先，肃纲纪之始，有万不可缓，宜先举行者三事：

一曰宣示宗旨。日本初行新政，祭天誓诰，内外肃然，宜略仿其意，将朝廷立宪大纲，列为条款，誊黄刊贴，使全国臣民，奉公治事，一以宪法意义为宗，不得稍有违悖。

二曰布地方自治之制。今州县辖境，大逾千里，小亦数百里，以异省之人，任牧民之职，庶务丛集，更调频仍，欲臻上理，戛乎其难。各国郡邑辖境，以户口计，其大者亦仅当小县之半，乡官恒数十人，必由郡邑会议公举，如周官乡大夫之制，庶官任其责，议会董其成，有休戚相关之情，无扞格不入之苦，是以事无不举，民安其业。宜取各国地方自治制度，择其尤便者，酌订专书，著为令典，克日颁发，各省督抚分别执行，限期蒇事。

三曰定集会、言论、出版之律。集会、言论、出版三者，诸国所许民间之自由，而民间亦以得自由为幸福。然集会受警察之稽察，报章听官吏之检视，实有种种防维之法，非若我国空悬禁令，转得法外之自由。与其漫无限制，益生厉阶，何如勒以章程，咸纳轨物。宜采取英、德、日本诸君主国现行条例，编为集会律、言论律、出版律，迅即颁行，以一趋向而定民志。

以上三者，实宪政之津髓，而富强之纲纽。臣等待罪海外，见闻较切，受恩深重，缄默难安，用敢不避斧诛，合词吁恳，伏愿我皇太后、皇上宸衷独断，特降纶音，期以五年改行立宪政体。一面饬下考察政治大臣，与英、德、日本诸君主国宪政名家，详询博访，斟酌至当，合拟稿本，进呈御览。并请特简通达时事、公忠体国之亲贤大臣，开馆编辑大清帝国宪法，颁行天下。一面将臣等所陈三端，预为施行，以树基础。从此南针有定，歧路不迷，我圣清国祚，垂于无穷，皇太后、皇上鸿名，施于万世，群黎益行忠爱，外人立息觊觎，宗社幸甚，天下幸甚。臣等不胜屏营战栗之至。……谨奏。（光绪三十一年）（《清末筹备立宪档案史料》上册）

### 江苏学政唐景崇奏预筹立宪大要四条折

工部左侍郎、江苏学政臣唐景崇跪奏，为立宪政策豫筹大要，恭折仰祈圣鉴事。

窃维上年皇太后、皇上特简派五大臣分赴东西各国考察政治，仰见朝廷奋发图强，更兴百度，与天下臣民共治之至意，薄海内外，罔不欢欣鼓舞，佥谓将举行宪政，握富强之本原，以臻文明之极则，圣清亿万年有道之长即基于此。臣维今日时势，海禁既启，五洲大通，交涉之事日难，应付之机愈棘，惟有修明政治，以立宪为第一要义。但事端宏大，此举为欧美各国所观瞻，经始之时，宜审之又审。伏念皇太后、皇上宵旰勤劳，统筹全局，加以诸臣之周咨博访，斟酌权衡，将来宪法颁行，凡所以策海宇之治安，固苍桑之至计者，庙谟申儆，当有百利而无一弊矣。如臣至愚，何足以窥万一。顾宪法纲要，更仆难终，情形固有异同，采择贵无偏倚，谨就管见酌拟数条，敬为皇太后、皇上陈之。

一曰先发明立宪宗旨也。中国数千年来，圣神迭出，政教昌明，至我朝肇兴东土，治迈唐虞，列祖列宗家法相承，巨典宏猷益臻美备，普天率土，涵濡圣泽二百余年，莫不懔大经大法，以循循于五裕之归，非泰东西诸国所能企及也。今一旦骤语更张，忽创为立宪之说，其锢蔽守旧者必将色然以骇，谓用夷变夏，非中国所宜，于是横生阻力，使宪法不便施行。其谬托维新者久灌于诐邪之议，益生其荡轶之心，必至弁髦旧典，冲决藩篱，其势不可以复遏。不知我国立宪，凡累朝圣君贤相经画之宏，国计民生系赖之远，所万万不能更易者，岂能数典而贻忘祖之讥。其偶有阙略者，当因时制宜，采他国以资吾未逮，千经万纬，办法不离其宗。当颁布宪法之前，必先参酌本国情形，熟察近年利病，应仿日本明治元年五大誓文之例，请旨遍谕通国人民，声明此举并非破坏旧章，轻更祖制。惟是君民同心协力以争存世界，政治即以本国沿用之法，则如日本之定为惯习，宪法借祛数百年中有司舞弊，胥吏玩法，上下不通之积习。于是朝野皆晓然于宗旨之所归，而无所用其阻碍，纶音一布，先定人心，其余诸政次第措之裕如矣。此宗旨之宜发明者一也。

一曰当断定立宪主权也。查各国宪法有君主宪法，有民主宪法。若英吉利、德意志、意大利、葡萄牙、比利时、荷兰等国，及东亚之日本，皆君主宪法，此主权在君也。若法兰西、美利坚皆民主宪法，此主权在民也。二者截然不同。考宪法者，当先清其界限。窃谓我国而行立宪，当仿日本为宜。昔日相伊藤博文言：曾奉使欧洲，每谓可采列邦成宪定为行政之原，不知外国宪法习尚各殊，未必适合日本之俗。又言：日本须以君主政体立为制度，不敢上侵君权，是为握要。至哉日相斯言，可谓酌中损益，洞然利弊，而适合于我国今日之情势者矣。查日本宪法大纲其第五条云：天皇以帝国议会之协赞行立法权。第六条云：天皇裁可法律，以命令公布执行。是提议法案、裁可法案、公布法令之主权属君主［者］一也。第七条云：议会之召集，开会、闭会、停会及众议院之解散，皆以天皇之命。是议会之主权属君主者二也。第十条云：天皇定行政各部官制及文武官之俸给，且任免文武官。是任官、免官之主权属君主者三也。第十一条云：天皇统帅海陆军。十三条云：天皇宣战、媾和及缔结诸条约。是和战之主权属君主者四也。夫日本乃东洋一岛国耳，而其七十六条宪章整齐画一，君权既固，君统愈尊若此。英国宪法发明在数百年以前，为全欧立宪之祖。其国主似握全国大权，而政府国会为其运动机关，其实政权全归国会，凡不经国会许可，如有施法、废法之为，以违法论，此偏重之弊，有断不能采行者。矧我朝二百余年来煌煌帝制，天泽之名分最严，此次创立宪法，量予变通，参以民族主义，但一尊既定，应请事事断自宸衷，下情不可不通，而体统不可不肃，有为平权自由之言者，凛然无从煽惑矣。论者谓行政之权既归君主，何以各国宪法各载大臣负责任一条？不知大臣负责任者，非君主让其权于大臣，乃大臣对于议院负责任也。夫国家政务千条万绪，安能事事尽惬民心，果有一二事之未惬欤，惟大臣担其咎，当其冲，议院可以诘责大臣，弹劾大臣，君主常脱然于责任之外。求诸前代，如汉制，遇有事变，宰相避位，史册传为美谈。证之各国，如普鲁士宪法，凡关于政务之公文，国王必令责任大臣一名连署。日本宪法，国务大臣辅弼天皇，且任其责，凡关于法律、敕令及其他国务之诏敕，要国务大臣副署。比利时宪法，国王不可犯，其责任皆国王之大臣代负之。凡在君主立宪之国，无有不以此为通例者也。夫如是，大臣之责守专断，无偭规越矩之为，而君主最高之威权，益觉尊严无上，况以今两宫之圣哲英明为中外古今所未有。此主权之当断定者二也。

一曰国民普及教育，所以造成立宪资格也。查各国宪法条例，皆主治者代谋被治者之安全，如民有害己之事诉于国家以求保护，谓之赴诉权，有利己之事诉于国家以求援助，谓之鸣愿权。日本宣布宪法有不侵人民住宅之权利，不侵人民信堂之权利，不害人民财［产］之权利，人民有不受非法逮捕之权利，有印行、言论、著作、集会之权利，逐条分晰，悉载入宪法文中。即荷兰一小国，宪法第三条云：凡居王国之民，不问其国内、国外财产，皆受保护。比利时建国尚新，宪法极臻完密，第七条明人身之自主，第十条明住居之不可侵。诚哉宪法之于人民如此其爱重，如此其保全，可谓无微不至矣。惟各国以教育为主，意无人不受教育，无人不陶镕于法律之中，用能互相维持，互相亲爱，全国之人皆服从于数十条规则之下，而人格不得不自尊。盖国民有应享之权利，必有应守之职分，否则其人但有权利，而职分并不肯懔遵，则荡检逾闲，借此以自便私图，弊有不可胜言者。况议院者立宪之先声，泰西国政均许民间代议，日本于华族院外，别置众议院以参与政权，若以未经教育之人同厕议院，则筑室道旁，三年无成，徒然扰乱，无益于治。今者我国之人民程度智识犹未大开，公德犹未尽立，其稍黠者或从洋教，或托洋商，或隶洋籍，卒之民与民纷争，风气遂嚣然不靖；其稍懦而弱者，又慑伏于官吏之积威，莫筹所以自立之策。试询以宪法成立后，百姓之对付于国家当有如何关系，如何担负，如何责任，则蚩蚩未必尽有此政治思想也，亦何取是组织宪法为哉？故今日而不行宪法则已，其必行宪法也，应以普及教育为入手之方。土耳其领土最大，以无教育之故，宪法不成，国势至于削弱。俄为欧洲雄国，顾教育阙如，民无公德，宪法不修，与日本一交绥而立蹶，此其成迹较然者也。必教育普及而宪法乃有树立之时，窃谓中国近年学校方兴，士人喁喁争以教育改良相勉励。拟请旨饬下各督抚再赶紧设法，于省、府、厅、州、县遍立专门政法学堂，其要尤在各处府、州、县责成地方绅士用义务教育，以极浅显之词，开导下级平民，告以立宪上种种之公德，立宪后种种之利益，使之保障生存，以尽对社会对国家之观念。如此家喻户晓，视听一倾，宪法之成自然推行尽利矣。此教育之当普及者三也。

　　一曰地方自治政策，所以培成立宪基础，乃今日所最宜注重者也。查东西各国商业之发达，制造之精巧，铁道、汽船之交通，森林、矿山之日辟，以及学务、兵务、警务，无不秩然有序，进步文明，何哉？惟其民间富于地方自治力耳。我国二十余省中设官定例，其大者如督抚，如布政使、按察使，如各巡道，次者如府厅州县，又次者如佐贰官。无论其有庸庸溺职也，使尽人而为贤吏，必事事责之于地方官，而精神智虑亦断断乎未遑，况当百务待兴之际乎！然则今日而欲创办宪法，舍国民自治其奚属哉？欧人有言，立宪之国，行政须从一小部分起。又曰平野广多之国，有中央统治主义，山岳罗列之国，有地方分治主义。中国幅陨面积有四百余万英里之多，全国山脉为阿尔泰、昆仑、希马拉亚三大山，故所在皆多山岳，当以分治为宜。夫分治者，并非侵越中央政府，贸然上揽其柄权也。譬如一市焉，一乡焉，一县焉，利当兴者兴，弊当革者革，而国力、官力有所未逮者，则分力于个人，分之既多，合无数之聪明材力，兴办一方之公事，结成巩固之范围。推而至于一郡、一省、一国，脉络贯通，上下一气，人人有捍卫桑梓、建立事业、顾全大局之精神，即今世界大通，必不容外人之干涉。如是内政修而外侮弭，民心固而国势强，诚立宪之绝大根源哉。惟自治制度，各国互有异同，论者谓英国条例复杂，未能审察于利害之间，美虽民主国，地方自治讲求最先，然政治机关悉握于地方政府之掌中，而中央毫无管辖，此又断难采行者。似宜近采日本，如府县、郡市、町村之制，选定市町村长，市之行政，府县知事监督之，再上内务大臣监督之，町村之行政，郡长监督之，再上府县知事监督之。故内务大臣有解散市町村会之权。但使无碍定章，无妨公理，一切悉听民间自为，不必施以阻压，其意甚美而法颇良。夫中国今日凡关于地方公举，何尝不绅议其事，官总其成，似乎有自治模范矣。然而恃符豪霸，抗官扰民者，所在不免，故地方自治殊乏起色。窃以为及今施行宪法，请先酌定区域之广狭，饬下地方兴设议会，凡各项应办事宜，许民间开会集议，其有才识学行为地方所公认者，应由朝廷特予乡官荣衔，以示风励，以专议会责成，而仍以地方官监督之。至选举乡官之法，当采日本市町村制用单选法，郡制、府县制用复选法，再由国家宣明定律，如有把持武断，或蹈从前劣绅行为者，当严惩不宥，决不准有一人滥竽其间，如此选格极严，乡政遍举，而宪法之始基真安固不摇矣。此自治政策之宜注重者四也。

以上四端，略举大要，其间事理或互相贯通，或互相维系，似为今日立宪之本原。总之各国宪法不同，得失未免参半，臣维日本宪法，其宏纲要旨，无非上保皇室之尊荣，下予人民以幸福，施之我国，至为合宜。伏望圣心权衡至当，允执厥中，先设法律院于京师，特简通达政体、严明刚直、学行俱懋之大臣为高等司法官，提纲挈领，海内耳目一新。此外行政各官，即认定宪法遵行，其有事涉违宪章、行不力者，由司法官纠正之。大本既端，收效自捷，宪法之完备，诚骎骎乎冠冕全球矣。

臣为将来颁布立宪政策豫筹大要起见，是否有当，恭候圣明采择。谨缮折恭陈，伏祈皇太后、皇上圣鉴训示。谨奏。（光绪三十二年闰四月十六日，军录）

光绪三十二年闰四月二十二日奉朱批：政务处知道。钦此。（《清末筹备立宪档案史料》上册）

## 内阁中书刘坦条陈预备立宪之法呈

花翎知府衔、在任候选道、内阁中书刘坦，为呈请代奏条陈立宪事。

窃近年以来，内外臣工奏请立宪之说，喧传道路。伏读光绪三十一年六月上谕，派遣考察各国政治大臣，旋又设立政治馆，纂辑各国法制，仰见我皇太后、皇上筹画之精，求治之切，一旦颁立宪之诏，立万年有道之基，天下精神为之一振，自强大计无过于斯。今五大臣取次归国，亟须编纂宪法。窃维立宪之道，务广群言，方今圣明在躬，刍荛必采，是以不揣冒昧，敢献一得之愚，为我皇太后、皇上陈之。

　　今之欧美大国，无一非立宪国家，即素称专制如俄，近亦颁布宪法，是居今日而谓必当立宪，殆众论所同，且终不能不立宪，乃势所必至。惟徒知立宪之当急，而不察人民之智愚，则程度不足，即使颁布宪法，亦仅成一纸空文，反至凌躐淆乱，不可收拾。若惮民智之难开，委于时机未至，则因循迟误，又不免因噎废食之讥。夫立宪急务也，固不得谓为尚早，而遗误方来，并不宜料其未至，而谋为展缓。苟能鉴其尚早而预先设备，乘其未至而诱使速成，亦时机之甚顺而不可失者也。岂徒曰人民程度尚低，不适于立宪资格，遂可不言立宪哉。日本明治六年确定立宪政体，十二年开地方议会，二十二年始发布宪法于全国，自创议至于成功，盖十余年焉。英吉利为立宪之祖国，其宪法经数百年之迁移嬗变，而后成今日之宪政，则立宪之举；非一二年所可期成，尤非数十人所能轻定。夫既不可骤言立宪，又不能终不立宪，则将欲立宪而为立宪之预备，人民之智识未至，则加以教育，使其速进于开明之域，诚当今之急务矣。窃以预备立宪之法有四：

　　一曰先行地方自治。读各国立宪史，观其组织立宪之际，必与议院相维，人民朝考夕稽，地方自治之制早已完密，英国当七世纪，他文瑟布勒定地方自治制度，为立宪机关之基础。中国人民尚无选举议员之知识，亦无可任议员之人才，则先行地方自治为教育陶铸之法。盖地方自治之议会组织及投票选举，实为议院之权舆，人民之知识，因练习而渐熟，不难养成适于立宪国民之资格。请饬政务处速定地方自治规则，颁发各省，克日举行，则数年之后，立宪之基础定矣。

　　二曰编辑宪法说明书。言定国是，而有宪法，胪举政体之大纲，明定于条文之内，君民世代共守之，乃中国古代未有之举，非博识之士鲜知源委，昧然颁布宪法，必成具文而已。夫各国立宪政体之美，非徒有宪法条文也，举国人民无论智愚妇孺，皆洞悉其国宪之精神，熟知宪法之条款，故因势利导，即勃焉以兴。今吾民之无立宪知识，非不能也，盖不知也。请饬政治馆纂定宪法说明书，说明宪法之原理及各国宪法之异同，颁发各省，责成督抚通饬所属，均派宣讲员按日宣讲，一以防邪说谬解之歧入，一以为立宪变政之先河。人民习闻立宪之说，明乎立宪之故，默化潜移，风俗丕变，及至宪法颁布，已习焉不惊，自能喻化遵守，共臻隆盛之治矣。

三曰各学堂增设宪法教科。自来解释法律歧说百出，现今各国亦不能免，而一国宪政万不宜有异同。中国风气初开，众口庞杂，苟不设法使之统一，势必分派攻击，养成政党之祸。请饬各省无论官私立大中小各学堂，均令增设宪法一科为特别教授，并一律以宪法说明书为教授之根据，不得歧异。则学生毕业皆明宪法之旨，统一而不乱矣。

四曰各省官绅设宪法研究所。一国政务赖官绅之执行，而宪法之精神与百执事，均有相维之势。今之官绅能明立宪之旨者，恐必不多，即使颁布宪法，亦犹有舟而无楫。虽各省已设法政学堂，而额数有限，未能普及，请饬各省设立宪法研究所，通省文武官绅皆令入研究所讲求宪法，庶几颁布宪法之后，百执事之措置不背立宪之本旨。

以上四法，仅为预备立宪之先导，预备之功深，则立宪之资格必具。徒骤言立宪固不可行，谓程度未至而视为缓图，亦以为未当。谨献预备立宪四策，伏乞代奏。谨呈。（光绪三十二年六月初九日，军原）（《清末筹备立宪档案史料》上册）

## 出使各国考察政治大臣戴鸿慈等奏请以取法德国为主改革军政折

出使各国考察政治大臣礼部尚书臣戴鸿慈、两江总督臣端方跪奏，为时局艰危，军政重要，拟请择要取法各国制度，以图进步，恭折胪陈，仰祈圣鉴事。

窃惟德国陆军发端最早，自彼之先皇菲哩特威廉以来，代有英主，经营军事，迄今八世，历三百年之久，逐渐改良，屡有进步。官署则兵部、参谋部，一切经画机关与夫各队总监章程，教育则自武中学堂、士官学堂以至专科大学，皆累经厘改，以底完全，故挫奥报法，世称雄国，而其陆军之制，亦几为天下之所师法。即为仇雠之法兰西，新自建立之义大利，素号强大之俄罗斯，整军经武，皆不能出其范围。而效之最著者，尤莫如崛然兴起之日本。日本军事无论事之巨细，无不奉德国为师，甲午之役，既经战胜，去岁复挫强俄。其效法之诚，进步之猛，固由日本国民素有爱国思想，加以教育普及，人人知当兵为应尽之义务，故其气象奋发，踔厉无前，亦由取法甚高，追步不懈，经十数年之教练考求，始得坐收实效。中国知德军制之善久矣，而军事程度去日本尚远，当此屡经挫失，互启猜疑，饷械空虚，将才缺乏，深知朝廷力图整顿，惙费经营。然使数年后无特立之精神，无实行之进步，则人皆能量吾之所至，而终不能收取威定霸之功，国之存亡正未可料。此次臣等在德最久，于德之军政考察尤详。又见各国之所以谋国，无不以军事为第一要图，因详考各国制度，以德国为主，以各国为辅，妥筹办法，为我皇太后、皇上缕晰陈之。

一军事大政，谨拟恭请皇上亲御戎服以振士气也。臣等所至各国考核军政，凡技术之美，器械之精，虽由于工艺科学之发达，未易遽行企及。而军容之何由严整，士气之何由奋发，则固不容缓图。盖军事至危，士气不扬，军心必先自挫。是故东西洋各国治军之法，于技艺学术之外，提倡士气，尤属不遗余力。其提倡之道，各国虽不一致，而无论君主、民主，则无不戎装军服，身为海陆军之总统，以督率行间者，诚以军政本君主之大权，非臣下所能干涉。以臣等所见，如德皇亲率一协之军，指挥演习，俄皇亦躬冒风雨校阅新军，其军士无不激励欢呼，声闻四野。他如各国觐见宴会之日，君主亦莫不戎服从事。一国之君如此，臣民靡焉向风，惟先有荣于入伍之心，故必无怯于临事之患，国势强盛，诚由此也。中国三代以来，搜苗狝狩，犹有尚武遗意。我朝列祖列宗，亲习骑射，秋狝盛典，昭示来兹，为旷古所未有。近年外患迭起，国人思与世界竞争，破除右文积习，学堂颁布宗旨，亦有尚武一条，精神为之一振。上年北洋秋操，不过初具规模，然臣等于觐见各国君主之时，无不殷殷下询，见臣等所带武员冠服新制，又皆啧啧称美，是知我国稍事变易，彼等无不触目警心，固唯恐练兵或有成绩，莫敢余侮也。现在立宪预备伊始，皇上实统有海陆军之大权，若蒙敕下练兵处参考古今中外戎服制度，敬备御用军服一袭，恭呈钦定，为天下臣民所瞻仰。遇有觐见外国使臣大典，时一进御，并为亲临校阅军政之需，则不独军界中人咸仰圣武，而思振奋，皆以得入行伍为荣，即环海各邦，均知我皇上提倡士气，跨越列强，虑无不敬畏震服者。自强之基，固莫捷于此矣。

一军事行政宜重加厘定机关也。夫治军之术，其道有二，制度与学问而已。制度者，编定规画之法，学问者，运用教练之方也。臣等查各国〔军〕政必分经理、参谋、教育为三端，各有专司，各奉其职，不相杂厕，而缺一不可，诚以经理为国务行政之一端，而参谋与教育则又军事行政之要点也。故各国海陆军部大臣，分内阁之一职，而参谋总长与教育总监，则每以事体重大，直隶国皇，或自为特别机关，如德，如日，如义，如奥，比比然也。俄以参谋、教育隶诸兵部，然事多废弛，政不克举。日俄之役，其经大挫，而受痛创，说者归咎于军事机关之不宜为原因之大者，近亦纷然议改矣。日本前主合办，而研究其理，则以分治为宜，故亦划然不紊。中国兵学幼稚特甚，考究固不厌精详，而改良亦不应犹豫。臣等请改官制折中，曾举兵部与练兵处合并为陆军部，此即各国国务行政之一部，自应妥为并设。而练兵之军令司，则应抽出为参谋本部，别置总长以监督之。内分四小部：第一部专司本国战时各事，第二部专考外国军政，第三部则司内国设施及参谋人员之修学养成事宜，第四部则司操练及要塞事务。各置一长，分科设官以治其事。至于教育一项，中国人材尚少，似不能尽仿德、日办法，拟请暂设陆军教育处一所，置总监督一员，分马、步、炮、工程、辎重、交通六课，课设监督一员，各司本课教育，且管本队专科学堂事务。又别设陆军教育高等委员，以订定全军教育之方针，并随时与各课监督会议，整理一切教育事宜。陆军学生考试委员，以试验入士官学堂之学生，及考试此项学生毕业时之成绩。武中学堂、陆军小学堂委员，以专管全国此项学堂教育事务，并有整齐画一之责。以上诸务皆东西各国办有成效，群相仿行，中国整顿之际，不容自为风气者也。

一海军制度宜次第筹画规复也。查各国注重海军，尤视陆军为甚，诚以处列强竞争之世，不能闭关自守，一旦有事，赴敌应援，皆惟舰队是赖，海军之不立，不徒无军，是不有其海也。欧美各国视海权与国权等重，军港、舰队经营不遗余力，下至测量海线之法，驾驶风涛之方，亦无不分科讲求，蔚为专门之学。中国海军自甲午一役，挫失无遗，人财并穷，规复难望。胶州、旅顺军港，为人所租借，论者谓中国几于无海，可为寒心。然当此时局艰窘之秋，不得不为未雨绸缪之计，夫以海面绵远为各国之所无，若陆军渐有规模，独海军不谋成立，譬如筑室者外无墙垣，虽有守御之人，仍不免于重困。今为规复之计，宜略分次第办法。查各国岁入款项耗于海陆军者居其强半，而其预算之法约有二端：一则逐年统筹，一则随时增进。中国财政短绌，势难与各国相衡，然宜指定一款为分年筹画之需，大抵先以五年为期，造就军官若干人，兵舰若干只，军港若干处，工厂衙署若干所。逐款预计，决一定数，分年而筹，即分年而举，不至有枝枝节节之苦。此款既定，不准挪移，一年有一年之收数，一年即有一年之成绩，更不至有半涂中辍之虞。然后培养人材，广立军港，扩充船厂，皆得循序渐进，徐事经营。盖海军在各国为将臻完备之期，在我国只可谓初有萌芽之候，不当縻费，又不当惜钱，固宜谋定后动，慎之又慎者也。

一征兵之法宜实行全国也。查征兵之制，起于一百年前欧洲三十年战争之际，厥后战事日剧，兵额日多，德国首先行之，全欧各邦群相仿效，至于今日，殆无国不然矣。诚以兵力与国力互为轻重，兵力不足，则国力必不可恃，国力愈大，则兵力亦必须递增。国家岁入有常，势不能悉数以充兵费，而征兵之善，则逐年退伍，逐年征召，平时可以少数之费，养战时多数之兵。譬如养兵经费以四十万为定额，十年之后战时人员可得百八十万，而费则犹是四十万也。二十年后战时人员且三百数十万，而费亦犹是四十万也。二三十年之间，兵数十百于前，费用则毫无增益，而其学问程度，较诸仓卒招募者，不可同年而语。是以各国行之，莫不相易，不知实吾古者寓兵于农之成法也。中国练兵处奏定军制，寓募于征，北洋创办于前，各省踵行于后；较之向来募兵之法，自为妥善，而于举国皆兵之意，似尚未能实行。盖应征者多属单寒，不及富家，贵族则仍有鄙夷不屑之见，而全失各尽义务之心。应请明降谕旨，仿照各国征兵之法，颁定实行，使人人皆知当兵为国民义务，虽富者不许雇代，贵者不得邀除。而兵制饷章，全仿德、日成法，酌量厘定，庶几天下之士，闻风向慕，不复以当兵为苦累矣。

一军事教育宜明示方针也。近来朝廷锐意练兵，技术已进于娴整，然有练而无训，于德育、智育，不免稍形欠缺。且非徒训而已也，宗旨不一，精神不完，犹未见其有益。昔普国受创于威廉第一，思雪其愤，创训兵之旨，以保守其尺寸土地为先，设为尽忠义、正礼义、尚武勇三条，而注意于仇法，故一战而胜法。日本维新以来，宣布敕令二次，为全国军人共守之训。其中亦分尽忠节、正礼仪、尚武勇、崇信义、守质素为五条，尤以守质素一条为东方之国粹。日人常取敕训各条，作为精神教育，教科书反覆详解，军人奉之如金科玉律，故一战而胜俄。中国当屡败之后，士气久馁，若但练习形式，而不淬厉精神，纵使约束严明，犹恐未能一战。盖人之精神奋发，培养全在平时，要必夙有讲贯之功，浸灌之具，临事始能沛然而莫御，拟请敕下练兵处，厘定宗旨，撮举大纲，编为训戒军人之书，颁示天下，以为方针。上师句践式蝥之风，近法威廉仇敌之意，十年教训，用之一战，或可与世界强国互相抗衡。至于军事教育，本可补助普通教育所不及，是以各国军学于教育之道，组织甚为完全，故虽退伍之时，亦能乐群敬业。德国今日社会气象之整齐者，实由征兵所致，使全国既办征兵，而于教育又复留意，则国家筹款征兵，即不啻筹款兴学，一举两得，计尤莫便于此。

一高等兵学宜速成修习也。查德国陆军各级学堂，具有深意。武中学堂为士官学生出身之地，士官学堂为初级武员养成之所，专科学堂则分习步、马、炮、工各专科，大学堂则教以帅兵、参谋诸要务，秩然不紊，各有专长。中国兵学久荒，人材因之缺少，近年改易军制，由学堂出身人员较多，然于帅兵、参谋诸学术，大半诣力未底完全，且各省所练新军，行将增备，而学堂则只士官粗有规制，余均未能举行。夫国家欲练数十万大军，凡职任之重轻，自当以学术高低为差等，今之材智固不足用，即处置亦未必合宜，窃恐军政日以扩张，人才亦日虞不足。拟请先于京师设速成陆军大学堂一所，取各省军队人员入堂学习，期以速成，期满即令归队，以所学程度，转相教授。一面照奏定陆军学堂办法，速开各学堂，俟士官学校办有成效，再将速成名目取销，按照德国办法专设大学堂以教士官学生，俾养成帅兵、参谋之资格。庶乎分途并进，各有适用之材，学者固不至有躐等幸进之思，用之者亦必无偾事败谋之虑。否则程度不一，驽骥同驾，办事既不免参差，高下倒置，趋功则尤难振奋，欲求军事之整理，必无效矣。

一贵胄子弟宜出洋入伍也。夫出洋游学之益，尽人知之，惟中国右文而不尚武，数千年习惯已成风气。近年各省所派陆军学生，出洋后稍知军之可贵，但不能循级求学，徒事嚣张，又专以外国武员骄贵豪侈之习转相仿效，致慕其名而不能务其实耳。窃惟风气之开，全赖在上者有以倡率，臣等愚见，不如选派宗室贵胄，先赴德、日等国游学，马、步、炮、工各队，任学一科，皆须亲身入伍肄业，归国之后与陆军学生一例任用。查德国自皇子、亲王以及贵族子弟，无不入伍从军者，士民供职军伍，则乡里咸以为荣。此次臣等所见，如德国亨利亲王，现充海军二等提督，而德皇二皇子亦均在陆军充中佐、少尉等职，身为贵胄，位在偏裨，声誉之隆转由此起，是以举国材智，无不争趋于军界，国安得而不强？日本曾师此意，所派亲王、贵族往欧洲习海陆军者，趾踵相接，学成则名隶军队，士气为之大振。日俄之役，有栖川宫亲王督战于旅顺海口，闲院宫亲王复袭破俄军预备队，海陆并捷，克建殊勋，而伏见宫亲王、黎本宫亲王，亦皆军人中之铮铮者，至于彰仁宫亲王，尤为军界所崇奉，尊若孔、孟者也。我朝龙兴辽沈，入关之日，皆以亲王、贝勒典军，迄于雍、乾之际，武功犹为鼎盛，士气之颓敝，曾不及百年耳。如蒙宸衷独断，派遣年望稍轻之王公、贝勒出洋入伍肄习，以迪前光而作士气，则天下之士必愈加感奋而不能自已，而外人之敬畏不待言矣。

一军火器械宜建厂自办也。国家养兵，本属耗财之事，而东西各国百计经营不遑朝夕者，诚为世运所鼓荡，弱肉强食，世界所同，存亡之机，间不容发。查美法律有云：凡美国军备，必以美国材物修之。德人亦云：德军衣食、器械，未尝购自国外。意大利能造万余吨之战舰，日本能造中口径之巨炮，皆近年之进步也。至如奥大利、俄罗斯、丹马、瑞典等国，兵备强弱不同，财力厚薄亦异，要皆无不有制造枪械、船舰各厂。而以美、德两国财力最为雄富，规模亦最为宏大，盖其用意，实有两端：一以供战时之取求，一以防利权之外溢。是以官厂而外，亦听商家自为建造，自为经营。德之克虏伯厂，声动环球，为海内第一名厂，亦商办之厂也。中国制造厂，仅有上海、汉阳两处，工业未经发达，制造多不精良。从前遇有战事，皆自外洋购买，仓卒之际不济于用，加以经手之人，全未考校，往往买旧式朽钝之器以充数。笑柄哗传，可为发指。近年教练新军，增购枪炮，亦皆各省各自为政，不能尽归画一。至子弹、火药之需，在军中尤有性命关系，得之则生，不得则死。无论临时购备种种困难，而以性命属诸他人，岂复可以自保？臣等思之，每用危悚。拟请敕下练兵处，统筹全局，约计每年各省所练之兵，需用枪炮若干，子药若干，划为定数，更酌定地段，分设各厂，多造子药，以备不虞。亦如筹画海军之法，逐年预备的款，不得挪移动用，经费或由各省摊派，军械亦准各省领支，并设一军器总监所，酌定额缺监督其事。一而培养工厂人材，倘有商家愿立民厂制造者，由总监所定章监督，官力既可稍纾，军储不致资敌，十数年后，漏卮尽塞，而军实亦充矣。

一战时计画宜预先筹备也。查各国军政有所谓动员计画一端，事涉机密，秘而不宣，故其详细情形，无从刺探。然其大要，在举战时事宜，皆一一预为准备，先行计画而已。预备之法，大自马匹、器械、衣履、战具、子药、饷粮、医药，小而篷帐、炊器、车辆、什物以及裹创之纸药，纫裂之针线，无不在筹备之列。至于现在军队与预备各军，如何接济补充，转运输送，国中所有军需，能应若干军之求，所出军火，能敷若干日之用，某地征马若干，某地征车若干，某处可作营栅马厩，某处可容借宿会食，事无巨细缓急，皆须规画井井，一目了然，一旦有事，应付始可裕如。若营官队长，凡百有司，则无论其籍隶现预，职司大小，皆令于战时应行筹画诸端，立说作表，详陈办法，以觇其学识深浅，谋画长短，故能好谋而成，不致进退失据。中国此次教练各军，其收效在于能战，使平时于战备一层，不能讨求，殊恐难协机谋。拟请敕下各省，照各国办法，凡已练之军，皆当妥筹战备，逐年计画，详著表说，呈由军令司查核。即以每年表说计画之疏密，定各省新军成绩之等差，择其最完善者量加奖励，传示各省。一面由军令司派员检查其实在准备，是否与其计画相符，如此行之数年后，新军规为必可大备，即使事起仓卒，亦可稍有把握，纸上谈兵之消，庶可免也。

一军人位置宜优定章程也。处今日尚武时代，为军官者大抵皆有科学完全之智识，乃能训练士卒，战胜强邻。其对于国家，则担荷保国卫民之责任，忠君亲上之义务，故不得不出于优待者，势使然也。查德国优待军人，无微不至，国家除赏恤特典外，其佩勋章而服军服者，在朝则荣宠有加，在野则礼敬不懈。推之营中之酒食、器具，则有半价之特章，轮船、汽车、戏场、照像馆，则有减价之利益，年老则有养老之典，身后则有抚恤之恩。各国大概相同，无稍轩轾。而军人之贵为执政者，则昔之德相毕斯马，今之日相桂太郎，尤为人所称羡。中国习尚不同，闾里琐屑之事，或者俟民智稍开，再加诱劝，免使眼前无学军队滋生事端。至于赏恤恩给，大典攸关，似应早为颁示。拟请敕下练兵处，查照各国章程，分别厘定，凡平时、战时著有功绩，以及能发明新械、新学有裨军政者，不论将士弁兵，或授以勋章，或加以恩给，皆稍寓特别从优之意，俾兴其互相观感之诚。其有学问深纯、才猷卓越者，并由朝廷广加擢用，使赞戎机。庶天下之士，皆晓然于文武两途，绝无畸重畸轻之见，而往日不屑当兵之谬说，概可划除。举国上下之姿，必无不以身许国而研求军政者，如此则兵力可恃，而国基亦于以永奠矣。

以上各条，皆就中国现行军政应加辅助者择要言之。臣等伏念今日举国关系，莫重于军，数十年来外患迭兴，国势日蹙，盖已岌岌不可终日，幸值国家闲暇，得以整饬军政，若训练不能有功，将一蹶必难复振，故无论朝野上下，皆当注力于此。而其切要方法，仍在不徒求形式而激励精神，不自恃完全而力求进步。有精神，有进步，则虽兵少饷单亦可谓之有效；无精神，无进步，则虽兵多饷足亦可决其无功。且中国今日不重在有兵。而重在能战，此后事变之起，虽不必轻言用兵，而至外侮相逼之时，亦难置兵而不用，是预备虽在于平日，而收效实在于将来，断不容涂饰外观，不加警惧，区区之忱，惟在于此。是否有当，伏祈皇太后、皇上圣鉴施行。谨奏。（光绪三十二年八月二十六日，军原）（《清末筹备立宪档案史料》上册）

## 给事中刘彭年奏立宪宜教育财政法律三者并举折

三品衔户科给事中臣刘彭年跪奏，为立宪事大，异论纷歧，请断自宸衷，实行预备，恭折仰祈圣鉴事。

窃读七月十三日谕旨，宪法有益人国，固已在圣明洞鉴之中。嗣由考察政治馆上大臣知照各衙门各抒所见，在朝廷集思广益，不厌求详，而一二老成，谓新法之宜行，究不若旧法之尽善，甚且谓君上不负责任为大权旁落，总理大臣事权太重，恐启觊觎非分之渐，此皆未深明各国宪法者也。谨按各国宪法皆天子神圣不可侵犯，因不可侵犯，故有不负责任之语。夫不负责任非放弃主权之谓，试观日本宪法，凡黜陟、赏罚、宣战、媾和、统率海陆军、召集国会、解散议院一切大权，悉由天皇操之。设措施未协舆情，总理大臣代任其咎，此不负责任之确解也。且总理大臣之行政，天子照临于上，万民监视于下，稍不称职则辞位，即事事尽职，亦有三年一任之限，欲求如中国历代宰相之跋扈专恣，久于其位，何可得哉？此宪法有以制之也。

夫宪法所亟宜预备者有三：曰教育，曰财政，曰法律。试言教育。中国文字之繁杂，各国所无，童年入学，即识字一门已耗数年之脑力，欲教育之速成难矣。日用所需单简之字盈千已足，是宜编成读本授诸蒙小学堂，由形求音，由音得义，日以十字计之，不过百日，可以周知，可以牢记，既识字而属文有其本矣。汉文通然后可以游学，可以译书，而人材辈出矣。推之女子知书，而家庭有母教，盲哑入学，而国民无弃材。此教育之亟宜预备者一也。再言财政。查各国赋税重于中国，然多取而民不怨者，以地方之财办地方之事，涓滴归公，毫无中饱故也。日本大藏省总理财政，而银钱出入则帝国银行掌之，会计检查院以时稽核，又有储蓄银行以存民间之财，不问多寡咸收纳之，按日拆息，国家可得巨款以资周转，官民两益。我国藏富于民，但足取信则集款易易耳。所尤要者颁预算、决算程式，岁入岁出，咸令闻知。此财政之亟宜预备者一也。再言法律。西谚有云：生于法律，活于法律，动作于法律。言法律一日不可离也。中国无完全现行之法律，专心法学者亦乏其人。前曾开法律馆，民事诉讼法、刑事诉讼法已经编纂，未见施行，究之不讲民法而讲民事诉讼，不讲刑法而讲刑事诉讼，是先用而后体，次序紊矣。是宜博采各国法典，先宪法、刑法、民法、商法，而后刑事诉讼法、民事诉讼法，并类及裁判所构成法、监狱管理法，条分目晰，次第成编，俾海内人士咸知遵守。此法律之亟宜预备者一也。

若是三者，就臣愚见所及，不能道其万一。其尤关重要者，期内外之相维，定中央集权之制，开府县之议会，立地方自治之基，以启民智，则邮政宜全国交通，以捍强邻，则海军宜及时兴复，凡此宪政之大纲，亟应同时并举，实行预备，不得谓厘定官制遂毕乃事也。时不可失，机有可乘，兆民所具瞻在此，列国所注视亦在此。否则或言之而不见实行，或行之而徒应故事，驯至民穷财竭，忧患迭生。论者或归咎于立宪之贻祸，岂知立宪何祸，立宪而犹怀观望，则祸不旋踵矣。大计所关，不为群言所惑，转弱为强，有利无害，深望乾纲之独断耳。

臣在日本考察政治，于各国宪法研究较确，谨就管见所及，冒昧上陈，伏乞皇太后、皇上圣鉴训示。谨奏。（光绪三十二年九月初二日，军原）
（《清末筹备立宪档案史料》上册）

## 出使各国考察政治大臣载泽奏请宣布立宪密折

窃奴才前次回京，曾具一折，吁恳改行立宪政体，以定人心，而维国势。仰蒙两次召见，垂询本末，并谕以朝廷原无成见，至诚择善，大知用中，奴才不胜欣感。旬日以来，夙夜筹虑，以为宪法之行，利于国，利于民，而最不利于官。若非公忠谋国之臣，化私心，破成见，则必有多为之说，以荧惑圣听者。盖宪法既立，在外各督抚，在内诸大臣，其权必不如往日之重，其利必不如往日之优，于是设为疑似之词，故作异同之论，以阻挠于无形。彼其心，非有所爱于朝廷也，保一己之私权而已，护一己之私利而已。顾其立言则必曰防损主权。不知君主立宪，大意在于尊崇国体，巩固君权，并无损之可言。以日本宪法考之，证以伊藤侯爵之所指陈，穗积博士之所讲说，君主统治大权，凡十七条：

一曰，裁可法律，公布法律。执行法律，由君主。

一曰，召集议会，开会，闭会，停会，及解散议会，由君主。

一曰，以紧急敕令代法律，由君主。

一曰，发布命令，由君主。

一曰，任官免官，由君主。

一曰，统帅海陆军，由君主。

一曰，编制海陆军常备兵额，由君主。

一曰，宣战，讲和，缔约，由君主。

一曰，宣告戒严，由君主。

一曰，授与爵位勋章及其他荣典，由君主。

一曰，大赦，特赦，减刑及复权，由君主。

一曰，战时及国家事变，非常施行，由君主。

一曰，贵族院组织，由君主。

一曰，议会展期，由君主。

一曰，议会临时召集，由君主。

一曰，财政上必要紧急处分，由君主。

一曰，宪法改正发议，由君主。

以上言之，凡国之内政外交，军备财政，赏罚黜陟，生杀予夺，以及操纵议会，君主皆有权以统治之。论其君权之完全严密，而无有丝毫下移，盖有过于中国者矣。

以今日之时势言之，立宪之利有最重要者三端：一曰皇位永固。立宪之国君主，神圣不可侵犯，故于行政不负责任，由大臣代负之。即偶有行政失宜，或议会与之反对，或经议院弹劾，不过政府各大臣辞职，别立一新政府而已。故相位旦夕可迁，君位万世不改。大利一。一曰外患渐轻。今日外人之侮我，虽由我国势之弱，亦由我政体之殊，故谓为专制，谓为半开化，而不以同等之国相待。一曰改行宪政，则鄙我者转而敬我，将变其侵略之政策为平和之邦交。大利二。一曰内乱可弭。海滨洋界，会党纵横，甚者倡为革命之说，顾其所以煽惑人心者，则曰政体专务压制，官皆民贼，吏尽贪人，民为鱼肉，无以聊生，故从之者众。今改行宪政，则世界所称公平之正理，文明之极轨，彼虽欲造言，而无词可借，欲倡乱，而人不肯从，无事缉捕搜拿，自然冰消瓦解。大利三。

立宪之利如此，及时行之，何嫌何疑。而或有谓程度不足者，不知今日宣布立宪，不过明示宗旨为立宪之预备。至于实行之期，原可宽立年限。日本于明治十四年宣布宪政，二十二年始开国会，已然之效，可仿而行也。且中国必待有完全之程度，而后颁布立宪明诏，窃恐于预备期内，其知识未完者，固待陶熔，其知识已启者，先生觖望，至激成异端邪说，紊乱法纪。盖人民之进于高尚，其涨率不能同时一致，惟先宣布立宪明文，树之风声，庶心思可以定一，耳目无或他歧，既有以维系望治之人心，即所以养成受治之人格。是今日宜宣布立宪明诏，不可以程度不到为之阻挠也。

又或有为满汉之说者，以为宪政既行，于满人利益有损耳。奴才至愚，以为今日之情形，与国初入关时有异。当时官缺分立满汉，各省设置驻防者，以中原时有反侧，故驾驭亦用微权。今寰宇涵濡圣泽，近三百年，从前粤捻回之乱，勘定之功，将率兵卒，皆汉人居多，更无界限之可言。近年以来，皇太后、皇上迭布纶音，谕满汉联姻，裁海关，裁织造，副都统并用汉人，普天之下，歌颂同声，在圣德如地如天，安有私覆私载。方今列强逼迫，合中国全体之力，尚不足以御之，岂有四海一家，自分畛域之理。至于计较满汉之差缺，竞争权力之多寡，则所见甚卑，不知大体者也。

夫择贤而任，择能而使，古今中外，此理大同。使满人果贤，何患推选之不至，登进之无门？如其不肖，则亦宜在屏弃之列。且官无幸进，正可激励人才，使之向上，获益更多。此举为盛衰兴废所关，若守一隅之见，为拘挛之语，不为国家建万年久长之祚，而为满人谋一身一家之私，则亦不权轻重，不审大小之甚矣，在忠于谋国者，决不出此。

奴才谊属宗支，休戚之事，与国共之。使茫无所见，万不敢于重大之事，卤莽陈言。诚以遍观各国，激刺在心，若不竭尽其愚，实属辜负天恩，无以对皇太后、皇上。伏乞圣明独断，决于几先，不为众论所移，不为浮言所动，实宗社无疆之休，天下生民之幸。事关大计，可否一由宸衷，乞无露奴才此奏。奴才不胜忧懑迫切。谨奏。（光绪三十二年）（《清末筹备立宪档案史料》上册）

## 留学生陈发檀请速立宪法振兴海陆军呈

留学日本东京帝国大学法科大学生陈发檀谨呈，为时局危急，请速立宪法，振兴海陆军，以图自强，呈请代奏事。

生闻国家之富强在修明宪法，整顿武备，未有宪法未定，武备不修，而能自强者也。今日本虎视于东方，英、法、德、俄鹰瞵于西土，眈眈逐逐，皆欲食我神洲大陆之肉而吮其血。天降之灾，国步艰难，使皇太后、皇上卧薪尝胆，宵衣旰食，生每念及此，未尝不痛哭流涕而不能自已者也。今者日法、日俄条约已成，可为寒心。孟子曰：夫人必自侮，而后人侮之。贾谊曰：灭六国者非秦也，六国自灭也。夫国于天下必有与立，我朝开国修明法制，而崇尚武备，故能绥靖内外，詟服天骄。顾一治一乱，世运之循环，盛衰兴亡，古今之常态，惟大圣人乃能不为世运所厄，而常战胜乎世运，拨乱反治，致盛起衰。生惟皇太后、皇上圣德昭明，行之有余，而无不足。恭读去年七月十三日预备立宪上谕，皇太后、皇上之诚意变法，已晓然大白于天下，而生犹諰諰然以为虑者，则以各国进步一日千里，我即数百里犹不能与之并驾齐驱，况数十里哉？

世界大势不强则亡，不为对等国则为被保护国，未有弱国而能独立存在者也。且夫德、日非新强之国哉。德国自梯尔切条约，被法之辱可谓甚矣。

自改革社会制度及行自治机关，嘉庆十八年遂定全国皆兵之制，及威廉一世再改革兵制，一举而胜法，为一等强国。今德皇犹以为未足，尝宣言曰：朕之生涯在海。故其海军长足进步，何其伟也！日本自覆幕勤王实行宪法，而海陆军亦大加扩张，一举胜我，再举胜俄。生愿皇太后、皇上以此二国为法，以四万万人民之众，五百万方里土地之广，伯业可期，而牛耳可执，列强不足道也。生故曰今日变法宜急而不宜缓，规模宜大而不宜小，洪波巨浪之间而浮扁舟，非决计断帆，不得登彼岸之乐，骤雨狂风之下而盖大厦，非巩固基础，不足奠磐石之安。以皇太后、皇上之圣明，断行立宪，维持国本，此固欧西千万辈百数十年要求而不得者。皇太后、皇上一旦毅然为之，虽宽以期限，与以预备，莫非虑终于始，慎重周详之至计。而生犹以为未尽者，旷观各国，其宪法当将定未定之际，其国势亦异常动摇，及宪法大定，国基亦固。俄但小行改革，而宪法未定，外则被折于日，内则变乱迭起，殆无停岁，成败之数莫不皆然。中国外忧内患危机一发，改革不急，内无以靖人心，外无以御外侮，规模不大，则枝枝节节而为之，微特不足以补救大局，反足以招致大乱。然则为皇太后、皇上计，惟有亟行立宪，则大政一定，内忧外患自消于无形。

夫知立宪之足以医国，而待之他年，犹知大黄、芒硝之足以医急病，而迟之异日，及病者既危，乃欲以此进，虽悔曷及哉？生所以恳请速立宪者此也。或曰人民知识程度不足以议国家大政，此言似是而非。夫强将之下无弱兵，圣君之下无愚民，在为上者提倡之教导之耳。观于各国由君主设立宪法，则事易举而祸患少，由人民要求宪法，则功难成而变乱多。生以为国民程度不足，惟立宪乃足以教育之，使知国为己之国，君为己之君，爱国忠君之念油然而自生矣。且国会制度，下院有过则内阁可解散之，上院可干涉之，即上谕所谓大权统于朝廷，而庶政公诸舆论者也。虽国家大政非朝夕所能美善，然处薪火之上，急何能待？大纲既立，细目自举，期之数年，必臻完备。又宜多派留学生专调查各国宪法及地方自治规则，以图改良，此皆今日之要务也。

至于陆海军则又国家之血脉，列强之所以侮辱我、划削我者，无他，数百只之军舰，数百万之精兵而已。故自帝国主义发生，列国政策皆以侵略并吞为主，彼此竞造艟艨，训练士卒，皇皇焉惟恐不及。览各国海陆军表，而回观中国，诚足令人不堪安居于一日者。夫俄之海军虽败于日，而今已将恢复，我自甲午以后，鲜有倡言振兴海军者。然世界大势荣枯兴亡，皆决于海军之有无，英为最强之国，其海军费每年至于数千万镑，其战斗舰、海防舰、巡洋舰、炮舰、驱逐艇、水雷艇、潜航艇等有五百余只之多。德、法、美、日、俄亦竞驱争先。日本效法欧美不过数十年，而今能造二万吨之巨舰，其军舰、水雷艇等共百余只，日人常谓我国无军舰，而毫无恐惧，诚彼等像想所不及。然则揆之大势，非振兴海军不足以图强，彰彰明矣。兴海军之要有四端：

一曰海军部之宜速设。自北洋舰队被灭于日，现存者不过数只巡洋舰而已。今海军不设专部，仅为陆军之附属物，责任不专，指挥不便，虽欲扩充，其道无由，岂尚以海权为不足争，而筹海军为第二政策哉？请宜速设海军部，责成海军部大臣一面向各国购造军舰，一面在国内设海军造兵厂、造船厂，限若干年成若干万吨军舰，无论如何困难，而志在必成，不出十年，我海军之恢复可望矣。

二曰海军港之宜速定。军港者，海军之根据地也。闻现已定象山、荣成、舟山、北海湾等处为军港，而尚有可为军港者琼崖岛之榆林港是也。此地虽僻处极南，而各国必由之要津，南洋之门户，法人觊觎之者已有年矣。据去年巴里殖民新闻之报告，法之上下议院协议，苟法国际于世界大战欲充其实力，不可不占领琼崖岛。彼昔之欲取而不敢者，恐英、日干涉之耳。今则与英、日交际异常和睦，我若无所防备，无所经营，彼一旦出兵占领琼崖，易如反掌。此岛被占，各国不能袖手旁观，胶州失而威海卫、广州湾随之，是其前例也。生非但为琼崖一岛起见，诚以此地重要，牵一发而全身动为可畏耳。两广总督岑春煊奏称，有崖州处琼郡极南，榆林港尤为扼要，洋人时往游历，轮艘间或经行，边备海防责任綦重等语。且此岛天然物产极富，若及时定为军港，劝商民造铁路以辅之，辟商埠，开五矿，垦荒地，兴鱼盐之业，山林之利，一则杜法人之经营以救危局，一则扩充海军以图自强，一举二得，此之谓也。且日本虽小，而有横须贺、吴港、佐世保、舞鹤、室兰之五海军港，各置镇守府以为出师之准备。中国如此之大，非多设军港，似非卫国之道。拟请明下谕旨派人查勘此地，是否允合与象山、荣成等处同时速设军港，以固疆圉，而保门户。

三曰宜速设海军学校及多派海军留学生。夫兴海军之难，不在军舰而在海军将官，譬有机器焉而无管理机器之人，等于无耳。或管理人不得其当，反坏其机关，而折其轮条，其为害也尤大，甲午之败，正坐此弊。然则欲兴海军，非造就海军人材不可，造就之道，在乎学校，故各国有海军大学校、海军兵学校、海军机关学校、海军医学校、海军炮术水雷学校，以造就海军人材。请亟预备开此等学校，又多派贵胄子弟及全国英俊留学各国海军，处心积虑以图之，坚忍勉强以成之，优礼厚禄以养之，不出数年，我海军人材不可胜用矣。

四曰商船之必要。商船者，无事则通商而发展其贸易，有事则运兵、运粮而援助其战争。英国商船至于千余万吨之多，日本通商未久，而亦有百万吨，彼等船舶出入我海港，且航行我内河，我招商局之船数有限，曷克与竞？我商业日形憔悴，职是之故。今列强之所以不即瓜分我者，欲以商业吸我之膏血，令我自弊耳，失今不图，祸必难支。请由政府设商船公司，又奖励富商有能开最大商船公司者，授以最高之爵赏，平时则从通商之业，一朝有事，择其尤者，施以武备而为军舰之辅助。日本邮船会社之船，皆与海军有密接之关系，其功尤为不少。商船之宜兴者此也。美海军将马翰曰：一国之盛衰，在制海权之得丧。生愿皇太后、皇上合四者以图之，并一心以赴之，君臣上下日夜孜孜以图海事，以皇太后、皇上智勇天锡，而又承列圣之武功，握海上伯权不难耳。

若夫陆军，今则有南北洋之数镇新式兵，然以中国地广民众，与此数镇兵比较，犹九牛之一毛，仅恃此数即足与各国驰驱于戎马之间，生知其不可也。夫中国大于德、法几二十倍，而德国平时兵员六十万七千八百七十二人，战时兵员三百万人以上，法国平时兵员五十万三千八百三十三人，战时兵员四百万人，以此比例，我平时兵员非数百万，战时非数千万不可。昔普鲁士既败于法，普王威廉第三改革陆军，作铁十字勋章以励国民，下令全国壮丁尽力国事，又下国民及军人之二诏，遂败法军，所谓国民战争于来帕志者是也。法国自败于德之后，其政府日警戒其国民，无忘师丹之辱，今法国陆军不下德国，此皆上下一致爱国精神所盘结郁积者也。中国士大夫靡靡素以谈兵为耻，浸假而成为风俗，为兵者皆下等社会之流，又皆自佣募而来，曷有君国之念？以佣兵国与国民皆兵国战，不待战而胜败决矣。愿皇太后、皇上明下谕旨，崇尚武之风，行全国皆兵之制，定各省练若干镇新式兵，而蒙古、青海、西藏皆改为行省，开为通商地，以杜各国之觊觎。皇太后、皇上而无意于自强则已，有意于自强，舍此其道无由。至于军略机关，则参谋本部尤为重要，日本参谋部总长为天皇之亲任官，凡关于国防及用兵计划，由参谋长定之，经天皇许可，然后由陆军大臣而达于团队。各国军事，参谋部皆派人侦探之，故军情无不周知，而作战亦精备而神速，战胜之结果，皆其功也。夫天下可百年无战，不可一日无备，拟请速设参谋部，讲求军略，与陆军部相为表里。至于陆军大学之宜速开，陆军留学生之宜多派，皆振兴陆军之要务也。

夫海陆军宜兴矣，而所以兴之者是在经费，今日财政困难，司农仰屋，而欲兴海陆军，犹无米而欲为炊，无布而欲为衣也。查英国岁入十余万万镑，日本亦数万万圆，中国岁入仅一万万两，百事待举，而仅有此数，曷克兴海陆军哉？今日筹款之法，一在兴实业，一在加税则。实业不兴则民力不足，而从事搜括，既非理财之道，税则不加则经费不支，而束手待毙，亦非经国之方。振兴实业已经谕旨三令五申，而无实效者，科学不明故也。德国实业学校以数百计，日本自去年以来，其教育宗旨，偏重实业，故实业学校陆续加增，拟请于各府州县开实业学堂，按地方人民文化之优劣，定学校程度之高下。又速立宪法，招集各省议员大开国会，由政府提出海军扩张案，使上下二院讨论筹款之法，仿照各国现行营业、所得、烟酒、家屋、印纸、相续等税，体察情势而行之。又划定皇室费及各部各省行政费，宣布于民，使民知纳税之义务，乃以保护国家。如此而谓经费不可筹，海陆军不可兴者，生不信也。

以上速立宪法，以靖人心，振兴海陆军，以强国势，生细考各国大势，详察中国内情，统筹全局，欲为皇太后、皇上谋久远之策者也。愿皇太后、皇上念列圣付托之重，国民希望之深，速行立宪，断自圣意。盖立宪则百事俱举，海陆军可兴，满汉之界可除，农工商业可振，教育可普及，而经费可筹，以皇太后、皇上之圣，何事不成，何功不克哉？

生草野愚贱，罔识忌讳。又读五月二十八日上谕，知圣衷求言之切，故敢披竭愚诚，冀以报效于万一。倘蒙采择，必详细以陈。干冒宸严，惶恐

待罪，伏乞代奏皇太后、皇上圣鉴。谨呈。（光绪三十三年八月初八日，军原）（《清末筹备立宪档案史料》上册）

## 宣示预备立宪先行厘定官制谕

光绪三十二年七月十三日内阁奉上谕：朕钦奉慈禧端佑康颐昭豫庄诚寿恭钦献崇熙皇太后懿旨，我朝自开国以来，列圣相承，谟烈昭垂，无不因时损益，著为宪典。现在各国交通，政治法度，皆有彼此相因之势，而我国政令积久相仍，日处阽险，忧患迫切，非广求智识，更订法制，上无以承祖宗缔造之心，下无以慰臣庶治平之望，是以前派大臣分赴各国考察政治。现载泽等回国陈奏，皆以国势不振，实由于上下相睽，内外隔阂，官不知所以保民，民不知所以卫国。而各国之所以富强者，实由于实行宪法，取决公论，君民一体，呼吸相通，博采众长，明定权限，以及筹备财用，经画政务，无不公之于黎庶。又兼各国相师，变通尽利，政通民和有由来矣。

时处今日，惟有及时详晰甄核，仿行宪政，大权统于朝廷，庶政公诸舆论，以立国家万年有道之基。但目前规制未备，民智未开，若操切从事，涂饰空文，何以对国民而昭大信。故廓清积弊，明定责成，必从官制入手，亟应先将官制分别议定，次第更张，并将各项法律详慎厘订，而又广兴教育，清理财务，整饬武备，普设巡警，使绅民明悉国政，以预备立宪基础。着内外臣工，切实振兴，力求成效，俟数年后规模粗具，查看情形，参用各国成法，妥议立宪实行期限，再行宣布天下，视进步之迟速，定期限之远近。着各省将军、督抚晓谕士庶人等发愤为学，各明忠君爱国之义，合群进化之理，勿以私见害公益，勿以小忿败大谋，尊崇秩序，保守平和，以豫储立宪国民之资格，有厚望焉。将此通谕知之。钦此。（光绪三十二年七月十三日，军谕）（《清末筹备立宪档案史料》上册）

## 立宪应如何豫备施行准各条举以闻谕

光绪三十三年五月二十八日内阁奉上谕：朕钦奉慈禧端佑康颐昭豫庄诚

寿恭钦献崇熙皇太后懿旨，直省官制已据王大臣议拟饬行试办矣。惟立宪之道，全在上下同心，内外一气，去私秉公，共图治理。自今以后，应如何切实豫备，乃不徒托空言，宜如何逐渐施行，乃能确有成效，亟宜博访周谘，集思广益，凡有实知所以豫备之方施行之序者，准各条举以闻。除原许专折奏事各员外，其余在京呈由都察院衙门，在外由各地方大吏详加甄核，取其切实正大者选录代奏。但不得撮拾陈言，亦无取烦文词费，只要切合时势实在可行者，逐一具陈，以便省览而资采择。总之，此事既官民各有责任，即官民均应请求，务使事事悉合宪法，以驯致富强，实有厚望。钦此。（光绪三十三年五月二十八日，军谕）（《清末筹备立宪档案史料》上册）

## 两江总督端方奏请迅将帝国宪法及皇室典范编定颁布以息排满之说折

头品顶戴两江总督奴才端方跪奏，为宪法与典范相辅为用，恳请迅饬编定颁布，以维国本，而遏乱萌，恭折沥陈，仰祈圣鉴事。

窃自去年七月，钦奉明纶，宣示立宪之预备，中外臣庶，惧怵同深。复读本年五月二十八日谕旨，立宪之道，凡有实知所以预备之方施行之序者，准各条举以闻。仰见我皇太后、皇上，博访周谘，务求实际之至意。

伏查各国之立宪，制各不同，由专制朝廷颁行宪法者，谓之君主立宪，其君主为万世不易之统，日本天皇常握全国最高之统治法权是也。考日本宪政本源，一在万机决于公论，与人民以参议之权，一在振起皇基，使天主之权力不可侵犯，故其帝国宪法与皇室典范，相辅而行。明治二十二年，发布宪法敕语，大致谓本祖宗所授之大权，对于现在及将来之臣民制定大宪，以示率由。子孙当循行不怠，臣民当永远从顺。其皇室典范，自皇位继承，以及皇室经费，条目虽多，其纲要不外推本治谋，总揽治统，以示相承一系，传之无穷。此即全国公奉君主一姓为永远不移之皇室，其所占之地位实有确不可拔之基。我朝圣圣相承，聪听彝训，宵衣旰食，庶政亲裁，立国之体，与君主立宪国意义多同。至于制节谨度，杜渐防微，其典则之详明，与宫廷之节俭，亦复洪纤毕贯，薄海同钦。只以向来未有专书，臣民无从研究，兹当举行立宪之初，固应原本典章，垂为模范，上以昭祖宗之家法，下以作万世之规型。

近年不逞之徒，倡为排满之说，与立宪为正反对。奴才愚见，以为宜俯从多数希望立宪之人心，以弭少数鼓动排满之乱党。拟请饬下廷臣，迅将我大清帝国宪法及皇室典范二大端，提议编纂，布告天下，必可永固皇基，常昭法守。至各省绅商所设地方议会，实有关于立宪基本者，如主持得人，宗旨甚正，似可加以考察，量为扶助，使信从渐广，皆趋于宪政之一途，乱党煽惑愚氓之力，当不戢而自销。尝考古今制法之原，在乎合一国之人，能自部勒，以立纪纲，日进于不可侮辱之域。现在内患外侮，极为可忧，苟中外臣工仍以敷衍苟安为计，以倾轧排挤为能，恐安危之数，不在党徒之煽乱，而在政论之纷歧。伏愿我皇太后、皇上施刚断之天聪，责宪政之实际，申儆臣工，力图挽救，以巩圣祚，以遏乱萌，天下幸甚。

奴才一得之愚，谨恭折披沥具陈，伏乞皇太后、皇上圣鉴训示。谨奏。（光绪三十三年七月初七日，军录）

光绪三十三年七月十八日奉朱批：宪政编查馆知道。钦此。（《清末筹备立宪档案史料》上册）

## 宪政编查馆资政院会奏宪法大纲暨议院法选举法要领及逐年筹备事宜折附清单二

宪政编查馆、资政院会奏，光绪三十四年六月二十四日奉上谕：慈禧端佑康颐昭豫庄诚寿恭钦献崇熙皇太后懿旨，宪政编查馆、资政院王大臣奕劻、溥伦等会奏，拟呈各省谘议局各议员选举各章程一折。谘议局为采取舆论之所，并为资政院预储议员之阶，议院基础即肇于此。事体重大，亟宜详慎厘定。兹据该王大臣拟呈各项章程，详加披阅，尚属周妥，应照所议办理。即着各督抚迅速举办，实力奉行，自奉到章程之日起，限一年内一律办齐。朝廷轸念民依，将来使国民与闻政事，以示大公，因先于各省设谘议局以资历练。凡我士庶，均当共体时艰，同摅忠爱，于本省地方应兴应革之利弊，切实指陈，于国民应尽之义务，应循之秩序，竭诚践守。勿挟私心以妨公益，勿逞意气以紊成规，勿见事太易而议论稍涉嚣张，勿权限不明而定法致滋侵越，总期民情不虞壅蔽，国宪咸知遵循。各该督抚等亦当本集思广益之怀，行好恶同民之政，虚衷审察，惟善是从，庶几上下一心，渐臻上理。至于选举议员，尤宜督率各该地方有司认真监督，精择慎选，断不准使心术不正、行止有亏之人托足其内，致妨治安。该王大臣所陈要义三端，甚为中肯，如宣布开设议院年限一节，自是立宪国必有之义。但各国宪政本难强同，要不外乎行政之权在官吏，建言之权在议员，而大经大法，上以之执行罔越，下以之遵奉勿违。中国立宪政体，前已降旨宣示，必须切实预备，慎始图终，方不致托空言而鲜实效。着宪政编查馆、资政院王大臣督同馆院谙习法政人员，甄采列邦之良规，折衷本国之成宪，迅将君主宪法大纲暨议院、选举各法择要编辑，并将议院未开以前，逐年应行筹备各事，分期拟议，胪列具奏呈览。俟朝廷亲裁后，当即将开设议院年限钦定宣布，以立臣庶进行之准则，而副吾民望治之殷怀，并使天下臣民咸晓然于朝廷因时制宜变法图强之至意。钦此。仰见我皇太后、皇上以天地之量为量，以百姓之心为心，大公无我，时措咸宜，薄海臣民，同深钦感。

臣等遵即督饬馆院谙习法政各员，博采精取，折中拟议。兹经该员等拟就各节，臣等复再三考核，悉心厘定。窃维东西各国立宪政体，有成于下者，有成于上者，而莫不有宪法，莫不有议院。成于下者，始于君民之相争，而终于君民之相让；成于上者，必先制定国家统治之大权，而后锡予人民闻政之利益。各国制度，宪法则有钦定、民定之别，议会则有一院、两院之殊。今朝廷采取其长，以为施行之则，要当内审国体，下察民情，熟权利害而后出之。大凡立宪自上之国，统治根本，在于朝廷，宜使议院由宪法而生，不宜使宪法由议院而出。中国国体，自必用钦定宪法，此一定不易之理。故欲开设议院，必以编纂宪法为预备之要图，必宪法告成先行颁布，然后乃可召集议院。而宪法乃为国家不刊之大典，一经制定，不得轻事变更，非如他项法律可以随时增删修改，故编纂之初，尤非假以时日详细研求，不足以昭慎重。惟条文之详备，虽非旦夕所能观成，而闳纲所在，自应预为筹定，以为将来编纂之准则。

夫宪法者，国家之根本法也，为君民所共守，自天子以至于庶人，皆当率循，不容逾越。东西君主立宪各国，国体不同，宪法互异，论其最精之大义，不外数端：一曰君主神圣不可侵犯，二曰君主总揽统治权，按照宪法行之，三曰臣民按照法律，有应得应尽之权利义务而已。自余节目，皆以此为根本。其必以政府受议院责难者，即由君主神圣不可侵犯之义而生；其必议院协赞立法监察财政者，即由保障臣民权利义务之义而生；其必特设各级审判官以行司法权者，即由保障法律之义而生。而立法、行政、司法，则皆总揽于君上统治之大权，故一言以蔽之，宪法者，所以巩固君权，兼保护臣民者也。臣等谨本斯义，辑成宪法大纲一章，首列大权事项，以明君为臣纲之义，次列臣民权利义务事项，以示民为邦本之义。虽君民上下同处于法律范围之内，而大权仍统于朝廷，虽兼采列邦之良规，而仍不悖本国之成宪。

至议院、选举各法，均与宪法相辅而行，凡议事权限，选举被选举资格，非有一定之准绳，必启临时之纷扰，亦应黡括大意，豫为筹定，以便将来纂辑条文，有所依据。谨分辑议院要领，及选举要领各一章附焉。此皆略举大要，以发其凡，其中细目，尚未议及，一俟奉旨裁定，臣等即当督饬在事各员，按照大纲要领所列各端，分别编定详细条款。但必宽以岁时，从容讨论，以期精密无遗，迨他日编纂告成，再行进呈御览，恭候钦定颁行，以资遵守。

至开设议院以前应行筹备各事，头绪至为纷繁，办理宜有次第，如筑室然，必鸠工聚材，经营无遗，而又朝夕程督，始终不懈，乃能聿观厥成。如行路然，必衣粮舟车，各物具备，而又逐日进行，不稍止息，乃能达其所向。综其大纲，预备自上者，则以清厘财政，编查户籍为最要，而融化满汉畛域，厘定官制，编纂法典，筹设各级审判厅次之。预备自下者，则以普及教育、增进智能为最要，而练习自治事宜次之。凡此诸大端，若预备未齐，遽开议院，则预算决算尚无实据，议院凭何监察？户口财产尚无确数，议员从何选举？一切法度尚未完全，与闻政事者何所考核？人民程度尚有未及，何以副选举被选举之资格？地方自治尚无规模，何以享受权利，担任义务？是徒慕开设议院之虚名，而并无裨益政事之实济，非实事求是之道也。窃谓年限之远近，至速固非三五年所能有成，然极迟亦断不至延至十年之久。臣等公同商酌，拟自本年光绪三十四年起，至光绪四十二年止，限定九年将预备各事一律办齐，谨分别年限，胪列上陈。其应行召集议院之期，自应恭候钦定。

抑臣等更有请者，迩岁以来，国势阽危，人心浮动，内忧外患，岌岌堪虞，即无议院监察于旁，亦当急起直追，一洗敷衍因循之习。至安上全下，尤莫要于纪纲整饬，忧悯交孚。臣等所议各项纲要，权限所定，不可侵越丝毫，其逐年应办事宜，须责成内外臣工实力奉行，不得稍有推宕。应请特旨申儆天下臣民，务各恪守规绳，而又交相鞭策，庶乎进之以渐，持之以恒，各矢励精图治之心，自有日进无疆之效。

谨将所拟宪法大纲，及议院法、选举法要领，暨逐年筹备事宜，分缮清单，恭呈睿鉴。伏候圣明裁定召集议院年限，特沛纶音，布告天下，以立万年有道之基，而慰亿兆升平之望，臣等不胜激切屏营之至。

### ◎附宪法大纲暨议院法选举法要领清单

谨将遵拟宪法大纲暨议院法、选举法要领，缮具清单，恭呈御览。

宪法大纲，其细目当于宪法起草时酌定。谨按君主立宪政体，君上有统治国家之大权，凡立法、行政、司法，皆归总揽，而以议院协赞立法，以政府辅弼行政，以法院遵律司法。上自朝廷，下至臣庶，均守钦定宪法，以期永远率循，罔有逾越。谨本斯义，恭拟如左。

君上大权

一大清皇帝统治大清帝国，万世一系，永永尊戴。

一君上神圣尊严，不可侵犯。

一钦定颁行法律及发交议案之权。凡法律虽经议院议决，而未奉诏命批准颁布者，不能见诸施行。

一召集、开闭、停展及解散议院之权。解散之时，即令国民重行选举新议员，其被解散之旧议员，即与齐民无异，倘有抗违，量其情节以相当之法律处治。

一设官制禄及黜陟百司之权。用人之权，操之君上，而大臣辅弼之，议院不得干预。

一统率陆海军及编定军制之权。君上调遣全国军队，制定常备兵额，得以全权执行。凡一切军事，皆非议院所得干预。

一宣战、讲和、订立条约及派遣使臣与认受使臣之权。国交之事，由君上亲裁，不付议院议决。

一宣告戒严之权。当紧急时，得以诏令限制臣民之自由。

一爵赏及恩赦之权。恩出自君上，非臣下所得擅专。

一总揽司法权。委任审判衙门，遵钦定法律行之，不以诏令随时更改。司法之权，操诸君上，审判官本由君上委任，代行司法，不以诏令随时更改者，案件关系至重，故必以已经钦定为准，免涉纷歧。

一发命令及使发命令之权。惟已定之法律，非交议院协赞奏经钦定时，不以命令更改废止。法律为君上实行司法权之用，命令为君上实行行政权之用，两权分立，故不以命令改废法律。

一在议院闭会时，遇有紧急之事，得发代法律之诏令，并得以诏令筹措必需之财用。惟至次年会期，须交议院协议。

一皇室经费，应由君上制定常额，自国库提支，议院不得置议。

一皇室大典，应由君上督率皇族及特派大臣议定，议院不得干预。

附臣民权利义务，其细目当于宪法起草时酌定。

一臣民中有合于法律命令所定资格者，得为文武官吏及议员。

一臣民于法律范围以内，所有言论、著作、出版及集会、结社等事，均准其自由。

一臣民非按照法律所定，不加以逮捕、监禁、处罚。

一臣民可以请法官审判其呈诉之案件。

一臣民应专受法律所定审判衙门之审判。

一臣民之财产及居住，无故不加侵扰。

一臣民按照法律所定，有纳税、当兵之义务。

一臣民现完之赋税，非经新定法律更改，悉仍照旧输纳。

一臣民有遵守国家法律之义务。

附议院法要领，其细目当于厘定议院法时酌定。

一议院只有建议之权，并无行政之责，所有决议事件，应恭候钦定后，政府方得奉行。

一议院提议事件，须关乎全国公同利害者，不得以一省寻常地方之事提议。

一君上大权所定，及法律上必需之一切岁出，非与政府协议，议院不得废除减削。其细目另于会计法内定之。

一国家之岁入岁出，每年预算，应由议院之协赞。

一行政大臣，如有违法情事，议院只可指实弹劾。其用舍之权，仍操之君上。不得干预朝廷黜陟之权。

一议院所议事件，必须上下议院彼此决议后，方可奏请钦定施行。

一议院有上奏事件，由议长出名具奏。

一议员言论，不得对朝廷有不敬之语，及诬蔑毁辱他人情事，违者分别惩罚。

一议院开会之际，议长有指挥警察整饬议场之权。如有违议院法律规则者，议长得禁止其发言，或令退出议场。

一议员如有不合选举资格者，由议长审查得实，随时立予除名。

一各省士绅所设研究议会之会社。须遵照政治结会集社律办理，不准借此敛派银钱，扰累地方。违者由地方官封禁惩治。

附选举法要领，其细目当于厘定选举法时酌定。

一议院举行选举事宜，俱由府厅州县各官实行监督。

一不合于选举资格者，不得有选举权及被选举权。如品行悖谬、营私武断者，曾处监禁以上之刑者，营业不正者，失财产上之信用被人控实尚未清结者，吸食鸦片者，有心疾者，身家不清白者，不识文义者等项。违者立即撤销。

一举行选举之期，应设管理员、监察员于投票开票时，严加省视，以防舞弊。

一违背选举章程者，如以诈术获登选举人名册者等项，另定罚则，分别科以监禁罚金。

一选举用投票之法，以得票多数而合例者方准当选。向来地方公举绅董之事，名为公举，或由官长授意，或由三数有力之绅推荐，不免有瞻徇情面不孚众望之处，今用投票法层层节制，期于力矫前项情弊。

一凡人民于选举之前，非在原籍地方住居满一年以上者，暂停其选举及被选举权。

### ◎附逐年筹备事宜清单

谨将遵拟议院未开以前逐年筹备事宜，缮具清单，恭呈御览。

光绪三十四年

第一年

一筹办谘议局。各省督抚办。

一颁布城镇乡地方自治章程。民政部、宪政编查馆同办。

一颁布调查户口章程。民政部办。

一颁布清理财政章程。度支部办。

一请旨设立变通旗制处，筹办八旗生计，融化满汉事宜。军机处办。

一编辑简易识字课本。学部办。

一编辑国民必读课本。学部办。

一修改新刑律。修订法律大臣、法部同办。

一编订民律、商律、刑事民事诉讼律等法典。修订法律大臣办。

光绪三十五年

第二年

一举行谘议局选举，各省一律开办。各省督抚办。

一颁布资政院章程，举行该院选举。资政院、各省督抚同办。

一筹办城镇乡地方自治，设立自治研究所。民政部、各省督抚同办。

一颁布厅州县地方自治章程。民政部、宪政编查馆同办。

一调查各省人户总数。民政部、各省督抚同办。

一调查各省岁出入总数。度支部、各省督抚同办。

一厘订京师官制。宪政编查馆、会议政务处同办。

一编订文官考试章程、任用章程、官俸章程。宪政编查馆、会议政务处同办。

一颁布法院编制法。宪政编查馆、修订法律大臣同办。

一筹办各省省城及商埠等处各级审判厅。法部、各督抚同办。

一核订新刑律。宪政编查馆办。

一颁布简易识字课本，创设厅州县简易识字学塾。学部、各省督抚同办。

一颁布国民必读课本。学部办。

一厅州县巡警，限年内粗具规模。民政部、各省督抚同办。

光绪三十六年

第三年

一召集资政院议员举行开院。资政院办。

一续办城镇乡地方自治。民政部、各省督抚同办。

一筹办厅州县地方自治。民政部、各省督抚同办。

一汇报各省人户总数。民政部、各省督抚同办。

一编订户籍法。宪政编查馆、民政部同办。

一覆查各省岁出入总数。度支部、各省督抚同办。

一厘订地方税章程。度支部、各省督抚、宪政编查馆办。

一试办各省预算决算。度支部、各省督抚同办。

一厘订直省官制，宪政编查馆、会议政务处同办。

一颁布文官考试章程、任用章程、官俸章程。宪政编查馆、会议政务处同办。

一各省城及商埠等处各级审判厅，限年内一律成立。法部、各省督抚同办。

一颁布新刑律。宪政编查馆、修订法律大臣同办。

一推广厅州县简易识字学塾。学部、各省督抚同办。

一厅州县巡警，限年内一律完备。民政部、各省督抚同办。

光绪三十七年

第四年

一续办城镇乡地方自治。民政部、各省督抚同办。

一续办厅州县地方自治。民政部、各省督抚同办。

一调查各省人口总数。民政部、各省督抚同办。

一编订会计法。宪政编查馆、度支部同办。

一汇查全国岁出入确数。度支部办。

一颁布地方税章程。宪政编查馆、度支部、各省督抚同办。

一厘订国家税章程。度支部、税务处、各省督抚、宪政编查馆同办。

一实行文官考试章程、任用章程、官俸章程。

一筹办直省府厅州县城治各级审判厅。法部、各省督抚同办。

一创设乡镇简易识字学塾。学部、各省督抚同办。

一筹办乡镇巡警。民政部、各省督抚同办。

一核订民律、商律、刑事民事诉讼律等法典。宪政编查馆办。

光绪三十八年

第五年

一城镇乡地方自治，限年内粗具规模。民政部、各省督抚同办。

一续办厅州县地方自治。民政部、各省督抚同办。

一汇报各省人口总数。民政部、各省督抚同办。

一颁布户籍法。宪政编查馆、民政部同办。

一颁布国家税章程。宪政编查馆、度支部、税务处同办。

一颁布新定内外官制。宪政编查馆、会议政务处同办。

一直省府厅州县城治各级审判厅，限年内粗具规模。法部、各省督抚同办。

一推广乡镇简易识字学塾。学部、各省督抚同办。

一推广乡镇巡警。民政部、各省督抚同办。

光绪三十九年

第六年

一实行户籍法。

一试办全国预算。度支部办。

一设立行政审判院。会议政务处、宪政编查馆同办。

一直省府厅州县城治各级审判厅一律成立。法部、各省督抚同办。

一筹办乡镇初级审判厅。法部、各省督抚同办。

一实行新刑律。

一颁布新定民律、商律、刑事民事诉讼律等法典。宪政编查馆、修订法律大臣同办。

一城镇乡地方自治一律成立。民政部、各省督抚同办。

一厅州县地方自治，限年内粗具规模。民政部、各省督抚同办。

一乡镇巡警，限年内粗具规模。民政部、各省督抚同办。

光绪四十年

第七年

一试办全国决算。度支部办。

一颁布会计法。宪政编查馆、度支部同办。

一试办新定内外官制。

一厅州县地方自治一律成立。民政部、各省督抚同办。

一乡镇初级审判厅，限年内粗具规模。法部、各省督抚同办。

一人民识字义者，须得百分之一。

光绪四十一年

第八年

一确定皇室经费。内务府、宪政编查馆同办。

一变通旗制，一律办定，化除畛域。变通旗制处办。

一设立审计院。会议政务处、宪政编查馆同办。

一实行会计法。

一乡镇初级审判厅一律成立。法部、各省督抚同办。

一实行民律、商律、民事刑事诉讼〔律〕等法典。

一乡镇巡警一律完备。民政部、各省督抚同办。

一人民识字义者，须得五十分之一。

光绪四十二年

第九年

一宣布宪法。宪政编查馆办。

一宣布皇室大典。宗人府、宪政编查馆同办。

一颁布议院法。宪政编查馆办。

一颁布上下议院议员选举法。宪政编查馆办。

一举行上下议院议员选举。民政部、各省督抚同办。

一确定预算决算。度支部办。

一制定明年确当预算案，预备向议院提议。度支部办。

一新定内外官制一律实行。

一设弼德院顾问大臣。会议政务处、宪政编查馆同办。

一人民识字义者，须得二十分之一。（《清末筹备立宪档案史料》上册）

## 九年预备立宪逐年推行筹备事宜谕

光绪三十四年八月初一日内阁奉上谕：朕钦奉慈禧端佑康颐昭豫庄诚寿恭钦献崇熙皇太后懿旨，宪政编查馆、资政院王大臣奕劻、溥伦等会奏进呈宪法，议院、选举各纲要暨议院未开以前逐年应行筹备事宜一折。现值国势积弱，事变纷乘，非朝野同心，不足以图存立，非纪纲整肃，不足以保治安，非官民交勉，互相匡正，不足以促进步而收实效。该王大臣所拟宪法暨议院、选举各纲要，条理详密，权限分明，兼采列邦之良规，无违中国之礼教，要不外乎前次迭降明谕，大权统于朝廷，庶政公诸舆论之宗旨。将来编纂宪法暨议院、选举各法，即以此作为准则，所有权限悉应固守，勿得稍有侵越。其宪法未颁、议院未开以前，悉遵现行制度，静候朝廷依次筹办，如期施行。

至单开逐年应行筹备事宜，均属立宪国应有之要政，必须秉公认真次第推行。着该馆、院将此项清单，附于此次所降谕旨之后，刊印誊黄，呈请盖用御宝，分发在京各衙门，在外各督抚、府尹、司道，敬谨悬挂堂上，即责成内外臣工遵照单开各节依限举办。每届六个月，将筹办成绩胪列奏闻，并咨报宪政编查馆查核。各部院领袖堂官，各省督抚及府尹，遇有交替，后任人员应会同前任，将前任办理情形，详细奏明，以期各有考成，免涉诿卸。凡各部及外省同办事宜，部臣本有纠察外省之责，应严定殿最分别奏闻。并着该馆院王大臣奏设专科切实考核。在京言路诸臣亦当留心察访，倘有逾限不办，或阳奉阴违，或有名无实，均得指名据实纠参，定按溺职例议处。该王大臣等若敢扶同讳饰，贻误国事，朝廷亦决不宽假。当此危急存亡之秋，内外臣工同受国恩，均当警觉沉迷，扫除积习。如仍泄沓坐误，岂复尚有天良？该馆院王大臣，休戚相关，任寄尤重，傥竟因循瞻庇，讵能无疚神明？所有人民应行练学自治教育各事宜，在京由该管衙门，在外由各督抚，督饬各属随时催办，勿任玩延。

至开设议院，应以逐年筹备各事办理完竣为期，自本年起，务在第九年内将各项筹备事宜一律办齐，届时即行颁布钦定宪法，并颁布［召］集议员之诏。

凡我臣民皆应淬厉精神，赞成郅治，如有不靖之徒附会名义，借端构煽，或躁妄生事，紊乱秩序，朝廷惟有执法惩儆，断不能任其妨害治安。总期国势日臻巩固，民生永保升平，上慰宗庙社稷之灵，下答薄海臣民之望。将此通谕知之。钦此。（光绪三十四年八月初一日，军谕）（《清末筹备立宪档案史料》上册）